DER TOD DES RHYTHM & BLUES

Für Robert Ford Jr.,
Robert Christgau und Adam White

Nelson George

DER TOD DES RHYTHM & BLUES

Aus dem Amerikanischen übersetzt von Lore Boas

hannibal

Hannibal-Verlag, Postfach 208, A-1091 Wien
Lektorat: Alfred Häuselmann
Diskographie: Kurt Mohr
Coverentwurf: Chris Welch
Typografie: Andrea Pokorny, A-2500 Baden bei Wien
Druck: Ebner Ulm
ISBN: 3-85445-051-6

Inhaltsverzeichnis

Dank und Anerkennung

Dieses Buch stützt sich auf Hunderte von Interviews und Erzählungen, an denen ich beteiligt war, seit ich 1978 meine journalistische Laufbahn bei der 'Amsterdam News' begann. Das erste Stück Unterhaltung, das ich schrieb, war eine heftig bearbeitete Story über Natalie Cole, die hoffentlich für immer in den vergilbten Archiven der 'Am News' verschwunden ist. Zwischen damals und heute haben mehrere Menschen wesentlich zu meinem Verständnis der Entwicklung des Rhythm & Blues und seiner Bedeutung beigetragen. Robert Ford Jr., mein früherer Zimmergenosse, eine Art älterer Ersatzbruder und unbesungener Fünf-Sterne-Koch, hat mir von A bis Z alles über die Plattenindustrie beigebracht und ist auch verantwortlich für ein gelegentliches Aufblitzen absurden Humors in meiner Prosa. Adam White machte mich während meiner zweimaligen Dienstzeit beim 'Billboard' mit der britischen Sichtweise der schwarzen Musik bekannt und gab mir die Chance, auf den Seiten dieses Magazins zu Wort zu kommen. Robert Christgaus unerbittliches Redigieren und die intellektuellen Ansprüche, die er in der 'Village Voice' stellte, gaben mir das Vertrauen in meine Ideen und ihre Entfaltung und lehrten mich, daß Kritikenschreiben kein Popularitätswettbewerb ist.

Ich muß noch vielen anderen Leuten für ihren Beitrag, direkt oder indirekt, zu diesem Unternehmen danken, also: meine Agentin Sarah Lazin hat es verkauft; Wendy Goldwyn begriff es bereits, als ich es das erste Mal am Telephon erwähnte und, besser noch, kaufte es für den Pantheon-Verlag; Patty Romanowski, diese immer hilfsbereite Buchlady, gliederte es; Wendy Wolf und ihr Mitverschwörer Tony Borden brachten es in Form; Sharon Lopez und Antonette Dailey haben den Text bearbeitet und korrigiert. Die Forschungen von Steve Ivory und Jeff Hanusch haben mir ebenso geholfen wie die bahnbrechende Gelehrsamkeit auf dem Felde des R&B von Portia Maultsby. Alan Leeds, ein Mann zweier Aeren und Russell Simmons, ein Mann mit Courage und der Fähigkeit zur Vision, bleiben aktive Symbole des R&B; Andre Harrell, Warrington und Reggie Hudlin sowie Richard Wesley sind Mitglieder der 'Uptown Crew', (der Mannschaft aus Harlem); Lydia Hannibal, Sylvia Greene und Charlotte Hunter sind als gute Freunde mit mir durch dick und - manchmal - dünn gegangen; Spike Lees 'She's Gotta Have It', August Wilsons 'Fences' und Joe Turners 'Come and Gone' sowie

Charles Fullers 'Soldier's Story' trugen zu meiner künstlerischen Inspiration bei.

Zu den im Verlauf des Buches erwähnten Zeitschriften gehören (in freier Folge): 'Billboard', 'Village Voice', 'Jack the Rapper', 'Black Radio Exclusive', 'Black Enterprise', 'Essence', 'Ebony','Jet', 'Players', 'New Music Express', 'Spin', 'Rolling Stone', 'Musician', 'Soho Weekly News', 'Goldmine', 'New York Times', 'Washington Post', 'Interview', 'Atlantic Monthly', 'Crisis', 'Wavelength', 'Soul Survivor' und die liebe, leider eingestellte 'Record World'.

Es wäre wunderbar, wenn ich all den Leuten in und außerhalb des Musikgeschäftes danken könnte, deren Wissen bei der Gestaltung dieses Buches geholfen hat, aber die Liste würde verdammt lang werden, und ich wollte doch niemanden auslassen. Ich kann aber nicht umhin, den wesentlichen Beitrag des Musikers und Philosophen James Mtume herauszustellen, der ein paar sehr entschiedene Ansichten beigesteuert hat während einiger, ziemlich langer Telephongespräche von Brooklyn nach East Orange. Auf viele Bücher habe ich mich bezogen, aber drei davon waren als technischer, intellektueller und geistiger Leitfaden von wesentlicher Bedeutung: 'Mystery Train' von Greil Marcus, 'Blues People' von Leroi Jones und 'Crisis of the Negro Intellectual' von Harold Cruse.

Einführung

MEDITATION ÜBER DIE BEDEUTUNG VON "TOD"

Vom Bürofenster der Geschäftsleitung einer schwarzen Plattenfirma in Manhattan konnte ich Touristen und Büroangestellte beobachten, wie sie sich Eis und Würstchen holten und sah auch auf den freien Platz im Schatten des Rockefeller Centers. Wir saßen drinnen, an den Wänden hingen gerahmte Poster von Coltrane und Dizzy und Bird und Miles. Es überraschte mich, daß da keine goldenen Schallplatten hingen, denn in den zwei Jahrzehnten seiner Arbeit als Plattenhändler, Werbeleiter und neuer Vizepräsident der Abteilung für schwarze Musik einer größeren Schallplattenfirma war der Geschäftsführer an dem Verkauf von Millionen von Platten, Bändern, CDs und, wenn sie hergestellt wurden, achtspurigen Bändern beteiligt gewesen. Wir sprachen gerade über "Crossover" - ein Fachausdruck für das Verlagern der Verkaufsbasis schwarzer Künstler auf das größere weiße Publikum - und seiner Auswirkungen auf die Musik der Schwarzen. Er machte die Bemerkung, daß vielem in der heutigen Musik das fehle, was er das "unbestimmbare, gewisse Etwas" nannte.

Irgendwann, mitten in diesen Kommentaren, wagte er die Bemerkung, daß er es bedaure, "sich niemals ernstlich darum bemüht zu haben, daß seine Kinder das Alltagsleben der Schwarzen kennenlernten." Die ganzen letzten fünfzehn Jahre hatte er sein ständig steigendes Einkommen dazu verwandt, seine beiden Kinder im San Fernando Valley und später in New Jersey, in einem ruhigen Wohnviertel außerhalb der Großstadt, aufzuziehen. Nun mußte er feststellen, daß trotz all der Wiederveröffentlichungen von Jazzaufnahmen, die er mit nach Hause brachte und trotz ihrer Begegnungen mit all den schwarzen Popmusikern, mit denen sie durch seinen Beruf so in Berührung kamen, seine Kinder meinten, Phil Collins sei genauso "funky" wie Cameo und auf den Straßen rumhängen mache wesentlich mehr Spaß, als Verwandte irgendwo in einem schwarzen Viertel der USA zu besuchen.

Nicht, daß er sich dafür entschuldigte, daß er das Bestmögliche für seine Familie getan hat, noch sollte er das tun. Integrierte Schulen, der Lebensstil der Oberklasse und die Aussicht auf das College und eine bedeutende Karriere, darum ging es. Als die Kinder jedoch größer wurden, stellte es sich heraus, daß sie die Dinge ganz anders sahen. Ihm klang es so, als hätten sie nichts begriffen oder anerkannt, von den demonstrativen Aktionen bis Soul Food (der Küche der Schwarzen), vom Wohlfahrtsstaat bis James Brown. Er fragte sich laut, ob er etwas falsch gemacht habe und wenn, was hätte er anders machen können?

Ich habe diesem Buch mit Absicht einen provokanten Titel gegeben, aber eben einen, der die Perspektive der schwarzen Musik und der schwarzen Kultur ganz allgemein nach dem zweiten Weltkrieg zusammenfassend ausdrückt. Es ist etwas gestorben. Es mag in irgend einer Form wieder aufleben. In der Tat bin ich dessen sicher. Aber nur, indem wir diesen Tod genau erforschen, können wir verstehen lernen, auf welche Weise dieses unbestimmbare "gewisse Etwas" wiedererweckt und am Leben gehalten werden kann.

Zunächst einmal, was ist das eigentlich, Rhythm & Blues? Für das Anliegen dieses Buches hat es zwei Bedeutungen, eine musikalische und eine sozio-ökonomische. Die Bezeichnung entstand in den vierziger Jahren als Beschreibung der Synthese verschiedener Musikrichtungen der Schwarzen - Gospel, Bigbandswing, Blues - die, zusammen mit neuen Techniken, speziell dem immer beliebter werdenden elektrischen Bass, eine anfeuernde, schwungvolle Form populärer Musik hervorbrachte. Ein Jahrzehnt später würde man sie dann Rock & Roll nennen, um ihre schwarzen Wurzeln zu verbergen, und in der Folge sollten noch Soul, Funk, Disco, Rap und andere Ableger aus diesen Wurzeln entstehen. Durch dieses ganze Buch hindurch werde ich immer wieder die Bezeichnung "Rhythm & Blues" in Verbindung mit den anderen Begriffen benutzen, denn sie sind historisch eng miteinander verknüpft, wie sich auch die wesentlichen Elemente dieser Musik nie geändert haben.

Aber die "Welt des Rhythm & Blues" bedeutet noch etwas anderes, außerhalb der Musik liegendes. R&B - wie die Musik im allgemeinen - war immer ein wesentlicher Teil (und für mich ein mächtiges Symbol) einer schwarzen Gemeinde, wie sie durch die allgemeinen politischen, wirtschaftlichen und geographischen Bedingungen zusammengeschweißt worden war. Als die Mitglieder schwarzer Familien von den Feldern des Südens in die Fabriken des Nordens flohen, brachten sie mit sich Koffer mit Kleidung,

Geschichten aus ihrer Kindheit, Musik aus ihren Kirchen und Hoffnungen auf einen Neuanfang in den neuen Städten. Während die Städte ihnen neue Arbeitsmöglichkeiten und den Bruch mit ihrer ländlichen Vergangenheit brachten, boten sich ihnen gleichzeitig mit diesen positiven Veränderungen neue Hindernisse - enge, überfüllte Wohnungen, der immer wiederkehrende Mangel an Jobs und die harte Lektion, daß die grundlegenden Ungleichheiten im Leben der Schwarzen in Amerika nicht durch einen Szenenwechsel verschwinden würden.

Heute sind wir uns des verheerenden Anblicks schwarzer Slums (und der anderer ethnischer Gruppen in der Stadt), dezimiert von Verbrechen, Armut, Arbeitslosigkeit und Drogen, nur allzu bewußt. Was wir aber vergessen haben, ist, daß diese Nachbarschaften einstmals vor Leben vibrierten und eine ungeheure Vielfalt besaßen, Heimat nicht nur für Straßenbanden, sondern auch für Ärzte, Rechtsanwälte und schwer arbeitende Leute aller Berufe. Obwohl der Unterschied zwischen den Besitzenden und den Habenichtsen schon immer offensichtlich war, entwickelte sich durch die Wechselwirkung zwischen diesen breitgefächerten Volksgruppen eine wirkliche, lebendige Kultur. So spiegelte sich auch in der Musik und darin, wie sie verkauft und gekauft wurde, das kommunale, städtische Leben.

Die Reaktion der schwarzen Gemeinden auf die Möglichkeiten, die sich nach dem zweiten Weltkrieg boten, war der Versuch, vorwärtszukommen, sei es durch die Hinwendung zum Magazin 'Ebony' oder zur Nation des Islam, beide aus dem Optimismus und der Verzweiflung der Chicago South Side geboren. Mögen sich diese Institutionen auch grundlegend unterschieden haben, was die Taktik angeht, beide dienten als Katalysatoren für schwarze politische und ökonomische Bestrebungen. Diese Institutionen und ähnliche überall im Lande wurden von der Gesamtheit der Stadtbewohner getragen: in Frisörläden und Schönheitssalons, in Lebensmittelläden und Theatern, an Straßenecken und in Plattenläden, wo Schwarze jeglichen Alters zusammenkamen und arbeiteten, oft für weiße Arbeitgeber, obwohl durch den vereinten Protest der Schwarzen die Anzahl der schwarzen Eigentümer allmählich stieg.

Trotz ihrer vielen und manchmal miteinander in Konflikt geratenden Tagesfragen wurde diese ganze Gemeinde, wenigstens eine Zeitlang, von dem gemeinsamen Wunsch zusammengehalten, rechtliche Gleichstellung zu erlangen, dem offenen und verkappten Rassismus ein Ende zu bereiten und sowohl innerhalb als auch außerhalb ihrer eigenen Kreise eine feste Machtposition zu erreichen. In diesen Punkten stand die schwarze Gemeinde geschlossen wie ein Mann. Und zum Erstaunen von jedermann sollte diese Zielstrebigkeit (sie war auch die Essenz der Rhythm & Blues-Welt) mit dazu verhelfen, die verschlossenen Türen aufzubrechen und viele entscheidende Gesetze in den fünfziger und sechziger Jahren durchzubringen. Und als "freedom" - die Freiheit - dann kam, fanden sie manche Schwarze so greifbar wie das Geld auf der Bank, was nach dem amerikanischen Wertesystem so real ist, wie es nur sein kann. Der schwarze Geschäftsführer der Plattenfirma und andere seiner Generation entdeckten in dem desegregierten Amerika einen Ort voller unerwarteter materieller Genüsse, wie es sich seine Eltern niemals hätten vorstellen können.

Es gab da aber ein Problem. Die gleichen Gründe und Energien, die diese Welt einstmals zusammengeschlossen hatten, brachten sie nun auseinander, und hier ist es nun nicht nur lehrreich, sondern meiner Ansicht nach ganz wesentlich, einmal zu betrachten, was das alles für die Musik bedeutet hat. Genau wie dieser Geschäftsführer der Plattenfirma, kann auch ich das Gefühl nicht loswerden, daß in dieser ungeheuren Dünung von Veränderungen in der schwarzen Gemeinde seit dem zweiten Weltkrieg etwas ganz Wesentliches in der Tat verloren gegangen ist. In den zwanzig Jahren seit der "Great Society", die einen Höhepunkt in der R&B-Musik darstellt, ist von der Gemeinde, die die soziale Veränderung und die künstlerische Kreativität inspiriert hat, nur noch die leere Hülle übrig: leider bedeutete der Erfolg der Bewegung hin zur sozialen Veränderung das Ende der R&B-Welt, während gerade der Antrieb hinter dieser Bewegung zur größten Inspiration für diese Musik wurde. Eine der unterschwelligen Absichten der Integration war, daß eine solide Ausbildung unter Weißen Schwarze hervorbringen sollte, die intellektuell und sozial qualifiziert wären, um in das Amerika der Mittelklasse, der weißen Kragen und der Geschäftsverbindungen hineinzupassen. Aber nur selten, außer bei denen, die außerhalb der orthodoxen Bürgerrechtsbewegung standen, wurde darüber diskutiert, welche Art von Menschen, geistig und moralisch, dieser "Fortschritt" hervorbringen würde. Die Wahrheit ist, daß viele Schwarze, nicht durch eigene Schuld, den Kontakt mit der Einzigartigkeit ihres Volkes und ihrem eigenen Erbe verloren, da sie sich ja in erster Linie nach den Werten der Weißen als Modell ausrichteten. Der Schlachtruf der sechziger Jahre "Black is Beautiful" - Schwarz ist schön - wurde in den Achtzigern mit Nasenkorrekturen und blauen Kontaktlinsen beantwortet. Auf der Suche nach einem anglisierten Image ihrer selbst, wurden diese "transformierten" Schwarzen mit ihrem Glauben, daß jedes Opfer gerechtfertigt sei, wenn es gilt, mehr Kapital anzuhäufen, zu einem zweifelhaften Triumph der Assimilation. Interessanterweise haben europäische Immigranten der zweiten und dritten Generation dieselbe kulturelle Isolation erfahren.

Als Folge dieser weitgespannten sozialen Veränderungen ist die schwarze Kultur und besonders die R&B-Musik verkümmert. Die Musik ist einfach nicht mehr so ursprünglich oder inspiriert oder so eingestimmt auf die Bedürfnisse ihres Stammpublikums, wie sie es einmal war. Man vergleiche die frühe Aretha Franklin mit Whitney Houston. Aretha Franklins Musik stützte sich ganz stark auf die Erfahrungen im Herzen der Großstadt und besonders auf die schwarze Kirche. Wenn sie das vergißt, gerät sie ins Schleudern. Whitney Houston ist höchst talentiert, aber der größte Teil ihrer Musik ist so "farbenblind", so sehr ein Produkt der achtziger Jahre mit ihrem "crossover marketing", daß in ihren kommerziellen Triumphen eine geistige Leere zutage tritt, die ihrer eigenen Wurzeln im Gospel spottet.

Während nun viele Schwarze finanziell erfolgreich waren, haben besonders die letzten Jahre erhöhte ökonomische Ungleichheiten in der schwarzen Gesellschaft mit sich gebracht. In der Tat sind die kritischen Unterschiede in den Gemeinden, ein Schlüssel zur Kultur, zum großen Teil verloren gegangen, denn die Ärzte - ebenso wie die Plattenproduzenten - leben im allgemeinen weit von ihren Patienten und ihrem Publikum entfernt. Wieder gibt uns die Musik das beste (oder schlimmste) Beispiel dafür durch das weitgespannte Netz von Leuten, die mit dem Vermarkten eines Songs befaßt sind. Natürlich haben sich zuerst die Musiker in diesem "Flucht"-Syndrom verfangen, aber ebenso Händler, Konzertagenten, Inhaber von Plattenläden und, was das wichtigste ist, Diskjockeys und ihre Arbeitgeber. Das führt mich zu einem der Schlüsselelemente in meiner Geschichte: das Radio ist historisch so eng mit dem Bewußtsein der Schwarzen verbunden, daß es bis ins Zeitalter des Fernsehens hinein ihre vornehmste Quelle der Unterhaltung und der Information geblieben ist. Selbst in dieser VCR- und CD-erfüllten Aera spielt der schwarze Rundfunk eine ungeheure Rolle bei der Formung des Geschmacks und der Meinungen der Schwarzen - wofern er sich auf sein schwarzes Publikum besinnt. Wie ich darlegen werde, erlaubt sich der schwarze Rundfunk in zunehmendem Maße, diese Hörerschaft zu vergessen oder zu ignorieren. Es ist eine Wahl mit schlimmen Konsequenzen für die Welt des R&B.

Wenn Sie weiterlesen, bedenken Sie, daß dies nicht eine erschöpfende oder umfassende Geschichte der Rhythm & Blues-Musik ist, noch sollte sie das jemals sein. Zunächst einmal glaube ich nicht, daß es möglich wäre, eine solche Geschichte zu schreiben. "Erschöpfend" ist ein Ausdruck für Kritiker, die vergessen haben, daß Geschichte ebenso viel mit Anschauung wie mit Fakten zu tun hat. Sie finden hier auch keine Enzyklopädie von Lebensläufen. Die Menschen, die in diesem Buch beschrieben werden, wurden ausgewählt, weil sie herausragende Persönlichkeiten sind, weil sie ein eindrucksvolles Verständnis der schwarzen Musikgeschichte haben oder weil sie - manchmal negativ, manchmal unbeabsichtigt - die Richtung oder den Charakter der R&B-Welt beeinflußt haben.

Ich wollte ein Buch schreiben, daß einen Schnitt bieten soll durch die vielen Schichten der R&B-Welt und vielleicht auch den Blick auf einige der Gebiete lenkt, die unfairerweise vernachlässigt worden sind, von Akademikern und Journalisten gleichermaßen. Das bedeutendste davon ist nach meiner Meinung der schwarze Rundfunk, darum habe ich mich auch so weitgehend auf dessen Geschichte konzentriert. Dadurch, daß ich die Entwicklung des schwarzen Rundfunks, das Entstehen der unabhängigen Plattenfirmen, die Entwicklung der Absatzmöglichkeiten für den Einzelhandel und die Struktur der heutigen Plattenfirmen miteinander verknüpft habe, hoffe ich, daß ich damit eine Lücke für die kritische Phantasie füllen konnte und eine Geschichte erzählen, die die Essenz des R&B ist. Alle diese Faktoren und Figuren, im Verein mit der Kreativität und dem Talent der Künstler, wirken zusammen bei der Entscheidung, welche Künstler von Bedeutung sind und welche nicht - welche von ihnen heute die großen Stars sind und wo wir die von morgen finden. Darum verbringe ich genau so viel Zeit damit, mir die Geschäftsleute anzusehen wie die Musiker; meine Erfahrung als Journalist und mein Instinkt als Kritiker sagen mir, wo es eine Geschichte zu erzählen gibt.

Aber da ist noch ein Punkt, der über die Diskussion in der Musik hinausgeht. Wie ich schon am Anfang andeutete, fehlt da etwas im schwarzen Amerika, und Symptome der Krankheit finden wir in seiner Musik. Aber ich will ja auch nicht, daß dieses Buch nur ein einziges Loblied wird. Wenn es eine Idee gibt, von der man sagen kann, sie sei die Inspiration zu dem Buch "Der Tod des Rhythm and Blues" gewesen, dann von dieser: "An jedem gegebenen Punkt der Geschichte kann man an unserer Musik merken, daß da Schwarze am Werke sind." Ich habe das unzählige Male von Schwarzen sagen hören, aber zu meinem Ärger haben sie nie über den Zustand der Schwarzen nachgedacht. Sie gaben nur ein hübsches Stückchen Rhetorik von sich. Ich habe mir dieses Stückchen Rhetorik zu Herzen genommen. Indem ich über die Gegenwart und die Zukunft nachdachte, ging ich auf Suche in der Vergangenheit. Ich fand den "Tod des Rhythm and Blues."

Nelson George
Brooklyn

I

PHILOSOPHIE, GELD UND MUSIK (1900 - 1930)

Einer großen Anzahl von Amerikanern, die Worte der Demokratie wie "Brüderlichkeit" und "getrennt fallen wir" schon mit der Muttermilch eingesogen hat, wird es bei dem Gedanken unbehaglich, daß eine ethnische oder soziale Gruppe es als notwendig erachtet, sich zusammenzuschließen und Ziele hat, durch die sie sich klar und absichtsvoll vom Rest des Landes abheben. Nichtsdestoweniger waren rassische, nationale und religiöse Machtblöcke von jeher von entscheidender Bedeutung dafür, wie die Macht in diesem Lande gehandhabt wird.

Da ihnen die Bürgerrechte vorenthalten wurden, war es für die Schwarzen sehr schwer, in Amerika Machtpositionen zu erlangen. Seit wir als Sklaven in dieses Land geführt worden waren, bildeten wir in einzigartiger Weise einen isolierten Teil in diesem "Schmelztiegel der Nationen". Trotzdem ist die Idee der rassischen Einheit, ein Plan für die Schwarzen und ein Festhalten daran - wie das die Juden, Italiener und Iren so erfolgreich getan haben - nie voll verwirklicht worden. Assimilation oder Eigenständigkeit? Innerhalb der Realität des amerikanischen Systems sind beide unerläßlich für den Fortschritt, aber das Denken der schwarzen Amerikaner wurde beherrscht von einer Strategie, die den rassischen Machtblock schwächt zugunsten einer amerikanischen Identität sehr zweifelhafter Art. Wir sehen die Wurzeln dieser Debatte schon in den gegensätzlichen Philosophien von Booker T. Washington und W.E.B. Du Bois, den bedeutendsten Führern der Schwarzen im frühen zwanzigsten Jahrhundert.

Von seinem Standort auf dem Campus des Tuskegee-Institutes in Alabama knüpfte Washington ein weitgespanntes Netz von Förderern, angefangen vom Präsidenten Theodore Roosevelt bis zu den Leitern der schwarzen Medien. Der Industrielle Andrew Carnegie gab dem College einmal 60.000 $ in Wertpapieren der US-Steel unter der Bedingung, daß 15.000 $ davon den persönlichen Bedürfnissen Washingtons und seiner Familie zugute kommen sollten. Mit solchen Freunden konnte der Ex-Sklave genug Einfluß gewinnen, um quasi der offizielle Führer der Schwarzen in den USA zu werden. Es heißt, er habe die Macht gehabt, ein Veto bei föderativen Abmachungen im Süden einzulegen, nicht nur für die Schwarzen, sondern auch für viele Weiße, und daß er genug Verbindungen hatte, um immer irgendwie gegen die schwarzen Institutionen anzukommen, die sich gegen ihn stellten.

Diese beängstigende Macht erlangte Washington nicht dadurch, daß er sich für seine Leute um Gleichheit und Bildungschancen bemühte, sondern um Berufsausbildung auf dem Gebiet des Handwerks. (Tuskegee zum Beispiel wurde eine der besten landwirtschaftlichen Fachhochschulen des Südens). Seine praktische Vision brachte ihn zu dem Schluß, daß die Schwarzen in Amerika überleben würden in ihrer Funktion als geschickte Handwerker, die ihren eigenen Betrieb in einer segregierten Zunft leiten konnten. Er hatte den Gedanken im Hinterkopf, daß die Schwarzen am Ende so geschickt werden sollten, daß die Nachfrage der weißen Geschäftsleute nach qualifizierten Arbeitern den Rassismus besiegen würde. Als Antwort auf die Forderung nach Gesetzen, die ihnen die Bürgerrechte geben sollten, schrieb Washington Anfang des zwanzigsten Jahrhunderts: "Verstand, Eigentum und Charakter des Negers werden die Frage der Bürgerrechte von selbst lösen. Die beste Linie, die man im Hinblick auf die Bürgerrechte verfolgen kann, ist die, sich nicht darum zu kümmern. Kümmere dich nicht darum, und alles wird sich von selber regeln. Gute Lehrer und ausreichend Geld, sie zu bezahlen, das wird einen größeren Einfluß auf die Lösung der Rassenfrage haben als irgendwelche Bürgerrechtserklärungen und Untersuchungskomitées."

Unglücklicherweise wurde er, damals wie heute, von vielen Schwarzen als ein "Uncle Tom" (das Sinnbild der Unterwürfigkeit) angesehen. Als ungehindertes Mitglied des herrschenden Establishments weigerte er sich kategorisch, gegen den Lynchmord anzugehen, das Wahlrecht der Schwarzen in den Südstaaten zu verfechten oder sonst in irgend einer Form ein kriegerischer Wortführer in der Tradition des Frederick Douglass zu sein, der ihm als Führer der Schwarzen voraufgegangen war.

Washington war ein Paradoxon. Er wollte nicht für das Bedürfnis nach Ausdehnung der politischen Macht der Schwarzen eintreten, erstrebte aber und erwarb fast soviel Macht in der Hauptstadt der Nation wie eine kleine Handvoll gewählter Amtsträger und Industriemagnaten. Er konnte in einer Rede argumentieren, daß ein Schwarzer sein eigenes Lynching geradezu herausgefordert habe, auf der anderen Seite brachte er die Arbeit des Tuskegee College mehr als einmal dadurch in Gefahr, daß er potentielle Opfer auf dem Campus versteckte.

Seine Philosophie des pragmatischen Kapitalismus und der politischen Anbiederung wurde von der schwarzen Elite der Nordstaaten wütend attackiert. Seine Führerschaft brachte sie auf, die Einengung, die seine politische Durchsetzungskraft ihnen auferlegte, nahmen sie ihm übel. Möglicherweise hätte sich eine Annäherung herbeiführen lassen, wäre Washington nicht so dogmatisch gewesen, aber er betrachtete jede Abweichung von seinem Programm als Verrat. Als daher 1903 der junge Historiker und Aktivist W.E.B. Du Bois Washington in "The Souls of Black Folk" scharf attackierte, indem er seine Politik heruntermachte und neue Vorgehensweisen vorschlug, da war der philosophische Krieg auf der ganzen Linie im Gange. Für Du Bois, der von noch militanteren Anti-Washingtonians unterstützt wurde, kam die Politik zuerst. Er sah den Schlüssel zur Befreiung der Schwarzen in der Ausbildung und dem Wahlrecht. Dann könnten sie die Weißen zwingen, nach den Worten der Konstitution zu leben und zu handeln.

Die Führung sollte in den Händen derer liegen, die Du Bois "das talentierte Zehntel" nannte, die privilegierte, gebildete schwarze Elite. (Es ist, wie wir sehen werden, von nicht geringer Bedeutung, daß Du Bois sich selbst eindeutig in dieses Zehntel einschloß). Aus Du Bois' fruchtbarem Geist entsprang die Idee der "National Association for the Advancement of Colored People" (die Nationale Vereinigung zur Förderung der Schwarzen - NAACP), was die Bürgerrechtsbewegung dazu anregte, erfolgreiche Schwarze als Modellbeispiele für ihre Rasse hinzustellen. Und daraus ging der schwarze Drang nach Integration hervor (mit der Hilfe liberaler Weißer).

Washington betrachtete das schwarze Amerika als eine Pyramide, mit sich selber an der Spitze, seinen Beauftragten und Verbündeten in der Mitte, und unten am Grunde, auf ihren Farmen, in Fabriken und kleinen Geschäften, war die Masse der übrigen Schwarzen. Für Du Bois war die Pyramide oben an der Spitze mit gebildeten, (und hellhäutigeren) Schwarzen von gepflegten Umgangsformen besetzt, während unten die Masse der Schwarzen folgte. Bedauerlicherweise konnte sich keiner der beiden Führer vorstellen, daß diese beiden Pyramiden in Harmonie nebeneinander existieren könnten. Wie der schwarze Essayist James Weldon Jones 1933 schrieb: "Wer mit dieser Phase im Leben der Neger über eine Zeitspanne von 12 oder 14 Jahren nach 1903 nicht vertraut ist...kann sich die Bitterkeit des Antagonismus zwischen den beiden Flügeln nicht vorstellen".

Meiner Meinung nach war Washingtons Strategie des vermarktbaren Könnens und der harten Arbeit bewundernswert als praktische, wirtschaftlich gesunde Art, die Schwarzen nicht nur zu mobilisieren, sondern zu ernähren und zu beschäftigen (jedoch nicht unter Ausschluß von Du Bois und seinen Mitstreitern). Aber Washington und seine Philosophie gerieten in Verruf, teils durch die Gegenwehr gegen seinen autoritären Stil und teils dadurch, daß er keinen Nachfolger hatte, der stark genug war, seine Vorstellungen weiterhin zu vertreten und sein Netz von Kontakten aufrechtzuerhalten. Letztlich aber kam sein Niedergang daher, daß die schwarze intellektuelle Elite Du Bois' Vision viel anziehender fand, nicht zuletzt aus Eigeninteresse. Die Zurückweisung Washingtons und der Aufstieg der NAACP bedeutete, daß die Forderung nach Assimilation zum dominierenden Bestandteil der schwarzen Pläne wurde. Der Sieg Du Bois' zeigt sich gerade heute. Jede Umfrage unter schwarzen Amerikanern würde den dringenden Wunsch offenbaren, noch vollständiger in den Hauptstrom des weißen Amerika aufgenommen zu werden.

Nur eine kleine schwarze Minderheit würde offen für größere Unabhängigkeit streiten. Ich gehöre selbst zu dieser Minderheit, nicht, weil ich die Weißen nicht mag oder den amerikanischen Traum geringschätze - jedenfalls beides nicht völlig - sondern weil ich dem Triumph der Assimilationisten, in den achtziger sowohl wie in den zwanziger Jahren, keinen großen materiellen Wert beimesse, was die Verbesserung der Lebensqualität für die meisten Afro-Amerikaner angeht.

Diejenigen, die Washington in der größeren Frage der Rassengleichheit für rückständig halten, werden viel Zündstoff für ihre Argumente in den Besonderheiten seines ökonomischen Programms finden, mit seiner Orientierung an der Landwirtschaft. Aber diese Konzentration ergab sich daraus, daß zu dieser Zeit die meisten Schwarzen im nicht industrialisierten Süden lebten. Es gibt keinen Grund zu der Annahme, Washington würde seine Strategien nicht den technischen Möglichkeiten angepaßt haben, die dieses Jahrhundert bietet.

Solche grundlosen Kritiken haben jedoch dazu beigetragen, Washington wie einen Neandertaler anzusehen. Ein typisches Beispiel dafür, wie man Washington in den populären Künsten runtermacht, ist das Portrait, das Moses Gunn von ihm in dem Film "Ragtime" gibt. Darin liegt eine gewisse Ironie, denn ausgerechnet auf dem Felde der Kunst hatte Washington einen seiner besten, leider nicht verwirklichten Einfälle. Die Einführung und der Mißerfolg dieses Projektes geben uns eine gute Vorstellung davon, warum eigenständige, ökonomische Vorhaben der Schwarzen immer wieder zunichte gemacht worden sind.

Im Frühjahr 1915 kam ein Film von D.W. Griffith heraus, "Birth of a Nation", nach einem Roman von Thomas Dixon, "The Clansman", der gleichermaßen Bewunderung und Schrecken im ganzen Land erregte. Im fünfzigsten Jahr nach Beendigung des Bürgerkriegs nährte das Epos von

Griffith jeglichen rassistischen und reaktionären Instinkt im Lande und schrieb die Geschichte des Krieges und des Wiederaufbaus neu, gesehen mit Augen, die nur Bestialität bei den Schwarzen, Korruptheit bei den Sklavenbefreiern aus dem Norden und Patriotismus hinter dem Schreckensregiment des Ku Klux Klan sahen. Daß Griffith die neuesten technischen Erfindungen des Kinos dazu nutzte, diese haßerfüllten Bilder von schwarzer Bosheit und weißer Unschuld zu schaffen, ist typisch für Amerikas bekannte Taktik, brilliante Technik mit destruktiver Darstellungsweise zu paaren.

Die Schwarzen waren empört. Aber wie sollten sie diese Empörung artikulieren? Es gab weitverbreitete Proteste, die aber zu nichts führten, weder zur Unterdrückung des Films noch zur Schwächung seiner Anziehungskraft an den Kinokassen. Du Bois, Herausgeber des Hausblattes der NAACP, "Crisis", äußerte die Notwendigkeit einer Gegendarstellung und beteiligte sich an einem Filmentwurf dazu, den die NAACP-Beauftragten dann zum Präsidenten der Universal Studios, Carl Laemmle, brachten. Der Filmzar stimmte zu, den Film zu machen, wenn die NAACP sich mit der Hälfte des Geldes daran beteiligte. Die betuchten weißen Mitglieder der Organisation weigerten sich.

Unten in Tuskegee begannen Washington und sein Sekretär, Emmett J. Scott, nach einem Weg zu suchen, wie sie ihren eigenen Film machen konnten. Nach einigen unbefriedigenden Verhandlungen mit weißen Gesellschaften entschlossen sich Washington und Scott, den Film selber zu drehen. Sie beschafften sich Filmmaterial, kauften Projektionsapparate, berechneten die Kosten für das Drehen auf dem Campus und schrieben ein Drehbuch, das auf der propagandistischen Autobiographie Washingtons, "Up from Slavery", basierte. Sie trafen eine Übereinkunft mit einem schwarzen Chicagoer, Edwin Barker von der Advance Motion Picture Company, der die Produktion übernehmen sollte und ihnen die Mitarbeit nicht nur seiner selbst, sondern auch die der sechshundert Abteilungen der National Negro Business League und der schwarzen Presse beim Aufbringen der nötigen Gelder und beim Bekanntmachen des Projektes versprach. Es sah aus wie die Formel für einen von Schwarzen geleiteten Versuch in großem Stil, nicht nur "Birth" zu widerlegen, sondern ein Filmstudio aufzubauen mit dem Segen der stärksten, damals existierenden Institution.

Aber am 14. November 1915, bevor der Handel mit Barker abgeschlossen war, starb Washington in Tuskegee. Scott war jedoch fest entschlossen, das Filmvorhaben fortzusetzen und unterzeichnete im Monat darauf bei Barker. Sehr viele Weiße und Schwarze guten Willens investierten Zeit und Geld in "Birth of a Race", aber ohne den Einfluß Washingtons glitt der Film in die Hände von Gangstern, Schwindlern und Inkompetenten, zu denen nicht zuletzt Barker selbst gehörte. Einmal erzählte Barker der Zeitschrift "Variety", in dem Film ginge es überhaupt nicht um Schwarze. Er wurde im November 1918 in Chicago uraufgeführt und war, nach allem, was man hört, eine Travestie der Bemühungen von Washington und Scott.

Wenn Washington noch am Leben geblieben wäre und das Projekt hätte zu Ende führen können, dann zweifle ich nicht daran, daß er sein Ziel erreicht hätte, Griffith eindrucksvoll zu widerlegen. (Das heißt natürlich nicht, daß es unbedingt ein guter Film hätte werden müssen, denn politische Führer sind nur selten auch begabte Künstler). Abgesehen von dem Film selber, wer weiß, zu welchen Projekten er Anregung gegeben hätte? Denn der Kern des Ganzen war eine unabhängige Produktionsgesellschaft - die Verwirklichung von Washingtons Vorstellung ökonomischer Eigenständigkeit. Und die schwarze Kultur hätte immens davon profitiert. Trotz dieses Fehlschlags sollten andere kommen, die das Konzept des unabhängigen schwarzen Films aufgriffen oder doch zumindest die Vorstellung, daß das schwarze Publikum ein vielschichtigeres Bild von sich zu sehen wünschte, als Hollywood ihm bot. Aber ihre Bemühungen wurden ebenso durch die Schwierigkeit behindert, Geld aufzutreiben, wie durch das Monopol der Studios auf die Theater, das sie bis in die fünfziger Jahre aufrechterhielten.

Es gibt nicht viele historische Hinweise auf Washingtons Beziehung zur Musik und wenn man die Intensität seiner Bemühungen auf anderen Gebieten betrachtet, hat er sich mit der Musik wahrscheinlich nicht so eingehend befaßt. Washington, ein Produkt der steifen, festgefügten Welt der schwarzen Colleges, wie des Hampton Institute von Virginia und seines eigenen Tuskegee Institute, sah wohl herab auf das Blues Shouting und Banjo Picking, das durch den ganzen Süden hindurch populär war, während er sein Imperium aufbaute. Um die Jahrhundertwende war die Lieblingsmusik der schwarzen Elite der Stil des Chorgesangs, den man Jubilee Singing nannte, zu Ehren eines christlichen Gottes. Das war sauber, respektabel, seriös - eine Musik, von der Washington glaubte, sie könne die hart arbeitenden Massen motivieren.

Die Gleichgültigkeit des schwarzen Erziehers der Musik gegenüber ist eine Schande, denn Washington und seine Zeitgenossen in der schwarzen Elite wären gut beraten gewesen, wenn sie den Anfängen einer Industrie, die eine mächtige Waffe im Kampf um die Seele des schwarzen Amerika hätte sein können, mehr Aufmerksamkeit geschenkt hätten. In der Tat war diese Unkenntnis der Bedeutung der Musik, nicht als Mittel zur Unterhaltung, sondern als Werkzeug im sozialen und ökonomischen Bereich, eine Schwäche, an der noch die Nachfolger von Washington und Du Bois litten, die die Musik und ihr Milieu als vulgär ansahen.

Der Verkauf von "Race"

Die Plattenindustrie war anfangs nur ein Stiefkind des Musikalienhandels, denn die Unterhaltungsmusik wurde in erster Linie durch den Verkauf von Noten verbreitet. Vom ersten Weltkrieg an bis in die Mitte der zwanziger Jahre hatte der technische Fortschritt bereits eine Explosion des Plattenverkaufs bewirkt, was die Geschichtsschreiber der Musikindustrie dazu brachte, vom "goldenen Zeitalter" in dieser Periode zu sprechen. Der Ragtime, ein stark synkopierter Pianostil, aus den neuen Ideen schwarzer Komponisten wie Scott Joplin entstanden, war der populärste "Pop" Stil der ersten zwei Jahrzehnte, und die Masse der weißen Komponisten schlachtete ihn gewinnbringend aus. (Irving Berlin z.B. schrieb 1911 "Alexander's Ragtime Band"). Als die Zeitungen dann den Ragtime "vulgär, schmutzig und unzüchtig" nannten, wegen der vibrierenden, tänzerischen, sexuell gefärbten Note, die ihm eigen war, stimmte die schwarze Elite, immer höchst empfindlich gegenüber der Meinung, die die Weißen von ihnen hatten, dieser Ansicht zu mit dem Hinweis, solch offene Darstellung des "afrikanischen Geistes" stünde dem Fortkommen der Rasse im Wege.

Die Plattenhersteller indessen waren nicht bereit, wegen der Bedenken auf Grund von Klasse oder Rasse auf einen Profit zu verzichten. Man begann 1920 mit dem Verkauf von zehntausend Kopien von Mamie Smiths "Crazy Blues" auf Okeh, (damals ein Zweig der General Phonograph Company), und von da an war der talentierte Schwarze, der schwarze Musik interpretierte, ein integrer Bestandteil des Geschäftes. Schwarze Bands aus New Orleans, wie die Hot Five des Trompeters Louis Armstrong, große Ensembles wie die Orchester von Duke Ellington und Jimmy Lunceford, aber auch "Salonorchester", die in den Freimaurertempeln oder in den Elk's Halls spielten, waren die großen Favoriten.

In den Anfängen der Plattenindustrie geschah es dann zum ersten Mal, daß Geschäftsinteressen und der Name, den man einer Sache gab, eine Verbindung eingingen, zum Schaden der Schwarzen. Über den Ursprung der Bezeichnung "Jazz" ist schon immer gestritten worden, aber aller Wahrscheinlichkeit nach kam das Wort aus dem Slang der Schwarzen. Im Druck verbreitet wurde aber der Begriff durch die Weißen, die ihn als eine Musik definierten, die, anders als Ragtime oder Spiritual, die Betonung auf Improvisation legte. In erster Linie wegen seines Reizes als Tanzmusik wurde dieser Stil unter den Weißen so populär, indem ihn auch weiße Bands in immer größerem Umfang spielten, daß zwischen 1920 und 1940 der Jazz als weiße Musik angesehen wurde. In der Rückschau pflegen die Kritiker immer wieder darauf hinzuweisen, wie lächerlich es war, den blassen Bandleader der Zwanziger, Paul Whiteman, als "King of Jazz" zu bezeichnen. In der Tat, zu einer Zeit, als die Lynchjustiz im Süden einen Höhepunkt in diesem Jahrhundert erreichte, benutzte F. Scott Fitzgerald "The Jazz Age", um eine Periode weißer Duldsamkeit zu beschreiben - eine Duldsamkeit, die darin bestand, daß man, mehr zur Unterhaltung als zur Belehrung, den "primitiven" künstlerischen Ausdruck der Schwarzen kennenzulernen suchte. Das Schöne am amerikanischen Kapitalismus ist, daß er alles in seine Produktionsmaschinerie assimilieren, es verpacken und verkaufen kann, als sei es etwas völlig Neues. So wurde in der ersten Hälfte des Jahrhunderts der Jazz als Musik und als soziale Ausdrucksform zur Ware gemacht.

Während der Begriff "Jazz" Whiteman das gleiche Gewicht zugestand wie Ellington und Bix Beiderbecke Louis Armstrong gleichgestellt wurde, wurde die Bezeichnung "Race" (Rasse) auf diejenigen Formen schwarzer Musik angewandt - in erster Linie auf den Blues - auf die die Weißen und wiederum auch die schwarze Elite mit Geringschätzung herabsahen. Manche Autoren haben in den letzten Jahren den Gebrauch der Bezeichnung "Race Music", wie die Plattenfirmen jener Periode den Blues nannten, heftig angegriffen, aber, wie Albert Murray in "Stompin' the Blues" (1976) schrieb, Anfang des Jahrhunderts gehörte "Race" zum allgemeinen Sprachgebrauch der Schwarzen selber, um sich selbst zu definieren. "Die Tatsache bleibt bestehen - mögen manche Kritiker das auch vergessen haben - daß in der schwarzen Presse der zwanziger Jahre die prominentesten Führer und Sprecher der Neger sich als Führer und Sprecher der "Race" bezeichneten...die Entrüstung über die Terminologie, die auf den Platten benutzt wurde, geht meistenteils in eine falsche Richtung."

Ich halte in der Tat "Race Music" für eine gute Kennzeichnung dieser reizvollen Musik der ländlichen schwarzen Arbeiterklasse. Der Blues, ob in der klagenden Stimme einer Bessie Smith oder Ma Rainey oder in den dämonischen Gesängen und Gitarrenklängen der Delta-Blueslegende Robert Johnson, sprach immer die innersten Gefühle bei den Massen unassimilierter Schwarzer an, die das Stammpublikum der Bumslokale und Kneipen bildeten. Das heißt nicht, daß er nicht verfälscht werden konnte. Einer der schlimmsten Übeltäter war der schwarze Komponist der Mittelklasse, W.C. Handy, der nur deswegen der Vater des Blues genannt wird, weil er einer der ersten war, die ihn in Noten herausbrachten. Wiederum wurde es klar, schon vor dem zweiten Weltkrieg, daß die Bezeichnungen in der Geschichte der amerikanischen Musik ebenso wichtig sein konnten wie die Kreativität - und wenn es darum ging, jemandem ein Verdienst zuzuschreiben, sogar noch wichtiger.

Genau so entscheidend wichtig ist es, festzustellen, daß es in der Gemeinde ein aesthetisches Schisma gab zwischen den intellektuellen, mehr assimilierten schwarzen Stilrichtungen und den Klängen der Arbeiterklasse und der Landbevölkerung, ein Schisma, daß sich ausweitete, niedergehalten wurde oder ganz verschwand, je nach der Stimmungslage der Zeit.

Handy, sicherlich nicht der Daddy des Blues, hatte offensichtlich Einsicht genug, den ökonomischen Wert des Blues zu erkennen, was die meisten seiner Mittelklassekollegen nicht hatten. Abgesehen davon, daß er eine ganze Menge traditioneller Bluesmelodien, die er zwar arrangiert, aber nicht komponiert hatte, als seine Kompositionen ausgab, finanzierte Handy 1921 eine der ersten schwarzen Plattenfirmen, Black Swan. In den Anzeigen betonte Handy das auch. Auf der Plattenhülle von Trixie Smith' "Trixie's Blues" steht die stolze Behauptung "Die einzigen, nur von Schwarzen gemachten Platten" und "Die einzigen Platten mit ausschließlich Negerstimmen". Trixie Smith war eine "klassische" Bluessängerin in der Tradition der Bessie Smith und Ma Rainey, Handy aber, selbst ein gebildeter Mann, bemühte sich, mit der schwarzen Musik auch den Markt für die gebildetere Stadtbevölkerung zu erreichen. Der progressive schwarze Bandleader Fletcher Henderson wurde als musikalischer Leiter verpflichtet und Ethel Waters, eine Frau, deren Brillianz als Popsängerin von ihren späteren Erfolgen als Schauspielerin überschattet wurde, war sein prominentester Fang. Ich gebrauche die Bezeichnung "Pop" in bezug auf Ethel Waters nicht, um sie vom Blues zu distanzieren, sondern um ihr weiches, von keiner Volkszugehörigkeit gefärbtes Timbre zu charakterisieren, das sie zum Star am Broadway gemacht hatte. Ethel Waters hatte das, was man in späteren Jahren als das Potential zum "Crossover" bezeichnen würde. Wie aus einer anderen Black Swan-Anzeige hervorgeht, versuchte Handy, auf die Vielseitigkeit des schwarzen Talentes hinzuweisen: "Die einzige echte "Race"-Firma, die Tonaufnahmen macht. Alle Aktionäre sind Farbige, alle Angestellten sind Farbige. Die einzige Gesellschaft, die für ihre hochklassigen Liedaufnahmen nur "Race"-Künstler nimmt. Diese Gesellschaft produziert als einzige Firma große Opernaufnahmen mit Negern. Alle anderen beschränken diese Seite ihrer Arbeit auf Blues, Rags, Kabarettnummern etc."

Es war ein schöner Versuch, ein notwendiger Versuch, aber am Ende wurde es ein Mißerfolg. 1924 verkaufte Handy Black Swan an die Paramount Recording Company, ein Anhängsel des mächtigen Filmstudios. Es gab noch andere frühe Versuche mit Plattenfirmen von schwarzen Eigentümern, aber im Konkurrenzkampf mit den größeren Firmen in weißem Besitz hatten sie keinen Erfolg. Im ganzen gesehen schadete Handy und seinen Mitstreitern der Rassismus, ebenso aber auch der chaotische Vertrieb. Die größeren schwarzen Bands konnten unter der Flagge des Swing in den normalen Plattengeschäften verkauft werden; die "Race Music" hatte diesen Zutritt nicht. Selbst wenn sich ein Ausweg bot, so konnten die Firmen sich nur selten einen Manager leisten, der den Verkauf in die Hand nahm. Die Folge war, daß die Platten oft mehr oder weniger wahllos ausgeliefert wurden, genau so wahllos, wie es das Eintreiben der ausstehenden Rechnungen war. Die "Pullman Porters", die schwarzen Männer im weißen Jackett und mit schwarzer Mütze, die in den Eisenbahnwaggons bedienten, hatten ein Kommunikationsnetz im Untergrund aufgebaut, sie reisten quer durch das Land, brachten mündliche Neuigkeiten mit von einer Gemeinde zur nächsten, verkauften schwarze Zeitungen wie den "Chicago Defender" und auch Platten, die sie aus Chicago, New Orleans und St. Louis mitbrachten. Wenn sie dann in Tennessee, Mississippi oder Florida ankamen, hatten die Porter, die oft ganz gerissene Geschäftsleute waren, den Preis beachtlich in die Höhe getrieben. Aber die Auslieferer im Norden konten sie ja nicht zwingen, ihnen zu sagen, wieviel sie draufschlugen. "Race Records" fanden sich manchmal in sehr gut ausgestatteten Warenhäusern; selbst in einem Möbelladen konnte man sie gleich neben einem Victrola-Plattenapparat finden, um den Verkauf neuer Technologien zu fördern. In beiden Fällen konnte die Spanne zwischen den Plattenherstellern und dem eigentlichen Verkauf sehr groß sein. Ein weiterer Faktor, der den Plattenfirmen schadete, war, daß der größte Teil ihres Stammpublikums - die ländlichen Schwarzen - in Gegenden lebte, die auf Jahrzehnte hinaus noch nicht elektrifiziert sein würden.

Die ersten Wellen

Radiosendungen dienten nur selten dazu, gewagtere Formen der Musik zu übertragen. Wenn man in den zwanziger und dreißiger Jahren Swing liebte, konnte man Live-Übertragungen von Duke Ellington aus dem Cotton Club und von Chick Webb aus dem Savoy, Earl (Fatha) Hines aus dem Grand Terrace in Chicago oder vielleicht auch eine späte Sendung mit irgend einer kalifornischen Band aus dem West Coast Cotton Club mitbekommen. Bezeichnenderweise waren diese Übertragungen nicht an die Schwarzen gerichtet. Die Rundfunkexperten und Werbefachleute erfüllten nur Amerikas Verlangen nach Bigbandmusik. Es traf sich eben so, daß diese Bands nun einmal schwarz und populär waren.

Die ersten Programme, die sich der Race-Musik bedienten, hatten zum Ziel, die Schwarzen an ein bestimmtes Produkt heranzuführen. Mit den dreißiger Jahren begannen die Sponsoren, Blöcke von Sendezeiten zu kaufen, am Tage oder in der Nacht, um Schweinekoteletts, Chitlins (Kutteln, eine Spezialität der Schwarzen), gebrauchte Möbel, Patentmedizin und alles mögliche, von dem sie glaubten, daß es die Schwarzen reizen könnte, an den Mann zu bringen. Ein typisches Beispiel dafür ist die "King Biscuit Time", übertragen aus der volkreichen kleinen Metropole von Helena, Mississippi, ganz unten in der tiefschwarzen Deltaregion. Zur Mittagszeit brachten der Sänger und Harmonikaspieler Rice (Sonny Boy Williamson) Miller und der Gitarrist Robert Lockwood den Hörern fünfzehn Minuten Blues mit Grüßen der Hersteller des King Biscuit-Mehls. Zu einer gewissen Zeit war die Sendung so populär, daß man ein Produkt mit dem Namen Sonny Boy Maismehl auf den Markt brachte. Zwar wurden durch diese Sendungen ein paar 78er Platten verkauft, aber ihr Wert lag mehr darin, daß sie sowohl für den Verkauf von Maismehl warben als auch den Wert des Künstlers bei seinen Live-Auftritten erhöhten.

Aber normalerweise fanden die, die den unfrisierten Blues suchten, nichts davon auf Platten oder im Radio. Diese Gegenstände waren für die Freizeit der armen Schwarzen und der schwarzen Arbeiter bedeutungslos, und so war es auch für die Unternehmer, die auf diesen Markt zielten, offensichtlich keine sehr attraktive Investition. Statt dessen betrachteten viele schwarze und weiße Geschäftsleute mit Aufmerksamkeit das wachsende ökonomische Gewicht der konzentrierten schwarzen Gemeinden und machten ein anderes Ziel aus, den schwarzen Baseball. Von Schwarzen geleitete Teams hatte es schon 1885 gegeben. Eine Mannschaft aus Long Island hatte versucht, sich hinter dem Namen Cuban Giants zu verbergen.

In den zwanziger Jahren gab es zwei wichtige Ligen, die Negro National Baseball League und die Mutual Association of Eastern Baseball Clubs, dazu noch eine Anzahl unabhängiger Teams, die überall herumfuhren und auf ihren Touren durch die einzelnen Regionen die lokalen Mannschaften herausforderten. Gangster, Alkoholschmuggler - die sogenannten Bootlegger, - und Lottoinhaber sowie auch eine ganze Anzahl Entertainer besaßen ein Team. Zum Beispiel gab 1931 Louis Armstrong seinen Namen einer siebzehn Mann starken Mannschaft aus New Orleans, die sich dann Armstrong's Secret Nine nannte. Der gewichtigste Anwalt des schwarzen Baseball war Andrew (Rube) Foster, ein schwarzer Geschäftsmann und früherer Pitcher, der zum inoffiziellen Bevollmächtigten für die siebzehn Teams der Negro National League wurde. Er war der Überzeugung, daß der schwarze Baseball gewinnbringender und aufregender sein könnte, wenn er besser organisiert wäre. Über die ganzen nächsten vierundzwanzig Jahre tat sich seine Liga, trotz vieler Änderungen der Titel, Städte und Eigentümer, mit anderen Ligen zusammen, die wiederum von einer Anzahl anderer Schwarzer geleitet wurden, denn Foster hatte den Ehrgeiz, dem dringenden Wunsch der Schwarzen nach sportlicher Unterhaltung Genüge zu tun und dabei gleichzeitig auf und hinter dem Spielfeld den Schwarzen in einer Jim Crow-Welt Arbeitsmöglichkeiten zu schaffen. (Jim Crow ist das Symbol der Segregation). Außer einer Riege legendärer Baseballspieler, inklusive Pitcher Satchel Page, Outfielder Cool Papa Bell und Catcher Josh Gibson, kamen durch die Negro Leagues auch schwarze Geschäftsleute und Manager wie Cumberland Possey von den Homestead Greys und W. A. (Gus) Greenlee von den Philadelphia Crawfords nach oben, Männer, die sich nicht nur in den leitenden Büros hervortaten, sondern auch in der praktischen, der "Bunker"-Arbeit.

Auf den Baseballplätzen der Großstädte, wie dem Yankee Stadium in New York oder Chicagos Comiskey Park, ebenso wie auf den Spielplätzen im ländlichen Süden wurde der Baseball - eines der wenigen Gebiete, auf denen die Schwarzen ihre Kompetenz zeigen konnten - ein fester Bestandteil des schwarzen Gesellschaftslebens. Die Fans füllten die Ränge, angetan mit ihren Sonntagskleidern, kommentierten die Aktionen und aßen aus wohlgefüllten Körben. Live-Musik, vor und nach dem Spiel, aber auch zwischen den Runden, hob noch die festliche Athmosphäre.

Nach meiner Meinung war der schwarze Baseball, in seiner besten Form, eine Fortsetzung von Washingtons Vorstellung von schwarzer Eigenständigkeit. Natürlich waren nicht alle Inhaber oder Verwalter schwarz. Ebensowenig erfüllte seine Existenz in irgend einer Weise die Sehnsucht der Schwarzen nach Integration in die weißen Ligen. Aber die Negro Leages schufen schwarze Stars, trainierten schwarze Manager und beschäftigten Schwarze in unterstützenden Positionen. Und der schwarze Baseball schrie es allen, die hören konnten, in die Ohren, daß, wie in der Tradition anderer Volksgruppen, eine gewisse Solidarität der Gruppen untereinander ökonomischen und sozialen Nutzen zeitigen könnte.

Die Debatte Assimilation contra Eigenständigkeit und das Verlangen, die Bezeichnungen in der schwarzen Musik einer Revision zu unterziehen, wurden im Laufe des zweiten Weltkrieges immer intensiver. Neue Elemente kamen auf, die auf schwarze Philosophie und Musik einwirkten. Viele dieser Wandlungen entwickelten sich aus dem nie versiegenden Strom der schwarzen Kreativität. Aber genau so wichtig sollte das Zusammengehen von Technologie und Kommerz werden, das eine neue Musik, eine neue Aesthetik und eine Generation höchst lebendiger Sprecher hervorbrachte.

II

DUNKLE STIMMEN IN DER NACHT (1930 - 1950)

Die Schwarzen hatten vom Ende des Bürgerkriegs bis zur Präsidentenwahl 1932 immer loyal zur Partei der Republikaner gestanden, bis sie sich endlich von der Partei Lincolns, der Emanzipations-Proklamation und des Wiederaufbaus lösen mußten. Franklin Delano Roosevelts New Deal beendete diese Romanze, die angesichts der "Jim Crow"-Situation und der unaufhörlichen physischen und psychischen Gewaltakte gegen Schwarze der Prüfung nicht standgehalten hatte. Die Schwarzen als die Ärmsten der gebeutelten Nation hatten das meiste zu gewinnen durch die Einführung des sozialen Sicherheitssystems, der Mindestlöhne und öffentlicher Arbeitshilfsprogramme, durch die Jobs, Spielhallen, Parks und Bibliotheken in ihren Gemeinden geschaffen wurden. Das Programm des New Deal gab auch manchem schwarzen Künstler eine Chance zur Weiterbildung. Zwei der prominentesten Autoren der Nachkriegszeit, Richard Wright und Ralph Ellison, verdienten sich ihren Lebensunterhalt mit der Arbeit für den Federal Writers Workshop.

Der politische Wandel in der schwarzen Gefolgschaft und die Hilfsprogamme des New Deal mögen den Schwarzen geholfen haben, was den Lebensstandard angeht und mit Sicherheit auch in der verfeinerten Welt der Kunst, aber niemand - nicht einmal die aufgeschlossenen Roosevelts - zog ein radikaleres Programm in Betracht, durch das innerhalb der schwarzen Gemeinden ökonomische Anreize geschaffen würden, niemand richtete sich gegen die fundamentale soziale und politische Rechtlosigkeit der Schwarzen. Der Präsident war kein Verfechter des Pachtsystems, aber der Gedanke, es könne ein getrennt existierendes Gebiet schwarzer ökonomischer Aktivitäten geben - sei es auch nur etwas so Simples wie die Hilfe zum Erwerb eigenen Landes für die Schwarzen - wäre eine Herausforderung für alle die vielen gewesen, wenigstens in den dreißiger Jahren, die ganz bestimmte Ansichten darüber hatten, wie die Dinge zu sein hatten. Die Weißen waren unfähig, sich vorzustellen, daß die Produktivität der Schwarzen dem größeren ökonomischen Ganzen zugute kommen könnte, während den Schwarzen gerade der volle Zutritt zur Welt der Weißen das Allerwichtigste blieb.

Vielleicht auf Grund des Verdachtes, daß sich für die Schwarzen durch das New Deal nichts ändern würde, stellte W. E. Du Bois 1934 eine historische und, angesichts seiner früheren Kämpfe mit Booker T. Washington, befremdliche These auf den Seiten der Zeitschrift "Crisis" zur Debatte: er trat für die Segregation ein. In dem Gefühl, daß die höchsten Ränge der NAACP von Weißen und Schwarzen beherrscht wurden, die zu sehr eine Politik der Integration betrieben, um sich noch mit Entschiedenheit für die Anliegen der Schwarzen einzusetzen, war Du Bois zu dem Schluß gekommen, daß nur eine von Schwarzen geleitete Organisation, die die rassische Solidarität verfocht, den Schwarzen wirkliche Macht verschaffen konnte. Dieses "Getrennt, aber gleich", das aus seinem Essay sprach, schockierte die Führung der NAACP, die den sechsundsechzig Jahre alten Gelehrten von der "Crisis" weg in das Präsidium der Atlanta University schickte - so etwas wie das Aequivalent einer goldenen Uhr von der Organisation. Seine Einsicht in die inhärenten Probleme einer integrierten Organisation, die für die Gleichstellung der Schwarzen kämpfen will, und sein Eintreten für Eigenständigkeit zeigen einen bemerkenswerten Wandel am Ende eines Lebens, das ursprünglich eine ganz andere Richtung eingeschlagen hatte. Hier wird offenbar, daß ein Mensch, der die Machtmechanismen in Amerika ernsthaft analysiert, erkennen muß, wie sehr die Schwarzen durch die ungehemmte Assimilation in ihrer Entfaltung beschränkt werden können.

Die NAACP wies ihren Gründer zurück, aber nicht seine Erklärung, daß ein Richtungswechsel in der Organisation unumgänglich sei. Der Zorn von Du Bois wurde zum Anlaß für eine kämpferische Kampagne mit Prozessen gegen Jim Crow, die zur Triebkraft für einige wichtige Gerichtsbeschlüsse gegen die Diskriminierung wurden und die Karriere eines jungen Anwalts namens Thurgood Marshall förderten. 1935, als Marshall einen Prozeß gewann, der Donald Murray den Besuch der juristischen Fakultät der University of Maryland ermöglichte, hätte niemand ahnen können, was durch diesen Rechtsstreit, der erst den Anfang bedeutete, in zwanzig Jahren erreicht werden würde.

Während sich so die legalen Aktivitäten der Bürgerrechtsbewegung entwickelten, entstanden in der schwarzen Musikwelt ebenfalls Möglichkeiten zur Entwicklung, aber innerhalb der Grenzen einer segregierten Gesellschaft. Mit ihrer Hilfe entstand die Rhythm & Blues-Welt der Nachkriegszeit, und durch diesen Prozess wurde der Sinn für die Bedeutung der schwarzen Gemeinde und der Stolz geweckt, der so wesentlich für die

Bürgerrechtsbewegung werden sollte. Zwei Schlüsselfiguren gab es, die das Fundament dafür legten, Dave Clark, ein schwarzer Geschäftsmann voll Umtriebigkeit und List, und Louis Jordan, ein Saxophonist mit einzigartigem Gespür für das Kommende. Der erste auf der Szene war Clark.

Dave Clark

Dave Clark, dünn, drahtig, honigfarben, begann seine Karriere als Gelegenheitsmusiker, der Holz- und Blechblasinstrumente in Jimmie Luncefords Bigband spielte, nachdem er Mitte der dreißiger Jahre sein Musikexamen am College in Jackson, Tennessee, bestanden hatte. Clarks Lebenslauf änderte sich durch Luncefords Roadmanager Harold Oxley, der den jungen Mann als Vorhut der Band vorschlug, ein Job, bei dem Clark der Band in die einzelnen Städte vorausfahren und den Enthusiasmus für die Künstler mit Plakaten, Anzeigen in der schwarzen Presse und Platten von Luncefords neuesten Aufnahmen in den lokalen Musikboxen anheizen mußte. "Das war noch, bevor es so etwas wie einen schwarzen Rundfunk gab," sagt Clark, "da war das die einzige Möglichkeit, seine Musik bekannt zu machen. Tatsächlich, als die Musikbox-Leute die Scheiben in jeder kleinen Kneipe in der Stadt auflegten, da fing man an, immer mehr schwarze Gruppen aufzunehmen, denn wenn die Boxen keinen guten Swing oder Blues draufhatten, dann spielten die Schwarzen sie nicht." Als Vorhut brachte Clark oft neue Platten in eine Stadt. "Weil das so lange dauerte, bis die Musik mal die Runde durchs Land gemacht hatte, konnte sich eine heiße Scheibe ein bis zwei Jahre halten."

Clarks Ruf wuchs schnell. Moe Gale und Joe Glaser, die rivalisierenden Besitzer der beiden größten Agenturen in New York, engagierten ihn beide für die Propaganda und brachten ihn, unter anderen, in Kontakt mit Louis Armstrong und Billie Holiday. Die meisten, für die Clark arbeitete, nahmen bei Decca Records auf, einer großen Firma, die das Monopol auf die großen schwarzen Stars der Swingaera hatte. Einer der Weißen in der Leitung bei Decca bot Clark einen Job an, weil er merkte, daß die Breitenwirkung der Deccaplatten bei der Masse von seinen Bemühungen profitieren würde. Aber aus dem Angebot wurde nichts, sagt Clark, weil "der oberste Boss nicht unbedingt scharf darauf war, Schwarze anzuheuern" - trotz der vielen Schwarzen, die für die Firma aufnahmen. So wurde Clark zum Berater gemacht, die 1930er Version dessen, was man heute einen freiberuflichen Reklamefachmann nennt.

So kam es, daß Clark eines Abends 1938 in einer Chauffeursuniform in den Empfangsraum einer New Yorker Rundfunkstation marschierte. Martin Block machte gerade seinen allabendlichen "Make Believe Ballroom", eine Sendung mit Plattenaufnahmen. Das war ein revolutionäres Programmkonzept, das zwar einige Jahre früher in Los Angeles entstanden war, aber erst Block setzte die neue Sendeform durch. Seine Vorliebe für Musikaufnahmen statt Live-Musik sollte den Platten im Radio eine neue Rolle zuweisen. Block hatte mit Sicherheit Weitblick, aber er war kein reiner Visionär. Die Liste seiner Aufnahmen schloß so zahme weiße Formationen ein wie Paul Whiteman, Tommy Dorsey und Glenn Miller, ließ aber keinen Duke Ellington, keinen Count Basie, Jimmie Lunceford oder sonst eine der herrlichen schwarzen Bigbands jener Zeit zu. Das war ein Zustand, den Dave Clark zu ändern wünschte.

Er schleppte immer eine 78er Aufnahme von Luncefords "St.Paul's Walking Through Heaven with You" mit sich herum, eine gute, aber keineswegs hervorstechende Swingnummer. Schwarze waren 1938 bei Radio WNEW nicht zugelassen, aber es war nichts Ungewöhnliches, daß ein schwarzer Chauffeur beim Portier eine Nachricht hinterließ. Clark erklärte, der Inhaber der Rundfunkstation hätte ihn mit einer Platte hergeschickt, die Block spielen sollte. Er fügte als Warnung noch hinzu, der Boss säße zu Hause und wollte sie sich anhören. Der Portier "lief gleich rauf und [Block] spielte die Platte umgehend", sagt Clark stolz über diesen sagenhaften Augenblick. Die schwarze Musikhistorikerin Portia Maultsby versichert, daß Clark dadurch der erste Promoter dieser Industrie geworden sei - der erste, der einen Diskjockey dazu bewog, eine Platte zu spielen in dem Bemühen, mehr Aufnahmen zu verkaufen. Die Beziehungen zwischen Musikaufnahmen und dem Radio sollten für die Entwicklung des Rhythm & Blues von entscheidender Bedeutung werden, dem ersten wichtigen amerikanischen Musikstil, der sich daraus entwickelte, daß die Platten im Radio übertragen wurden. Clark sollte in den folgenden Jahren eine aktive Rolle bei der Förderung dieser symbiotischen Beziehung spielen.

Der schwarze Rundfunk der dreißiger Jahre hatte sich noch nicht sehr weit von den Ursprüngen einer von Sponsoren unterstützten Show entfernt. Es gab immer noch keine Stationen, die sich ausschließlich an Schwarze richteten und keine Stationen, die spezielle schwarze Musikformen, außer Swing, brachten. Es gab jedoch eine steigende Anzahl schwarzer Ansager, an erster Stelle Jack Cooper, dessen Karriere 1929 begann. 1935 hörte man ihn schon, durch den Verkauf von Sendezeit an Sponsoren, alles in allem fünfeinhalb

Stunden täglich auf verschiedenen Chicagoer Radiostationen. Er nannte sogar eine seiner täglichen Sendungen "The Negro Hour", obwohl sich Cooper immer noch hauptsächlich an weiße Hörer und eine schwarze Hörerschaft der Mittelklasse wandte. Cooper und seine wenigen Genossen bedienten sich bei ihrer Präsentation bis zu einem gewissen Grade der Umgangssprache der Schwarzen, bemühten sich aber gleichzeitig sehr, sich an die höflich-glatteren Formen der weißen Ansager anzupassen. Wie Norman Spaulding, ein schwarzer Ansager jener Aera, bemerkte, waren die meisten Ansager "nicht im Süden geboren oder hatten den Süden in frühester Jugend schon verlassen und hatten daher nicht die Spur eines Südstaatenakzents. Aus ihrem Rassenstolz heraus...wollten [sie] nicht klingen wie Amos and Andy oder Stepin' Fetchit." Mit anderen Worten, Cooper und Genossen bekundeten zwar Rassenstolz, waren aber voll von echtem Snobismus gegenüber den rauheren Arten schwarzer Ausdruckskraft, sei es in der Musik oder in der Sprache. Bis zu einem gewissen Grad war dieser Zwiespalt das Echo auf das Nord-Süd-Thema des Washington-Du Bois-Konfliktes, das in den anscheinend endlosen Debatten über schwarzes Image gegen schwarze Realität in verschiedenen Gewändern immer wieder auftauchte.

Louis Jordan

Der Künstler, der diesen Graben überbrücken konnte, gab sein Debut als Solist 1938 bei derselben Decca, für die Clark arbeitete. Sein Name war Louis Jordan, ein Tenorsaxophonist und Sänger mit einer durchtrieben-witzigen, entwaffnenden Art des Vortrags, der in Chick Webbs Bigband gespielt hatte bis zum Tode des Schlagzeugers im gleichen Jahr.*) Unmittelbar darauf startete Jordan seine eigene Band, die ursprünglich aus acht Musikern bestand, später auf sechs herunterging, bis es durch die Hinzunahme eines Gitarristen dann endgültig bei einer Sieben-Mann-Gruppe blieb. Obwohl also seine Band berühmt wurde als die Tympany Five, hatte Jordan zu keiner Zeit eine Fünf-Mann-Combo. Der Erfolg der Tympany Five setzte nach dem Krieg den Standard für die Größe einer schwarzen Tanzband - sieben Mann. Durch die geringere Anzahl der Bläser wurde der Rhythmus stärker betont, einmal, weil die Arrangements mehr Raum dafür ließen und zum anderen wegen Jordans geradem, stark betontem Beat im 2/4-Rhythmus, den er den "Shuffle Boogie" nannte. In den Jahren vor dem zweiten Weltkrieg sagten die Leute dazu "Jumpin' the Blues", und der Stil war eine Zeitlang als "Jump Blues" bekannt.

Wie der ländliche und der klassische Blues, war auch Jordans Material tief in die Umgangssprache und den Slang der "Hep-Cats" jener Zeit getaucht. Aber auf dem Weg vom Blues zum Rhythm & Blues wurde ein bezeichnender Schritt getan: die Auswahl der Songs wurde zum Bestandteil der formalen Marketingstrategie. Unter wesentlicher Einflußnahme des weißen Produzenten der Firma, Milt Gabler, wurde das Material vorgegeben und in eine urbane, aber wie ursprünglich klingende Form gebracht. Es war nicht unbedingt der Ausdruck von Jordans eigenen Erfahrungen, aber man nahm an, es spiegele die der großstädtischen Schwarzen wider, die vom Leben im ländlichen Süden meist nicht einmal durch eine einzige Generation getrennt waren. Die Titel "Beans and Cornbread", "Saturday Night Fishfry" und "Ain't Nobody Here But Us Chickens" lassen an Landleben denken, dennoch stammen die einzelnen Themen in Wirklichkeit aus der städtischen Szene. In "Chickens" zum Beispiel ist das zentrale Bild ein Hühnerbrutkorb, in dem die Küken eine Party feiern, die den Bauern im Schlaf stört. Aber es ist klar, daß der Vogelkrach nur eine Metapher ist für eine schwarze Hausparty, die vom Bauern - vielleicht vom Hausbesitzer, vielleicht von der Polizei - zum Schweigen gebracht werden soll. Jordans Vocals, kess und übermütig, mit witzigen, gesprochenen Zwischenbemerkungen, haben den gleichen anfeuernden Schwung wie sein durchgehendes "Shuffling". Sein überbordender Witz erinnerte manche an Cab Calloway, einen Bandleader der Swingaera, bekannt für seine ausgebeulten Anzüge, die "Zoot Suits", seine spezielle Sprache, den "Jive Talk" und sein pomadiges Haar, mit dem er herumwedelte. Aber genauso viel hatte Jordan mit Jack Bennys Kumpan, Eddie (Rochester) Anderson, gemein, dessen gequälter Gesichtsausdruck und Sandpapierstimme ihn in den dreißiger und vierziger Jahren zu einem Film- und Radiostar gemacht hatten. Er war, wie Jordan, ein Jedermann, der Schwarz und Weiß gleichermaßen ansprach.

Jordan war der natürliche "Crossover"-Künstler. Er war ein so perfekter Entertainer und ein so progressiver Musiker, daß er kraft seines Talentes die Hürde der Segregation glatt übersprang. "Ich hab durch die Weißen genauso viel Geld gemacht wie durch die Schwarzen," rühmte er sich stolz. "Ich konnte diese Woche in einem weißen Lokal spielen und die nächste Woche in einem schwarzen." Während seiner erfolgreichsten Jahre, 1938 bis 1946, hatte Jordan das Vergnügen, daß fünf seiner 78er Platten die Verkaufszahl von einer Million erreichten, was bis zu einem gewissen Grade auf seine Popularität in den "Nickelodeons" zurückzuführen ist, Musikboxen also mit Leinwand und Filmspule, auf denen die Kurzfilme der Vor-MTV-Zeit erschienen sind (MTV ist ein amerikanischer Kabelkanal, auf dem rund um die Uhr Musikvideos laufen). Clips, auf denen Jordan seine Hits wie "Caledonia Boogie" sang, fingen den Spaß seiner Bühnenshows in Vollendung ein, und sie förderten den Plattenverkauf.(Die Clips, von Jordan und Gabler lanciert, wurden auch in den schwarzen Nachbarschaften zusammen mit Filmen der unabhängigen schwarzen Filmindustrie gezeigt). Auf verschiedenen Wegen dienten Marshall, Clark und Jordan als Bindeglieder zwischen den Erfahrungen der Schwarzen in der Vor- und in der Nachkriegszeit. Ihre Innovationen entwickelten sich im Lauf der Zeit. In den folgenden Jahren aber wurde alles das überschattet vom Krieg gegen Adolf Hitler, der die Welt für Demokratie und Brüderlichkeit retten sollte.

Der zweite Weltkrieg war eine Zeit des Heroismus und des Schmerzes. Für die Schwarzen war es aber auch eine Zeit der Chancen. Der Krieg, der Amerikas Hilfsquellen belastete, bedeutete auch, daß die weitgehend ungenutzten Reserven an Schwarzen (und weißen Frauen) Gelegenheit bekamen, ihre Loyalität einer Nation gegenüber unter Beweis zu stellen, die sie nahezu dreihundert Jahre lang diskriminiert hatte.

In den Kriegsjahren sahen die meisten schwarzen Soldaten und ihre Familien erwartungsvoll in die Zukunft auf eine neue amerikanische Realität und hofften, daß der Ruf zu den Waffen diese Nation zwingen würde, endlich die Ideale der Constitution in die Tat umzusetzen. Für viele wurde Marian Andersons Konzert am Ostersonntag 1939 vor dem Lincoln Memorial in Washington zum Symbol für den Beginn einer neuen Aera. Fünfundsiebzigtausend Amerikaner jeder Farbe und Klasse wohnten dem Auftritt bei, nachdem die "Töchter der amerikanischen Revolution" diese große Diva der Klassik am Auftritt in der Constitution Hall gehindert hatten. Es war der Triumph der Würde über den Rassismus und sicherlich der Vorbote einer besseren Zukunft. Ein Jahr später erschien Richard Wrights "Native Son" mit überwältigendem Kritikerapplaus und zeigte den Weißen, als eines der ersten seiner Art, im Buch die reale, alltägliche Gewalt in einem Krieg, der jeden Tag hier zu Hause geführt wurde.

In den ersten Kriegstagen versuchte die Regierung noch, das Hervortreten der Schwarzen einzudämmen, aber unter politischen Zwängen und wegen des Mangels an Menschenmaterial mußte sie sich oft umstellen. Am 9. Oktober 1940 verkündete das Weiße Haus, es sei die Politik der Regierung, "Farbige und Weiße bei der Einberufung nicht in die gleichen Regimentsverbände zusammenzulegen." Kaum sieben Tage später wurde Benjamin O. Davis zum ersten schwarzen General in der regulären Armee ernannt. Am 15. Januar 1941 ging Yancey Williams, frisch von der Howard University, vor den Bundesgerichtshof und verlangte vom Kriegsminister, seinen Antrag auf Einberufung als Kadett der Luftwaffe in die Army Air Force zu befürworten. Einen Tag später verkündeten das Kriegsministerium und die Armee die Aufstellung einer Schwadron für schwarze Kadetten. Schon im Juli wurde eine schwarze Fliegerschule in Tuskeegee eröffnet, unter dem wachsamen Auge dort von Booker T. Washingtons Unternehmen, das, selbst nach seinem Tode, in den Angelegenheiten der Schwarzen noch einen gewissen Druck ausüben konnte.

Es gab noch eine Reihe von Einzelpersonen, die sich dadurch hervortaten, daß sie den Schwarzen Chancen eröffneten. Ein Beispiel ist Dr. Charles Drew. Nachdem er 1940 in New York City die erste Blutkonservenbank ins Leben gerufen hatte, wurde er zum medizinischen Leiter des Blutplasma-Projektes in Großbritannien ernannt und schuf dort das Modell für die Massenproduktion des Plasmas, das während der nächsten vier Jahre zu einem lebensrettenden Hilfsmittel an den Küsten Europas wurde. Der Laborleiter A. Philip Randolph, der die "Brotherhood of Sleeping Car Porters" organisiert hatte und Roosevelt mit Reden über einen Marsch auf Washington Sorgen machte, kämpfte um mehr Jobs für Schwarze in den Rüstungsfabriken. Mit Männern und Frauen wie Anderson, Davis, Drew und Randolph machten die Schwarzen im Krieg einen ziemlichen Wirbel.

Dieses Gefühl des Stolzes, das sich bei manchen GIs in berechtigter Ungeduld ausdrückte, führte zu vielen blutigen Auseinandersetzungen. So hatten schwarze Soldaten und weiße Militärpolizisten im August 1941 in North Carolina eine Schießerei nach einem Streit darum, wo die Schwarzen im Militärbus sitzen durften. Ein schwarzer Soldat und ein weißer MP wurden getötet. Rassische Auseinandersetzungen zwischen schwarzen Angehörigen der Kampftruppen und weißen Sicherheitskräften der Armee waren so alltäglich, daß man sich ernstlich fragen konnte, wen die Militärpolizei eigentlich überwachte, alle Soldaten oder nur die schwarzen.

Nach dem Krieg kamen die schwarzen GIs mit wachen Augen und stolzgeschwellten Herzen nach Hause. Diejenigen, die in Europa gedient hatten, waren durch die Ruinen der Länder dieses großen Kontinents gestreift, hatten den Respekt und die Achtung gesehen, die ihre Hautfarbe einflößte und hatten bewiesen, wie sie es im ersten Weltkrieg noch nicht gedurft hatten, daß Schwarze genauso gut für Amerika kämpfen konnten wie alle anderen auch. In Asien, wo sie gegen gelbhäutige Menschen kämpften, erwies es sich, daß es nicht die Hautfarbe war, von der Geschicklichkeit oder Tapferkeit abhing. Es war auch offensichtlich, daß die rassischen Schmähungen, die den Amerikanern dazu dienten, die Emotionen gegen die Japaner zu entflammen, sich nicht allzu sehr von den Flüchen unterschieden, die man ihnen zu Hause nachrief. Nur ein richtiger Uncle

Tom - und davon hatte auch diese Generation ihren Teil - nahm die Bigotterie als Waffe der US-Politik nicht wahr. Es wurde aber auch klar, wenn man sie aufbrach, daß die Weißen nicht instinktiv Menschen mit anderer Hautfarbe haßten; sie hatten nur genauso eine Gehirnwäsche bekommen wie irgend ein Kamikazeflieger. Alles, was sie tun müßten, dachten manche Schwarze, war, den Weißen zu zeigen, aus welchem Stoff sie gemacht seien - und, jawohl, seiner Rasse Ehre machen - und mit Gottes Hilfe würden sie es dann schaffen.

Es ist für diese Geschichte äußerst wichtig, daß die Veränderungen, die hier als praktische Beispiele zitiert werden, von der Regierung der Bundesstaaten befohlen wurden. In den Ausführungsbestimmungen und der Änderung seiner Politik zeigte Washington in den folgenden zwanzig Jahren in zunehmendem Maße ein Gespür für den Wunsch der Schwarzen nach sozialen Veränderungen. Die Privatindustrie jedoch blieb relativ unempfindlich gegenüber diesen Forderungen nach dem Krieg, obwohl das "So tun, als ob" geradezu in Blüte stand. Und die Vorstellung von Hilfsmaßnahmen der Regierung war den Weißen ebenso wie den schwarzen Führern völlig fremd, die ja sowieso blind gegenüber allem waren, was außerhalb ihrer Integrationsbestrebungen lag.

Ironischerweise gründete gerade in der Zeit, in der der Traum von einem integrierten Nachkriegsamerika zu sprießen begann, der Sohn eines kleinen Pächters in Arkansas ein bemerkenswertes Unternehmen, das den ganz speziellen Bedürfnissen der segregierten Schwarzen nachkommen sollte. 1942 startete John Johnson in Chicago ein kleines Magazin, den "Negro Digest", das so gut aufgenommen wurde, daß er eine schwarze Version des Magazins "Life" in Erwägung zog: eine Publikation voll von Bildern, die die vielen Erfolgsstories in der schwarzen Gemeinde des ganzen Landes repräsentieren sollten, die den Weißen so belanglos vorkamen. Im November 1945 brachte er die "Ebony" heraus. Das Magazin kostete einen Vierteldollar, und die schwarzen Leser waren begeistert. Aber die Inserenten waren skeptisch. Der rassistische Gemeinplatz, die Schwarzen läsen nicht, wurde allseits geglaubt - wie es heute noch viele Buchverleger glauben.

Nach Überlieferung der "Ebony" war der Schlüssel zum Überleben des Magazins die Begegnung zwischen Johnson und dem Präsidenten der Firma "Zenith", Eugene McDonald. Der Verleger bemühte sich um dieses Treffen, nachdem er sich ganz inoffiziell bei schwarzen Chicagoern, inklusive seiner Mutter, umgesehen hatte und dabei feststellte, daß die meisten Schwarzen, die ein Radio besaßen, ein Gerät der Marke "Zenith" hatten. Johnson schmeichelte sich bei McDonald ein mit einer handsignierten Kopie des Berichtes, den der schwarze Forscher Matthew Henson über Admiral Robert

Pearys Nordpolfahrten geschrieben hatte. Er wußte, daß McDonald an einer dieser Expeditionen mit Peary teilgenommen hatte. Der Trick gelang. Zu einem entscheidenden Zeitpunkt in der Geschichte der "Ebony" erhielt Johnson Annoncen von Zenith, die das Konto der "Ebony" auffüllten und gleichzeitig andere größere Inserenten dazu ermunterten, "Ebony" als ein Mittel zur Verkaufsförderung zu betrachten.

Die Werbung der Radiofirma in der "Ebony" der späten vierziger Jahre hätte zu keinem besseren Zeitpunkt erscheinen können. Wenn man damals Elektrizität hatte - was viele Schwarze auf dem Lande noch nicht hatten - dann war das Radio, ob Zenith oder was immer, das Tor zur Welt des Rhythmus und des Reims, des Blues und der Späße, die bis dahin nur in den Kneipen und Bierhallen zu haben waren, wo die örtlichen Conférenciers und Komiker die Kunden unterhielten. Darüber hinaus bewirkte das Radio als Katalysator einen ziemlich großen Umschwung in Werbung, Verkauf und Versand der gesamten populären Musik. Es geschah vieles zur gleichen Zeit, ein Ereignis beeinflußte das andere, und alles das war eine Manifestation der Welt des Rhythm & Blues.

---

*) Anm. d Übers.: Chick Webb starb erst am 16. Juni 1939. Louis Jordan verließ die Band ein Jahr vor Webbs Tod.

Musik im Wandel

Um zu sehen, wie die Rhythm & Blues-Welt entstand, müssen wir noch einmal zurückgehen zu den Kriegsjahren und ihre weitreichenden Auswirkungen auf die Plattenindustrie betrachten.

Nach dem Angriff der Japaner auf Pearl Harbour 1941 stoppte die Regierung die Herstellung von Plattenspielern, Radios und anderen Konsumgütern mit elektronischen Bauteilen, da die Kriegsanstrengungen Vorrang hatten. Schellack, damals der wichtigste Grundstoff für die Plattenherstellung, kam aus dem von den Japanern kontrollierten Singapur, davon gab es also schon nicht mehr viel. Indessen erhöhte die Kriegsmisere den Wunsch der Amerikaner nach Unterhaltung, und die Musikindustrie erlebte, genau wie das Filmgeschäft, einen Riesenaufschwung. 1941 erreichte der Plattenumsatz 50 Millionen Dollar. 1945 stieg er auf 109 Millionen Dollar, obwohl die Qualität der Pressungen nachließ, da man alte Platten aufarbeitete und wieder benutzte, um der Nachfrage nachkommen zu können.

Dieser Anstieg war erstaunlich angesichts des tiefgehenden philosophischen und ökonomischen Disputs in der Industrie. Die "American Federation of Musicians ", die Musikerunion, fürchtete mit Recht, daß der zunehmende Einsatz von Platten im Radio vielen ihrer Mitglieder die Arbeitsmöglichkeiten nehmen würde, besonders, da ja das Einkommen der Bigbands weitgehend von den Live-Übertragungen abhing. Am 1. August 1942 machte der AFM-Präsident James C. Petrillo den verzweifelten Versuch, diese Entwicklung aufzuhalten. Er befahl den Boykott der Plattenindustrie, verlangte, daß die Plattenfirmen den Musikern Prozente bezahlten zum Ausgleich für entgangene Aufnahmegagen und Einkünfte und zwang die Nachtclubs, auf ihre Musikboxen zu verzichten. In den nächsten zwei Jahren bestand der größte Teil der Plattenveröffentlichungen in Aufnahmen, die vor dem Boykott geschnitten worden waren plus einiger Gesangsplatten und verstreuter "Bootleg Sessions" (illegaler Mitschnitte, die fälschlich als vor dem Boykott geschnitten deklariert wurden). Die Decca gab als erste nach und unterzeichnete 1943 ein Abkommen über Tantiemezahlungen. Kurz danach folgte die Capitol, aber die Großen, Columbia und Victor (i.e. RCA), hielten noch bis 1944 durch. So hatte Petrillo gewonnen...in gewisser Weise.

Er konnte zwar streiken und Konzessionen erzwingen, aber die Kräfte der Wirtschaft und der Technologie zurückhalten, das konnte er nicht, noch konnte er den unsteten Enthusiasmus der Hörerschaft lenken. Die Bigband-Aera und die Herrschaft des Swing waren vorüber. Die einsamen GIs und die gleichfalls einsamen Frauen zu Hause zogen die Sentimentalitäten der Frank Sinatra, Peggy Lee, Perry Como und Nat King Cole den aufpeitschenden Rhythmen Gene Krupas und Harry James' schmetternder Trompete vor. Der Geschmack hatte sich geändert. Während des Streiks traten die Bigbandsänger ins Rampenlicht und stellten die Bandleader in den Schatten, von denen sie zuerst herausgestellt worden waren und machten so Gesangsplatten mit dicker Streicherbegleitung zum Inbegriff der weißen Popmusik in den fünfziger Jahren.

Die Bigbands trafen auch noch auf andere ökonomische Hindernisse. Nach dem Kriege wurde alles teurer: Sprit, Busse, Hotelunterkünfte und die Musikergagen. Aber auch die Musiker selber änderten sich. Während des Krieges wurden die, die nicht eingezogen worden waren, bequem, faul und, nach Berichten aus der Zeit, schlampig. Alle diese Faktoren zusammen führten dazu, daß viele Bigbandleader, inklusive Benny Goodman, Benny Carter, Tommy Dorsey, Les Brown und Jack Teagarden, 1946 einfach aufgaben. Einige erlebten später so etwas wie ein Comeback und gingen in die erstaunlich beständigen Bands von Ellington und Basie, um dort den einstmals so vibrierenden Swing lebendig zu erhalten.

Die schöpferische Kraft der improvisierten Musik hatte eine neue Richtung eingeschlagen, eine Richtung, die aufregende Experimente verhieß und die ironischerweise dem Rhythm & Blues dazu verhalf, die dominierende Tanzmusik des Nachkriegsamerika zu werden.

Wie Louis Jordan, so waren auch einige andere ehrgeizige junge Musiker Flüchtlinge aus der Bigbandszene: der Trompeter Dizzy Gillespie, der Saxophonist Charlie Parker und der Pianist Thelonius Monk unter anderen. Im Minton's Playhouse und anderen "After Hours"-Treffpunkten oben in Harlem kamen sie zum Jammen zusammen und schufen ganz bewußt eine neue Musik, im Sprachgebrauch der Fans, der "Hep-Cats," Bebop genannt. In seiner reinsten Form ist der Bebop eine komplexe Musik, mit schnellen Läufen und von einer kleinen Gruppe gespielt (zwei Hörner, Bass, Schlagzeug, Klavier), die gängige Melodien in Akkordsplitter und rhythmische Phrasen auflöst. Der Rhythmus ritt nicht auf dem Tom Tom oder der Snare Drum, wo ihn auch die armseligsten Tänzer finden konnten, sondern er bewegte sich fließend durch alle Instrumente. Sicher, der Drummer schlug den Takt, aber im allgemeinen nur mit dichten, klingelnden Figuren auf den Becken, denen die meisten Tänzer nicht mehr folgen konnten. Das machte aus dem Bebop eine Musik zum Zuhören, nicht anders als alles, was in der Carnegie Hall gespielt wurde. Der Bebop unterschied sich nicht nur musikalisch von Swing und Rhythm & Blues, sondern auch in der Einstellung der Musiker zum Publikum. Cool, selbstsicher und, trotz des unter den Stars weitverbreiteten Drogenkonsums, oft würdevoll in ihrem Auftreten, so machten die Bebopper es klar, daß es ihnen gleich war, ob die Leute - Spießer, ob schwarz oder weiß - überhaupt begriffen, was sie spielten. Dies war zuallererst eine Musik für Musiker. Nur die waren willkommen, die, hypnotisiert von den tollkühnen Improvisationen, der Brillianz des Musikers unbedingte Gefolgschaft schworen.

Der extrovertierteste der Bebop-Pioniere war Gillespie, der mit seinem Barett, seinem "Goatee" (Ziegenbärtchen) ständigen "Hep Talk" und den aufgeblasenen Backen beim Spielen immer leicht komisch wirkte. Er alberte oft auf der Bühne herum, aber im Gegensatz zu einem anderen großen Trompeter, Louis Armstrong, wurde Gillespie nie zum "Uncle Tom" gestempelt, da er über seine eigenen Witze lachte und doch gleichzeitig seine Würde bewahrte. Trotz seines Humors nahm Gillespie, ebenso wie Parker, Monk und die anderen, seine Musik sehr ernst und hielt sie für genau so hochgestochen und elitär wie die westliche klassische Musik, die er zugleich mit Neid betrachtete und verabscheute. Die ganze Einstellung des Bebop überrannte glatt jegliche, noch bestehende Verbindung zur Tradition des schwarzen Showbusiness, bei dem jede kulturelle Ausdrucksform die Möglichkeit zu einer lukrativen Karriere in sich barg (obwohl das mit der Zeit bei den Beboppern auch eintreten sollte). Zu diesem Zeitpunkt in der Geschichte des Bebop glaubten ihn seine Anhänger noch zu Höherem berufen als zu bloßer Unterhaltung. Diese Musiker waren weniger weltliche Stars als quasi-religiöse Figuren, und ihre Fans sprachen von ihnen mit einer Ehrfurcht wie von Gottheiten.

Die Masse der Schwarzen respektierte den Jazz nach dem Erscheinen des Bebop, aber in ihrer Freizeit, wenn sie sich entspannen wollten, dann griffen sie zu Louis Jordan und einer Mischung von Blues, Jump Blues, Balladen, Gospel und einem Haufen Instrumenten mit dem Saxophon an der Spitze und den langsam verschwindenden Swingorchestern. Der allgemeine Geschmack der Schwarzen drückt sich in den Rhythm & Blues-Preisen der "Broadcast Music Inc." aus. Deccas Louis Jordan stand weit an der Spitze mit einem Song 1943 ("Five Guys Named Joe"), einem 1944 ("GI Jive"), zweien 1945 ("Caledonia Boogie" und "Mop Hop"). 1946, auf der Höhe seiner Popularität, waren es sechs ("Beware, Brother Beware", "Buzz Me", "Choo Choo Ch'Boogie", "Don't Worry 'Bout That Mule", "Let the Good Times Roll" und "Stone Cold Dead in the Market" mit Ella Fitzgerald), und 1947 dann vier ("Ain't Nobody Here But Us Chickens", "Boogie Woogie Blue Plate", "Early in the Morning", "Jack You're Dead"). 1943 und 44 waren es die großen schwarzen Orchester, von Instrumentalisten geleitet, (dem Vibraphonisten Lionel Hampton, dem Saxophonisten Buddy Johnson, den Trompetern Erskine Hawkins und Cootie Williams), die am zugkräftigsten waren, während Nat King Cole, ein Sänger mit weichem, lyrischem Bigbandstil, dem "Crooning", gerade sein Debut hatte. Zwischen 1945 und 1947 gab es einen nicht zu übersehenden Wandel. Die Orchester verschwanden und wurden zunächst von den ländlich-rauhen, unverbildeten Stimmen eines Arthur (Big Boy) Crudup und Roosevelt Sykes abgelöst, dann von den Bluesleuten, die ihre Gefolgschaft unter den neu angekommenen Schwarzen in der Großstadt hatten, und schließlich von den sanften, vom Blues gefärbten "Croonern" wie Private Cecil Gant, Charles Brown und Ivory Joe Hunter, aber auch von Dinah Washingtons durchdringender, packender Stimme. Bis zu einem gewissen Grade war diese letztgenannte Gruppe von männlichen Sängern das schwarze Gegenstück zu den weißen ehemaligen Bigband-Vokalisten (Gant wurde als der "Sepia Sinatra" verkauft), obwohl sie sich ganz offensichtlich weit mehr am Blues orientierten als ihre weißen Gegenspieler.

1948 und 1949 aber gab es keine weißen Gegenstücke mehr zu Wynonie Harris' "Good Rockin' Tonight" und "All She Wants to Do Is Rock" auf King, zwei aufpeitschenden, anfeuernden Aufnahmen, auf denen Harris so frech und "scharf" war wie ein gehörnter Stier. Es gab kein weißes Gegenstück zu dem "Bye Bye Blues" der Ravens auf Savoy, mit seinen Harmonien und dem Zusammenspiel von Leadstimme und Chor, das sich so sehr an den Gospel mit seinem "Call and Response" anlehnte, wie das die Mills Brothers und die Inkspots, die schwarzen Stars des harmonischen Gruppengesangs in der Swingaera, nur selten versuchten. Es gab kein weißes Gegenstück zu den halbirren Schreien, unverständlichen Worten und dem stompenden Beat von John Lee Hookers "Boogie Chillun" und "Crawling King-snake" auf Modern. Und es gab auch kein weißes Gegenstück zu den Hits von Big Jay McNeely ("Deacon's Hop") und Paul Williams ("The Hucklebuck") mit ihren röhrenden, stotternden Saxophonen auf Savoy oder den Hits von Amos Milburn auf Aladdin mit seinem Honky Tonk-Klavier (fünf davon waren 1949 in der BMI-Liste, darunter der ziemlich rüde "Chicken Shack Boogie"). Die Worte waren von Thema und Ton her Blues-gefärbt, aber die Rhythmen und die Stimmen waren frisch und neu.

So auch die Plattenfirmen, die diese Platten aufnahmen, anpriesen und auslieferten. Jordan, Cole und die Bigbands nahmen bei den großen, landesweit verbreiteten Firmen auf wie Decca, Victor und Capitol. All die neuen Künstler aber standen bei unabhängigen Firmen unter Vertrag, die im Krieg zuerst entstanden waren und in den nächsten sieben Jahren wie die Pilze aus dem Boden schossen. Während die Großen noch Schwierigkeiten hatten, einen Namen für die neue Musik zu finden - MGM nannte sie "Ebony", Decca und

Label	**Inhaber**	**Stadt**
1942		
Savoy	Herman Lubinsky	Newark
Excelior (wurde 1944 zu Exclusive)	Leon und Otis Rene	Los Angeles
1943		
Apollo	Ike und Bess Berman	New York

1944

National	Al Greene	New York
Gulf-Gold Star	Bill Quinn	Houston
King	Syd Nathan	Cincinnati

1945

Modern	Jules, Joe und Saul Bihari	Los Angeles
Philco-Aladdin	Ed und Leo Mesner	Los Angeles
Bronze	Leroy Hurte	Los Angeles
Four Star	Richard Nelson	Los Angeles
Super Disc	Irving Feld Viola Marsham	Los Angeles

1946

Bulleit	Jim Bulleit	Nashville
Specialty	Art Rupe	Los Angeles
Mercury	Irving Green (Präsident)	Chicago

1947

Atlantic	Herb Abramson Ahmet Ertegun	New York
Aristocrat-Chess	Leonard und Phil Chess	Chicago

1949

Freedom	Saul Kaul	Houston
Macy's	Macy Lela Wood	Houston
Peacock	Don Robey	Houston
Imperial	Lew Chudd	Los Angeles

1950

Trumpet	Willard und Lillian McMurray	Jackson, Mississippi

1951

Dot	Randy Wood Gene Nobles	Gallatin, Tennessee

Red Robin	Bobby Robinson	New York
Nashboro Ernie-Y	Ernie Young	Nashville
1952		
Duke	James Mattias	Memphis
Sun	Sam Phillips	Memphis
Meteor	Lester Bihari	Los Angeles-Memphis
Vee-Jay	James und Vivian Bracken Calvin Carter	Chicago-Gary, Indiana

Capitol zogen "Sepia" vor - hieß sie bei den neuen Firmen von Anfang an Rhythm & Blues, obwohl auch Bebop, Country, Electric Blues sowie Gospel, alles das bei den Neuen aufgenommen wurde. Als "Billboard" 1949 die Bezeichnung für seine schwarze Popmusikliste von "Race" in "Rhythm & Blues" änderte, riefen sie keinen neuen Trend ins Leben, sie griffen nur eine Phrase und ein Feeling auf, das die unabhängigen Plattenlabel längst in ihr Vokabular aufgenommen hatten.

Die größte Überraschung auf der Firmenliste ist, daß ausgerechnet Los Angeles die weitaus meisten R&B-Label hervorbrachte. Von dreißig Firmen waren neun in Los Angeles zu Hause, inklusive aller 1945 gegründeten. Das ergab sich aus dem Zustrom der Schwarzen nach Südkalifornien, einesteils GIs, die aus Asien zurückkamen und andrerseits schwarze Südstaatler, besonders aus Louisiana, Texas und Oklahoma, die im sonnigen Kalifornien ein Klima vorfanden, im Sozialen und Athmosphärischen, das gemäßigter war als das zu Hause. Insgesamt zogen in den Kriegsjahren ungefähr eine halbe Million Schwarzer nach Los Angeles und den angrenzenden Städten wie Compton. Durch ihre Anwesenheit wurde die Gegend eine Rhythm & Blues-Hochburg, obwohl ein großer Teil der Musik, die die Los Angeles-Firmen herausbrachten, aus so fruchtbaren musikalischen Quellgebieten kamen wie New Orleans und Memphis.

Ich wünschte, es wäre überraschend - ist es aber nicht - daß nur eine der beiden in Harlem stationierten Firmen, Bobby Robinsons Red Robin, Eigentum eines Schwarzen war. Die meisten Firmen wurden von Weißen gegründet, viele davon Juden; die Schwarzen waren nicht die einzigen, die durch Diskriminierung vom Haupstrom der amerikanischen Wirtschaft ferngehalten wurden. Auf der Wall Street nicht willkommen, suchten viele jüdische Geschäftsleute Gegenden, wo ihrem Unternehmertum weniger Hindernisse in den Weg gelegt wurden. Sie wandten sich deshalb oft den schwarzen Vierteln zu - gewissermaßen eine Parallele zur Entdeckung der Schwarzen, daß es in der Welt des Entertainment nicht so viele Barrieren auf dem Weg nach oben gab. Nur zwei der schwarzen Firmen auf meiner Liste, Don Robeys Peacock und die Vee-Jay, in Familienbesitz, sollten auf dem Markt der Schwarzen eine Machtstellung erobern, und die Vee-Jay hatte als einzige einen bedeutenden Einfluß auf den weißen Markt.

Keine dieser Firmen hätte je irgendwelchen Einfluß erlangt ohne die Entwicklung des schwarzen Rundfunks. In St.Louis (KXLW), Atlanta (WERD), Louisville (WLOU), Memphis (WDIA), Los Angeles (KRKD), New Orleans (WYLD), Miami (WMBM) und Nashville (WLAC), Stationen, die Rhythm & Blues im Programm hatten mit zusätzlichen Shows, die Blues, Gospel und Jazz brachten, je nachdem, wo sie stationiert waren, sie alle begannen zu senden. Dazu kamen in den späten Vierzigern die Programme, die noch auf Grund von Handelsverträgen aus der Vergangenheit sendeten, mit einflußreichen Diskjockeys, die immer noch für zwei oder drei Stationen auf dem Markt arbeiteten, obwohl dieses Verfahren im Schwinden begriffen war. Was hingegen anstieg, war die Wirkung der Diskjockeys, von denen einige genau so aufregend waren wie die Künstler, die sie ansagten. Genau wie bei den R&B-Plattenfirmen war auch die überwältigende Mehrheit der Rundfunkstationen für die Schwarzen in weißer Hand (Atlantas WERD war eine bedeutende Ausnahme), aber es waren die Diskjockeys, nicht die Inhaber, die der Station den Stempel aufdrückten und sie lukrativ werden ließ. Wie wir sehen werden, bekamen sie wenig im Vergleich zu den Geldern, die man durch sie machte, und so entwickelten sie eine Unzahl von Aktivitäten, von der Konzertveranstaltung über das Management von Talenten bis zu "Payola", ("Pay-for-Play", Geld dafür, daß ein Künstler im Radio gespielt wurde). In der Rhythm & Blues-Welt war Payola genau so üblich wie das Ankleben von Plakaten an Telephonmasten, um eine Show anzukündigen.

Ebenso wurde die Anwesenheit von weißen Diskjockeys begrüßt, und zwar ganz enthusiastisch. Die Integration hatte noch manche unerwarteten Nebenwirkungen. Eine davon war das Entstehen einer Gruppe von Weißen, die, wie so viele im Zeitalter des Jazz, von der schwarzen Musik und dem schwarzen Lebensstil fasziniert waren. Anders als die Zeitgenossen von Fitzgerald versenkten sich diese neuen Negrophilen in die schwarze Kultur in einem Ausmaß, daß sie zu Schwarzen "ehrenhalber" wurden und in einigen Fällen der gleichen Diskriminierung unterlagen wie ihre dunklen Vorbilder. Einer der ersten dieser Art war Johnny Otis, von griechischer Abstammung und wohnhaft in Los Angeles. Als Bandleader, Songschreiber und Talententdecker war Otis eine wirkliche Macht auf der Szene in Los

Angeles. Und was die Förderung des Rhythm & Blues angeht, sollten diese schwarzen Stimmen mit weißen Gesichtern eine größere Bedeutung erlangen als irgend ein einzelner Musiker.

Es folgt hier eine detaillierte Auseinandersetzung mit den unabhängigen Rhythm & Blues-Firmen, den schwarzen Rundfunkstationen und den Stimmen, durch die sie wurden, was sie sind, mit den kleinen Tante Emma-Läden und den Live-Shows, eben mit all dem zusammen, was den Kern der Rhythm & Blues-Welt bildete.

Die R&B-Plattenfirmen

In den späten vierziger Jahren handelten Willard and Lillian McMurray noch mit Möbeln, als Willard ein Geschäft der Konkurrenz aufkaufte. Er bat seine Frau, die vorhandene Ware zu verkaufen, während er sich überlegte, was man mit dem Schaufenster machen sollte. Drinnen fand sie einen Plattenspieler und einige alte 78er. Eine davon war von Wynonie Harris. Lillian beschloß, sie sich einmal anzuhören. "Das hatte einen großartigen Beat und die Vocals waren der ungewöhnlichste, ehrlichste, stärkste Sound, den ich je gehört hatte," erzählte sie der Zeitschrift "Living Blues" Jahre später. Als sie Harris' Jump Blues und die Spirituals von Mahalia Jackson und Sister Rosetta Tharpe dann verkaufte, da merkte sie, daß die Platten nicht nur schnell weggingen, sondern daß die Kunden auch noch mehr davon haben wollten.

Auf einer Reise nach New Orleans kaufte sie dreihundert Country-, Spiritual- und Rhythm & Blues-Aufnahmen, und auch die waren ganz schnell weg. Sie gesteht, sie sei regelrecht vom Plattenfieber befallen gewesen. Lillian brachte ihren Mann dazu, daß er sie den ganzen vorderen Teil des Geschäftes in eine Kombination von Möbelgeschäft und Plattenladen umwandeln ließ, den sie dann Record Mart nannte. Ihr Vater baute ihr Regale, die eine ganze Wand des Ladens einnahmen, und nun begann sie, Bestellungen bei den Großhändlern in New Orleans und Memphis aufzugeben. Dann kaufte sie drei Stunden täglicher Radiozeit bei WRBC bei "Ole Hep Cat", offenbar die meistgehörte Show in Jackson. "Wir machten Werbung für das Programm, spielten die Platten, ließen Gaststars auftreten und versandten Plattenkataloge aus unserem Geschäft". Die McMurrays kauften auch noch weitere Radiostunden von den Diskjockeys bei WSLI, WJXN und WOKJ, alles um Jackson herum, und schickten ihnen kostenlose Platten.

Das Ergebnis war, daß "das Versandgeschäft und das Geschäft über die Ladentheke, beides dermaßen florierte, daß unsere Gehilfen manchmal Rollschuhe brauchten, um die Kunden zu bedienen."

Mit der Zeit gingen die McMurrays dazu über, Musik nicht nur zu verkaufen, sondern auch aufzunehmen und wieder war es Lillians Neugier, die den Weg bereitete. Eines Tages hörte sie einen schwarzen Teeny in der Abhörkabine zu der Platte einer Vokalgruppe Harmonien singen und war fasziniert. Das war der Beginn von Trumpet Records, einem Plattenlabel, das zwar nur von 1950 bis 1955 existierte, aber immerhin die Originalversion von Elmore James' Bluesklassiker "Dust My Broom" und die ersten Aufnahmen von Sonny Boy Williamson herausgebracht hat. Obwohl Lillian über die Plattenindustrie erbittert ist - hauptsächlich wegen der "Bootlegs" (illegale Veröffentlichungen) aus ihrem Katalog, die überall in der Welt erschienen sind - ist die Firma eine der wenigen, deren Integrität nie in Frage gestellt wurde, einesteils wegen der ehrlichen Rechnungsführung, zum anderen, weil sie immer noch Tantiemen auch an die Erben der Künstler zahlt.

Die McMurrays und ihre Zeitgenossen, Männer und Frauen, die oft rein zufällig an die Musik geraten waren, bilden einen Teil des Mythos um die Plattenindustrie. Ihre cleveren Ideen und ihre schlimmen Beurteilungen sind der Standard, an dem die Plattenindustrie immer noch ihren Fortschritt und ihre Methoden mißt. Die McMurrays zogen sich früh aus dem Geschäft zurück. Die meisten anderen Begründer von R&B Firmen aus den frühen vierziger und fünziger Jahren hatten bis mindestens in die siebziger Jahre hinein noch ihre Hand im Spiel, bis dann die ganze Industrie von Größeren umgestaltet wurde. Immerhin, die Musik, die sie in Auftrag gaben und versandten, sollte einen Wandel in der populären Musik herbeiführen, sie würde nie mehr so klingen, wie Amerika glaubte, daß sie klingen müßte.

Die Beziehungen zwischen den Künstlern und diesen Kapitalisten war so kompliziert wie die Liebe zwischen Menschen verschiedener Hautfarbe oder Klasse. Die Künstler, die man wohl als naive Countrytypen oder gewiefte Großstadtpflanzen bezeichnen konnte, sahen in diesen embryotischen Plattenherstellern ein Mittel, dem "Reihensyndrom" zu entkommen: der Reihe am Fließband, der Reihe der Streikposten, der Reihe der Arbeitslosen. Es war für sie gar keine Frage, daß mit den Platten, die sie machten, auch die Freikarte für rote Cadillacs, große, attraktive Frauen (oder schlanke, coole Typen) und Brilliantringe am kleinen Finger verbunden war - den Symbolen des betriebsamen Geschäftemachers im Ghetto.

Die Schwarzen, die es besser wußten, gingen nur selten ins Showgeschäft und hatten schon garnichts mit etwas so Rüdem und Unkultiviertem zu tun, wie es die Bluesshouter, die Straßensänger und die motorisch stampfenden Rhythmusgruppen des R&B waren. Und die Besitzer von Plattenfirmen waren viel zu schlau, um ihnen zu verraten, daß man mit der Veröffentlichung von Songs und mit Plattentantiemen eine dauerhafte Einnahmequelle haben konnte. Anfangs wußten das einige Inhaber selber nicht einmal. Und wer wußte damals, daß diese Songs "von Niggern für Nigger" es zu einem ebenso hohen Katalogwert bringen würden wie die Erzeugnisse der Schlagerkomponisten, daß die aufpolierte Blues- und Gospelmusik der fünfziger Jahre auf Jahrzehnte hinaus weiterleben und Geld bringen würde?

Binnen kurzer Zeit fanden sie allerdings heraus, daß die Verlagsrechte für einen Song eine Menge Geld brachten, wenn man weiße Gruppen für die schwarzen Hits nahm. (Diese Methode funktionierte immer besser im Lauf des Jahrzehnts; die Little Richard-Kopien von Pat Boone sind nur die bekanntesten). Weder die Firmeninhaber noch die Künstler hatten einen Begriff von dem Kommenden. Sie wußten nur, es gab bei den Schwarzen einen Markt, und wenn man den richtigen Sänger und den richtigen Arrangeur hatte und es an den richtigen Diskjockey brachte, dann konnte nichts schiefgehen. Es mußte ja nicht auf Dauer sein. Würde es wohl auch nicht. Dauer interessierte niemanden. Man wollte nur möglichst viel verkaufen. Die meisten dieser Plattenleute waren Weiße, aber beileibe nicht alle. Es war eine der spezifischen Eigenarten der R&B-Welt, eine Eigenart, die sie von den meisten anderen amerikanischen Geschäftsarten unterschied, daß sie den Schwarzen die Möglichkeit gab, ein Geschäft aufzubauen und Profit zu erwirtschaften mit einem Produkt, das ihre eigenen Leute hervorbrachten. Natürlich waren sie nicht allesamt anständig und fair, selbst Booker T. Washington hätte wohl zugegeben, daß einige schwarze Geschäftsleute unehrlich und sogar inkompetent waren. Die Geschichte von zwei ganz unterschiedlichen Plattenproduzenten ist repräsentativ für die Einstellung dieser Periode zum Künstler, zur Musik und zum Geschäft.

In seiner Autobiographie erinnert sich Little Richard, daß er sich bei Don Robey, dem Gründer und Präsidenten der Duke-Peacock Records, einmal über zu geringe Tantiemezahlungen beschwert hatte. Anstatt einen Haufen Lügen aufgetischt zu bekommen - die übliche Antwort der Plattenleute - behauptet er, Robey, ein großer, stämmiger, hellhäutiger Bär von einem Mann, hätte nur ausgeholt und ihm einen solchen Schlag vor die Brust versetzt, daß Richard einen Bruch davontrug. Selbst in der Welt des Rhythm & Blues war es ungewöhnlich, daß ein Firmeninhaber einen Künstler attackierte. Allerdings zweifelt auch niemand, der diesen Mann kannte, daran, daß Robey durchaus dazu fähig war, den selbsternannten König des Rock & Roll niederzuschlagen.

Robey hätte nicht zugeschlagen, wenn er ihn nur des Diebstahls bezichtigt hätte, aber der Sänger hatte ihn beschimpft. Don Robey war nicht der Mann, sich persönlich beschimpfen zu lassen. In der Tat vermieden es die meisten Leute, sich mit ihm anzulegen. Man sagte ihm alle möglichen Arten von Übeltaten nach (Prostitution, illegales Lotto, Glücksspiele), ein Ruf, der Robey überall voraufging. "Er war wie einer der Charaktere aus "Guys and Dolls", erzählte mal ein Techniker dem Magazin "Rolling Stone". "Er hatte immer eine Gruppe von Leibwächtern um sich herum, mit Pistolen und all solchem Zeug, wie ein Zar der Neger-Unterwelt."

Gangster oder nicht, Robeys Gegenwart war nicht zu übersehen in der Welt des schwarzen Houston. Er hatte ein Taxiunternehmen, und ihm gehörte auch der Bronze Peacock Club, der sich rühmen konnte, einen der größten Veranstaltungsräume im ganzen Südwesten zu besitzen, mit dem Ergebnis, daß Robey sich mit Talentmanagement, der Buchung von Tourneen und der Herstellung von Platten befaßte. Schon ein Jahrzehnt vor Berry Gordys Aufstieg in Detroit war Robey ein erfolgreicher schwarzer Plattenproduzent, obwohl sein Weg zum Erfolg völlig anders verlief.

1949 gründete Robey die Peacock Records, um Clarence (Gatemouth) Brown aufzunehmen, einen Bluessänger und Gitarristen, denn Robey war mit den Vertragsbedingungen, die ihm die Firma Aladdin in Los Angeles bot, nicht einverstanden. 1952 kaufte Robey die Duke Records von dem Diskjockey James Mattias in Memphis. Diese beiden Label zusammen wurden bis in die siebziger Jahre hinein zur wesentlichen Heimstatt für Gospel und Rhythm & Blues, bei denen die Five Blind Boys und die Dixie Hummingbirds für die Kirchgänger aufnahmen und Willie Mae (Big Mama) Thornton, Johnny Ace und Bobby (Blue) Bland, Rhythm & Blues-Stars mit Zukunft, für die Sünder. Durch seine Verbindung mit Buffalo Booking Agency wurde er auch zum einflußreichen Agenten, der das ganze Geschäft im Südwesten beherrschte.

Für Dave Clark, der 1952 als Mitarbeiter im Management für Robey gearbeitet hatte, war er ein Idol. Immerhin kaufte Robey ihm seinen ersten 500 $-Anzug. "Er war einer der größten schwarzen Plattenproduzenten, die es jemals gegeben hat," sagt Clark. "Eine ganze Reihe schwarzer Firmen machten Pleite, eine ganze Reihe Firmenpräsidenten endeten bettelarm. Don Robey stand am Ende seines Lebens als reicher Mann da."

Wenn man sich so manche Geschichten über die Rhythm & Blues-Unternehmer und ihre Methoden, an andrer Leute Geld zu kommen, anhört, dann mag man Daves Kommentar eher für ein Verdammungsurteil als für ein Preislied halten. Robey war aber auch ein Pionier, der den schwarzen Talenten eine Chance gab, eine Möglichkeit, als Schwarzer in einer rassistischen Industrie zu überleben. Robey, wie auch die Chess Brothers in Chicago, Herman Lubinsky bei Savoy und andere, nahmen das ganze finanzielle Risiko auf sich. Sie wagten das Spiel. Sie hatten es verdient, davon zu profitieren. Keine Frage.

Aber profitierten sie davon zum Schaden ihrer Künstler? Clarks Kommentare über die Künstler spiegeln die Einstellung, die Robey und viele andere Firmeninhaber zu ihnen hatten. "Manche Künstler hatten nicht allzu viel Grips; einige wollten so clever sein, daß sie sich bald selbst reinlegten. Damals, zu der Zeit, da kam dann so einer und machte eine Platte. Das erste, was er wollte, war ein Cadillac. Don Robey sagte: 'In Ordnung, ich kauf den Cadillac, aber Du mußt mir dann das gleiche Geld geben, das Du dem Händler gegeben hättest.' Und wenn dann die Tantiemezahlungen kamen, dann hatten sie nicht genug Geld mit der Platte verdient, um den Cadillac zu bezahlen. Die Jungs kamen immer an und wollten 4000 bis 5000 $ auf einmal haben. Sehen Sie, die Künstler wollten alle groß angeben. Alle wollten sie große Wagen haben. Alle wollten sie feine Anzüge haben und alles, was dazugehört."

Niemand hat Robey je bezichtigt, zu gefühlvoll in seinen Handlungen zu sein. Nach Johnny Aces Tod 1954 beim Russischen Roulette hinter der Bühne in einem Auditorium in Dallas veröffentlichte Robey, wie es in diesem Geschäft üblich war, eine Anzahl nachgelassener Singles, darunter das millionenfach verkaufte "Pledging My Love". Die letzte davon, "Still Love You So", wurde 1956 in den Handelsblättern angekündigt als das Debut eines Sängers mit dem beziehungsreichen Namen Buddy Ace. Die Ankündigung lautete: "Vervollständigen Sie Ihre Sammlung mit dem letzten Titel des kürzlich verstorbenen, großen Johnny Ace. Beginnen Sie Ihre Sammlung mit der ersten Aufnahme dieses aufstrebenden neuen Künstlers." Offenbar war der Künstler irgend ein armer Teufel, den Robey beredet hatte, als "Buddy Ace" aufzunehmen, um die ungebrochene Popularität von Johnny Ace auszuschlachten. Unter dem Namen Deadric Malone "schrieb" Robey Hunderte von Songs, von seinen Künstlern aufgenommen, obwohl es wohl mehr als wahrscheinlich ist, daß Robey die Songs gekauft hat. Seine Kreativität lag mehr auf dem Gebiet der Finanzen als auf dem der Melodien. "Scheiße, Robey hat keinen davon geschrieben," erzählte Bobby Bland Peter Guralnick in der Zeitschrift "Lost Highway"."Er kriegte sie von - na ja, da gab es eine Menge Schreiber, die da durchliefen. Nein, gestohlen hat er sie nicht! Sie kriegten immer, was sie dafür haben wollten" - wahrscheinlich ein bißchen Bargeld auf die Hand.

Trotz seines abscheulichen Rufes war Robey ein Geschäftsmann mit bemerkenswerter Voraussicht. Dave Clark war ein wichtiges Rädchen in seinem Getriebe. Ebenso der musikalische Direktor Joe Scott, der Blands großartige Aufnahmen leitete. Sein Erster Offizier bei Duke-Peacock war jedoch eine schwarze Frau mit Namen Evelyn Johnson. Buffalo Booking, seine Agentur, war bei der Musikerunion auf ihren Namen eingetragen, und wenn es sich um die alltäglichen Vorgänge in den Büros handelte, dann war es Johnson, nicht Robey, die die Entscheidungen traf. Sie mußte ihre Bestrebungen, Röntgenfachmann zu werden, aufgeben, als die Behörden in Texas ihr die staatliche Zulassung verweigerten. Statt dessen wurde sie so eine Art Hans Dampf in allen Gassen. Sie überwachte den Aufbau eines der ersten Aufnahmestudios in Houston und einer der ersten Fabriken zur Plattenherstellung im Lande, die in schwarzer Hand war. Die nächsten zwei Jahrzehnte hindurch leitete sie die Buffalo Bookings und organisierte Tourneen für ihre Kunden. In der Kombination Robey, Johnson und Clark, mit all ihrer weitreichenden Sachkenntnis auf diesem Gebiet, ging Buffalo Booking gleich an die Arbeit, wenn man nur von weitem nach einem Hit roch. Von St. Louis rüber nach Atlanta, die Küste runter nach Miami und New Orleans, wieder zurück über Atlanta und wieder die Küste lang nach Miami und nochmal nach New Orleans, und dann zurück und weiter nach Houston, so beherrschte Buffalo Booking den südlichen Flügel des Chitlin Circuit (die Kette der schwarzen Theater). So dauerhafte Verkaufsschlager wie Bland und B.B. King brachten es leicht auf über hundert Engagements im Jahr.

Robeys Domäne erstreckte sich bis tief in den Gospel hinein. In den frühen fünfziger Jahren war die Peacock Aufnahme der Five Blind Boys von "Our Father" eine der ersten Gospelaufnahmen, die ihren Weg in die Musikboxen fand. 1973, in einem Interview mit der "Religious World", schrieb sich Robey das Verdienst zu, "den Beat in die religiösen Platten gebracht zu haben. Man hat mich hart kritisiert, als ich damit anfing, aber ich hab den ersten Beat da reingebracht. Als das Publikum anfing, diesen Beat zu kaufen, na ja, da hab ich ein Schlagzeug dazugetan. Dann eine Gitarre, dann eine Posaune." Ob man Robey diesen Anspruch glaubt oder nicht, wahr ist, daß seine Firma die Platten herausbrachte, die die Gospelmusik und ihre weltlichen Vettern einander näherbrachten.

Don Robey baute ein millionenschweres Imperium auf in einer Stadt, die weitab vom Hauptstrom des Entertainment lag. Aber diese geographische Lage war dennoch günstig für ihn. Robey war ein großer Fisch in einem Teich, in dem noch nie ein so großer Fisch gewesen war. Er gab eine Musik heraus - einen dem Blues ziemlich ähnlichen Rhythm & Blues (Ace, Bland) und Gospel (Blind Boys, Inez Andrews) - die ihre größte Gefolgschaft in den Staaten hatte, die dem Ort seiner Aktivitäten am nächsten lagen, während seine Eigentumsrechte an Platten, Clubs und Agenturen sich gegenseitig nährten und einen beständigen Fluß des Kapitals garantierten.

Währenddessen hatte Harlem, die Heimat des Apollo-Theaters und so mancher junger, kreativer Talente, der Magnet für Afro-Amerikas leuchtendste Begabungen, nie eine einzige Institution in schwarzem Besitz von vergleichbarem Format, obwohl es einen Mann gab, der das durchaus hätte aufbauen können. Bobby Robinson besaß Harlems bekanntesten Plattenladen und war auch der bekannteste Musikunternehmer. Ein kleiner Mann mit müden, traurigen Augen und einem ziemlich abenteuerlichen Englisch, hatte er dann und wann Gladys Knight and the Pips und King Curtis unter Vertrag, unterhielt eine fruchtbare Verbindung zu New Orleans' größtem Autor-Produzenten Allen Toussaint, war auch selbst als Autor und Produzent an mehreren Pop- und schwarzen Hits beteiligt, die an erster Stelle standen und wurde von seinen Konkurrenten so sehr respektiert, daß Wallfahrten zu seinem Plattengeschäft in Harlem bei jedem Ausflug nach New York fast zur Pflicht wurden. Trotzdem kommt es einem vor, als sei Robinson ein Mann, der die besten Gelegenheiten verpaßt hat. Da ihm die Vocals des jungen Otis Redding im Stil von Little Richard mißfielen, überließ er "Shout Bamalama" anderen. Ein Jahr später war Redding ein Star. In den achtziger Jahren nahm Robinson Grandmaster Flash and the Furious Five auf, noch vor ihrem Durchbruch mit den Hits "Freedom" und "The Message" auf Sugar Hill.

Trotz seines Standortes in Harlem und seiner überaktiven Karriere erreichte er in Wirklichkeit nicht so viel, wie man von ihm erwartete. Im Mittelpunkt seiner Geschichte steht seine Rolle als Inhaber des Plattengeschäftes. Im Jahr 1946 eröffnete er Bobby's Records auf der 125. Straße fast an der Ecke der.St Nicholas Avenue, zwischen dem Apollo und Frank's Place gelegen, der Stammkneipe aller im Entertainment Beschäftigten. Sein Laden wurde schnell zum Treffpunkt für Entertainer und Angestellte der Plattenfirmen, wo sie mal reinschauen und sich über den Verkauf informieren oder früh genug erfahren konnten, wo irgendwo ein Wettbewerb stattfand. 1951 gründete er seine erste Plattenfirma, Red Robin, und in den nächsten zehn Jahren kamen noch Enjoy, Everlast, Fire und Fury dazu. Wilbert Harrisons "Kansas City" 1959, Lee Dorseys "Ya Ya" und "Every Beat of my Heart" von Gladys Knight and the Pips waren Robinsons bekannteste Veröffentlichungen.

Am typischsten für das, was Robinson zu erreichen strebte, waren seine 1951 beginnenden "Doo Wop"-Aufnahmen. "Ich suchte mir so viel wie möglich von den spärlichen Informationen zusammen und fing an, Doo Wop-Gruppen aufzunehmen," erzählte er David Toop. "Es gab da ein paar

Gruppen zu der Zeit - die Orioles und die Ravens. Die Ravens waren so Rhythm & Blues im Jump-Stil. Das waren die Vorläufer des Doo Wop. Ich brachte ein paar Gruppen zusammen. Wir hatten keinen Raum zum Proben, da hab ich dann den Plattenladen früh zugemacht, um 11 Uhr vormittags, die Tür abgeschlossen, und dann haben wir eben da drinnen geprobt. Die erste Gruppe waren die Mellow Moods - eine Standardnummer "Where Are You Now That I Need You". Ich hatte damit sofort einen großen Erfolg. Wenn man erst mal angefangen hat, kommen sie alle angerannt, so folgten dann die Vocaleers, die Scarlets, die Trenchchords. Insgesamt habe ich in dieser Kategorie ungefähr dreizehn oder vierzehn Gruppen bekanntgemacht."

Es gibt in der Popkultur kaum eine romantischere Vorstellung als die einer Gruppe von jungen schwarzen Teenagern, die an irgend einer Ecke unter einer Straßenlaterne, in der Eingangshalle einer Mietskaserne oder im Eingang zu einer U-Bahnstation zusammenkommen, wo sie dann an ihren zuckersüßen Harmonien basteln, unterlegt mit einem leisen, zügigen Bass. Dann, nach einem Vorsingen im Büro einer benachbarten Plattenfirma, schleichen sie sich nervös ins Studio und machen eine Platte...Wie der hektische Rhythmus des Bebop und das Schnellfeuer der R&B-Diskjockeys mit ihren Abschweifungen und Zurufen, so war auch der Doo Wop ein einzigartiges Gewächs des schwarzen Nachkriegsamerika. Da er aber weder die Arroganz der Jazzer noch die Geschäftstüchtigkeit der Ansager hatte, repräsentierte er eine Art von innovativer Unschuld. Es gab auch ein gelegentliches Aufblitzen urbaner Wut darin - manchmal warfen sich der schmalzige Leadtenor und der Bass mit der rollenden Unterstimme gegenseitig die Bälle zu mit zynischen Kommentaren über die Sentimentalität der superromantischen Texte. Aber im großen und ganzen reflektierte der Doo Wop die Wärme und den Optimismus ihrer jugendlichen Sänger. Bis zum heutigen Tage ist der Sound einer Doo Wop-Platte aus dieser Zeit, ob anerkannter Klassiker oder irgend ein obskurer Oldie, gleichbedeutend mit der Lebendigkeit und der bemerkenswert unbefleckten Vorstellung von städtischer Jugend.

Man denke nur an die Namen. Wie der britische "New Music Express" bemerkte, "Die Vogelgruppen vermehrten sich wie die Kaninchen, bald gefolgt von den Insekten, Blumen und Automobilen." Penguins, Flamingos, Crows, Ravens, Orioles, Clovers und Gladiolas trafen auf Cadillacs, El Doradoes, Edsels, Impalas, Fleetwoods, Cardinals; tonnenweise machten sie Platten, die im Gedächtnis blieben wie der erste Kuss und dann von der Szene verschwanden.

Die Geschichte der Vocaleers, beim Red Robin-Label unter Vertrag, ist typisch für die Doo Wop-Story vom "heute berühmt und morgen vergessen." Sie kamen von der 145. Straße zwischen Lenox und Seventh Avenue, standen 1953 an achter Stelle mit ihrem Hit "Is It a Dream?" und machten noch eine Aufnahme mit "Be True", einem Favoriten der Doo Wop-Sammler. Robinson hörte die Vocaleers zum ersten Mal, als sie auf einer "Amateur Night" im Apollo den zweiten Platz erreichten. Historiker, die die Geschichte des Alltagslebens erforschen, behaupten, die Gruppe sei in Harlem so populär gewesen wie die (Baseballstars) Jackie Robinson und Willie Mays. Trotzdem existierten die Vocaleers nur ein Jahr nach ihrem Hit schon nicht mehr - auseinandergefallen durch den Streit um die Leadvocals und durch Probleme mit dem Ego. Welch magische Wirkung sie damals auch immer hatten, heute schimmert das nur noch durch auf verstaubten 45er Scheiben und in den Erinnerungen (oder Legenden) der Doo Wop-Fanatiker.

Weder Robinson noch irgend ein anderer der Doo Wop-Kapitalisten, wie George Goldner in New York, Eddie Heller von Rainbow in Washington oder Dootsie Williams von Dootone in Los Angeles, verschwendete einen Gedanken an die künstlerische Entwicklung. Sie interessierte nur das Festhalten des Augenblicks. Sie nahmen Sänger auf in einem Tempo, daß man meinen konnte, der Markt würde sich am nächsten Tag in Luft auflösen. Die Unfähigkeit - oder war es Mangel an gutem Willen? - einen Künstler auf längere Sicht aufzubauen, tat Robinsons Karriere großen Schaden. Ihre besten Aufnahmen haben die Künstler, deren Ruhm von Dauer war, nie auf einem seiner Label gemacht. Das war traurig, aber typisch für die R&B-Geschäftsleute. Robinson war sich einfach nicht im klaren über den dauerhaften Wert seiner Produkte. Dieses Versagen war einer der Gründe, warum ein Mann, der sich einst bei ihm Rat geholt hatte, ihn auf seinem eigenen Feld schlagen sollte.

Atlantic und seine Neuerungen

Ahmet Ertegun, ursprünglich bei Herb und Miriam Abramson, sein Bruder Nesuhi und später noch Jerry Wexler machten Atlantic Records zum hochklassigen Rhythm and Blues-Label. Sie zahlten Tantiemen, waren aber auch bekannt für ihre geringen Vorschüsse. Sie waren loyal. (Ruth Brown z.B. unterzeichnete 1949 einen Vertrag bei ihnen und erlitt danach bei einem

Autounfall so schwere Verletzungen, daß sie fast ein Jahr lang nicht aufnehmen konnte. Trotzdem interessierten sie sich klugerweise weiter für sie).

Im allgemeinen reagierte Atlantic als eines der wichtigsten R&B-Label (grob gerechnet von 1950 bis in die Mitte der siebziger Jahre) äußerst empfindlich auf Veränderungen im musikalischen Geschmack der Schwarzen.In der Tat befand sich diese in weißem Besitz befindliche Firma häufig an der Schnittstelle zu den neuen Richtungen. Den Eigentümern, besonders Ertegun in den Fünfzigern und Wexler in den Sechzigern, wurde das Verdienst an der kreativen Vorausschau, die im Sound und im Erfolg von Atlantic zutage trat, zugeschrieben - und sie akzeptierten das auch bereitwillig. Aber so einfach war das weder bei ihnen noch bei anderen prominenten, auf die Schwarzen ausgerichteten Firmen. Leonard Chess von Chess Records konnte für sich in Anspruch nehmen, er wüßte alles über den Blues, aber es war der Bassist Willie Dixon, dessen musikalisches Urteil den Ausschlag gab bei den Aufnahmen mit Chuck Berry, Bo Diddley und Muddy Waters. Bei Duke-Peacock sorgte Don Robey auf die eine oder andere Weise für das Material, aber wenn man Bland fragt, dann war es der Posaunist und Hausarrangeur Joe Scott, der der Musik das Packende und Bewegende gab, das einen nicht mehr losließ. Bei King Records in Cincinatti kannte jeder Syd Nathan und seine Zigarren, aber nur wenige erkannten, daß der Arrangeur Henry Glover ausschlaggebend dafür war, daß aus der Musik im Studio etwas wurde.

Bei Atlantic sollte man Jesse Stone, zusammen mit der großen Hausband, nicht vergessen, der in den fünfziger Jahren dem grünen, dem roten und dem weißen Label das unverwechselbare Gesicht gab. Stone war kein junges Kerlchen, das auf einen Durchbruch hoffte, als er 1947 bei Atlantic anfing, sondern ein erfahrener Showbusiness-Veteran. Mit vier Jahren hatte er eine Hundedressur erarbeitet; er sang und spielte Geige, während die Hunde um seine Beine sprangen. In den zwanziger Jahren, der Aera, die die swingenden Bigbands des Südwestens hervorbrachte, hing Jesse Stone als Teenager in dem allem geöffneten Kansas City des korrupten demokratischen Oberhaupts Tom Pendergast herum. Als Pianist und Sänger stellte er eine Band zusammen mit einer weiblichen Vokalgruppe, den Rhythm Debs. Bei einem Gig in Detroit war Duke Ellington so von Stone angetan, daß er ihm ein Engagement im Cotton Club verschaffte. Stone blieb in New York hängen und erwischte einen Job für 15 Dollar die Woche als musikalischer Berater im Apollo, half dort Pigmeat Markham, Songs und manchmal auch Späße in seinen Akt einzubauen und modernisierte die Arrangements der Hausband. In den dreißiger Jahren machte er ein paar Swingaufnahmen und traf dann, gerade vor dem Krieg, Cole Porter. Der berühmte Songschreiber gab ihm den Rat, sich ein Reimwörterbuch zuzlegen. "Wenn du 'nen Graben ausheben willst, brauchst du eine Schaufel, nicht wahr?" Stone, ein guter Freund von Louis Jordan, gehörte auch zu denen, die ihm zuredeten, seine eigene Band zusammenzustellen, noch vor dem Tod von Chick Webb 1938.*)

1942 wurde Stones Komposition "Idaho" ein landesweiter Hit, als Benny Goodman ihn auf Columbia aufnahm. Mit Herb Abramson zusammen arbeitete Stone 1945 für Al Greenes National Records. Beide hatten sie den Eindruck, Greene verstünde die Schwarzen und ihre Musik nicht genug, um sie angemessen auf den Markt zu bringen. So gingen sie dann weg und machten ihre eigene Firma auf. Sie mußten allerdings erst auf Ertegun und sein Geld treffen, um ihre ehrgeizigen Pläne in die Tat umsetzen zu können. (Oder besser gesagt, Abramson tat das, denn ihn machte man zum Partner, während Stone bezahlter Angestellter wurde).

Tatsächlich brauchte die Musik Stone oder jemanden wie ihn, der die Neuerungen begriff und sie in Form brachte. Die entscheidende Periode für Stone und Atlantic war anscheinend das Jahr 1947, als Ertegun, Abramson und Stone einen Trip in den Süden machten, um den Geschmack zu studieren, den ihre vorigen, noch in New York entstandenen Aufnahmen nicht zu treffen schienen. Mit diesem Ausflug begründete Atlantic die Tradition, die Richtung und die Talente im Süden zu suchen. "Die Jugend suchte etwas zum Tanzen," erzählte Stone Nick Tosches. "Ich hörte mir an, was die zusammengewürfelten Bands in den Kneipen spielten. Was dem Zeug fehlte, das wir aufnahmen, war der Rhythmus. Alles, was wir brauchten, war die Basslinie." Stones "du, da-du dam, du, da-du dam, du, da-du dam" gehörte seitdem zu Atlantic und dem rockenden Rhythm & Blues. Darüber hinaus stimmte Stones Beobachtung, daß die Basslinie der Schlüssel zu den Veränderungen in der schwarzen Musik war, genau zum Vordringen der elektrischen Bassgitarren.

In den Händen von so meisterhaften Swingbassisten wie Oscar Pettiford oder Count Basies Walter Page war die Basslinie ein ruhiger Strom, der schön unter den Linien der Blech- und Holzbläser des Ensembles dahinfloß, die den Bigbandstil bestimmten. Aber als Leo Fender 1953 Monk Montgomery den Prototyp seiner Gitarren in die Hand gab, verbesserte er damit nicht nur den grundlegenden Sound. Der elektrische Bass veränderte für immer die Beziehung zwischen der Rhythmusgruppe, den Bläsern und den anderen Melodieinstrumenten. Für Quincey Jones, der sein Können als Arrangeur damals zwischen Bigband, Jazz und Pop aufteilte, "änderte er wirklich den Sound der Musik, weil er so viel Raum beanspruchte. Sein Klang war so dominierend im Vergleich zum herkömmlichen Bass, er konnte einfach nicht die gleiche Funktion haben. Man konnte mit ihm nicht einfach 4/4-Linien spielen, dazu hatte er viel zu viel Persönlichkeit. Vor dem Aufkommen des elektrischen Bass und der elektrischen Gitarre diente die Rhythmusgruppe nur zur Unterstützung der Bläser und des Klaviers. Aber nachdem sie auftraten, mußte sich oben alles ein bißchen in den Hintergrund verziehen. Die Rhythmusgruppen wurden zu Stars. Alles wegen der technischen Entwicklung. Der alte Stil galt nichts mehr, es wurde eine neue Sprache geschaffen" - eine Sprache, die zuerst von einem Bassisten in einer schwarzen Tanzband gesprochen wurde.

Wenn Lionel Hamptons rockende Band spielte, eine unkomplizierte, rauhe Truppe wie Jordans Tympany Five, jumpten sie den Blues bis zur Ekstase. Der elektrische Bass hatte eine Durchschlagskraft, eine Dynamik, die zum Charakteristikum des R&B werden sollte. Darüber hinaus waren die R&B-Musiker gewillt, die neue Technologie in ihre Vorstellungen einzubeziehen und machten so ihren Sound, trotz mancher Verirrungen, zu einer so beständigen Quelle von Neuerungen, wie es nur irgend ein Genre der amerikanischen Musik in den folgenden Jahren sein konnte. Das Schema von Stone und anderen, im Verein mit dem vermehrten Einsatz von elektrischem Bass in den fünfziger Jahren, hat in der Folge die Hörgewohnheiten dieses Landes grundlegend geändert.

Der erste Künstler, der nach Stones Worten mit dieser neuen Art des Rhythmus Platten aufnahm, war Frank Culley mit dem Titel "Cole Slaw" (Stone sagt, es sei eigentlich eine Version seiner Komposition "Sorgham Switch" von 1942 gewesen). Culleys Instrumentalnummer wurde kein Hit, erst Louis Jordan machte sie 1949 dazu, nachdem er einen passenden witzigen Text hinzugefügt hatte. Auch Stone selber spielte noch eine Fassung auf RCA/Victor ein. Culley, der Saxophonist Sam (the Man) Taylor und später King Curtis sowie der Pianist Harry Van Walls und Drummer Panama Francis (die beide auf "Cole Slaw" gespielt hatten) wurden dann die Stammbesetzung der Atlantic-Hausband. Unter der Führung Erteguns und der persönlichen Leitung von Stone erschienen diese Musiker auf der ersten Serie der Firma mit Rhythm & Blues-Hits. "Money Honey" von den Drifters, "Your Cash Ain't Nothing But Trash" von den Clovers, Joe Turners "Shake, Rattle and Roll" - einige der besten waren Kompositionen von Stone. Ertegun und Co verdienen den Beifall, den sie dafür bekommen haben, daß sie bis in die Aera der großen Firmengesellschaften hinein überlebt haben. Den Männern in den Studios aber muß man immer wieder den höchsten Respekt zollen für die Ideen und den Geist, den sie in die Rillen gebannt haben.

---

*) 1939

Schwarzer Rundfunk

Weil er die Araber und die Juden davon abgehalten hatte, sich in Palästina gegenseitig umzubringen, bekam Ralph Bunche 1950 den Friedensnobelpreis, der erste Schwarze, dem diese Ehre widerfuhr. Im selben Jahr gewann die Dichterin Gwendolyn Brooks den Pulitzerpreis für ihre Sammlung "Annie Allen", das erste Mal, daß dieser Preis an einen schwarzen Autor vergeben wurde. Es schien, als könnte das Wort "Neger" nicht in den Nachrichten auftauchen, ohne daß irgend ein "erster" dazukam. Aber die Schwarzen machten auch auf unauffälligeren Wegen große Fortschritte. Die Forschungen des schwarzen Soziologen E. Franklin Frazier enthüllten, daß 1953 den Schwarzen ein Drittel ihrer Wohnungen gehörten - das waren zwei Drittel mehr als 1940, während 74.526 Schwarze zur Universität gingen, gegenüber 17.880 im Jahre 1930. Das Tuskegee Institute berichtete, 1952 sei zum ersten Mal in einundsiebzig Jahren der Tabellenführung kein Lynchmord vorgekommen.

Dennoch gab es jenseits der positiven Nachrichten Berichte, die zeigten, daß die rassistische Gewalt nie ganz aufgehört hatte. Adlai Stevenson schickte einmal die National Guard in den Chicagoer Vorort Cicero, wo ca 3.500 wildgewordene Rassisten versuchten, eine schwarze Familie zu vertreiben (und zu lynchen?), die den Mut gehabt hatte, zu glauben, sie könne wohnen, wo sie wolle. Man nannte es beileibe nicht lynchen, als Harry T. Moore von der Florida NAACP getötet und seine Frau schwer verletzt wurde, weil jemand eine Bombe in ihrer Wohnung hinterlassen hatte - aber war er, verdammt nochmal, etwa nicht tot? Es machte keine Schlagzeilen in der weißen Presse oder den Nachrichten im schwarzen Rundfunk, aber die alten Übel wie Pacht, Jim Crow und Abhängigkeit von den Weißen wurden in den Nachkriegsjahren von neuen abgelöst: Fürsorgeabhängigkeit, Drogensucht und die Brutalität der städtischen Polizei. Diese demographische Verlagerung in die Städte brachte noch eine weitere große Veränderung mit sich, die sich wesentlich auf die Entwicklung des Rhythm & Blues auswirken sollte. Nun erregten die Neger, die, wie Ralph Ellison 1952 in seinem Meisterwerk "Invisible Man" so eindrucksvoll darstellt, einst für das weiße Amerika unsichtbar waren, plötzlich Aufmerksamkeit und bildeten in den Augen der Fabrikanten und Geschäftsleute einen Markt, den es auszuschöpfen lohnte.

Mitte der fünfziger Jahre brachte die Zeitschrift "Harper's" einen Artikel über das "Negro Radio", unter Mitwirkung des damals noch unbekannten schwarzen Autors Alex Haley, in dem die kulturelle und ökonomische

Wirkung des schwarzen Rundfunks ins Blickfeld gerückt wurde. Der künftige Bestsellerautor nannte vier Punkte: das Radio half schwarzen und weißen Geschäftsleuten, ihre Ware an den potentiellen Käufer zu bringen, es ließ die Schwarzen wissen, wo sie einkaufen konnten, ohne belästigt zu werden, es wies auf Jobs hin, die den Schwarzen Prestige verschafften, und es gab den kirchlichen und den Bürgervereinigungen die Möglichkeit, ihre Veranstaltungen in der Gemeinde anzukündigen. Punkt eins und zwei werden am besten illustriert, wenn man sich die Geschäftsanzeigen aus der Zeit ansieht.

Das Anwachsen des schwarzen Rundfunks fiel zusammen mit dem Aufkommen einer großen Zahl von Firmennamen. "Seit 1947 Dienstleistungen und Verkauf an 328.000 Neger in der Gegend von St. Louis," verkündete WXLW in den frühen fünfziger Jahren. Zur gleichen Zeit ließ WOKJ in Jackson, Mississippi, jedermann wissen: "Der EINZIGE Weg zu den 107.000 Negern" dieser Gemeinde sei "die von Hooper am höchsten bewertete Neger-Rundfunkstation." Die Verkaufsabteilung der mächtigen 50.000 Watt-WDIA hielt auch nicht gerade schamhaft damit hinterm Berg, daß sie 1.237.686 Schwarze (10 Prozent aller schwarzen Amerikaner) erreichte und daß Schwarze 40 Prozent des Memphis-Marktes ausmachten.

Im Dezember 1947 fand die "Ebony" unter den schätzungsweise dreitausend als Diskjockey Beschäftigten landesweit nur sechzehn Schwarze. "Die meisten der Sepia-Quasselstrippen, die in einundzwanzig Stationen von Küste zu Küste agieren, sind mehr oder weniger Neulinge, die auf der Woge des Booms mitreiten wollen, die die Plappermäuler an die Spitze katapultiert hat," berichtete das Magazin. "Während der letzten Monate angeheuert, weil sie ein Geschäft sind, haben die farbigen Jockeys schnell den Dreh rausgehabt und bekommen Berge von Fanpost und bessere Sponsoren. Sie sind so populär wie die Platten, die sie spielen - und davon sind nicht gerade wenige von schwarzen Musikern." "Ebony" betonte, daß wenige "über den Äther als Schwarze zu erkennen sind, sie erhalten sogar negerfeindliche Zuschriften, da man annimmt, sie seien Weiße...Die Entdeckung, daß eine Stimme keine Hautfarbe hat, hat den Negern ganz neue Aussichten im Rundfunk eröffnet." Dem Modell von Jack Cooper folgend, zeigten diese Ansager, die für weiß durchgingen, eine Tendenz zum Konservativen in der Auswahl ihrer Programme, indem sie sich ebenso sehr auf Count Basie und Sarah Vaughan stützten wie auf die korrekte Aussprache ihrer Vokale.

Ein Mann, den die "Ebony", wenn auch nur am Rande, erwähnte, sollte zu einem der einflußreichsten schwarzen Diskjockeys aller Zeiten werden. Aber es ist nicht weiter verwunderlich, daß "Ebony" Al Bensons Stil kaum zur Kenntnis nahm, war er doch genau der Typ, der jedem aufstrebenden, intelligenten Schwarzen mit Selbstachtung als eine Schande für seine Rasse erscheinen mußte. "Sein entnervendes Sich-Verheddern bei Wörtern mit mehr als zwei Silben brachten ihm auf der einen Seite das Gelächter und den Hohn der Vielen ein, aber seine Fähigkeit, über den Äther eine riesige Hörerschaft von Negerinnen und Mädchen im Teenageralter zu gewinnen, das konnten sie nicht weglachen," schrieb eine schwarze Zeitung in den Fünfzigern. "Selbst heute noch gibt es in den Chicagoer Rundfunkkreisen die große Frage: "Wie macht es dieser Al Benson, daß er immer noch damit durchkommt?"

Auf dem Höhepunkt seiner Karriere hatte Benson, auch der "Midnight Gambler" genannt, fünf Shows und zwanzig Programmstunden in der Woche und verdiente, so lange das lief, die stolze Summe von 100.000 $ pro Jahr. Eddie O'Jay, ein junger Diskjockey in den frühen Fünfzigern in Milwaukee, erinnert sich: "Benson machte das "King's English" total kaputt, und ich weiß nicht, war es Absicht oder nicht. Jeder mußte erst zu Al, wenn er auf dem Markt der Schwarzen in Chicago etwas verkaufen wollte, ob es nun Bier war oder Teppiche oder Nu Nile Haarcreme...Er gab nicht vor, weiß zu sein. Er klang schwarz. Man wußte, daß er es war und die meisten von uns waren stolz darauf. 'Da kommt eine schwarze Stimme aus meinem Radio, und wir wissen, das ist er.'" Die Lektionen, die Benson ihnen gab über den Reiz und die Profitträchtigkeit seines "Stils des schwarzen Jedermann" wurden im ganzen Land aufgegriffen und eröffneten die Aera der "Personality-Diskjockeys".

Um 1955 flogen über 500 von Bensons Kindern auf Transistorwolken im Land herum, verhökerten Platten aus entlegenen Warenhäusern im Verein mit irgendwelchem Zeug, daß deine Frau zwei oder drei Schattierungen heller machte, auch wenn sie dir eigentlich auch so schon gut genug gefiel. Die Anpreisungen lenkten zwar die Hörer nie von der Musik ab, klangen aber genauso irre und eingängig und cool wie die Scheiben, die sie dazu spielten. Von Mexico bis Canada, auf kleinen Stationen, die bei Sonnenuntergang erst anfingen, bis zu solchen mit 50.000 Watt, rockten diese Typen durch alle athmosphärischen Störungen hindurch.

Ein Hörer, der mit der Geschichte der Schwarzen vertraut ist, mag wohl erkannt haben, daß es sich bei diesen nächtlichen Motorschnauzen eindeutig um die Erben der schwarzen mündlichen Tradition handelt, aus der "Br'er Rabbit", "Mr. Mojo" und andere ländliche Gaukler hervorgegangen sind und die von den Afro-Amerikanern während ihrer erzwungenen Ferien in der "Neuen Welt" hervorgebracht wurden. Dennoch waren sie trotz allen Maiskuchens, den einige von ihnen ihren Hörern auftischten, oft so städtisch wie die Ecke der Lenox und der 125. Straße. Mit der Musik als

Inspiration brüteten sie lächelnd und mit unbegrenztem Einfallsreichtum ihre Gestalten und Reime aus. Für viele war der Bebop wegen seines rhythmischen Instinktes und seines aufmüpfigen Stils der verbale Ausgangspunkt.

Lavada Durst, der sich sicher mit großem Vergnügen Dr. Hep Cat nannte, als er noch bei Austins KVET war, knüpfte die Verbindung vom Bop zum Diskjockey mit diesem Couplet:

If you want to hip to the tip and bop to the top,
You get some made threads that just won't stop.

(Wenn Du auf mich hörst und nach oben willst, hier ist die Masche, die nie versagt).

Wie ich bereits früher gesagt habe, es wurde schon sehr früh klar, daß Bebop kein Stil war, nach dem man tanzen konnte (oder der die Massen ans Radio lockte), aber es gab dennoch viele Beispiele von Diskjockeys, die den Rhythm & Blues mit dessen vielsilbigen Schönheiten verziert spielten. So zum Beispiel New Yorks Jocko Henderson, auch "the Ace from Space" genannt, der sich oft auf den Bebop bezog bei seinen Zwischenbemerkungen in der Radiosendung "1280 Rocket":

Be Bebop
This is your Jock
Back on the scene
With a record machine
Saying "Hoo-popsie-doo, How do you do?
When you up, you up,
And when you down, you down
And when you mess with Jock
You upside down.

(Hier ist euer Jock wieder mit dem Plattenspieler und begrüßt euch. Wenn Ihr oben seid, seid ihr oben, wenn ihr unten seid, seid ihr unten, aber wenn ihr euch mit mir anlegt, dann steht ihr Kopf).

Das Formulieren von eingängigen Phrasen gehörte ganz wesentlich zum Mythos der Rhythm & Blues-Diskjockeys. Der findige Henderson kam heraus mit "Great gugga mugga shooga booga", das in den New Yorker Slang einging.

Die Rolle der Diskjockeys als Trendsetter und Verkäufer sowohl ihrer selbst als auch der Musik war unerläßlich für das Wachstum des Rhythm & Blues. Gary Byrd, ein Radio- und Fernsehansager von heute, erinnert sich, daß er den Diskjockey-Veteranen Wild Bill Curtis beobachtete, wie er die heute vergessene Single der Drifters "We Gotta Sing" rüberbrachte. Byrd erzählt:

> "Erst einmal spielte er die Musik, nahm dann immer mehr den Ton weg und fing an zu erzählen. Und er erzählte die Geschichte, wie diese Platte in seine Hände fiel. Und dann kam eine weitere Geschichte über die Jungs, die er mal irgendwann getroffen hatte, als sie noch ganz unbekannt waren und das waren dann die Drifters und...blah blah blah, ihre neue Platte und boom boom boom, die ersten auf der ganzen Welt, die ihre Platte spielten. Dann kam die Platte. Also, während die Platte lief, betonte er mit einem 'Ohh' alle die Stellen, an denen sich was Aufregendes tat. Als sie dann zu Ende war, fing er an mit 'Es ist sagenhaft, es ist sagenhaft! Oh, ich kann's gar nicht fassen'. Während er noch redet, leiert er die Platte wieder an. Am Ende, wenn er fertig ist, sagt er 'Und noch einmal von vorn'. Ironischerweise war das so etwas wie der Vorläufer der ganzen Idee, eine Platte in die Länge zu ziehen, wie sie später auf dem Disco Trip aufkam. Er verlängerte einfach das Vergnügen. Und dann gingen die Telephone los und die Leute fragten, 'Was ist das für 'ne Platte? Wo kriegt man die?' Und die Plattengeschäfte riefen an, weil die Leute sie anriefen und fragten, 'Habt ihr die Platte von den Drifters, die gerade auf WUFO gelaufen ist?'"

Eine Gruppe dieser effektvollen Pioniere bezeichnete sich als die "Original 13" und bildete den Kern eines Alte-Hasen-Rundfunks mit der Fähigkeit, einen Hit zu "machen" oder zu erledigen. Jockey Jack Gibson, Jack (the Bell Boy) Lorenz, Larry Dean, Ed Cook, Bill Powell, Ken Knight, Gene Potts, Hot Rod Hulbert, John (Honey Boy) Hardy, Jimmy Woods, Hal Jackson, Tommy (Dr. Jive) Smalls und Spider Burke sind gewöhnlich die, an die man sich erinnert als die Gründungsmitglieder, obwohl manchmal auch Ed Castleberrys Name dazugerechnet wird. Während die Originalbesetzung mit der Zeit immer unklarer wird, bildeten diese Männer, Schwarze und Weiße, doch das Herzstück der ersten Welle bedeutender Rhythm & Blues-Diskjokkeys in der Nachfolge von Benson.

Wenn wir uns die Karriere eines einzigen von ihnen, Jack Gibson, ansehen, bekommen wir eine Ahnung von der Haltung und dem Lebensstil dieser Männer. Hellhäutig, mit starkem Willen und schnellem Witz begabt, war Gibson der Sohn eines Chicagoer Arztes und genoß als solcher die Vorzüge einer ausgezeichneten Erziehung und einer stabilen familiären Umgebung. Gibsons erste Berührung mit dem Rundfunk ergab sich in der gänzlich schwarzen Lincoln University in Pennsylvania, wo er sich auf Drängen seines Vaters auf das medizinische Examen vorbereitete. Gibson glaubte damals noch, er wolle Gynäkologe werden.

Da traf er auf einen Klassenkameraden mit hellem Köpfchen, der sich einen kleinen Sender gebastelt hatte, mit dem er die diversen Schlafsäle der Lincoln University erreichen konnte. Er fragte den kurz vor dem Abgang stehenden Gibson, ob er nicht der Ansager werden wolle. Gibson merkte bald, wieviel Spaß ihm das Leben hinter dem Mikrophon machte (und die Aufmerksamkeit, die es erregte) und seine medizinischen Ambitionen schwanden dahin. Nach dem Examen 1944 ging er zurück nach Chicago und versuchte, als Schauspieler anzukommen. Damals beherrschten noch Hörspiele die Phantasie der Amerikaner und boten schwarzen Schauspielern eine einzigartige Gelegenheit, in einem Medium zu arbeiten, bei dem die Hautfarbe kein Hindernis war. Gibson bekam ständige Arbeit in den Rührstücken der Vorfernsehzeit wie "Young Widow Brown" und "Ma Perkins" oder auch "Here Comes Tomorrow", ein Rundfunkdrama über die schwarze Redmon-Familie, ein liberaler Versuch, Schwarze den weißen Hörern menschlich nahezubringen. In der Rückschau sagt Gibson: "Einen Tag sprach ich einen Briefträger, am nächsten einen Lehrer, oder vielleicht auch einen Bankangestellten. Was auch immer der Autor geschrieben hatte und manchmal auch, was er nicht geschrieben hatte." Er war der geborene Improvisator, eine Gabe, die seinen Vorgesetzten Kopfschmerzen bereitete, für ihn aber der Schlüssel zu einer erfolgreichen Zukunft wurde. Ein Vertreter der Auto Dealers Outlet, eines Chicagoer Gebrauchtwagenhandels und regulären Anzeigenkunden von WBBM, der Windy City-Filiale von CBS, war in der Garderobe des Studios und bekam zufällig mit, wie Gibson über das offene Mikrophon die kommerzielle Anpreisung eines anderen Ansagers satirisch imitierte. Der Autohändler war scharf darauf, an die Schwarzen der South Side heranzukommen, und Gibson klang in seinen Ohren als Werbesprecher sehr wirkungsvoll. Zwischen den späteren Fernsehstars Gary Moore und Dave Garroway machte Gibson für 65 $ in der Woche ein Einstundenprogramm und spielte Swing, Jump Blues und Bebop, wenn er nicht gerade ein Special über "Kauf jetzt, zahle später" brachte.

Jacks Arbeit in Chicago veranlaßte eine Gruppe schwarzer Geschäftsleute in Atlanta, 1949 mit ihm Kontakt aufzunehmen, als sie das Geld aufbrachten, die erste Rundfunstation des Landes in schwarzem Besitz, WERD, zu starten. Er rühmt sich: "Ich bin stolz darauf, daß ich der Jockey war, der 1949 an einem frischen Oktobermorgen um 6 Uhr einschaltete und den Tag mit einem herzlichen 'Guten Morgen, Atlanta! Da sind wir!...Da sind wir!' begrüßte...Wir hatten keine Ahnung, was zum Teufel wir da eigentlich machten, aber wir machten es! Ich warf jeden Tag meinen Nickel für die 'Atlanta Daily World' hin, die schwarze Zeitung da, und während der Mittagspause las ich alle Geschichten, die Atlanta betrafen. Wir hatten kein sogenanntes Schema, und so hörten wir uns immer eine weiße Rundfunkstation in Atlanta an und kopierten ihr Sendeschema. Was immer sie am Montag machten, machten wir, auf unsere schwarze Art, am Dienstag, und so weiter und so weiter. Wir hatten sogar am Sonntag nachmittag ein Symphoniekonzert. Das hab ich angesagt, weil ich der einzige war, der die Namen der meisten klassischen Musiker, die wir spielten, richtig aussprechen konnte."

1951 ging Jack nach Louisville zur WLOU, und da leistete er seinen Beitrag zur Legende von den Rhythm & Blues-Diskjockeys. Inspiriert von der Nähe zum Kentucky Derby und der Liebe dieser Stadt zum Pferderennen, ließ sich Gibson von dem Jockey-Ausstatter Giuseppe einen richtigen Jockeydress aus Seide machen. Allein oder manchmal auch zusammen mit einem weiblichen Diskjockey, bekannt als Louisville Lou, eroberte er sich einen landesweiten Ruf und eine lokale Hörerschaft. Sein Erkennungszeichen war ein Trompetensignal, während er schon rief: "My father wasn't a jockey, but he sure taught me how to ride. He said in the middle, then from side to side. Ride, Jockey Jack, ride." (Mein Vater war kein Jockey, aber das Reiten hat er mir beigebracht. Erst in der Mitte, dann von einer Seite auf die andere. Reite, Jockey Jack, reite). Seine Absage war: "Die weiße Fahne ist runter und ich hau jetzt gleich ab. Bleibt jetzt mal schön cool, morgen bin ich wieder bei euch Tigern." Und dann ließ er noch ein grollendes Knurren los.

1952 stieg Gibson weiter nach oben auf der Leiter und ging runter in den Süden, wo er zum Programmdirektor von Miamis neuer Rundfunkstation WMBM ernannt wurde. Er fühlte sich gehoben durch den Titel, durch das zusätzliche Geld, das damit verbunden war und dadurch, daß ihm das Gelegenheit bot, am Schwimmbad des Lord Calvert Hotels herumzuhängen - dem einzigen Hotel in der Stadt, das Schwarze aufnahm - wo er dann auch Stars wie Nat King Cole, Billie Holiday und Sammy Davis Jr. interviewen konnte, wenn sie da zu Besuch waren. Fröhlich erinnert er sich, Lee Ivory gegenüber: "Ich interviewte immer die Stars, die mir Drinks spendierten, bis ich nicht mehr die Hand vor Augen sah. Die meisten Commercials hab ich improvisiert, denn das Manuskript hätte ich auf keinen Fall mehr lesen können.

"Ich hatte die Möglichkeit, noch 25 $ die Woche extra zu verdienen mit der Anpreisung eines Bierproduktes zu einer Zeit, wo man alles im Radio anpreisen konnte. Die Auslieferer von Ballantine Ale hatten an der Rundfunkstation zehn Kästen von dem Zeug abgeladen und ich war auf Sendung und hing Billy die Ohren voll, was für eine herrliche Party er veranstalten könnte, wenn er nur käme und einen Kasten Ballantine, vollständig umsonst, mitnähme, das Bier mit den drei Ringen, das einzig richtige für ihn. Mann, der Zugang war vollständig blockiert in beiden Richtungen. Leute aller Rassen und Völkerstämme, in Wagen und Lastern jeder Bauart, die man sich vorstellen kann, verstopften die Durchgangsstraßen in dem Bemühen, zum WMBM zu kommen, um ihr Bier abzuholen. Die Polizei brauchte fast eine Stunde, um von der Hauptstraße zum Eingang der Rundfunkstation durchzukommen, wo sie in weniger als zehn Minuten mir und dem Leiter der WMBM, der Weißer war, Handschellen anlegten und uns mit dem Hintern ins Kittchen bugsierten wegen Störung der öffentlichen Ordnung. Kriegten mich direkt auf Sendung am Arsch."

Gibson wurde 1954 wieder zur WERD gelockt, als Programmdirektor, wo er im Einverständnis mit den Rundfunkmanagern aktiv in die Kommunalpolitik einstieg. "In Atlanta hab ich mich so da reingeschafft, daß ich mich eng mit dem Polizeichef anfreundete," sagt er. "Jedes Mal wenn es im Ghetto Schwierigkeiten gab, holte er mich. Ich ging auf Sendung und sagte ihnen, sie sollten aufhören, sonst käme die Polizei und schlüge ihnen die Köpfe ein. Sobald meine Sendung vorbei war, ging ich rüber ins schwarze Viertel und versuchte als Vermittler, das Problem in den Griff zu kriegen. Wenn ich durch die Nachbarschaft ging, rief dann manchmal eine Frau: 'Ich hab Dein Lieblingsessen, Butterbohnen.' Dann ging ich da rauf und aß mit ihr im Kreis ihrer Familie. Jeder 'Personality'-Diskjockey hätte das gleiche tun können in seiner Gemeinde. Wenn man im schwarzen Rundfunk Erfolg haben will, muß man zur Gemeinde gehören. Man konnte sich nicht verstecken. Man konnte nicht nur als Stimme vorhanden sein."

Während Gibsons zweitem Aufenthalt in Atlanta, bis 1958, trat Dr. Martin Luther King Jr. aus dem Schatten seines Vaters in der Ebenezer Baptist Church heraus und wurde zum nationalen Führer. Das Büro der King's Southern Leadership Conference (SCLC) befand sich unterhalb der WERD und, wie Gibson sagt, "rief King lautstark zu mir nach oben, wenn er eine wichtige oder aktuelle Nachricht durchzugeben hatte. Ich ließ dann das Mikrophon durchs Fenster hängen bis zu seinem Büro, so daß er seine Ansage machen konnte. Dann zog ich das Mikrophon wieder nach oben, gab noch meinen Senf dazu über die Bedeutung von Dr. Kings Arbeit und kehrte dann zu meinem eigenen Programm zurück."

Wegen der Sichtbarkeit der Diskjockeys scharten sich auch die jungen Musiker um Gibson und Co. Die Bereitschaft der Diskjockeys, neue Talente aufzuspüren, - aus finanziellen Gründen natürlich - war ein wesentlicher Teil ihres Beitrags zur Musik. Zenas (Daddy) Sears, der populäre weiße Rhythm & Blues-Diskjockey bei WGST in Atlanta, startete 1946 eine Serie wöchentlicher Talentwettbewerbe in Verbindung mit seiner Rundfunkstation. Chuck Willis, ein lokaler Sänger und Songschreiber, der freundlich redete und viel trank, ging aus diesen Shows als Star hervor. Der Diskjockey, im Verein mit einem Plattenhändler am Ort, brachte Willis zu Columbias Zweigfirma, der Okeh, die sich vorwiegend an Schwarze wandte, wo er in den nächsten fünf Jahren vierzig Titel aufnahm. In dieser ganzen Zeit agierte Sears als Willis' Manager und verschaffte dem Sänger mit Hilfe seiner Rundfunkverbindungen eine eigene Fernsehshow in Atlanta. Sears zufolge "machten wir da wenig dramatische Sachen: ich schrieb die Show mit einer kleinen Story, und Chuck brachte jede Woche fünf oder sechs Nummern." Auf den Vorschlag des bombastisch auftretenden Screaming Jay Hawkins hin, der seine Show oft damit anfing, daß er aus einem Sarg sprang, trug Willis auf der Bühne einen Turban, was dem früh kahl werdenden Entertainer einen Hauch von Glanz und Nimbus gab, obwohl Sears zugibt, daß er ein besserer Songschreiber als Bühnenkünstler war. "Don't Deceive Me", "I Feel So Bad", "It's Too Late" und "Hang Up My Rock & Roll Shoes" gehören zu seinen bekanntesten Kompositionen, Songs, die seitdem von Elvis Presley, Buddy Holley, Otis Reddding, The Band und Charlie Rich aufgenommen worden sind. Sears Entdeckung landete jedoch seinen allergrößten Hit erst, nachdem er das Management des Diskjockeys verlassen, bei Atlantic unterschrieben und 1957 den alten Ma Rainey-Bluesstandard "C. C. Rider" aufgenommen hatte. Im gleichen Jahr spielte Dick Clark im "American Bandstand" die Aufnahme von Willis, um einen neuen Tanz vorzustellen, den Stroll. Ein Jahr später starb Willis bei einem Autounfall gleich außerhalb Atlantas.

Roy Hamilton, ein Bariton mit großer Stimme, wurde zum populären Rhythm & Blues-"Crooner", als er den schwarzen Diskjockey aus Newark Bill Cook dazu überreden konnte, seine Karriere in die Hand zu nehmen. 1953 sendete Cook jeden Abend auf WAAT von 10 Uhr abends bis 1 Uhr nachts aus einem Nachtclub namens Caravan Club. Im Magazin "Soul Survivor" gab Cook einen sehr farbigen Bericht von ihrer ersten Begegnung. Es zeigt, wie selbstbewußt die Diskjockeys geworden waren und wie sie es verstanden, wenn das Geld sie motivierte, ihren Einfluß zu nutzen:

> "Eines Abends saß ich da im Caravan Club mit ein paar Damen, schwarz und weiß, und versuchte, Eindruck zu schinden - manchmal muß man

einfach den großen Mann markieren, wenn man die Nummer eins in seinem Fach ist - da sah ich so einen großen kräftigen Burschen reinkommen, mit abgetragenen Schuhen, einer kümmerlichen Krawatte, Hosenträger außen an der Hose festgemacht - ein sonderbarer Anblick. Aber er hatte breite Schultern und sah gut aus. Er stand eine ganze Weile da, und ich fragte ihn, was er wolle. Er sagte, er sei Sänger und wolle mir einen Song vorsingen. Die Damen sahen sich seine breiten Schultern an, er war so jung und sah so sauer in die Welt. Ich fragte ihn, welche Songs er kenne und er sagte, er kenne einige Popsongs. Ob Sie es glauben oder nicht, er kannte gerade zwei oder drei Songs, die keine Spirituals waren."

Hamilton kannte in der Tat einen Popstandard, die Nummer "You'll Never Walk alone", aber erst als die Damen ihn nicht aus den Augen ließen und "er nicht weggehen wollte," holte Cook die Hausband dazu, um ihn zu begleiten. Hamilton machte den Mund auf und "es war ein Volltreffer auf die Libido. Richtig aufregend. Eine Band brauchte er garnicht, die Stimme war so riesig, daß er vom Mikrophon zurücktreten mußte".

Entsprechend beeindruckt, nutzte Cook einige Vergünstigungen, die Epic Records, eine Schwesterfirma der Columbia, ihm schuldete, dazu, daß sie Hamilton unter Vertrag nahm mit der Auflage, daß er, nicht die Firma, das Datum bestimmte, an dem die erste Single rauskommen sollte. Cook wählte den 4. Januar 1954, elf Tage vor der traditionellen Plattenschwemme, mit der ein neues Jahr begonnen wurde. Mit Hilfe seiner Radiokontakte war es Cook möglich, eine echte Begeisterung in der New Yorker Gegend für "You'll Never Walk Alone" hervorzurufen. Er erzählte dem "Soul Survivor":

"WNHR in Union, New Jersey, war gerade ins Leben gerufen worden, und ich ging da hin und fragte den Programmdirektor, George Hudson, ob er einverstanden sei, ein Interview mit Roy Hamilton zu machen und die Platte jedesmal zur vollen Stunde zu spielen. Er hörte sich das an, sagte zu, und die Jungs da draußen spielten Roy Hamilton jedesmal zur vollen Stunde. Wenn die dann nachts abschalteten, übernahm ich ihn in mein Programm. Ich spielte ihn alle halbe Stunde und interviewte ihn. Dann stimmte Willie Bryant auf WHOM in New York zu, ihn in seine "Willie and Ray Show" um zwei Uhr morgens zu übernehmen und wir rasten mit dem Wagen rüber, damit wir in seine letzte Stunde zwischen zwei und drei noch mit reinkamen. Dann war da noch die Station WOV mit einer Sendung aus dem Palm Café mit der Schwester von Sugar Ray Robinson in einer Show namens "Daybreak", und da spielten sie ihn dann alle halbe Stunde bis zum Morgengrauen."

Da ist es nicht weiter verwunderlich, daß Roy Hamiltons erste Single ein Hit wurde, ihn zum Plattenstar machte und eine Karriere begründete, die bis in die sechziger Jahre dauerte.

Alle diese Eigenschaften des Rhythm & Blues-Radios - seine lautstarke Farbigkeit, seine Fähigkeit, Hits zu "machen" und sein Engagement in kommunalen Dingen - vereinigten sich in der WDIA in Memphis, eines der zukunftsträchtigen schwarzen Sprachrohre der Nachkriegszeit. Es ging 1948 auf Sendung, nachdem eine ländliche Station auf derselben Frequenz ein Jahr lang erfolglos blieb. Anscheinend hatte diese ländliche Station mit ihren 250 Watt nicht genügend Reichweite, um den starken Provinz-Rundfunksendern aus Nashville mit ihren direkt übertragenden Kanälen Konkurrenz zu machen. Hingegen als WDIA anfing, gab es keine vergleichbare Rhythm & Blues-Station in der Stadt, nur den Bluesmann Sonny Boy Williamson, der eine tägliche Fünfzehn-Minuten-Bluessendung auf der ansonsten weißen KWEM in West Memphis hatte, gesponsert von Hadacol Tonic. So beschlossen die weißen Geschäftsleute Bert Ferguson und John R. Pepper, die sprießende schwarze Gemeinde anzusprechen, und sie landeten einen unerwarteten Volltreffer. Innerhalb von vier Jahren wurde die WDIA im ganzen Süden bekannt als die "Mutter der Negersender".

Das neue Sendeschema wurde am 25. Oktober 1948 eingeführt von Professor D. Williams, auch Nat Dee genannt, einem früheren Geschichtslehrer an der Booker T. Washington Highschool, der bis 1940 die "Palace Theater's Amateur Night" geleitet hatte. Seine Sendung am Spätnachmittag, "Tan Town Jamboree" und seine Show früh am Morgen "Tan Town Coffee", wurden die Grundsteine der WDIA. Es geht die Sage, ein Techniker habe ihm bei der ersten Sendung den Einsatz gegeben und dem sonst so wortgewandten Williams sei die Sprache weggeblieben. Er fing an zu lachen über sein plötzliches Lampenfieber, und dieses Lachen - und nicht irgendeine witzige Phrase - wurde Nat Dees Markenzeichen. Und das paßte gut. Auf dem College ausgebildet und in schwarzer Kultur geschult, war Williams' urbaner Stil charakteristisch für viele der frühen schwarzen Diskjockeys.

Ein krasser Gegensatz zu Williams war Maurice (Hot Rod) Hulbert, bekannt für seine schlagfertigen Formulierungen und seinen witzigen Jargon. Hulbert arbeitete täglich in mehreren Schichten und bewies bei diesem Verfahren eine bemerkenswerte Vielseitigkeit. Morgens war er Maurice Hulbert Jr., Leiter des Gospelprogramms "Tan Town Jubilee", worin er in seiner Rolle als Laienprediger die Bibel las und Musik spielte. Um 10 Uhr zog er dann das Predigergewand aus - bildlich gesprochen - schlüpfte in einen seidenen Anzug und wurde Maurice the Mood Man für die "Sweet Talking

Time", ein Programm für die schwarzen Hausfrauen, das die Betonung auf einschmeichelnde Reden und "sexy Ballads" legte. Der bemerkenswerteste Aspekt an Hulberts morgendlicher Metamorphose war, daß vielen in Memphis garnicht aufging, daß der die Seelen aufrüttelnde Diskjockey und der von Liebe säuselnde Mann ein und dieselbe Person waren.

Nach einer wohlverdienten Ruhepause kam Hulbert an den Abenden als Hot Rod wieder, Hauptstimmungsmacher des "Sepia Swing Club". Ein viel erzählter Witz behauptet, Hulbert hätte eines Tages so schnell geredet, daß er sich selbst mit der Zunge ins Auge getroffen hätte. Wie ein Bebop-Saxophonist spielte Hulbert mit der Melodie der ursprünglichen Worte und verwandelte sie in eine ganz neue, rhythmische Sprache, wie in seiner Satzschöpfung "O-ble-doo-ba-blah-blah-doo-lay-a-way", die nichts anderes war als seine kunstvolle Verballhornung einer Werbezeile für die E-Z Credit Layaway Company.

Eine Reihe dieser Diskjockeys, offensichtlich genau so unterhaltsam wie die Musik, die sie spielten, hatte aber auch musikalische Ambitionen. Das klassische Beispiel ist Riley B. King, Gelegenheitsdiskjockey und Bluesgitarrist, besser bekannt unter dem Namen B.B. King. Er war in den Empfangsraum von WDIA gekommen, hatte Nat Dee entdeckt und begann zu spielen. Es war nicht ungewöhnlich, daß Wandermusiker in eine Rundfunkstation kamen und da anfingen, drauflos zu spielen in der Hoffnung, Aufmerksamkeit zu erregen. Bei KWEM hatte dieses Vorgehen für King Erfolg gehabt, denn Sonny Boy Williams war von ihm so beeindruckt, daß der Bluesveteran den Anfänger aufforderte, für ihn ein paar lokale Clubengagements zu übernehmen.

King gewann auch diese Runde, diesmal, weil Ferguson, der Mitinhaber der WDIA, zufällig gerade vorbeikam und in ihm den passenden Vermittler eines neuen Programms sah, gesponsert von einem Allzwecktonikum namens Pepticon. Die tägliche Fünfzehn-Minuten-Sendung war als Konkurrenz für Williamsons Hadacol-Show gedacht und Ferguson verpflichtete King als Ansager. King war also, bevor er B.B. King wurde, in und um Memphis als der Pepticon Boy bekannt, der den folgenden Reim im WDIA und auf der hinteren Plattform von Tiefladeranhängern sang:

Pepticon, Pepticon sure is good
You can get it anywhere in your Neighborhood.

(Pepticon ist gut, man bekommt es überall in der Gegend).

Und so werden Legenden gemacht.

Obwohl WDIA das Geld von Pepticon einstrich, durfte King auch seine lokalen Auftritte ankündigen - nicht daß King viel Geld verdient hätte. Trotz seiner regulären Clubengagements trat King immer noch an den "Amateur Nights" im Palace Theater auf und bekam den einen Dollar, der jedem Anwärter zustand. Das war sogar noch so, nachdem er die abendliche Heebie Jeebies-Show im WDIA übernommen hatte, ein weiteres Beispiel dafür, wie gering die Bezahlung der schwarzen Diskjockeys war. Zum Glück für King wuchs sein Ruf als Musiker, und die Leitung des Senders gab ihm den Spitznamen "Beale Street Boy", - im Anklang an seinen Pepticon-Titel - der dann zu B.B. King wurde.

1950 führte Kings lokaler Ruhm dazu, daß der Sänger und Diskjockey seine erste Band aufstellte, bei der auch der ausgezeichnete Sänger und Pianist James Alexander mitwirkte. Sie nahmen mehrere Hits der Region auf, manchmal direkt in den Studios der WDIA. Die entscheidende Aufnahme war "3 O'Clock Blues", ein landesweiter Hit, der King einen Vertrag mit der in New York ansässigen Agentur Universal Attractions einbrachte für Auftritte in den Perlen des Chitlin Circuit: dem Howard in Washington, dem Royal in Baltimore und dem Apollo in New York, alle mit der Tiny Bradshaw Band. Das Ergebnis bestand in drei Dingen, jedes einzelne davon mit Auswirkungen auf die Geschichte des R&B. Erstens begann King seine professionelle Musikerkarriere als Star mit dem Standbein ausschließlich im schwarzen Publikum. Zweitens übernahm Alexander Kings erstklassige lokale Band und nahm mit ihr unter dem wirkungsvollen Namen Johnny Ace auf. Drittens, besonders wichtig für den Memphis-Rundfunk, wurde Kings Programm auf WDIA von einem neuen Diskjockey mit dem Ohr für Musik übernommen, Rufus Thomas.

Thomas' bunte Geschichte begann schon Jahre vorher in den Zeltshows, die durch den Süden zogen und Entertainment in die ländlichen Gegenden brachten. Als Teenager war Rufus im Sommer Steptänzer bei den Rabbit Foot Minstrels und den Royal Americans, in "One-Night Stands" (Vorstellungen, die jeden Abend in einem anderen Ort stattfanden), bei denen Schwarze und Weiße in allen Shows durch eine schmale Treppe getrennt saßen. Für Rufus war das ein Schnellkursus in puncto Rassenbeziehungen und Showbusiness. Er lernte daraus, daß das Lachen, das seine Stepschritte und sein Geschwatze hervorrief, den übelsten Rassisten einwickeln konnte.

1940 ging Thomas für Nat Dee zur Amateur Night im Palace und als King die WDIA verließ, brachte Nat Dee Thomas da hinein. Zwischen der Arbeit und der gelegentlichen Aufnahme einer 45er Platte - sein "Bear Cat" auf Sam Phillips' lokalem Sun-Label war der thematische Vorläufer seiner Stax Record-Hits aus den Sechzigern, "Walking the Dog" und "Funky Chicken"

- machte Thomas von 9.30 bis 11.00 abends die "Hoot 'n' Holler Show". Er füllte das nächtliche Memphis mit wunderbar unanständigen Versen wie:

I'm young and loose and full of juice,
I got the goose, so what's the use?
We're bright and gay but we ain't got a dollar!
Rufus is here, so let's hoot 'n' holler!

(Witziges und eindeutiges Angebot an Rufus).

Mit Nat Dee, Hot Rod Hulbert und Rufus, die ihnen die Hörer anlockten, scheffelten Ferguson und Pepper das Geld nur so in die Rundfunkstation und kauften einen 50.000 Watt-Sender, mit dem sie ganz Tennessee und Teile von Arkansas und Mississippi erreichten. Mit dieser zusätzlichen Sendestärke konnte WDIA ab 1954 rund um die Uhr übertragen. Als Werbung ließ Ferguson ungefähr 40.000 Flugblätter in die Briefkästen des schwarzen Memphis verteilen, eine Art von aggressiver Imagepflege, die bei einer Station, die auf die Schwarzen zielte, bis dato unbekannt war. Die beste Politik des Senders bestand jedoch im Zusammenspiel mit den schwarzen Einwohnern der Stadt. WDIA wurde zu einer mündlichen Anzeigentafel; Durchsagen über verschwundene Verwandte, Kinder und Haustiere wurden zwischen die Werbespots, die Musik und die Plattenplaudereien geschoben. Alles, was im schwarzen Memphis passierte, sei es ein großer Wohltätigkeitsball oder ein Feuer in einer Pennerherberge, lief über die Wellen der WDIA. Jede Institution des schwarzen Memphis - das Palace und das Handy Theater, das Bekleidungshaus Lansky Brothers auf der Beale Street, die örtlichen schwarzen Kirchen - hatten eine soziale oder eine Geschäftsverbindung zum Sender und seiner Belegschaft. Die Diskjockeys traten oft bei wichtigen Gelegenheiten als Gastgeber oder sogar Veranstalter auf. Die Rundfunkstation verhalf der segregierten Wirtschaft in Memphis zum Aufschwung und wurde zu ihrem Symbol.

Dieses Phänomen blieb bei den weißen Geschäftsleuten nicht unbeachtet. Weiße Senderinhaber, mit sinkenden Anzeigenzahlen oder auf schwache Sendezeiten in frühen Morgenstunden beschränkt, schlossen sich den R&B-Sendern an, nachdem die Pioniere deren Lebensfähigkeit bewiesen hatten. Es war typisch, daß viele dieser Stationen sich weißer Diskjockeys bedienten, um die schwarze Hörerschaft anzulocken. Der Hauptvertreter des "Blackface"-Rundfunks (benannt nach den weißen Comediens, die ihre Gesichter mit Kork schwarz färbten) war Dewey Phillips von der WHBG. Er hatte 1950 angefangen, und mit seiner Mischung von rauhem, ursprünglichem Blues und vitalem Rhythm & Blues, gepaart mit seiner überdrehten Art, wurde Dewey Phillips zu einer Institution in Memphis. Er war ebenso beliebt bei den jungen weißen Rhythm & Blues-Fans wie bei den schwarzen, sodaß Sam Phillips die erste Elvis Presley-Single von Dewey vorstellen ließ. Dewey Pillips ist nicht nur deswegen interessant, weil er schwarze Musik spielte, sondern auch, weil er mehr Kontakt mit Schwarzen hatte, als zu der Zeit von den weißen Südstaatlern gewöhnlich hingenommen wurde. Selbst wenn, wie Musikhistoriker berichten, seine Bemerkungen in den Sendungen oft mit verschleierter Verachtung den Schwarzen gegenüber durchsetzt waren, war Phillips durch seine Arbeit als Diskjockey doch ebenso ein Teil der Rhythm & Blues-Welt wie Nat Dee, B.B. King oder Rufus Thomas. Für einige derjenigen, die wußten, daß Phillips als Weißer schwarze Musik spielte und die das mißbilligten, war er sicherlich ein "Nigger Lover".

Das Bemühen weißer Diskjockeys, wie ein Schwarzer zu klingen, führte manchmal zu bizarren Situationen. Im vorliegenden Fall handelt es sich um die kuriose Geschichte eines schwarzen Ansagers namens Vernon Winslow. Nach seinem Examen als Designer am Art Institute in Chicago reiste Winslow nach New Orleans, um an der Dillard University zu lehren. Er lebte schon zehn Jahre in der Stadt, hörte Jazz im Radio und trug eine eindrucksvolle Plattenkollektion zusammen. Eines Tages rief Winslow seinen Lieblingssender WJBW an und machte dem Ansager Komplimente über seine Jazzkenntnisse. Der Ansager, ein Weißer, der in Wirklichkeit sehr wenig über die Schwarzen wußte, bat ihn um ein Treffen. Bei diesem Treffen mußte Winslow ein paar erstaunlich dumme Fragen über sich ergehen lassen, wie: "Warum tragen die Schwarzen 'Zoot Suits' und reden diesen merkwürdigen 'Jive'-Jargon?" Da wurde ihm langsam klar, wieviel er selber wußte, und er freundete sich allmählich mit dem Gedanken an, seinerseits Ansager zu werden.

Ein Jahr später, als er den Lehrberuf leid war, entschloß er sich, es mal als Ansager zu versuchen und schrieb an mehrere lokale Sender. Einer antwortete, daß für sie schwarze Programmgestaltung noch auf Jahre hinaus nicht in Frage käme. WJMR aber antwortete doch, und Winslow erzählte Jeff Hanusch: "Sehen Sie, die hatten keine Ahnung, ob ich weiß oder schwarz war, aber nach unserem Telephongespräch nahmen sie an, ich sei weiß, weil ich nicht so klang wie die meisten anderen Schwarzen in New Orleans." Die Büros der WJMR waren im Jung Hotel, einem Haus, in dem Schwarze normalerweise nicht willkommen waren, aber Winslow mit seiner olivfarbenen Haut und dem glatten Haar kam ohne weiteres am Empfang vorbei und irritierte seinen Interviewer eine ganze Weile. Schließlich fragte er Winslow: "Übrigens, sind Sie ein Nigger?"

Dann bedeutete man Winslow, man könne auf gar keinen Fall einen Schwarzen auf Sendung lassen. Statt dessen bot man ihm eine andere Aufgabe an: er sollte einem weißen Diskjockey beibringen, so zu reden, daß er wie ein Schwarzer klang. Das war "Blackface Radio" in extremis. Winslow schrieb den Text, wählte die Platten aus und gab dem Diskjockey den Namen Poppa Stoppa, den er aus dem örtlichen Slang nahm. Sätze wie "Look at the Gold Tooth, Ruth" (Achte auf den Goldzahn, Ruth) und "Wham, bam, thank you, Ma'am" flossen von den Lippen eines weißen Diskjockeys, dem Winslow andauernd die neuesten Trends im schwarzen Slang beibrachte. Ein paar Monate lang klappte die Charade (und die Show war ein Renner). Eines Abends dann, als sein weißes Surrogat das Studio verlassen hatte, las Winslow ein Stück seines eigenen Manuskripts über den Sender. Er wurde sofort gefeuert. Winslow ging zurück zur Dillard University, WJMR aber behielt den Namen Poppa Stoppa bei und fuhr fort, für diese Rolle weiße Ansager zu nehmen.

Sechs Monate nach seiner Entlassung von WJMR erhielt Winslow ein Telegramm von einer Werbeagentur, die dem Autor der Poppa Stoppa-Show einen Job als Werbeberater anbot. Wie Winslow Hanusch erzählte: "Ich schnappte über! Anscheinend hatten die Fitzgerald Advertising Firm und die Jackson Brewing Company die Poppa Stoppa-Show gehört, und das war genau das, was sie haben wollten. Sie hatten gerade eine Studie erarbeitet über das Marktpotential der schwarzen Bevölkerung, und nun überschlugen sie sich vor Begeisterung." Sie baten Winslow, weitere Manuskripte zu schreiben und sich einen anderen Namen zuzulegen. Er erinnert sich: "Damals nannte man jeden 'Doc' - 'Hey, Doc, hast Du ein Streichholz?' 'Hey, Doc, kann ich Dir einen ausgeben?' Dann kam die Bezeichnung 'Daddy-O' auf. Ich hatte gehört, wie Louis Jordan das im Auditorium gebrauchte. Ich setzte die beiden zusammen, und es kam beim Publikum an."

Nun war Vernon Wilson Dr. Daddy-O mit einer Radiosendung "Jivin' with Jax", einem Programm aus dem New Orleans Hotel jeden Sonntag, gesponsert von Jax Beer. Aber so ganz einfach ging das nicht vonstatten für Dr. Daddy-O. Schließlich war er immer noch schwarz. Um zu seiner Sendestation zu kommen, mußte er den Lastenaufzug benutzen. Dann verlegte er sein Tätigkeitsfeld in New Orleans' berühmte J&M-Studios, aus denen er zunächst Bänder für die Sendung ins Hotel schickte, um später sein Programm live vom Studio aus zu machen, wobei Dave Bartholomews Hausband den musikalischen Hintergrund lieferte. Ein echter Schwarzer, der echten schwarzen Slang sprach, das war aufregend für die ganze Stadt und Dr. Daddy-O war bald allgegenwärtig, entweder in den Stimmen seiner vielen lokalen Imitatoren mit ihren phantasievollen Namen (Ernie the Whip, Jack the Cat, Okey-Dokey, Momma Stoppa) oder auch in der wöchentlichen Kolumne der Zeitschrift "Weekly", bezahlt von Jax Beer.

Historiker der so fruchtbaren Musikszene in New Orleans schreiben Dr. Daddy-O das Verdienst zu, den lokalen Rundfunk vom Swingjazz weggelockt zu haben hin zum rockigen Sound des Rhythm & Blues, der in den fünfziger Jahren, zusammen mit Gumbo (einem Spezialgericht aus New Orleans), die populärste lokale Delikatesse wurde. Die Platte, die den Durchbruch brachte, war die des lokalen Sängers Roy Brown, "Good Rokkin' Tonight" von 1947. Dr. Daddy-O spielte sie "laut und lange", gelegentlich dreimal in zwanzig Minuten. Diese Art der Präsentation trug entscheidend dazu bei, daß es im nächsten Jahr überall im Lande zum Hit wurde und einer Musikgemeinde die Tore öffnete, die Lloyd Price, Fats Domino, Little Richard, Smiley Lewis, Allen Toussaint und eine ganze Reihe anderer Sänger und Musiker hervorbrachte.

Trotz der parodistischen Elemente bei Dewey Phillips und des Rassismus hinter den weißen Poppa Stoppas liebte die Mehrzahl der weißen Diskjokkeys den Lebensstil, den die Arbeit mit der schwarzen Hörerschaft ihnen bot. Einer der beliebtesten weißen Diskjockeys dieser Periode war Bill (Hoss) Allen, ein freundlicher, ruhiger Mann mit tiefer Stimme, der mit seiner glatt anliegenden Frisur und seinem bleistiftdünnen Schnurrbärtchen durchaus für einen sehr hellhäutigen Schwarzen hätte durchgehen können. Nach seinem Dienst in der Armee im Krieg studierte er in Vanderbilt, dieser Bastion der Erziehung in den Südstaaten, bevor er nach Massachusetts ging, wo er Schauspielunterricht im Priscilla Beach Theater nahm, ein Wechsel, der seiner Familie gründlich mißfiel ("Meine Mutter konnte die Schauspielerei nicht leiden"). 1948 ging er zurück in den Süden nach Gallatin, Tennessee, seiner Heimatstadt, und bekam dort einen Job als Ansager bei der WHIN, einer neuen Station mit 1000 Watt, wo er von 3 Uhr nachmittags bis zum abendlichen Sendeschluß eine Jazzshow ansagte, den "Harlem Hop". Mit Briefen und Anrufen begannen die Hörer nach Bull Moose Jackson, Cecil Gant, Wynonie Harris und der ganzen, neuen Generation der Nachkriegs-Entertainer zu fragen.

Im September desselben Jahres, mit einem Entschluß, der für das Anwachsen des Rhythm & Blues entscheidend werden sollte, unternahm es der Inhaber des Plattengeschäftes in Gallatin, Randy Wood, Gene Nobles' Programm auf WLAC zu sponsern, einer Station in der Nähe von Nashville, die mit einem 50.000 Watt starken Sender über einen direkten Kanal kam. Im

Herbst sprach Allen bei der WLAC vor und bekam einen Spot am Mittag, in dem Wood eine Minute Sendezeit kaufte. Allen stellte auch bei der WLAC fest, daß seine Hörer ganz versessen auf den neuen Sound waren. Vor allem heimkehrende GIs verlangten danach und brachten Platten zum Sender, damit Allen und Nobles sie spielten. Als Folge der neuen Musik kamen Briefe an die WLAC und Aufträge für Wood, was genau so wichtig war. Niemand beim Sender aber wußte, daß WLAC klar und deutlich von einer Grenze zur andern gehört werden konnte, ebenso in der Karibik und über Kurzwelle auch in Europa und Nordafrika.

Diese positive Reaktion ermutigte Wood, zu experimentieren. Er hatte ungefähr zweitausend 10 und 12inch-78er Bluesplatten in seinem Lager. Wood kaufte Sendezeit in Nobles' Show für 6 $ die Minute und offerierte vier Platten zu 2,49 $ per Versand. Zwei Wochen lang kam keine Antwort. In der dritten Woche kamen zwei riesige Säcke mit Post bei der WLAC an. Wood lieh sich Geld bei einer Bank in Gallatin, um fünfzehn Minuten in Nobles' Show zu kaufen. Bald darauf war das Plattengeschäft der Sponsor sowohl für Nobles wie auch für Allen. Ernie's Record Mart in Memphis sponserte John (R.) Richbourg, und Herman Grizzard arbeitete mit Buckley's in Nashville. 1951 gründete Wood die Dot Records, wobei er letzten Endes das Geld, das durch die schwarze Musik und ihre Fans hereingekommen war, dazu benutzte, eine Plattenfirma für Popmusik zu schaffen mit Vertragspartnern wie Gale Storm, Tab Hunter, Laurence Welk und dem halbherzigen Pseudo-Rock & Roller Pat Boone. Randy Woods Plattengeschäft blieb hingegen wichtiger für den R&B als seine Plattenfirma, denn es regte die Entstehung von weiteren Geschäften an, die hauptsächlich diese Musik vertrieben.

Ein anderer wichtiger Aspekt der Beziehung zwischen Radio und Platte ist das sogenannte Payola. Es ist in den achtziger Jahren immer noch Gegenstand kontroverser Diskussionen, wie schon in den späten Fünfzigern. Man kann seine Rolle im schwarzen Rundfunk dieser frühen Epoche, aber auch noch heute, nicht verstehen, wenn man sich nicht klarmacht, daß Al Bensons Gage von 100.000 $ eine Anomalie war und daß die meisten schwarzen Diskjockeys viele Stunden arbeiten mußten und völlig unterbezahlt waren. Bis weit in die fünfziger Jahre hinein wurden 50 $ für Sendezeiten von mehr als sechs Stunden an sechs bis sieben Tagen in der Woche für gute Bezahlung gehalten. "Union" (Gewerkschaft) war ein Schimpfwort. Es gab keine Verträge, keine Krankenversicherung und wenig Gelegenheit zum Aufstieg ins Management. Ein Schwarzer konnte Programmdirektor werden - wenn diese Position auch nicht die Machtbefugnisse hatte, die sie heute hat - aber nicht Werbe- oder Sendeleiter. Das weiße Management sagte den Diskjokkeys regelmäßig, sie könnten sie jederzeit rausschmeißen und dafür den schwarzen Pförtner als Ersatz ins Studio holen. Das forsche Redeschnellfeuer verdeckte nur die ökonomische und soziale Unsicherheit. Man erwartete, daß die Diskjockeys sich um ihre eigene Werbung bemühten, wodurch sie sowohl zu Geschäftemachern wie zu Marktschreiern wurden, und das Management strich einen Anteil von 90 % ein. Die meisten wurden nicht an den nationalen Werbeaufträgen beteiligt, die durch die Anzeigenabteilung der Rundfunkstationen hereinkamen, obwohl es ihre Popularität war, wegen der diese Anzeigen an die Programme vergeben wurden.

Diese Bedingungen schufen das Payola, eine Praktik, bei der die Diskjockeys von den Plattenfirmen Geld dafür bekamen, daß sie deren Erzeugnisse spielten. Heutzutage wird Payola weitgehend von den großen Firmen als Mittel benutzt, um die Liste der Titel zu kontrollieren, die in den Popsendungen gespielt werden, und so die kleinen Firmen im Rundfunk auszubooten. Aber für die Diskjockeys des Rhythm & Blues-Radios war es eine Möglichkeit, sich eine Scheibe von dem Kuchen abzuschneiden, einem Kuchen, versüßt durch ihre Talente.

Dave Clark, der schon 1938 die Verbindung Rundfunk - Platte ins Leben gerufen hatte, liebte die Diskjockeys und wird, wenn man hartnäckig genug bohrt, zugeben, zu seiner Zeit viel Payola bezahlt zu haben. Ehe er 1954 bei Duke-Peacock einstieg, arbeitete Clark für Savoy, Apollo, King, United, Atlantic und Chess Records, gewöhnlich für zwei oder mehrere gleichzeitig. "Wenn man kein Top-Jockey war, verdiente man nichts," versichert er. "Wenn es kein Payola gegeben hätte, hätten sie nicht überlebt. Wir wollten denen helfen, die die Hörer zu erreichen verstanden und die Musik begriffen. Daran war doch nichts Schlimmes. Sie wußten schon, von wem sie etwas nahmen und von wem nicht. Sie [die Diskjockeys] nahmen es von denen, die das große Geld machten. Manche von ihnen verdienten nichts [an einer Firma], weil sie wußten, diese Gesellschaft hatte nichts, was sie ihnen hätte geben können."

Nicht jede Platte wurde durch Payola vertrieben, wie Clark sagt. "Wenn man eine Platte in die Hand bekam, von der man glaubte, die könne was bewegen, dann hat man noch Geld reingesteckt, genau wie heute. Einige dieser Diskjockeys waren so groß und so mächtig, daß sie über einen ganzen Haufen Geld verfügten. Die Typen konnten 1000 $ oder mehr dafür bekommen, daß sie eine einzige Platte spielten. Anderen Jockeys, die zwar wichtig waren, aber nicht viel verdienten, gab man jede Woche ein bißchen, fast wie ein Gehalt. Nicht um eine bestimmte Platte zu spielen, nur um sie auf ein neues Talent aufmerksam zu machen, dir zu sagen, wie deine Platten in der

Gegend gingen und auf die Vorschauen zu achten, damit sie einem sagen konnten, ob eine Platte der Mühe wert war. Es war wie eine Investition."

Geld war nicht das einzige Objekt im Handel mit dem Funk. Flugtickets, Lebensmittel, Kleidung und andere, nicht in der Form von Geld gegebene, "Geschenke" kamen auch ins Spiel. Ein Diskjockey aus den Südstaaten erinnert sich, daß er eine New Yorker Plattenfirma um Geld angegangen war, damit er seine Versicherung bezahlen konnte. Statt dessen bot ihm die Firma an, einen Verlag für Songs in seinem Namen zu gründen und ihm einen Teil der Tantiemen für einige ihrer Platten zu geben. Dummerweise bestand der Diskjockey auf Bargeld, ein Handel, der ihn heute noch reut. Aber andere Jockeys aus dieser Periode, besonders der weiße Ansager Alan Freed, nahmen regelmäßig Geld. Und, ja, diese Geschäfte wurden gewöhnlich ohne Zustimmung, oder sogar ohne Wissen, der Künstler gemacht.

Ich will das Payola im schwarzen Rundfunk nicht weißwaschen, aber wenn man sich nicht mit dem Umfeld befaßt, das es hervorgebracht hat, dann sind die einseitigen Schlüsse, die man aus den zahlreichen Untersuchungen über Payola seit den Fünfzigern gezogen hat, kennzeichnend für die ganze Diskussion. Selbst Dave Clark würde zugeben, daß Payola seine finstere Seite hatte. Ein schwarzer Diskjockey-Veteran erinnert sich, daß Clark, um einen Diskjockey, der seine Platten nicht spielen wollte, einzuwikkeln, dem Radiotyp ein dringend benötigtes Paar Schuhe kaufte. "Aber es kam keine Antwort," erinnert sich der alte Angestellte. "Dave geht rauf zu der Station von dem Typ und findet ihn im Studio eingeschlafen mit den Füßen in Daves Schuhen auf dem Kontrolltisch. Dave riß ihm die Schuhe runter von den Füßen. Na, Du kannst Dir vorstellen, wie schnell der Typ wach wurde. Dave sagt: 'Hoffentlich spielst Du jetzt meine Platten.'"

So, mal fair, mal nicht fair, wuchsen die Plattenindustrie und der Rundfunk zusammen, durch den Krieg hindurch und in den zehn oder mehr Jahren danach, und wurden zu Institutionen und Beispielen "natürlicher Integration" - das heißt, die Mischung von Weißen und Schwarzen, die da ins Leben gerufen wurde, hatte ökonomisch und musikalisch gemeinsame Interessen. Darüber hinaus, wenn man die Diskjockeys als Unternehmer betrachtet - und das tue ich durchaus - und nicht nur als Angestellte, dann sieht man mitten in dieser Integration (aber nicht Assimilation) deutlich, daß diese Aera eine Menge Figuren nach dem Muster Washingtons hervorgebracht hat. Sie zogen Nutzen aus der Kraft, zu unterhalten und aus der Ausbeutung der schwarzen Musik und waren gleichzeitig von wesentlicher Bedeutung für ihr Wachstum. Ihre Methoden werden einem nicht immer gefallen - gegen Robeys "Songschreiben" läßt sich besonders viel einwenden. Trotzdem, als urbanes Modell dafür, wie man den schwarzen Kapitalismus mit den Realitäten einer von Weißen beherrschten Gesellschaft (Weiße waren natürlich auch die Inhaber der meisten schwarzen Firmen und Sender) ausbalanciert, hatte die "Welt des Rhythm & Blues" durchaus ihre Verdienste.

Ein vergessenes Omen

Während derselben Jahre verschwand auch ein weiteres Modell, für das es nicht im entferntesten einen Ersatz gab und dessen Ende ein schlimmes Vorzeichen für diejenigen war, die die Rhythm & Blues-Welt geformt hatten. Jackie Robinsons Vertrag mit den Brooklyn Dodgers 1945 und sein Anlegen der blau-weißen Uniform dieser Mannschaft 1947 wurde völlig zu Recht als ein wichtiges Ereignis für die Integration in Amerika gepriesen. Das ist nun ein Herzstück der Popkultur dieser Nation. Unseligerweise war es den meisten Leuten egal, daß das den Untergang des schwarzen Baseball und das Ende der "natürlichen Integration" einer schwarzen Institution bedeutete. Fragen Sie einen älteren Schwarzen danach, und er wird Ihnen die verständige Antwort geben: "Das ist eben der Preis, den man zahlen muß, um ins Spiel hineinzukommen. Sehen Sie sich die Zahl der schwarzen Spieler an, die den Major League Baseball beherrschen, sie machen Millionen und werden zu Vorbildern für die ganze Nation." Wenn wir allerdings nach dem Rat von Bob Woodwards und Carl Bernsteins Deep Throat die Spur des Geldes verfolgen, dann sehen wir, daß dieser Handel, an der Oberfläche großartig für die Schwarzen, in Wirklichkeit ein ökonomischer Diebstahl zugunsten der Baseballeigentümer war.

Die schwarzen Ligen starben nicht, ohne sich etwas einfallen zu lassen. In den späten vierziger Jahren führten die Cleveland Buckeyes im Kampf mit den Cleveland Indians, einer gerade erst integrierten Mannschaft, Simultanübertragungen in Rundfunk und Fernsehen ein, noch ein paar Jahre früher als die Major League. 1953 engagierten die Indianapolis Clowns eine Frau namens Toni Stone für den Second Base und machten sie damit zu einer der ersten Athletinnen, die je professionell gegen Männer angetreten sind. Aber schon 1953 existierten bereits nur noch vier schwarze Teams in der Liga, und 1960 waren sie alle fort, die Spieler in alle Winde zerstreut, und viele der schwarzen Geschäftsleute, die mit dem Spiel in Verbindung standen, wurden im weiteren Verlauf von den Chefs des Major League Baseball glatt ignoriert. Die Ligen und ihre vielen Mitglieder erschienen zuletzt gelegentlich wieder als Anwärter für einen speziellen Flügel der Baseball-"Hall of Fame" (Ruhmeshalle) und als Gegner in drittklassigen schwarzen Spielen.

Robinsons Ankunft in Brooklyn zwang die Nation, ihre Verfassung ernstzunehmen, für viele weiße Amerikaner eine bestürzende Erfahrung. Aber ein Blick auf das heutige Baseballgeschäft zeigt, daß erst ein paar Schritte auf dem Wege zu wirklicher Integration getan worden sind. Während es in den meisten Organisationen schwarze Spieler gibt, hat es seit 1947 nur drei schwarze Manager gegeben - Frank Robinson, Maury Wills und Larry Dobey - und keiner hat den Job länger als zwei Jahre gemacht. Es hat nie einen schwarzen Generalmanager gegeben, obwohl Henry Aaron viele Jahre Personaldirektor für den Spielereinsatz bei den Atlanta Braves war. Da stellt sich nur die Frage: "Ist es wirklich nötig, Babe Ruth' Home Run-Rekord einzustellen, um sich für Jobs in den oberen Etagen des Baseball qualifizieren zu können?" Antwort: "Ja, wenn man schwarz ist."

Seit dem Untergang der schwarzen Ligen hat es nur einen schwarzen Eigentümer, gleich, auf welcher Ebene, gegeben - passenderweise der Inhaber einer Radiostation, der 1985 in Savannah, Georgia, ein Team der St. Louis Cardinal Farm von niedrigem Niveau erwarb (und 1987 wieder verkaufte). Die wirtschaftlich wichtigen Rollen derer, die im Baseball die Entscheidungen treffen - Positionen, die nicht nur die Auswahl der Spieler bestimmen, sondern auch die Arbeit mit unabhängigen Verkäufern und Zulieferern - die waren den Schwarzen ganz klar verwehrt. In den schwarzen Ligen gab es schwarze Ligapräsidenten wie Rube Foster, der in den zwanziger Jahren die Negro National Leage ins Leben gerufen und geleitet hatte, Teambesitzer wie Robert A. Cole und Horace G. Hall, denen in den Dreißigern die Chicago American Giants gehörten und Gus Greenlee, Teambesitzer und Ligapräsident von den Dreißigern bis in die vierziger Jahre hinein. Im Gegensatz dazu würden die National und die American League, bei dem Tempo, in dem sie momentan das schwarze Management fördern, noch mindestens zwei Generationen brauchen, um schwarze Persönlichkeiten von vergleichbarer Statur hervorzubringen.

Darüber hinaus hatten die schwarzen Spieler, gerade wegen der Kämpfe, die sie auszufechten hatten, einen fabelhaften Kampfgeist und waren nicht gewillt, an ihre Minderwertigkeit zu glauben. Wie der Veteran unter den Sportjournalisten, Robert Lipsyte, 1983 schrieb: "Die Negerligisten waren nie so verbittert über ihren Ausschluß vom Hauptstrom des Baseball, wie man wohl glauben möchte; sie lebten besser als die meisten Schwarzen ihrer Zeit, und der Unterschied zwischen ihnen und ihren Helden, den weißen Baseballspielern, war nur graduell. Sie machten aufregende Spiele, hatten Geld, ein sie vergötterndes Publikum und Damen im Vorraum."

Seit Robinsons Debut haben die Schwarzen im Major League Baseball das gleiche getan wie in der populären Musik: Unterhaltung gemacht, große Gagen eingenommen und Geld für Geschäfte aufgebracht mit Gewinnen, von denen herzlich wenig in die schwarzen Kommunen zurückfloß. Sie füttern die Traummaschine, die den schwarzen Jugendlichen erzählt, daß Entertainment - auf der Bühne oder auf dem Spielfeld - der sicherste Weg sei, die Rassenschranken zu überspringen. Aber ohne den Zugang zur Macht haben die Schwarzen durch die Integration des Major League Baseball ökonomisch mehr verloren als gewonnen.

III

DER NEUE SCHWARZE (1950 - 1965)

Nach dem zweiten Weltkrieg gab es in Amerika einen "neuen Schwarzen", einen, der gegen die Barrikaden des Rassismus anstürmte und große und kleine Siege erfocht. Beweise dafür waren ebenso gut im Gerichtssaal wie auf dem Spielfeld zu finden. Ja, der Oberste Gerichtshof hatte wieder gesprochen. "Mit größter Besonnenheit und Eile" hatten die Richter 1954 gesagt, eine Phrase mit dem Anklang an eine Hymne oder einen Angstschrei, je nachdem, wie man sie hörte. Manchen Schwarzen war nicht ganz wohl bei dem Nebeneinander von "Besonnenheit" und "Eile", als ob den neun Weisen selbst ein bißchen bange gewesen wäre vor der sozialen Revolution, die durch ihre Verfügung mit Sicherheit beschleunigt werden würde.

Aber zur Umkehr war es zu spat, und der gesündere Teil des weißen Amerika fing an, wenn auch widerwillig, sich damit anzufreunden. Natürlich ging das nicht vor sich ohne ein gewisses Bohren von seiten Thurgood Marshalls, der den historischen Streitfall der NAACP über die Segregation in den Schulen vor das Hohe Gericht brachte, dann von seiten des Repräsentanten Adam Clayton Powell Jr. aus Harlem, eines früheren Predigers, dessen wachsende Autorität für seine reaktonäreren demokratischen Kollegen genau so beängstigend war wie die Urteile Earl Warrens (Oberster Richter am Bundesgerichtshof), von seiten Martin Luther Kings Jr., des wortgewandten jungen Pastors, der in Montgomery und dem Süden an der Spitze des Kampfes gegen die heimische Rassentrennung stand, und von seiten der vielen hundert anderen Schwarzen und Weißen, Männer und Frauen, die die moralische Führung im Lande übernahmen. Es sah so aus, als sei die Integration der Weg zur lange schon versprochenen Gleichheit.

Dieser soziale Erfolg sollte eine tiefe und unerwartete Auswirkung auf die Natur des schwarzen Führertums haben. In den voraufgehenden Generationen waren die meisten afro-amerikanischen Führer in ihren schwarzen Gemeinden geblieben, und ihre Wirkung wurde am Wohlergehen der

Schwarzen innerhalb dieser Gemeinden gemessen. Daß die Weißen sie akzeptierten - sie zu respektieren, das war zuviel verlangt von den weißen Massen - war schon ein Plus, besonders für einen Politiker, aber für ihre Bedeutung beim Kern ihrer Wählerschaft war es unerheblich. Für jeden Booker T. Washington gab es Aktivisten wie Marcus Garvey, Prediger wie Adam Clayton Powell Jr. und Geschäftsleute wie die Kosmetikerin Madame C.J. Walker, die durch den Verkauf an Schwarze einer der ersten "self made"-Millionäre des schwarzen Amerika wurde. Das änderte sich Mitte der fünfziger Jahre.

Bald schien es so, als ob die Tatsache, daß ein potentieller schwarzer Führer oder eine Berühmtheit die Aufmerksamkeit und die Bewunderung des weißen Amerika erringen konnte, wichtiger wurde als ihr oder sein greifbarer Beitrag zum Wohlergehen der Schwarzen. Willie Mays ist dafür ein gutes Beispiel. Unstreitig war er einer der brilliantesten Athleten, weiß oder schwarz, die je Baseball gespielt haben. Aber in den Augen allzu vieler Fans bestand eine merkwürdige Beziehung zwischen seinem Schläger, seinem Baseballhandschuh und seiner Hautfarbe, die ihn zu so außerordentlichen Leistungen befähigte - und das machte es den weißen Kommentatoren leicht, ihn zum Helden zu machen. Sein sportliches Können, wie das so vieler anderer hervorragender schwarzer Entertainer, wurde von den Weißen nicht als ein machtvolles Symbol für die außerordentliche Leistung eines Schwarzen interpretiert, sondern als Manifestation des althergebrachten Stereotyps: der schwarze Bulle voll animalischer Kraft und Männlichkeit. Natürlich mußte er deswegen auch ein sagenhafter Athlet sein, wie der Kommentator andeutete. Im Traumspiel der Amerikaner anzutreten, war doch etwas ganz Natürliches für einen Mann wie Mays. Die weißen Amerikaner klopften sich geradezu selber auf die Schulter, weil sie mit der Integration der Major League so herrliche Chancen geschaffen hatten. Wenn es aber darum ging, Wohngebiete für die Schwarzen zu öffnen oder sie zu Jobs zuzulassen, konnte man Mays Starruhm vergessen. Vielleicht haben die Kinder das "Batting" (die Handhabung des Schlägers) ein bißchen ernsthafter geübt, nachdem sie Willie zugesehen hatten, aber sind deswegen weniger Menschen gelyncht worden? Für meine Begriffe war der erste schwarze Polizist in einer bis dato rein weißen Einheit wahrscheinlich ein größerer Held.

Die Botschaft von der rassischen Kompetenz, die von einem Mann wie Mays ausging, vermengte sich in den Köpfen der Amerikaner auf gefährliche Weise mit den alten Vorstellungen von der naturgegebenen Überlegenheit der Schwarzen auf bestimmten Gebieten. Was Mays und andere schwarze Sportstars erreichten, war das Entstehen eines neuen rassistischen Zwiespalts, worin die Schwarzen entweder als Unter- oder Übermenschen angesehen wurden, aber nie als ganz normale Menschen, durchschnittlich genug, um berührt und gespürt zu werden und um mit ihnen zu leben. Dieser Eindruck wurde noch verstärkt, im Baseball und in anderen Sportarten, dadurch, daß nur Schwarze vom Kaliber eines Stars in die höchsten Ränge aufsteigen durften. Während die Aufstellungslisten voll waren von weißen Spielern, die keineswegs Meister ihres Fachs waren, konnten sich Schwarze ohne das Potential eines Superstars wie May, Hank Aaron oder Roberto Clemente überhaupt nicht halten. Das Mittelfeld der New Yorker Polo-Anlagen durchstreifend - dessen Mauern seine Südstaatenanmut und seine Schnelligkeit einschließen, aber nie begrenzen konnten - hatte Mays verschiedene Bedeutungen fur drei verschiedene Personenkreise. Er war der Stolz und die Freude jedes Schwarzen auf den Stehplätzen, er bedeutete hohe Auflagen für die Sportreporter, und er wurde zu einem romantisierten Objekt für die weißen Liberalen, die aus schwarzen Sportlern, Musikern, und wer immer sich sonst geschäftig hervortat, ebenholzfarbene Übermenschtypen machten, begabt mit Kräften, die weit über die des, sagen wir, durchschnittlichen weißen Philosophen hinausgingen. Beatniks, Poeten und alle, die auf der Woge der gerade aktuellen kulturellen Strömung segelten, bündelten ihr Unbehagen an Eisenhowers Amerika in den prominenten neuen Schwarzen. Diese Gefühle kristallisierten sich in dem jungen, kämpferischen Autor Norman Mailer.

Nach dem Erfolg seines ersten Bestseller-Romans "The Naked and the Dead" (Die Nackten und die Toten) und dem Mißerfolg seines zweiten, "The Deer Park", (Der Hirschpark) wandte sich Mailer fasziniert einer alternativen Welt zu, dem schwarzen Amerika. Er beschloß, seine eigenen Phantasien vom Rebellieren gegen den Hauptstrom durch Vorstellungen von dieser anderen Welt, Vorstellungen aus zweiter Hand, zum Ausdruck zu bringen. Von 1950 an durch das ganze nächste Jahrzehnt wurde bei Mailer und anderen weißen Intellektuellen gleicher Art aus dieser Faszination eine befremdliche, oft unbeabsichtigte Vergewaltigung schwarzer Ideen und Stile. Ironischerweise waren die Täter zum Teil dieselben Leute, die die schwarze Kreativität liebten (oder zu lieben vorgaben). In seinem 1957 erschienenen Essay "The White Negro" (Der weiße Neger) behauptet Mailer, es wandere ein neuer weißer sozialer Außenseiter durch die Lande, ein "Hipster", ein "philosophischer Psychopath", dessen wichtigste Inspiration die Sexualität und die Musik der Afro-Amerikaner sei. Mailer schrieb diesen Artikel von siebzehn Seiten, der erstmals in Irving Howes berühmter linker Zeitschrift "Dissent" erschien, teils, weil er das Gefühl hatte, dieser Kult der Imitation sei ein Protest gegen die weiße Angst vor der Schulintegration und auch, weil er glaubte, diese Ängste stünden in direktem Zusammenhang mit der Furcht der Weißen vor der sexuellen Überlegenheit des schwarzen Mannes. Da mag Mailer wohl genau den wunden Punkt getroffen haben. Das alte Märchen von dieser Bedrohung - die Gier des schwarzen Mannes nach der Reinheit des weißen Frauentums - war das Motiv für das Lynchen und die Kastration von Tausenden (vielleicht sogar Millionen) schwarzer Männer, seit der erste Sklave 1619 nach Virginia gebracht worden war.

Trotzdem hat Mailer durch das fortwährende Romantisieren des Schwarzseins und die Vorstellung, daß z.B. schwarze Jazzmusiker ihre Kraft aus einer ursprünglichen, sexuellen Energie zögen, sich einer ebenso schlimmen Stereotypisierung des Schwarzen schuldig gemacht wie nur irgendein Rassist oder sozialer Konformist, gegen den der weiße Neger opponierte. Weiße Liberale priesen Mailers provokante Rhetorik und debattierten darüber, viele weiße Teenager aus der Arbeiterklasse lebten schon nach den Ideen, die Mailer in Worte gefaßt hatte, berauscht, wie sie waren, von Stil und Kultur der Schwarzen. Aber Mailer hielt den Jazz für das entscheidende Element in dieser neuen, modernen weißen Persönlichkeit; er hatte in Wirklichkeit keine Ahnung davon, was die meisten Schwarzen oder ihre weißen Teenager-Fans an Platten aufnahmen oder kauften.

Wenn Mailer ein bißchen mehr Schularbeiten gemacht hätte, dann hätte er erst mal die weißen R&B-Diskjockeys erwähnt, dann einen Jungen namens Elvis Aaron Presley. Zur Zeit, als "The White Negro" erschien, hatte Elvis schon drei Jahre professionell Platten aufgenommen, und es kann sein, daß Mailers Überlegungen wenigstens teilweise von der Reaktion des weißen Publikums auf diesen Jungen vom Lande inspiriert worden sind. Elvis' Eintauchen in die schwarze Kultur, sowohl des Blues wie des Gospel, war so tief, wie sein weißer Mississippi-Hintergrund es gestattete. Neben der Musik, die er im schwarzen Rundfunk hörte (WDIA aus Memphis und WLAC aus Nashville waren seine Lieblingssender) machte Elvis sich auch manches heute vergessene Stück schwarzer Kultur zunutze, mit dem er das stilisierte Erscheinungsbild schuf, das einen Teil seiner legendären Wirkung ausmachte. Noch bevor er seine erste Platte aufnahm, benutzte Elvis bereits eines der bei den schwarzen Amerikanern beliebtesten Produkte, Royal Crown Pomade, eine Haarpomade, die die "Hep Cats" benutzten, um die ölig glänzende, raffinierte Frisur hinzukriegen, die damals Mode war. Der berühmte "Rockabilly"-Haarschnitt, der Stil, den auch die auffallenderen "Hipsters" trugen, war ganz klar seine Interpretation des "Process", einer Behandlung, bei der die Schwarzen ihr Haar glätten und in eigenartige Formen legen ließen. Manche behaupten, daß die "Process"-Frisur ein Versuch der Schwarzen war, weiß auszusehen. Da haben wir ein typisches

Beispiel für eine Überkreuzkollision in der Popmusik: Elvis, der sich dem Stil derjenigen Schwarzen angleicht, die sich ihrerseits dem Aussehen der Weißen angleichen.

Noch einmal, schon bevor er ins Phillip's Sun Studio kam, ging Elvis immer drüben auf der Beale Street, der berüchtigten schwarzen Sündenmeile, im Lansky's Men's Clothing Store einkaufen, wo die Schwarzen der Stadt sich ausstaffieren ließen. Elvis kaufte sich schicke Gabardinehosen mit leuchtend pinkfarbenen oder lindgrünen Einsätzen, passend zu seinen ebenso schillernden Jacketts und Socken, dazu noch "Mr. B."-Hemden mit Umlegekragen, entworfen und vertrieben von dem großen Jazzsänger Billy Eckstine und für den schwarzen Stil der frühen fünfziger Jahre unerläßlich. Elvis trug sie, den Kragen hochgestellt und mit der ganzen dazu passenden Haltung, so gut er sie fertigbrachte. Es stimmt schon, daß Elvis' umgekehrte Integration so weit ging, daß er auf der Bühne die symbolische Kopulation übernahm, die die Schwarzen ohne Scheu und Scham in das amerikanische Entertainment eingebracht hatten. Elvis war sexy, nicht Hollywood-sexy, sauber, gesund, weiß erzogen, sondern sexy in der aggressiven, erdhaften Manier, die die Weißen mit schwarzen Männern in Verbindung brachten. In der Tat gelang es dem jungen Presley mehr als irgend einem anderen Rock & Roll-Star, die renommistische Sexualität einzufangen, die so viele R&B-Vokalisten ausstrahlten.

Und, yeah, seine Stimme. Es war offensichtlich, in "Heartbreak Hotel", "Hound Dog" und "That's Alright Mama", daß Elvis sich die Platten von Big Boy Crudup und Big Mama Thornton mehr als genau angehört hatte. Er versuchte, in seinen frühen Aufnahmen mit erstaunlichem Erfolg, ihre Leidenschaftlichkeit in seine Seele hineinzuziehen. Dieser Sound, der ausgerechnet von einem weißen Südstaatler ausging, beängstigte die weißen Eltern und die Hüter der Segregation genauso, als wenn Presley selber schwarz gewesen wäre. Wie der Sänger einmal einem skeptischen Reporter erzählte: "Mann, ich weiß gar nicht, wieviele Jahre die Farbigen schon so gesungen und gespielt haben wie ich jetzt. Keiner hat sich drum gekümmert, bis ich dann damit losgelegt habe." Was Elvis nicht sagt, die Leute hatten sich nicht drum gekümmert, weil diese Musik nur "jenseits des Bahndamms" (also im schwarzen Viertel) gespielt wurde und nicht im nationalen Fernsehen.

Sein Manager, Colonel Tom Parker, wußte genau (nur von den einschlägigen Autoritäten schien niemand etwas davon zu merken) daß Elvis nur eine Bühnenschau war, ein Künstler mit begrenzten musikalischen Ambitionen und ohne wirkliche Hingabe an den schwarzen Stil, der ihn so gefährlich machte. Wie sein späteres trauriges Leben zeigt, hat Presley nie

Zeit darauf verschwendet, seine Interpretation des Schwarzseins, den wesentlichen Teil seiner Ausstrahlung, weiter zu entwickeln - wie das zum Beispiel Mick Jagger getan hat. Während Jagger seine Wirkung unentwegt aufgefrischt hat dadurch, daß er mit den Entwicklungen in der schwarzen Musik Kontakt hielt und sie in seine eigene Musik einbezog, erwies sich Presley als ein verdammt fauler Schüler. Anders als Chuck Berry, dem wirklichen Genius all dessen, was wir Rock & Roll nennen, dessen Gitarre, Witz und Erzähltalent einen ganzen Katalog intensiver, ganz persönlicher Musik hervorgebracht hat, war Presley ein mittelmäßiger Interpret, dessen ganze Karriere Colonal Parker fest im Griff hatte. Wäre Presley dem Bluesstil seiner Sun Records nahegeblieben oder hätte z.B. weiter den schwarzen Songschreiber Otis Blackwell nachgeahmt (der nicht nur "All Shook Up", "Don't Be Cruel" und andere Presley-Hits geschrieben hat, sondern von dessen Vocals Presley sich bei seinen Imitationen führen ließ), dann hätte er vielleicht noch zwanzig Jahre lang Musik hervorgebracht, die seinem Mythos entsprochen hätte.

Trotz seiner vielen miserablen Platten wuchs und gedieh Presleys Macht als Symbol des weißen Negertums. Selbst während seiner Hollywoodjahre verkörperte er immer noch die gefährliche Sexualität, die die amerikanische Allgemeinheit in den Schwarzen sah. Presley hatte zwar nicht das politische Bewußtsein, das in Mailers Essay zutage trat, galt aber immer noch als Chiffre für die Rebellion der weißen Jugend. Ach, es war sein trauriges Los, mit ansehen zu müssen, daß Engländer wie Mick Jagger die Ikone des weißen Negers ein ganzes Stück über ihn hinaus trugen, während sein Manager ihn auf die lange Schund- und Kitschroute schickte. Schlechte Musik und schlechte Filme haben ihn mindestens genauso zugrundegerichtet wie die Drogen.

Zwei verdienstvollere und in musikalischer Hinsicht wertvollere "weiße Neger" jener Zeit waren die Songschreiber Jerry Leiber und Mike Stoller. In den Jahren ihres Ruhms, so etwa von 1952 bis 1962, tat das Duo für die weißen Neger genau das, wozu Elvis nicht fähig war: sie formten eine Aesthetik, in der Tin Pan Alley (die Schlagerindustrie) ein ebenso wichtiger Bestandteil des Rhythm & Blues war wie die schwarze Haut und erleichterten es auf diese Weise den Weißen (und den Schwarzen der Mittelklasse), eine immer wichtigere Rolle in der musikalischen Leitung des R&B zu spielen.

Anders als die Minstrel-Komponisten Stephen Foster, George Gershwin mit seinen schwarzen Themen ("Porgy and Bess") und W.C. Handy (dessen Einstellung zum Blues, den er übernahm und umschrieb, so herablassend war, wie die eines Weißen nur hätte sein können), hatten auch Leiber und

Stoller die außerordentliche Begabung, überzeugend vom Standpunkt des Schwarzen aus zu schreiben. Ihre Songs bildeten das Aequivalent des intellektuellen Weißen zu Presleys Hüftenschwingen. Andere professionelle weiße Neger - darunter Johnny Otis, Ahmet Ertegun und die Chess Brothers - schrieben Rhythm & Blues-Hits. Aber nur Leiber und Stoller konnten das Niveau eines beständigen Professionalismus halten, der ihr Werk auszeichnete und noch dazu den ganzen Rhythm & Blues anspruchsvoller und raffinierter machte. In einer Zeit, als der Broadway sich seiner "integrierten Musicals" rühmte - Shows wie "Oklahoma", deren Handlung sowohl eine Geschichte erzählt wie auch Entertainment bietet - schrieben Leiber und Stoller "Playlets", in Songs gefaßte Geschichten aus dem städtischen Leben, die im Slang der Schwarzen und mit deren Witz erzählt wurden (z.B. "Shopping for Clothes" von den Coasters, "Charlie Brown" und "Yakety Yak", Geschichten von einem unglückseligen Schwarzen, den das Großstadtleben völlig durcheinanderbringt). Wie bei Langston Hughes die Geschichten von Jessie P.Semple, einer Landpomeranze in Harlem, so sind auch Leiber und Stollers Songs geschickt gemachte Vignetten vom Alltagsleben, garniert mit sozialer Bedeutung.

Daß ihnen das gelang, verdankten diese beiden jungen Juden im wesentlichen der Tatsache, daß sie unter Schwarzen aufwuchsen. Als Leiber fünf Jahre alt war, starb sein Vater und seine Mutter kaufte einen Süßwarenladen in Baltimore, nahe bei einem schwarzen Viertel. Der Süßwarenladen wuchs sich zu einem Lebensmittelgeschäft aus, und Leiber sah sich in die Häuser der schwarzen Kunden gehen und ihnen Kartoffeln, Konserven und Kohlen bringen. Jahre später erzählte Leiber Robert Palmer: "Ich mochte die dunklen Raume gern mit den Kohlefeuern, dem Geruch von Kohl und Schweinefleisch auf dem Herd - ein Haufen Kinder, mit denen man herumalbern konnte. Immer spielte ein Radio. Diese Radios waren Zauberkästen für mich. Die spielten eine Musik, die ich sonst nirgendwo hörte. Manchmal spielten sie Countrymusik aus den Südstaaten, aber meistens spielten sie Rhythm & Blues."

Leiber liebäugelte mit den Gangs, hing mit den Schwarzen zusammen und nahm noch eine kurze Zeit Klavierstunden, bevor seine Familie 1945 nach Los Angeles zog. Als seine ältere Schwester den Songschreiber Lew Porter heiratete, entschloß er sich, nachdem er erst an eine Schauspielerkarriere gedacht hatte, weiter seinem Interesse an der Musik zu folgen. Mit sechzehn hatte Leiber einen Job in einem Plattengeschäft und bekam dadurch Zugang zu dem Strom von Rhythm & Blues-Platten, die auf den Plattenlabeln in Los Angeles erschienen und so fing er an, sich für das Texteschreiben zu interessieren.

Ein Klassenkamerad in der Fairfex Highschool schlug ihm vor, sich mal mit einem Pianisten namens Mike Stoller zu treffen, der Komposition studierte. Stoller wuchs in Long Island auf, sein Vater war Mechaniker, und seine Mutter war mal am Broadway in Gershwins "Funny Face" aufgetreten. Als er elf war, nahm Stoller Klavierstunden bei dem alten Stridepianisten James P. Johnson in Harlem. Aus Leidenschaft für den Bebop schlich er sich mit vierzehn Jahren in die Jazzclubs der 52nd Street. Als Teenager trat er sogar einem geselligen Verein auf der 124. Straße in Harlem bei. Auf der Suche nach dem besseren Leben zogen die Stollers 1949 nach Los Angeles. Obwohl Mike damals noch unsicher in seinen improvisatorischen Fähigkeiten war, träumte er davon, Jazzmusiker zu werden. Klassische Komposition allerdings und Filmmusik in Hollywood schienen doch erreichbarere Ziele, darum studierte er dann bei Arthur Lange und komponierte für das Santa Monica-Orchester. Stoller hatte aber immer noch einen Hang zur Straße und trieb sich oft mit den Teenies aus dem mexikanischen Viertel herum, nicht weit von seinem Zuhause. Mit seinen Chinos und Hawaiihemden sah er für einen zukünftigen klassischen Komponisten des Los Angeles College recht ungewöhnlich aus.

Als Leiber Stoller anrief, war der zunächst nicht sehr kooperativ. Er brachte das Songschreiben mit dem Popzeug der Hitparade in Verbindung und damit wollte er nichts zu tun haben. Leiber ließ aber nicht locker und stand eines Tages vor Stollers Tür mit einem ganzen Buch voller Texte. Stoller war immer noch sehr zugeknöpft, bis ihm klar wurde, daß Leiber im klassischen Erzählstil des Blues schrieb, indem er den Refrain zwischen zwei Versen wiederholte. Sie gingen zusammen ans Klavier, und schon gab es ein neues Songschreiberteam. Da Leiber eine kräftige Stimme hatte, spielten sie mal mit der Idee, ihn selber aufnehmen zu lassen, spürten aber, anders als Sam Phillips in Memphis, daß es nicht paßte und es vielleicht auch für einen Weißen unmöglich war, schwarze Musik authentisch zu singen. Das war nur ein Beispiel für den Respekt, den sie den Schwarzen und ihrer Musik entgegenbrachten. R&B-Songs zu schreiben war nur ein Teil alles dessen, was sie so umfassend vom schwarzen Leben übernahmen. Sie gingen zu schwarzen Tanzveranstaltungen, verbrachten viel Zeit damit, sich Johnny Otis' Bluesband anzuhören und kauften Mengen von Jazzplatten. "Wir schrieben immer für schwarze Künstler, weil das die Stimmen und die Rhythmen waren, die wir liebten," erinnert sich Leiber. "Im Herbst 1950, als wir beide, Mike und ich, im City College waren, hatten wir schwarze Freundinnen und lebten wie die Schwarzen."

Lester Sill, in der Geschäftsführung einer der Top-Rhythm & Blues-Firmen, Modern, gab dem Duo 1951 seine erste Chance. Sill brachte sie in das

Büro von Modern, wo sich gerade die Robins, eine lokale Vokalgruppe, versammelten. Stoller spielte Klavier, und Leiber sang: "That's What the Good Book Says". Den Robins gefiel es, und sie sagten, sie wollten es machen. Das war so einer der Momente, wie sie in Geschichtsbüchern stehen und die so typisch sind für die ungezwungene Athmosphäre des R&B. Von da an, von 1951 bis 1956, schrieben Leiber und Stoller Songs, die kaum ein Weißer je gehört hat. Big Mama Thorntons "Hound Dog" (den Presley später aufnahm) und Wilbert Harrisons "Kansas City" waren nur zwei ihrer Rhythm & Blues-Hits. Ray Charles, Jimmy Witherspoon, Little Esther, Wynonie Harris, Joe Turner, James Brown, Ruth Brown, The Isley Brothers, Charles Brown und Bull Moose Jackson, sie alle sangen Leiber und Stoller "nur für Schwarze."

Die Übersiedlung nach New York und die enge Verbindung mit Atlantic Records resultierte in ihrer Zusammenarbeit mit den Coasters, brachte aber auch die ebenso hervorstechenden, aber weniger charakteristischen Kompositionen für die Drifters hervor. In "Baby, That Was Rock & Roll", seinem Buch über Leiber und Stoller, weist Robert Palmer auf einen wichtigen Wandel in den Kompositionen des Teams hin, einen Wandel, der den Einfluß reflektiert, den ein anderer weißer Neger auf die Beziehung zwischen schwarzer Musik und weißen Halbwüchsigen ausübte. "Es gibt da eine deutliche Weiterentwicklung in den Aufnahmen der Coasters, weg vom Insiderwitz der Schwarzen hin zu einem universelleren und mehr auf die Teenies zugeschnittenen Sinn für Spaß," schreibt er, bemerkt auch noch, daß ihre Songs anfingen, sich mit dem Konflikt zwischen "der Jugend und den Eltern" zu befassen, statt mit dem zwischen den Schwarzen und der weißen Kultur drumherum.

Leiber und Stoller waren ohne Zweifel beeinflußt von dem Erfolg Alan Freeds auf Radio WINS in New York und von dem Ausdruck "Rock & Roll", den er populär gemacht hatte und der anfing, sich auf die Akzeptanz der von Weißen gespielten schwarzen Musik auszuwirken. In Clevelands WJW, Anfang der fünfziger Jahre, war Freed ein ungewöhnlich besessener weißer Rhythm & Blues-Diskjockey gewesen, der als Aufhänger "Moon Dog" benutzte, nach Todd Rhodes' Instrumentalnummer "Blues for Moon Dog". Bei Freed war R&B eine erworbene Geschmacksrichtung. WJW war eigentlich eine Rundfunkstation mit "guter Musik" gewesen, als Freed, auf Drängen des örtlichen Einzelhändlers Leo Mintz, vorsichtig anfing, schwarze Musik einzuschieben. Die Reaktion über das Telephon war phänomenal. Freed sah, er hatte da was Gutes und jagte dem nach.

Eddie O'Jay, damals Diskjockey beim schwarz orientierten WMAZ, erinnert sich, daß Freed "jeden schwarzen Künstler, den es nur gab, imitierte. Er kopierte keine schwarzen Diskjockeys, weil es da herum meines Wissens keine gab, deren Klang er hätte kopieren können, aber was nur immer schwarz klang, das sprach er aus. Welche Slogans auch immer, er brachte sie. Die (WJM) hatten natürlich eine Station mit Direktübertragung, die strahlten überall hin aus, und so kannte ihn jeder."

Durch den Gebrauch des Ausdrucks "Rock & Roll" bei allem, was er spielte, ein Ausdruck, der in der schwarzen Musik oft als beschönigende Bezeichnung für vögeln auftauchte, versuchte Freed, mit anfänglichem Erfolg, den schwarzen Ursprung dieser Musik zu maskieren. In den fünfziger Jahren meinte "Rhythm & Blues", ebenso wie "Negro", die Schwarzen. Wie Freed schließlich feststellen mußte, ließen sich nicht alle davon täuschen, daß er ihn "Rock & Roll" nannte, aber es dämpfte mit Sicherheit die rassische Identifikation, und die jungen weißen Konsumenten im Amerika des kalten Krieges fühlten sich etwas wohler dabei. Wenn der Rhythm & Blues Ghettomusik war, dann wurde der Rock & Roll, wenigstens dem Namen nach, als "Universalmusik" angesehen (ein Schlüsselbegriff in der Geschichte des Verkaufs schwarzer Musik an Weiße). Dieser Ausdruck machte es den Weißen annehmbar, diese Musik zu spielen, da er ihr die Aura der Unzugänglichkeit nahm, die zum Beispiel Stoller davon abgehalten hatte, Rhythm & Blues zu singen. Damit soll die Wirkung nicht heruntergespielt werden, die das weiße Nachspielen schwarzen Materials auf weiße Teenager und deren Einstellung zu dieser Musik hatte, aber die Bezeichnung "Rock & Roll" - vielleicht das vollkommene Emblem des weißen Negertums - war in sich selbst stark genug, um eine eigene Empfänglichkeit hervorzurufen.

Rock & Roll - allein das Wort schon erweckte Vorstellungen von einem Leben der Lust, der Romantik des Umherwanderns (dem Blues entnommen) und der Pseudorebellion, dem Blues verwandt, aber ohne den Kampf der Geschlechter, der Reife erfordert und der so wesentlich zu diesem Ausdruck der Schwarzen gehört. Aber Freed wußte genau, Rock & Roll war keine Musik, sondern ein Verkaufskonzept, das sich zu einem Lebensstil entwickelt hatte. Jahre später machten sich Kritiker und Fans auf die Suche nach der ersten Rock & Roll-Platte, ein Unterfangen, über das sich Freed wahrscheinlich kaputtgelacht hätte, denn er schien nie geahnt zu haben, was Rock & Roll eigentlich war. Die vielen Aufnahmen, die unter seinem Namen in den fünfziger Jahren erschienen sind, bewiesen einen Geschmack an Bigband-Swing mit vom Blues gefärbten Saxophonbreaks und Versionen von Standardnummern (siehe z.B. "Sentimental Journey" auf seiner "Rock & Roll Dance Party Vol.1" von 1956).

Seine Plattenalben zeigen,.daß es für Freed kein spezieller Musikstil war, durch den sich der Rock & Roll definierte, wenn es überhaupt eine solche Definition gab. Für Freed bedeutete er schlicht und einfach Geld. Er schlug Kapital aus der Bereitwilligkeit, mit der die weißen Teenager Amerikas alle Arten von Musik aufnahmen, die Freed unter der Fahne des Rock vereinigte (Doo Wop, Soloballaden, schneller elektrischer Blues), dann landete er einen Job bei der mächtigen WINS in New York, veranstaltete Konzerte in riesengroßen Theatern, war der Star in einem Haufen schlechter Filme, steckte mehr Payola ein als irgend ein anderer Diskjockey seiner Zeit (Berichten nach hatte er seinen eigenen Vertreter) und, wie uns der Film von 1978, "American Hot Wax", zu verstehen gibt, kam eines Tages sogar dahin, zu ahnen, daß Rock & Roll doch wohl mehr bedeutete als nur eine Möglichkeit, seine Taschen zu füllen. "Ich glaube, Alan Freed hat's noch kapiert," sagt O'Jay ohne Bosheit. "Lassen wir ihn in Frieden."

Wenn der Rhythm & Blues die Entdeckung des Marktes für die Schwarzen war, war der Rock & Roll die Ausbeutung der Kaufkraft weißer Teenager, erst durch Freed und dann durch Vermarkter mit weniger Einfallsreichtum. Die Platten, die Fats Domino und Little Richard machten, bevor Freeds Bezeichnung landesweit in Umlauf kam, unterschieden sich nicht wesentlich von dem, was sie später aufgenommen haben. Sie bemühten sich immer um den gleichen Sound, nur daß, wie bei Leiber und Stoller, das Publikum sich, statt aus Schwarzen aller Altersklassen, nun aus weißen Teenagern zusammensetzte. Kulturelle Bindungen zwischen Publikum und Künstler waren ja schön und gut, aber für die Rechnungen brauchte man Bargeld, und die weißen Teenies hatten die Taschen voll davon.

Es war wiederum ein schwarzer Musiker, der diesen Sound der unruhigen Jugend in Töne faßte und Freeds Bastard die Pubertätspickel entfernte. Chuck Berry, einst in St.Louis ein ehrgeiziger junger Kosmetiker, lud den Begriff mit einer geradezu mythischen Kraft auf, die ihm vorher so bestimmt nicht beschieden gewesen war. Wirkungsvoller als Jerry Lee Lewis oder Elvis Presley oder selbst Little Richard benutzte er seine Songs zum Geschichtenerzählen über die Erlebnisse der Teenager in der Nachkriegszeit. In einem verkürzten Erzählstil, den er dem Blues und Louis Jordan abgesehen hatte, schrieb Berry von Frustration und Befreiung des Sex, Unterdrükkung durch die Erwachsenen und jugendlicher Wanderlust und definierte damit das, was seitdem die Grundlage aller Texte in der Popmusik für die Jugend geblieben ist. Was Freed mit "Rock & Roll" nur andeutete, sprach Berry deutlich aus. Der Inhalt seiner Songs war so erfrischend, weil die Art seiner Präsentation so aufregend elementar war. Als der erste Gitarrenstar des Rock & Roll machte Berry, zusammen mit anderen Rockabilly-Musikern, dieses Instrument anstelle des Saxophons der früheren schwarzen Stars zum dominierenden musikalischen Element dieses Genres. Einfach zu spielen, mit einer klingenden, hymnenartigen Präsenz, selbst wenn sie noch so kunstlos gespielt wurde, nahm die elektrische Gitarre Legionen weißer Jugendlicher gefangen, die sich quer durch das Land vor den Spiegel stellten und Gitarrensoli mimten. Berrys denkwürdige Riffs inspirierten mehrere Generationen weißer Garagenbands und brachten viele, nur so eben ausreichende, Begabungen unter den weißen Teenagern auf den Weg zum Starruhm. Was Berry betrifft, so hat er sein Schwarzsein nie verleugnet (wie man in seinem sehr unterschätzten "Brown Eyed Handsome Man" sieht). Seine Platten für die weißen Teenies jedoch, "Rock & Roll Music", "Sweet Little Sixteen", "Johnny B. Goode") trafen so genau die Stimmung der Zeit, daß die Schwarzen Berry nun für immer mit dem identifizieren, was sie als die alberne Welt der weißen Teenies ansehen.

Das Schisma der Generationen und die Teenagersicht der Dinge, die schon immer der Kern des Rock & Roll-Ethos war, war den schwarzen Verbrauchern, jung oder alt, meistenteils völlig fremd. Das heißt nicht, daß alle Schwarzen den Rock & Roll ablehnten, ob als Geschäftsbegriff oder als soziale Haltung, aber R&B schuf eine Verbindung zu den schwarzen Hörern, die sowohl musikalisch als auch außermusikalisch war. Musik von weißen Bands war notwendigerweise (und manchmal mit Absicht) jugendlich, für die Ohren der Heranwachsenden bestimmt und handelte von den Sorgen und Ängsten eben dieser Heranwachsenden. Schwarze Teenies mögen dem zugehört haben, aber sie hatten anderes im Kopf, und der R&B drückte diesen Unterschied nicht nur in der Stimme und für das Ohr aus, sondern in einer Haltung. Rock & Roll war junge Musik, R&B brachte es fertig, sowohl alt wie jung zu sein, erfüllte beides mit dem Bezug auf die Vergangenheit und mit neuen Interpretationen, und das alles nebeneinander zur gleichen Zeit.

Darüber hinaus erschienen die Anliegen des Rock & Roll beim Kampf um Selbstfindung und schwarze Solidarität in der Tat reichlich frivol. Seit dem Aufkommen der Bürgerrechtsbewegung lag das schwarze Amerika im Kampf mit der rassistischen Ideologie, die schon ein Jahrhundert zuvor den Fortschritt der Schwarzen in der "Reconstruction"-Aera gestoppt hatte. Die Schwarzen wußten, daß jeder friedliche Marsch und jeder Gerichtsentscheid zu ihren Gunsten mit offiziell sanktionierten Gewaltakten beantwortet wurde. Für Leute, die in einen solchen Kampf verstrickt waren, war es nicht schwer, Berry als einen "Jive Cat" anzusehen, der Freed half, schwarze Musik an weiße Plattenkäufer zu verscheuern (Freed bekam als Payola die Urheberrechte an Berrys erstem Hit "Maybelline").

Noch etwas tat sich zu der Zeit in der Rhythm & Blues-Welt, das nichts zu tun hatte mit Rock & Roll, aber viel mit der Mischung von weltlichen und spirituellen Kräften, die sich in der Bürgerrechtsbewegung zusammenbrauten. Bei all ihrer Schlagkraft hinter den Barrikaden der Schwarzen hatten sich die Kirchenführer damit begnügt, ihre Schäflein vor den Teufeleien der Weißen zu schützen, hatten aber nur sehr selten gemeinsame Aktionen auf der Straße gestartet. (Adam Clayton Powell Jr. war in den Dreißigern die Ausnahme). King und seine religiösen Hilfskräfte führten darin in den Fünfzigern eine Änderung herbei. In Zusammenarbeit mit der NAACP, dem Congress of Racial Equality (Kongress für rassische Gleichheit 'CORE') und anderen weltlichen Kreuzfahrern rief King eine neue Art aktivistischer schwarzer Geistlichkeit hervor, indem er Anhänger der Wiedergeburt in enge Berührung brachte mit Elementen der schwarzen Gemeinde (Kommunisten, Marxisten, Persönlichkeiten aus dem Showbusiness), die sich sonst sorgfältig aus dem Wege gegangen waren.

Während sich auf dem politischen Sektor diese geistlich-weltliche Koalition formierte, war die musikalische Welt Zeuge des Bruchs mit einem lange gehüteten Tabu, als ein Gospel sich mit dem Rhythm & Blues verband. Einerseits sollte das eigentlich keine Kontroverse ausgelöst haben. Schließlich war der Schöpfer der Gospelmusik (der Musik von der "Frohen Botschaft"), der Reverend Thomas (Georgia Tom) Dorsey, einst ein Bluesmann gewesen und hatte in den zwanziger Jahren in die geistliche Musik viele Blues-inspirierte Einfälle eingebracht. Das war alles ohne Bedeutung. Der Graben zwischen dem Blues und der Kirche wurde lange Zeit von den meisten der schwarzen Musikschaffenden respektiert und akzeptiert. "Es existiert schließlich," schrieb Albert Murray in "Stomping the Blues", "eine Welt von Unterschied zwischen der Art und Weise, mit der man in der Kirche in die Hände klatscht und mit den Füßen den Takt tritt und der Art und Weise, wie man in einem Tanzsaal mit den Fingern schnippt, selbst dann, wenn Rhythmus, Tempo und selbst der Beat im Wesentlichen gleich sind."

Die Barrieren waren eisenfest, aber nur bis in die Mitte der fünfziger Jahre. Einige von Don Robeys Peacock-Gospelaufnahmen, einige Platten der Orioles ("Crying in the Chapel" 1953) und Clyde McPhatter, mal mit den Dominoes, dann mit den Drifters und auch als Solist, die Formulierungen eines anderen Ex-Domino, Jackie Wilson, die spektakuläre Karriere von Sam Cooke - alles das waren Anzeichen eines Wandels. Aber es war ein blinder Jazzpianist mit einer Vorliebe für den coolen Stil von Nat King Cole, der alles ins Rollen brachte.

Ray Charles und "Soul"

Die meisten Historiker des Rock & Roll, mit ihrer typischen Parteinahme für die Rebellion der Jugend, behaupten, die letzten zwei Jahre der Fünfziger seien eine musikalisch farblose, blasse Periode gewesen. Diese Behauptung läßt sich aber nur aufrechterhalten, wenn man gewillt ist, die brillianten Titel von Ray Charles außer acht zu lassen. Vom Thema her ist das großartige "What'd say" (1959) reiner Rhythm & Blues. In seiner Verwendung von Klavier, Girlgruppe, Call-and-Response-Form und schlichtem, altem Feeling ist es hingebungsvolles Gospel. Obwohl Charles' Anleihen beim Gospel, wie in seiner Single von 1956 "Hallelujah, I Love Her So", wohl ziemliches Befremden hervorrief, liebte das weltliche schwarze Publikum die Hingabe in seinen Vocals und die Stories, die er erzählte, von Männern und Frauen und ihren Liebeskonflikten. Dieser Sound, den man damals noch nicht Soul nannte, befaßte sich mit Leidenschaften eines Erwachsenen - mit Handlungen von Leuten, bei denen es um Autos, Kinder und Sex ging. Er riß die Absperrung nieder, die zwischen Kanzel und Bandstand bestand, belud den Inhalt des Blues mit einer transzendentalen Inbrunst und verband ohne Scheu das Geistliche und das Sexuelle, und so schien bei Charles Lust (physische Befriedigung) und Freude (göttliche Erleuchtung) ein und dasselbe zu sein. Dadurch brachte er die Realitäten dessen, der am Samstag abend sündigt und am Sonntag morgen in die Kirche geht - oft genug ein und dieselbe Person - in eine Art von spröder Harmonie. In diesem Geist begannen Charles' Kinder, sich zu vermehren, bekehrten Ungläubige und trieben die Verkaufszahlen der Platten in die Höhe. Die Heiligung des Chitlin Circuit war in vollem Gange, denn die Aussicht auf eine lukrative Karriere lockte die Besten der Gospelsänger aus den Kirchenchören in die Clubs. Das ganze nächste Jahrzehnt hindurch nahmen die musikalischen Zöglinge der schwarzen Kirchen den Platz der Straßensänger ein, die ja als erste den Rhythm & Blues in Gang gebracht hatten - man denke nur an die lyrischen Balladen von Lou Rawls, die stompenden Liebeslieder von Gladys Knight und Solomon Burke mit seinen donnernden Predigten. Selbst Künstler, die keine legitime Kirchenvergangenheit hatten, behaupteten, vom Gospel herzukommen, nur um des Stempels der Authentizität willen.

Von ebensolcher Bedeutung wie Charles' kühner musikalischer Umschwung war es, daß seine Neuerungen einer großen Verbrauchergemeinde offenstanden. Nach ihren eigenen Angaben war Wexlers und Erteguns bedeutendster Beitrag zur Geburt des Soul ganz einfach der Entschluß, die neuen Platten herauszubringen, zu denen andere Firmen nicht den Mut hatten. Ein Beispiel. Als der Leadsänger der Soul Stirrers, Sam Cooke, auf Drängen seiner schwarzen Berater Bumps Blackwell und James Woody (J.W.) Alexander, 1957 vom Gospel weg und zum Pop überging mit "You Send Me", war der Inhaber von Specialty, Art Rupe, außer sich, nicht etwa aus wirklicher Sorge um die Musik, sondern weil die Kirchgänger dagegen angehen und den Verkauf seiner Gospelplatten gefährden könnten. Der Gospelkatalog war das Rückgrat seines Profits, und er wollte um alles in der Welt nicht seine loyalen Anhänger (und erprobte Einnahmenquelle) verärgern.

Atlantic andererseits war im Grunde ein städtisches R&B und Jazz-Label ohne Gospelkatalog, hatte auch keinen fest aufgebauten Markt zu schützen - höchstens einen neuen, noch unerforschten zu erobern. Charles mag ein gewagter Einsatz gewesen sein, aber wie sehr war er dieses Risiko wert! Mit eigener Band, eigenen Arrangements und eigener Leitung war er der erste eigenständige Star der R&B-Welt. Wo Jordan weitgehend auf Material von außen angewiesen war, um seine Hitmaschine in Gang zu halten, war Charles schon in dieser Periode vom Wesen her unabhängig, und seine Treue galt hauptsächlich seiner Muse.

Musikalisch sollte sich das ändern, als er 1962 zu ABC überging, die weitgehend vergesellschaftet war. Bei der Aufnahme des Klassikers "Modern Sounds in Country & Western, Vols. I and II" stützte Charles sich auf Material, das von anderen geliefert wurde und beschäftigte auch viele fremde Arrangeure. Aber außerhalb des Studios weitete sich seine Kontrolle über Ray Charles als Geschäftsartikel aus. Er gründete seine eigene Firma, Tangerine, war grundsätzlich selbst der Manager, nahm andere Sänger auf und spielte instrumentale Jazznummern wie auch vom Soul beeinflußte Aufnahmen ein - sowohl zu seinem eigenen Vergnügen wie für den Konsum des Publikums. Mit Soul, seiner Schöpfung, als musikalischem Genre wurde Charles zum Volkshelden, trotz der vielen Verhaftungen wegen des Besitzes von Heroin, die lang und breit publiziert wurden, und er wurde, wie schon bemerkt, als "Genius" angesehen, das erste Mal, daß diese abgenutzte Bezeichnung auf einen Rhythm & Blues-Musiker angewandt wurde. Charles' Status als "American Institution" verdeckte in der Folgezeit völlig, wie sehr er der musikalische Prototyp seiner Zeit war.

Charles' Hinarbeiten auf ökonomische Unabhängigkeit zeigt, daß es in der schwarzen Gemeinde Kräfte gab, die sich durchaus bewußt waren, daß sie eine Form von schwarzer Eigenständigkeit brauchten. Nun war Charles nie Muslim - der Pianist ist immer nur dem ihm eigenen Gespür dafür gefolgt, was für Ray Charles richtig ist und was nicht. Aber Charles' dringender Wunsch, sein Leben selbst zu kontrollieren, schien im Philosophischen übereinzustimmen mit der Forderung der Muslims nach ökonomischer Selbstbestimmung. In der gleichen Nachbarschaft, in der Charles' Musik, auf seinem eigenen, von ABC vertriebenen Tangerine-Label aus den offenen Fenstern dröhnte, verbreiteten die Jünger Elijah Muhammads dessen Botschaft mit "Muhammad speaks" und die Reden des ehemaligen Zuhälters Malcolm Little, i.e. Malcolm X. Selbst diejenigen, denen die ganze Rhetorik der Muslims von den "blauäugigen Teufeln" langsam zuviel wurde, konnten sich der Wirkung von frischem Fisch und Backwaren nicht entziehen, die an den gut organisierten Moscheen angeboten wurden.

Schwarze Eigenständigkeit war gegen Ende der fünfziger Jahre zum radikalen Konzept geworden. Der Zug der Integrationalisten zum weißen Hauptstrom ging von der unterschwelligen Voraussetzung aus, daß die weißen Institutionen, seien es Geschäfte oder Schulen, ihren schwarzen Gegenstücken automatisch überlegen seien. Das Ziel "Getrennt, aber gleich" interessierte den durchschnittlichen Schwarzen der fünfziger Jahre überhaupt nicht, noch glaubte er, daß dergleichen erreichbar wäre. Die Muslims mit ihrer Kompetenz in Selbstverwaltung und Disziplin griffen dieses Konzept an, indem sie die Fähigkeit der Schwarzen demonstrierten - natürlich nur unter Leitung der richtigen Ideologie, (der ihren) - es den Weißen gleichzutun. Sie widersprachen den Integrationalisten dadurch, daß sie behaupteten, die Kontrolle der Schwarzen selbst könnte die ökonomischen und sozialen Probleme der Gemeinde lösen. Bis zu einem gewissen Grade hätte sogar der alte Booker T. Washington selber, von vielen Aktivisten mittlerweile als der Inbegriff des Uncle Tom angesehen, der Disziplin und der Würde Respekt gezollt, die in den rein schwarzen Organisationen, mit denen die Muslims arbeiteten, zutage traten.

Es kommen einem die verschiedensten Erzählungen über Rhythm & Business in Erinnerung, die ein Bild davon geben, wie sich dieser Zug zur Selbstkontrolle auf dem Höhepunkt der Bürgerrechtsbewegung manifestierte. Einige handeln vom Booking, einige vom Einzelhandel, einige auf der Bühne, in der Kabine des Produzenten und im Firmenpräsidium.

Eine der Geschichten beginnt in den vierziger Jahren, als Ruth Bowen, das Kind aus der Ehe eines weißen Jazzmusikers mit einer schwarzen Frau, mit ihrem Mann Billy Bowen, Mitglied der populärsten Vokalgruppe des Jahrzehnts, der Ink Spots, auf Tournee war. Auf der Fahrt durch Pittsburgh sahen sie einen Reisebus mit der Aufschrift "Dinah Washington - Queen of the Blues". Ruth und Billy hielten an, um eben guten Tag zu sagen.

Dinah Washingtons Aufschrift war durchaus ernstzunehmen, obwohl man hinzufügen muß, daß die in Chicago geborene Vokalistin auch den Anspruch erhob, über Jazz und Gospel zu herrschen. In jedem ihrer Auftritte gelang es Dinah Washington, ihrem herzzereißenden, herben Gesang die Inbrunst des Gospel und eine jazzige, saxophonhafte Phrasierung zu geben. Diese Kombination machte Dinah Washington zur ergreifendsten Interpretin von Balladen in der amerikanischen Musik, mit Ausnahme vielleicht von Billie Holiday vor ihr und später Aretha Franklin. Dinah Washington war eine Queen, aber auch ein Schrecken, und wenn man sie gerade bei schlechter Laune erwischte, konnte sie so bösartig und so ausfallend werden wie nur irgend ein Mann.

Der Saxophonist Eddie Chamblee, einer ihrer acht Ehemänner (einen heiratete sie zweimal) meint, Dinah Washingtons unberechenbares Temperament sei ein wesentliches Element ihres Künstlertums gewesen. "Sie hatte einen Haufen widerstreitender Gefühle in sich, und die waren bestimmend dafür, wie sie ihre Songs brachte. Manchmal sang sie eine Ballade gerade dann besonders gut, wenn ihr innerlich wund und weh zumute war," erzählte er Leslie Gourse. "Das mußte nicht unbedingt mit einem Mann zusammenhängen, es konnte auch wegen ihrer Söhne oder ihrer Mutter sein. Sie konnte einen beschimpfen bis zum Geht-nicht-mehr, dann konnte sie einen Clubchef genauso beschimpfen, dann steckte sie ein Mädchen ins Krankenhaus, das ein Baby bekam - und zahlte alle Kosten." Washingtons explosives Temperament machte sie furchtlos in Konflikten mit den Weißen, die das Plattengeschäft in der Hand hatten. Wie eine andere Große des Blues, Ma Rainey, in August Wilsons preisgekröntem Stück "Ma Rainey's Black Bottom", kam auch Dinah wie ein Sturmwind und Stunden zu spät zu ihren Plattensitzungen, machte ihre Songs in zwei Takes und verschwand so schnell, wie sie gekommen war. Der Drummer Panama Francis, der bei ihrem Klassiker "What a Difference a Day Makes" mitmacht, sagt, als sie einmal etwas später zu einer Session gekommen sei und gesehen habe, daß Francis der einzige Schwarze bei dem Termin war, weigerte sie sich, aufzunehmen, wenn nicht noch mehr Schwarze dazugeholt würden - womit er deutlich macht, daß ihr Temperament zum Teil von ihrem radikal rebellischen Geist genährt wurde.

An dem Abend, als die Bowens sie besuchten, war Washington in freundlicher, mitteilsamer Stimmung und zog Billy auf, er hätte Ruth "aus der Wiege geklaut", um sie zu bekommen, denn als er sie heiratete, war sie erst siebzehn. Dinah Washington, eine Frau mit stark negroiden Zügen, sehr dunkel, entzückte Ruth gleich mit ihrem boshaften Witz, und die beiden versprachen sich, in Verbindung zu bleiben. Nachdem Ruth die Reiserei aufgegeben und sich in einem vornehmen New Yorker Wohnhaus niedergelassen hatte, belegte sie Kurse in Public Relations und Geschäftsführung, um nicht untätig zu sein, worauf Dinah ihr einen Job als ihr persönlicher

Werbeleiter anbot. Ruth nahm an. Die Arbeit mit der "Queen" brachte ihr auch Aufträge von anderen Musikern, wie z.B. dem Rhythm & Blues-Bandleader Earl Bostic.

Heutzutage besteht die Arbeit eines Werbeleiters darin, Anzeigen in die Zeitungen zu setzen und Interviews auszumachen. Aber die fünfziger Jahre waren eine Zeit, in der weder die Plattenfirmen noch die Agenturen etwas für den Aufbau einer Künstlerkarriere taten, wie das heute gang und gäbe ist, und so kam Ruth sehr schnell mit allen möglichen Aspekten in der Karriere ihrer Klienten in Berührung. Sie mußte sich um alles kümmern, vom Buchen der Hotelzimmer bis zum Eintreiben der Gage bei den Clubchefs nach einem Gig. Nun kam bei der Sängerin die andere, trübere Seite ihres Charakters wieder zum Vorschein, und sie verlangte von Ruth, daß sie ihre anderen Klienten laufen ließ und ihre persönliche Managerin wurde. Ruth gab die anderen keineswegs auf, sondern nahm sich ein paar Hilfskräfte, damit sie mehr Zeit für Dinah hatte.

Nach 1954 war das sehr vernünftig. Mit "What a Difference a Day Makes" landete Dinah Washington ganz oben auf der Hitliste, war aber immer noch nicht zufrieden mit ihren Buchungen, trotz ihrer Verbindung mit Joe Glasers mächtiger Agentur Associated Bookings. Sie hatte das Gefühl, Glaser vernachlässige sie bei den lukrativen Gigs, die er den Weißen und einigen Schwarzen (Sammy Davis Jr., Nat King Cole) zuschob, Gigs in Las Vegas und anderen Hochburgen des Showbusiness. Bei Ruths Versuch, herauszufinden, warum das so war, entspann sich eine sonderbare Beziehung zu dem alten Manager, dem sie naive Fragen stellte und dem sie wie ein Maskottchen auf der Pelle hing, wenn er arbeitete. Glaser gefiel ihre forsche Art. Sie besuchte ihn sogar an Wochenenden, wenn er ganz allein zur Arbeit kam. Bei einem dieser Besuche hörte sie, wie der Showbusiness-Veteran einem schwarzen Star ausredete, das Engagement in einem weißen Club anzunehmen, weil das nach Glasers Meinung "ein Schritt in die falsche Richtung" wäre. So bekam sie durch Glaser eine einzigartige Möglichkeit, zu sehen, wie das Establishment in der Unterhaltungsbranche die Verdienstmöglichkeiten der Schwarzen einschränkte und hintanzusetzen suchte. Glaser war kein Dummkopf und merkte sehr wohl, daß sich hinter ihren unschuldsvollen Fragen ein waches Köpfchen mit zunehmendem Durchblick verbarg. Sie zog ihm die Würmer aus der Nase, und ihn schien das zu amüsieren. Sie drängte ihn, Dinah Washington bessere Engagements zu geben, aber er änderte seinen Sinn nicht.

Ruth Bowen entschloss sich, ihr Können auszuprobieren. Mit Hilfe der Kontakte, die sie auf den Reisen mit ihrem Mann geknüpft hatte, buchte Ruth Konzerte für Washington in Europa und den USA. Um Glasers

Erstaunen zu besänftigen, wollte Ruth ihm 10 Prozent als Kommission zahlen und hoffte, er würde dadurch veranlaßt, bei der Buchung all seiner schwarzen Kunden ein bißchen tatkräftiger zu sein. Dinah jedoch sah das ganz anders. Sie war von keiner weißen Autorität einzuschüchtern und weigerte sich, ihm auch nur einen Cent zu zahlen, entschied sich statt dessen, mit Ruth zusammen ihre eigene Agentur aufzumachen. Ruth sollte die Organisation übernehmen - sie lieh sich 500 $ von Billy, um in einem Gebäude der CBS Büroräume anzumieten - der Name aber kam von Dinah: Queen Booking. 1963 starb Dinah an einer Überdosis Schlaftabletten, als die Firma bereits die junge Aretha Franklin und die Motown Revue unter Vertrag nahm und in den kommenden Jahren im R&B ein bedeutsamer Faktor werden sollte.

Heute sehen wir, daß Dinah Washingtons herausfordernd stolzer Geist in künstlerischen Dingen und ihre Bereitschaft, die Geschäfte einer Schwarzen anzuvertrauen, einige der progressiven Strömungen vorwegnahmen, die erst im folgenden Jahrzehnt hervortraten.

Ein schwarzer Billigladen

Bruce Webb ist ein untersetzter Mann aus Philadelphia mit harter Schale und breitem Rücken, der als "Collector" für einen Plattengroßhandel, "Progress" in Philadelphia, 1961 gegründet, in das Plattengeschäft eingestiegen war. Zwischenhändler waren für die unabhängigen kleinen Plattenfirmen unerläßlich, denn sie waren die Mittelsmänner zwischen den Firmen und den Kleinhändlern, den "Tante Emma-Läden", die den direkten Zugang zur Kundschaft in den meisten Gemeinden schufen. Selbst einige der größten Plattenfirmen bedienten sich in Gegenden, wo sie nicht so stark vertreten waren, der unabhängigen Zwischenhändler, und von diesen Zwischenhändlern gab es Hunderte rundum im Land, die sich mit Plattenlabeln und Plattenhits gegenseitig auszustechen versuchten. Da die meisten Firmen, für die sie arbeiteten, nur klein waren oder auch ihren Standort in Gegenden ohne landesweite Verbindungen hatten, so waren es die Zwischenhändler, die, wenn sie dazu geneigt waren, die Platten vertrieben, den Einzelhändlern zuredeten, bestimmte Platten zu bestellen und den Radiostationen, sie zu spielen. Vieles von der Payola, die die Diskjockeys bekamen, kam von den Zwischenhändlern, die ein finanzielles Interesse an einer Platte hatten, entweder weil sie von einem bestimmten Titel viele Kopien bestellt oder weil sie Geld in eine Firma investiert hatten oder weil die Firma ihnen noch Geld schuldete. Es ist eine Binsenweisheit in diesem Gewerbe, daß die Zwischenhändler den kleinen Firmen oft kein Geld gaben, wenn die Firmen nicht für einen ständigen Zustrom von Neuveröffentlichungen sorgten. Aber auch hinter ihrem eigenen Geld, das von den Platten kam, die den Kleinhändlern geliefert wurden, Leuten, die sich bei der Bezahlung ihrer Rechnungen ebenfalls viel Zeit ließen, mußten die Zwischenhändler oft genug herlaufen .Da hakte nun Webb ein.

"Ich machte nicht mit weißen Frauen, Drogen oder Homosexuellen rum, also gab es nichts, womit sie mich hätten bestechen können," erinnert sich Webb. Deshalb kam Frank Miller, der Leiter von Progress, zu mir und sagte: 'Ich brauch jemand zum Rechnungen eintreiben. Ich hab da zwar so Typen, aber die behalten das Geld selber oder wollen mit den Töchtern dieser Leute ins Bett gehen.' Ich hatte mal ein bißchen geboxt und wußte, wie ich mich verhalten mußte und konnte auch mal einen Haken landen, also nahm ich den Job an." In Philadelphia, New York, Washington und unten in den beiden Carolinas, überall trieben Webb und ein Partner für die Firma Rechnungen ein oder versuchten es wenigstens. Oft genug war Webb gezwungen, "die Typen umzuhauen oder selber umgehauen zu werden." Immerhin tat Webb ohne Gewissensbisse alles, um die Firma im Geschäft zu halten. "Die verschickten die Platten und konnten nichts eintreiben," erinnert er sich voll Kummer. "Unser Problem war, daß wir schwarz waren. Die Rundfunkstationen mit Popmusik spielten unsere Platten nicht. Weiße Einzelhändler und auch die Großhändler, weiß und schwarz, wollten nicht pünktlich zahlen."

Während Progress weiter herumkrebste, benutzte Webb seine Lohngelder dazu, 1962 in Central Philadelphia Webb's Department Store zu eröffnen, wo er zwar auch Hoola Hoop-Reifen, Transistorradios und Fernseher verkaufte, meistens jedoch Platten. Eine Zeitlang ließen die Partner von Progress das Ausliefern sein und schlossen sich seinem Einzelhandel an, bevor sie dann das ganze Plattengeschäft innerhalb eines Jahres in Aufruhr brachten. Webb wurde schnell zu einer wichtigen Adresse in einer Stadt, die ohnehin schon ein Zentrum der Popmusik war. Mit Dick Clarks "American Bandstand" als Treffpunkt für die Idole der weißen Teenies, einer Fülle lokaler Tanzhits (besonders Chubby Checkers "Twist"-Songs auf Cameo-Parkway) und einer enthusiastischen Hörerschaft, angetrieben von einem Dreigestirn aufregender Rundfunkstationen (WDAS, WFIL und WIBG) war Philadelphia die Stadt, in der Hits gemacht und Trends gestartet wurden. Die Stadt war übersät mit kleinen Tante Emma-Läden wie dem von Webb. Er sagt, das Geschäft in seinem Laden an der Ecke sei fabelhaft gelaufen. Es war die große Zeit der kleinen Ladenbesitzer, deren Verkaufsstrategie mit zwei Lautsprechern auf dem Bürgersteig begann, aus denen die neuesten Hits dröhnten und die Kunden anlockten. Webb erinnert sich mit Begeisterung: "Wenn einer reinkam und zwei Platten haben wollte und dann mit zwei Platten rausging, dann hatten wir keine Platte verkauft, wir hatten nur einen Auftrag ausgeführt. Es kam darauf an, die dritte und vierte Platte zu verkaufen. Wenn sie kamen und Gospel haben wollten, dann haben wir eben nur Gospel gespielt. Wollte einer Blues, dann spielten wir nur Blues. Ich spielte immer das, wonach ihnen der Sinn stand." Webb behauptet, er sei so geübt gewesen in diesem Verkauf, daß er nur den Anfang hören mußte, um binnen sechzig Sekunden einen Stapel von achtundzwanzig Platten zu identifizieren. "Wenn ich sah, daß sie sie nur ansahen und nicht zuhörten, dann hab ich gleich die nächste Platte aufgelegt. So verkauft man Platten."

Die Kooperation zwischen Einzelhandel und Plattenfirma war für beide lebenswichtig. Die Rhythm & Blues-Firmen boten den Läden "freie Ware" (Werbeexemplare) an oder 45er zum Selbstkostenpreis als Aequivalent dafür, daß sie die Platten "aufbauschten" in den Berichten für den Handel oder den lokalen Rundfunkstationen. Es bestand ein extensiver persönlicher Kontakt zwischen Webb und den Vertretern der Plattenfirmen, persönlich wie telephonisch. Ob schwarz oder weiß, die Firmenvertreter wandten sich direkt an die Händler, um den Verkauf und die Bemühungen ihrer lokalen Zwischenhändler voranzutreiben. Auf diese Weise waren also auch die Tante Emma-Läden, ebenso wie die Rundfunkstationen, in der Rhythm & Blues-Welt Finanzpartner der Plattenfirmen. Bei den großen Firmen jedoch, wie Columbia oder RCA, die Anfang 1960 nur ein paar Rhythm & Blues-Künstler hatten, die sie für nicht besonders zugkräftig hielten, da war das nicht so. "Die Großen ließen uns nicht an ihre Ware heran. Ich kannte nur vier schwarze Händler, die direkt von ihnen beziehen konnten. Wenn man Johnny Mathis (auf Columbia) haben wollte, dann mußte man sich an einen Großhändler wenden, der nur einmal vorbeikam." Aber da sie verhältnismäßig wenige der großen Rhythm & Blues-Gruppen hatten, war ihre ablehnende Haltung kein großes Problem für die Händler.

Aus Webbs Herkunft und Wagemut heraus tat er weit mehr, als nur Platten zu verkaufen. Für Werbeexemplare und gute Preise für die 45er (etwa 25 Cents Großhandelspreis für eine Single, die für 79 Cents verkauft wurde) organisierte und förderte er den Einsatz der Platten in den örtlichen Musikboxen für verschiedene Firmen, weil er der Ansicht war, die üblichen Clubchefs seien die Hauptplattenkäufer. Mit seinen Platten unter dem Arm und dem freundschaftlichen Hinweis "Eine Hand wäscht die andere" fuhr Webb zur Pep's Lounge, zur Blue Note, zum Northwest und zu anderen Bars im schwarzen Viertel von Philadelphia. Barbesitzer, Bartender und Barmädchen bekamen Platten umsonst für sich und die Musikbox und noch Besuche in der Bar von den Entertainern, die in seinen Laden kamen. Dafür gab ihnen Webb spezielle Vierteldollarstücke im Wert von 1 bis 5 $, die rot, grün oder blau gefärbt waren, sodaß sie die Platte, auf die er aufmerksam machen wollte, in der Hauptbetriebszeit spielen konnten. "Ich sagte ihnen, sie sollten sie spielen, wenn die Bar am Freitag oder Samstag brechend voll war. Wenn ein Baseballabend war, oder ein Damentreffen oder die Gilden. Die kamen sich ganz wichtig vor, weil ich ihnen eine Platte brachte. Das tat sonst niemand. Sonst mußten sie immer warten, bis der Mann, der die Musikboxen nachsah, einmal im Monat vorbeikam, während ich mit einer Platte persönlich hinging und sagte: 'Sie müssen sie nicht spielen. Ich gebe Ihnen vier Quarter [1 Quarter = 25 Cents] wenn Sie sie spielen.' Diese ganz persönliche Art verhilft mir dazu, daß ich im Geschäft bleibe." Ohne Zweifel bereicherte Webbs provinzielles Unternehmertum, genau wie das anderer Tante Emma-Läden, ihre Gemeinden in kultureller und in ökonomischer Hinsicht. Diese Geschäfte waren die weltlichen Tempel des Rhythm & Blues, in denen die lokalen Hitlisten und die Listen der Neuveröffentlichungen die Bibeln derjenigen waren, die sich zur Vinylplatte bekehrt hatten.

Jedes Ding hat zwei Seiten

In den Anfängen von Webb's Department Store wurden zwei Künstler in den Straßenlautsprechern als Kundenfang besonders häufig gespielt, gut aussehende, schlanke, sportliche Männer mit geschmeidigen, ausdrucksvollen Stimmen. Der eine war Sam Cooke, der andere Jackie Wilson. Diese beiden R&B-Prinzen hatten vieles gemeinsam: Freundschaften, Tourneen, Charisma, die Liebe zum schwarzen Amerika und intensiven Sex Appeal. 1962 und 1963 standen Cooke und Wilson als Stars der Rhythm & Blues-Welt ungefähr auf gleicher Höhe. Aber auf lange Sicht wurde Wilson von Cooke in den Schatten gestellt, der als derjenige angesehen wurde, der den wichtigeren Beitrag zur Musik der Schwarzen geleistet hat, nicht nur, was die Musik angeht, sondern auch im Hinblick auf das Plattengeschäft. Cooke war ein Schwarzer auf dem Vormarsch, Wilson war das nicht. Wilsons Karriere schildert in der Tat das schlechteste Szenario, das einem einzelnen und aus dem Instinkt lebenden schwarzen Vokalisten beschieden sein konnte, während Cooke die Ambitionen seiner Leute verkörperte und auch die widersprüchlichen Wege, auf denen diese Ambitionen oft befriedigt wurden. Wilson wurde erstickt vom Status quo; Cooke, ein bahnbrechender Geschäftsmann und ein Artikel für den Massenmarkt, war in der Musik die Vision der Zukunft - im Guten wie im Schlechten.

Jackie Wilsons Reise fing in Detroit an, wo er als Teenager die Golden Gloves - die goldenen Handschuhe - im Boxen gewann, an einem Talentwettbewerb, gesponsert von Johnny Otis, teilnahm und den Platz von Clyde McPhatter als Leadvokalist bei den Dominoes einnahm. Mit McPhatter hatten die Dominoes eine Kette von sensationellen R&B-Hits gehabt, darunter "60 Minute Man", aber trotz Wilsons Talent wurde die Gruppe nie wieder so populär. Der einzige Hit mit Wilson war eine Interpretation des religiösen Standards "St. Theresa and the Roses", ein Vorläufer der musikalischen Scheußlichkeiten, die noch auf ihn zukommen sollten. 1957 verließ Wilson die Dominoes und ging zur Brunswick, einem Label unter der Kontrolle seines neuen Managers Al Greene und nach dessen Tod von Nat Tarnopol. Tarnopol managte Wilson und kümmerte sich um seine Plattenaufnahmen. Für den Rest seines Lebens war Wilson Tarnopols Milchkuh. An Tarnopol gebunden wie Elvis an Colonel Tom Parker, wurde Wilson keinerlei behutsame Führung hin zu neuen Wegen zuteil, die seinem Talent angemessen gewesen wäre.

Obwohl das nur schwer zu dokumentieren ist, so liegt doch eine der größten Tragödien des R&B darin, daß das immense Talent Wilsons nie Erfüllung gefunden hat. Was die schiere athletische Kraft seiner Live-Auftritte angeht, wurde Wilson nur von einem anderen Exboxer, James Brown, erreicht. Aber während Brown die forsche Entschlossenheit des Schwergewichtsboxers - linke Haken und vorgeschobene Hüften - zur Schau stellte, war Wilson ein höllisch bewegliches Mittelgewicht, Pfund für Pfund einer der geschmeidigsten Entertainer, die es je gegeben hat. Wilson brachte es fertig, von einer Plattform auf die Bühne zu springen, auf Zehen und Knien zu landen und sich dann auf die Füße zu erheben, ohne zu wanken und ohne eine einzige Note zu verpassen. Jeder, der Wilson einmal gesehen hat, sei es live oder im Fernsehen, wird den Eindruck nie vergessen, seine spektakulären Hosen aus Haifischhaut, mit denen er über den Boden rutschte, das Hemd bis zur Taille geöffnet, die Haare, nach der "Process"-Mode frisiert, flogen ihm um den Kopf und die Menge tobte und war außer sich wie bei einem Opferritual. Es lag immer ein Hauch von Gefahr in der Luft bei einer Wilson-Show, man wußte nie, was der Sänger oder das Publikum als nächstes anstellen würde. John McEwen erzählt, bei einer Show in den frühen sechziger Jahren in Boston sei Wilson mit dem Mikrophon in der Hand ins Publikum gesprungen, wie in einer frühen Version des

"Slam Dancing", um die Menge davon abzulenken, daß die großen Stars nicht gekommen waren. Es gibt noch eine andere denkwürdige Erinnerung an Wilson. Wieder ist der Sänger halbnackt, diesmal aber, weil die rasenden weiblichen Fans ihm das Hemd vom Leibe gerissen haben und sich nun an seine Hosen heranmachen.

Wilsons Sex Appeal, im Konzert so unübersehbar, kam auf Platten nicht zur Geltung. Nicht weil er ihn da nicht ausstrahlte, denn seine Stimme schwang hoch über allem, aber selbst in den Songs, die ihn zur Legende machten - "Reet Petite", "Lonely Teardrops", "That Is Why" und "A Woman, a Lover, a Friend" - war die Produktion beladen mit weiß klingenden Begleitstimmen, zu vielen Saiteninstrumenten und einer allgemeinen Unfähigkeit, Wilsons beschwörenden Stil herauszubringen. Seine musikalischen Experten mögen etwas von "Night" verstanden haben, einer übersüßen, total verkitschten Ballade, die genau die schwerfällige Art von Präsentation bekam, die sie verdiente. Aber die munteren, leichtfüßigen Shuffles, die er aufgenommen hat, wie "Lonely Teardrops", wurden bei Tarnopol und Genossen zu einem faden Weißbrotsandwich. Jeder, der Wilsons Größe demonstrieren will, muß die Produktionen außer acht lassen oder zum mindesten erklären, die seine Hits zuschanden machten. Es ist eine Tatsache, daß Brunswick nur ganz sporadisch Texter und Produzenten aussuchte, die Wilsons Talent wirklich gerecht wurden. Wilson verbrachte die sechziger Jahre damit, daß er sich durch Zeugs wie "Danny Boy" wurstelte und nur selten erhob er sich zu etwas so Sublimem wie "Higher and Higher", immer ohne irgend eine beständige Richtung. Er verschwand in einer Kette von zweitklassigen Nachtclubs und Bars, musikalisches Überbleibsel eines einst vielversprechenden Talentes, und brach schließlich 1975 in New Jersey während einer Oldie-Show zusammen. In den Sechzigern, sollte man denken, einer Aera aufsteigenden schwarzen Selbstbewußtseins, hätte Wilson mehr Kontrolle über seine eigene Karriere fordern sollen. Vielleicht hat er das auch. Bekommen hat er sie nie.

Im Gegensatz dazu blieb Sam Cooke immer sein eigener Herr. Zwischen dem Start seiner weltlichen Karriere mit der Veröffentlichung von "You Send Me" 1957 und seinem Tod im Dezember 1964, einen Monat vor seinem dreißigsten Geburtstag, durch einen Schuß, abgefeuert von einem Hotelmanager in Hollywood, war Cooke eine unternehmungslustige, experimentierfreudige und widersprüchliche Figur. Er formte sein Talent, um die Weißen anzulocken, während er gleichzeitig als Produzent, Songschreiber und Geschäftsmann den schwarzen Künstlern neue Wege erschloß. Wie man damals sagte, wollte Cooke "alles haben," und es gelang ihm in bemerkenswertem Maße. Als Sohn eines Baptistenpredigers in Chicago geboren, sang Cooke schon in Gospelgruppen, als er noch keine zehn war. An der Wendell Philips Highschool in Chicago sang er mit der Highway Baptist Church oder Highway QCs. Dann ging er für R.H. Harris als Leadvokalist in ein legendäres Gospelquartett, die Soul Stirrers. Harris hatte die Improvisation und die Wiederholung von Schlüsselworten im Hintergrund ins Gospel eingeführt. Cooke ging noch darüber hinaus und übertraf die Popularität des großen Sängers, indem er eine jugendliche, charmante Sexualität in seine Darbietungen einbrachte. Statt des heiseren "Shouting", das für den männlichen Gospelgesang so typisch ist, hielt sich Cooke zurück, um seine seidenweiche Mittellage und sein natürliches Vibrato zur Geltung zu bringen. Nicht, daß Cooke nie das "Shouting" anwandte, aber auf Drängen anderer Vokalisten, wie J.W. Alexander von den Pilgrim Travelers, wechselte er zwischen den beiden Stimmfärbungen, was ihm einen größeren emotionalen Spielraum gab. Und mehr Sex Appeal. Nach allen Berichten aus der Zeit machte seine Stimme, im Verein mit seiner glatten, honigbraunen Haut und den unschuldigen, aber doch maskulinen Zügen, Cooke zum ersten Teenager-Idol des Gospel.

Keine Analyse kann jedoch die Natürlichkeit von Cookes Sound wiedergeben. Da war etwas so Einschmeichelndes in seiner Stimme, daß die Hörer bezaubert waren. Eine ganze Generation von Vokalisten wurde davon inspiriert und versuchte, sich seiner sublimen Sexualität und seinen fließenden Tonfolgen anzunähern. (Darunter waren David Ruffin, Johnnie Taylor, Otis Redding, Bobby Womack, Lou Rawls und Jerry Butler). Aber Art Rupe, der Inhaber von Specialty Records, der die Soul Stirrers aufnahm, war von Cookes Anziehungskraft erst überzeugt, als Bumps Blackwell - sein "Artists and Repertory"-Fachmann, der Förderer von Little Richard und einer der vielen schwarzen Berater für den Geschmack bei den Firmen in weißem Besitz - ihm beteuerte, Cooke habe es in sich. Cooke war nicht nur ein hervorragender Vokalist, er war auch ein produktiver Songschreiber. Kompositionen wie sein "Touch the Hem of His Garment" genießen in Gospelkreisen immer noch großes Ansehen. Mit der zunehmenden Verwendung von Gospelstrukturen und eingefügten Floskeln im R&B in den späten fünfziger Jahren trat an den charismatischen Sänger mehr und mehr die Versuchung heran, "die Musik des Teufels" zu singen. Bill Cook (Diskjockey und Roy Hamiltons Manager) und Jerry Wexler von Atlantic waren unter den Vielen, die Cooke überredeten. Schließlich brachten Alexander und Blackwell den zögernden Rupe dazu, daß sie ein paar weltliche Titel mit Cooke aufnehmen durften.

Statt sich auf Cookes leidenschaftlichere Seite zu stützen, hielten sie sich an das verhaltenere Popmaterial, wie es in dem unerwarteten Erfolg der

R&B- und Popnummer "You Send Me", Nummer eins auf der Hitliste, zum Ausdruck kam. Diese Platte erschien bei Keen, nicht Specialty, da Rupe in einem Augenblick der Torheit beide, Cooke und Blackwell, gefeuert hatte, als er dahinter kam, daß sie Sachen von Gershwin aufgenommen und bei einer Sitzung eine Gruppe weißer Sänger als Hintergrund genommen hatten. Er meinte, solche Aufnahmen seien nichts für das schwarze Publikum, das er erreichen wolle. Aber gewöhnlich war Cookes Material besser ausgewählt und besser arrangiert als das von Wilson. Rupes Einwände betrafen nicht nur die künstlerische Seite, wie ich schon erwähnt habe. Er wußte, daß Cookes Popexperimente ihn den engstirnigen Mitgliedern der religiösen schwarzen Gemeinden entfremden mußten und das Image von Specialty auf dem Gospelmarkt darunter leiden würde. Es wäre Rupe unsinnig erschienen, das für die Unsicherheit von Erfolg oder Mißerfolg in der weltlichen Musik aufs Spiel zu setzen. Cooke hätte schließlich für immer ein Gospelsänger bleiben können. Aber es war ein gewagtes Spiel, eine Chance in der Popmusik zu suchen, wohl wissend, daß, wenn es mißlang, das beleidigte Gospelpublikum der fünfziger Jahre ihn vermutlich nicht wieder akzeptieren würde. Cookes Sieg ist größtenteils das Verdienst seines eigenen Könnens als Songschreiber. Songs wie "Only Sixteen" und "Wonderful World" sind bemerkenswerte Beispiele für seine Fähigkeiten in der Popmusik. Es zeigt seine Flexibilität, daß Cooke sowohl eine machtvolle Hymne des Glaubens wie "The Hem of His Garment" schreiben konnte wie mit gleicher Treffsicherheit ein Nichts von einer Popnummer wie "Sixteen" für die Teenies .

Da war es dann ein natürlicher, aber doch kühner Schritt, daß 1958 er und Alexander Kags Music Publishing ins Leben riefen, eines der ersten Verlagsunternehmen eines größeren schwarzen Künstlers. Wie schon früher beschrieben, war es bei den R&B-Labels Tradition, alle Verlagstantiemen in der Hand zu behalten und dem Künstler und Songschreiber nur die Tantiemen für das Songschreiben zu überlassen. Selbst dann bekam der Verleger noch die Hälfte aller Tantiemen für einen Song und kontrollierte, wie die Anteile des Songschreibers ausgezahlt wurden. Wenn also weiße Gruppen einen schwarzen Hit nachsangen oder wenn alte R&B-Songs in neuen Filmen benutzt wurden, wurden die Einkünfte über den Verleger an den Songschreiber geleitet. Auf einen J.W. Alexander, der begriff, was an Dollars durch das Songschreiben zusammenkam, kamen buchstäblich Hunderte von schwarzen Künstlern, die davon keine Ahnung hatten. Natürlich haben ihnen das auch nur wenige Leute von den Plattenfirmen erzählt. Manchmal haben sie nicht einmal zugehört, wenn man es ihnen erzählte. In Peter

Guralnicks "Sweet Soul Music" beschreibt Alexander das Desinteresse, das Fats Domino und Little Willie John dem Thema entgegenbrachten.

Die Gründung von Kags war nur der erste Schritt, den Cooke auf Anraten von Alexander unternahm. Bald darauf verklagten sie Keen auf Nachzahlung von Tantiemen. Cooke gewann mit einer so hohen Summe, daß die Firma erledigt war. Irgendwann zur gleichen Zeit feuerte Cooke seinen Manager Bumps Blackwell, teils weil er ihn nicht darauf aufmerksam gemacht hatte, wieviele Möglichkeiten sein Songschreiben ihm eröffnete. Da Blackwell auch Little Richards Mentor war, fragt man sich, wie Leben und Karriere dieses Sängers wohl verlaufen wären, wenn Blackwell ihn dazu ermutigt hätte, damals, Anfang der fünfziger Jahre, seinen eigenen Verlag zu gründen.

Seit 1960 befand sich Cooke neben Elvis Presley auf der Liste der RCA, wo er zum größten Teil in dem sanfteren Stil fortfuhr, in dem er schon bei Keen begonnen hatte. Während Presleys Ausstieg aus dem Blues bei RCA eine Manifestation seiner essentiellen Angepaßtheit war, hatte Cooke seine Songs und seinen Sound unter Kontrolle, trotz der oft unsäglichen Studioarrangements der weißen Produzenten Hugo Peretti und Luigi Creatore. Im Lauf der Zeit entwickelte Cooke einen Songkatalog, der sein sauberes Image des "All-American Black-Boy" dazu benutzte, seine kraftvolle Verwurzelung im Gospel zu betonen. Was die meisten seiner weißen Fans nicht wußten, war, daß der gleiche Mann, der "For Sentimental Reasons" herausgab und "Bill Bailey" auf "Live at the Copa" vortrug, auch ein Pionier als Soul-Produzent war. Man könnte sogar den Anspruch erheben, daß SAR Records, im Besitz von Cooke und Alexander, die erste vollentwickelte Soul-Plattenfirma war. Johnnie Taylor, die Valentinos mit Bobby Womack als Solisten, Lou Rawls - alles Gospelsänger, die Cooke mit den Soul Stirrers getroffen und dann "umgedreht" hatte - nahmen rauhe, sehr direkte Liebeslieder auf, die Cookes tiefste musikalische Sehnsüchte reflektierten und seine Auffassung vom schwarzen Amerika. Reiner Popsongschreiber auf der einen Seite, Pionier der Soulaufnahmen auf der anderen, so versuchte Cooke den Erfolg bei der breiten Masse, wie ihn Sammy Davis Jr. definiert hat, zu erreichen, aber auch seine Wurzeln nicht zu verleugnen. Dieser Balanceakt zwischen dem Sinn für Integration und der Liebe zum unverfälschten schwarzen Ausdruck - damals weitgehend die Musik der Segregierten - erlaubten ihm, eine Karriere zu verfolgen, die in spektakulärer Weise auf beiden Gleisen des schwarzen Lebens nach 1960 entlangsegelte.

Cooke gelang das "Crossover" zu den Weißen so gut, wie es sich ein Künstler der verbarrikadierten R&B-Welt nur erträumen konnte. Allerdings, und das ist ganz wesentlich, benutzte er sein Geld und seine Freizeit dazu, die Hand auszustrecken und anderen jungen schwarzen Künstlern die Gelegenheit zu geben, an seinen Erfolgen teilzunehmen. Ebenso wichtig ist es, daß der Katalysator für diese Aktionen Alexander war, ein weiterer schwarzer Unternehmer. Mit einem ganzen Spektrum von Erfolgen, denen damals wie heute nur selten etwas gleichkam, war Cooke, kurz gesagt, der wahr gewordene amerikanische Traum, ein Traum, der noch im Wachsen begriffen war, als er erschossen wurde. Kaum zwei Monate nach Cookes Tod wurde Malcolm X ermordet, und so raubte man dem schwarzen Amerika zwei seiner jungen, dynamischen Führer, die in engerem Kontakt zueinander standen, als die Leute zu der Zeit damals wußten. Genau wie ihr gemeinsamer Freund, Cassius Clay, der als Muhammad Ali zum Symbol schwarzen Stolzes und schwarzer Eigenständigkeit wurde, hätten auch diese beiden gefallenen Krieger, mit ihrem Weitblick und ihrer Intelligenz in der kommenden Dekade den Geschehnissen eine deutlich andere Richtung geben können. Das Beispiel, das sie gegeben haben, strahlt immer noch aus.

Die Chicagoer Szene

So wie der Orginasator der Bürgerrechtsbewegung Stokely Carmichael und andere den Anspruch auf Malcolm X' politisches Erbe erhoben, so gab es auch Songschreiber/Geschäftsleute, die auf manche Art Cookes Balanceakt zwischen Kunst und Geschäft, Crossover-Musik und Soul fortzuführen suchten. Zwei von Cookes wichtigsten Nachfolgern waren Curtis Mayfield, Vokalist, Produzent, Songschreiber und Gitarrist, und Carl Davis, Plattenproduzent und Geschäftsführer. Diese beiden zusammen waren die Baumeister des lange unterschätzten "Chicago Soul"-Sounds der frühen sechziger Jahre. Mayfield war natürlich als Sänger und Texter im Gospel großgeworden. Seine besten Liebeslieder waren so inbrünstig wie ein Kirchenlied, und in seiner Hingabe an "die Pächter der Brüderlichkeit" schuf er einen ganzen Katalog von Material mit eindeutiger Aussage für die Bürgerrechtsbewegung. Mayfields wohlerzogene Haltung entsprach völlig dem erhebenden Bild, an dem den Bürgerrechtlern so sehr gelegen war. Zwar war das Gospel die Wurzel seiner Musik, aber Mayfield, in Zusammenarbeit mit Davis und dem Arrangeur Johnny Pate, verwandte auch noch viele andere musikalische Stilrichtungen, um seine Botschaft zu verbreiten. Schmetternde Bigbandhörner, das Werk von Pate, rhythmische und harmonische

Ideen aus der brasilianischen Samba, dem spanischen Flamenco und der Rumba durchzogen seinen Chicago Sound.

Nicht so dynamisch wie Detroits Motown oder so funky wie Stax aus Memphis, ging man in der "Windy City" (Chicago) die Dinge mit einer Mischung aus sozialem Bewußtsein, emotionaler Zurückhaltung und leichtsinniger Verspieltheit an. Es war die Ausdrucksform der ersten schwarzen Nachkriegsgeneration in Chicago und reflektierte als solche eine gebildetere, weltgewandtere Haltung als der South Side Blues, den die Generation der Eltern bevorzugte. Die Chicagoer Szene erreichte nie die kulturelle Bedeutung der anderen beiden großen Soulzentren der sechziger Jahre, denn nicht eine einzige Plattenfirma sicherte sich die besten Talente der Stadt oder entwickelte einen eigenen, unverwechselbaren Sound. Das Aufblühen des Chicagoer Soul erstreckte sich über mehrere Label: ABC-Paramount, der Heimstatt von Mayfields Impressionen, Columbias Okeh-Label, von Carl Davis geleitet und wiederbelebt, und Vee-Jay, einer Firma in schwarzem Besitz.

ABC-Paramount und Okeh waren bedeutende Firmengesellschaften. Die großen Bosse waren zwar am Soul interessiert, verstanden aber nicht sehr viel davon und unterschätzten mit Sicherheit sein kommerzielles Potential. Okeh ist ein gutes Beispiel für das Auf und Ab in der Geschichte der schwarzen Musik bei den GmbHs. Sie begann mit Mamie Smith' "Crazy Blues" in den zwanziger Jahren, wurde in den Dreißigern von Columbia erworben, als schwarzer Seitenzweig der Firma bis in die fünfziger Jahre hinein gehalten, unter Davis 1962 neu gestaltet und 1966 endgültig aufgegeben. ABC-Paramount, die Heimstätte von Ray Charles' Experimenten mit Country and Western, galt im R&B auch nicht als unfehlbar, wie sich am Beispiel der Entschärfung des heißen Bluesshouters Lloyd Price mit seinem "Lawdy Miß Clawdy" von 1952 zeigt, aus dem die Abc den "Popcorn Crooner" von 1959 in "Personality" gemacht hat.

Während Sam Cooke mit Grazie auf dem schmalen Grat zwischen Pop und Schund balancierte, fehlten vielen schwarzen Sängern wie Price und, nicht zu vergessen, auch Jackie Wilson das Material und der Weitblick (oder wenigstens der gute Rat), um mit künstlerischer Integrität vom R&B zum Pop zu wechseln. Die Bürgerrechtsbewegung machte es ja deutlich, man wurde noch lange nicht akzeptiert, nur weil man in eine weiße Nachbarschaft umzog. Chess Records, das mächtige, unabhängige Label von Leonard und Phil Chess, verpaßte seine Chance, sich den Chicago Sound zunutze zu machen, weil die Vorstellung der Brüder davon, was die Schwarzen waren und sein konnten, sehr begrenzt war, genau wie bei Art Rupe in seiner Einstellung zu Sam Cooke. Die Chess Brothers in Chicago hatten ihr

Vermögen mit dem Blues von Muddy Waters und dem Teeny-Bopper-Blues, d.h. Rock & Roll, von Bo Diddley und Chuck Berry gemacht. Als die wichtigsten Stars der Firma älter wurden und an Popularität verloren, versuchte Chess zwar, neue Leute zu finden, bewegte sich aber in der Welt des Soul ohne Selbstvertrauen und Glaubwürdigkeit. Ursprünglich hatte Berry Gordy ihnen seine Platten zum Vertrieb überlassen, aber schon 1963 wurde es klar, daß der Detroiter mit Motown, unter Verwendung des von Chess bezogenen Kapitals, die beste unabhängige Plattenfirma des Mittelwestens aufgebaut hatte. Nur ein einziger größerer Star des Chicago Sound erschien bei Chess, der rundliche Billy Stewart mit der Honigstimme, dessen Version von Gershwins "Summertime" sowie Komposition und Vortrag seiner wunderschönen Liebeslieder aus der Großstadt, "Sitting in the Park" und "I Do Love You", sanft romantisch war wie die von Sam Cooke.

Vee-Jay war das zukunftsträchtigste Modell für ein lokales Unternehmen - und der spektakulärste Zusammenbruch. Diese Firma, im Besitz einer schwarzen Familie, entstand aus einem Plattenladen, genau wie die von Bobby Robinson und Lillian McMurray. Das Team von Mann und Frau, Vivian und James Bracken, fing 1952 unter Mithilfe des Vetters Calvin Carter in der Plattenindustrie an mit dem Verkauf von 45ern in der finsteren, überwiegend von Schwarzen bewohnten Industriestadt Gary, Indiana, gleich außerhalb von Chicago. (Vivian arbeitete auch noch in Chicago als Diskjokkey). Wie bei den anderen populären Plattenläden jener Periode, so hingen auch hier die jungen Sänger herum und stellten Überlegungen an, wie sie mal eine Platte machen konnten. Glücklich darüber, etwas für eine gute Sache tun zu können, starteten die Brackens Vee-Jay und richteten ein Büro in Chicago ein. Die Veröffentlichung von "For Your Precious Love" von den Impressions, mit Jerry Butlers volltönendem Bariton als Leadvocal, gab ihnen einen Begriff davon, was für ein reicher Markt sich da in der Musik Chicagos erschließen ließ. Unglücklicherweise behielt Vee-Jay nur Butler, anstatt die ganze Gruppe (inklusive Curtis Mayfield) unter Vertrag zu nehmen, ein Versäumnis, das sie um einen großen Teil des Marktes in Chicago brachte. Damals war der junge Butler noch nicht der konstante Verkaufsschlager, zu dem er im weiteren Verlauf des Jahrzehnts werden sollte. Sein größter Hit auf Vee-Jay war eine Neufassung des Andy Williams-Standards "Moon River" von 1961. Auch Betty Everett hatte ein paar regionale Hits, aber die einzigen landesweiten Renner waren ein Duett mit Butler, "Let It Be Me", und der wunderbare "Shoop Shoop Song (It's In His Kiss)" im Stil einer Girlgruppe. Auf Constellation, einem Zweigunternehmen der Firma, hatte allerdings auch Gene Chandler einige größere Hits, von dem der zarte, Doo Wop-artige "Duke of Earl" am besten in Erinnerung geblieben ist.

Mit einigen größeren kommerziellen Hits als Stütze war Vee-Jay dem Anschein nach ganz aussichtsreich. Es erwies sich jedoch, daß die Inhaber mehr Ehrgeiz als Anhänger hatten. Sie nahmen Künstler aus möglichst breit gefächerten Richtungen unter Vertrag: die Dells, eine Doo Wop cum Gospel-Gruppe unter Führung des dunklen Tenors von Junior Marvin, die Bluessänger Jimmy Reed und John Lee Hooker, Dee Clark, ein R&B-Sänger mit dem Hang zum Rock & Roll und die Four Seasons, ein weißes Vokal- und Instrumentalquartett unter Leitung des weinerlichen Falsetts von Frankie Valli mit Titeln wie "Sherry" und "Big Girls Don't Cry" - das waren einige der Künstler, die Vee-Jay Profit einbrachten. Als vorausschauende Tat hätte sich Vee-Jays Veröffentlichung von "She Loves You" erweisen können, dem US-Debut der Beatles, noch bevor Capitol Records auf die Idee kam, die "Fabulous Four" von ihrer Tochterfirma EMI in England zu übernehmen. Vee-Jay war eine der ehrgeizigsten schwarzen Firmen, die damals aktiv waren, ehe Motown alle Konkurrenz aus dem Weg fegte. Was das Vermarkten weißer Popkünstler angeht, war sie die wirkungsvollste, die es je gegeben hat.

Leider waren Vee-Jays Inhaber wachsamer beim Aufspüren von Talenten als in der Beachtung des breiten Publikums. Beobachtern fiel auf, daß die Brackens bei den alltäglichen Operationen der Firma nur ein flüchtiges Interesse an den Tag legten. Vee-Jay bleibt in Erinnerung als extravagant und verschwenderisch, und das sogar für die schwarzen Diskjockeys, einer Gruppe von Leuten, die sich sonst etwas Gutes, auch wenn es kostspielig ist, nie entgehen lassen. Trotzdem war es ein Schock, als Vee-Jay 1965 Bankrott machte, während sie immer noch Hits produzierte. Die Künstler verteilten sich dann über eine ganze Reihe anderer Firmen, aber das Ende von Vee-Jay hinterließ eine Lücke, und das nicht nur auf dem Plattensektor - sie wurde nie wieder geschlossen - sondern in der Geschichte der schwarzen Musik überhaupt.

Trotz der Existenz von Chess und Vee-Jay profitierten ABC und Okeh schließlich am gründlichsten von Chicago, weil sich beide weitgehend auf Curtis Mayfield stützten, einen Mann, dessen Schaffen sich mühelos zwischen Frivolität und sozialem Engagement hin und her bewegte. Für seine Chicagoer Kollegen schrieb Mayfield kurzlebige Tanznummern ("The Monkey Time", "Rhythm" und "The Matador" mit Major Lance auf Okeh), auch wohl gelegentlich romantische Balladen ("Just Be True" und "Bless Our Love" mit Gene Chandler auf Constellation, "It's All Over Now" mit Walter Jackson auf Okeh). Für die Impressions verwandte Mayfield eine persönlichere Stimme, mit der er der unermüdlichste Verfechter der Bürgerrechte in der schwarzen Musik wurde. Zunächst setzte er seine subtilen Gitarrengriffe und seinen tremolierenden hohen Tenor ein, begleitet von den Stimmen von Sam Gooden und Fred Cash sowie Johnny Pates Horn, und erklärte seine begeisterte Liebe zu schwarzen Frauen ("I'm So Proud" ist eines der idyllischsten Liebeslieder, die je geschrieben worden sind). 1964 begann Mayfield mit der Komposition einer fortlaufenden Serie von "Sermon Songs", in denen er die Verpflichtung zu sozialen Veränderungen, zur Religion ("People Get Ready" 1965), Liebe zur eigenen schwarzen Art ("We're a Winner" 1968) und Brüderlichkeit ("Choice of Colors" 1969) predigte.

Als echter, gewaltloser Bürgerrechtsaktivist suchte Mayfield in Gegnern und Freunden immer nur das Beste, versuchte zum Wandel anzuspornen und erhob nur selten eine Anklage im Zorn. Da war eine Würde in seinem Vortrag, ein Gefühl, daß seine Ideale der Erhebung der Zuhörer dienten, daß dies "Musik der Liebe" in des Wortes rein geistiger Bedeutung war. Die Songs waren, zum Teil wenigstens, mit Sicherheit aus dem Gospel abgeleitet, hatten aber eine viel breitere Wirkung. In der Tat war Mayfield als Advokat von "Peace and Love" - Frieden und Liebe - der Vorläufer der psychedelischen Bands, genau wie die Rhetorik der Bürgerrechtsbewegung die Hippies inspirierte. Er war ein Mensch des Diesseits, der mit so offenem Herzen den Wert der Brüderlichkeit in sich aufnahm, daß es manchmal geradezu naiv erschien - so kamen jedenfalls manche seiner "Sermon Songs" den Militanten vor. Immerhin wiesen Mayfields Songs mit ihren Impressionen darauf hin, daß R&B-Soul mehr als nur Unterhaltung war - daß es ein ebenso einflußreiches Mittel positiver Propaganda sein könnte wie Gospel. Leiber und Stoller wußten das. Das wußte auch der Sam Cooke des "A Change Is Gonna Come". Aber keiner der anderen schwarzen Stars oder R&B-Komponisten und Texter der frühen sechziger Jahre hat so oft und so wirkungsvoll seine soziale Philosophie in seine Musik hineingelegt wie Mayfield. Leider wurde der verhaltene Soul von Mayfield und Chicago überschattet von der prächtigen Musik zweier Städte, die mit wohl organisierten und integrierten Plattenfirmen gesegnet waren.

R&B Yin und Yang

Motown und Stax waren die Zwillingstürme des Soul der sechziger Jahre, die die Hausparties und Liebesszenen jeglicher Couleur mit Ideen und

Energien versorgten. Verbunden durch den beiderseitigen Erfolg zur selben Zeit waren die beiden Firmen doch totale Gegensätze. Motown in Detroit war in schwarzem Besitz, nach außen hin verschlossen, eisern hierarchisch, ganz von dem Bestreben beherrscht, das weiße Publikum anzusprechen mit einem Produktionsstil, der am Ende die Produzenten, Komponisten und Musiker zu den wirklichen Stars des Motown Sound machte. Stax in Memphis war ursprünglich in weißer Hand, für den von außen Kommenden leicht zugänglich und voll von allen möglichen Führern. Ihre Platten, Ableger einer musikalischen Rassenmischung, sprachen in erster Linie die schwarzen Amerikaner an, und immer wieder gab es da Höhepunkte des ungehemmtesten Soul Shoutings, das je aufgenommen worden ist. Gerade weil Motowns Management und Geschäftsführung empfindlicher den Hindernissen gegenüber waren, vor denen sie standen, schienen sie so höllisch darauf aus, sich in den Hauptstrom einzufädeln. Stax, mit ihrer inneren Zusammensetzung und ihrer Sensibilität, (und beiläufig auch einer gewichtigen Vertriebsbasis bei den Schwarzen, wie Atlantic sie ihnen bot) zielte zunächst einmal unbeirrbar auf die R&B-Fans, erst an zweiter Stelle kam der Popmarkt.

In ihren Anfängen stützten sich Stax und Motown gleichermaßen stark auf die Kooperation des schwarzen Rundfunks, um sich ein Publikum zu schaffen. John R. Richbourg vom Nashville-Kraftwerk WLAC wurde zum wichtigen Verbündeten für Stax, nachdem der Präsident der Firma, Jim Stewart, sich ein Bein ausgerissen hatte, um ihn sich geneigt zu machen. Stax, in den sechziger Jahren noch unter dem Namen Satellite bekannt, beschwatzte auch die lokale Radiolegende Rufus Thomas dazu, selbst, mit seiner siebzehnjährigen Tochter Carla zusammen, eine Platte aufzunehmen mit einer Eigenkomposition, "Cause I Love You". Um damit auf den Sender zu kommen, machte er John R. zum Mitherausgeber und garantierte dem Titel damit die Rundfunkübertragung auf WLAC. Rufus Thomas, immer noch auf WDIA, spielte ihn auch da und, durch einen guten Kumpel, Dick (Cane) Cole, noch auf einer anderen lokalen R&B-Station, WLDK. Da WDIA im Besitz der Sounderling-Kette von Radiostationen für Schwarze war, war Thomas' Platte bis San Francisco, weit im Westen, im Radio zu hören. "Cause I Love You" wurde zum typischen Südstaatenhit und erregte die Aufmerksamkeit von Atlantics Jerry Wexler. Er ließ sich den Vertrieb der Aufnahme für 1.000 $ übertragen (das erste Geld, das Stewart und seine Schwester Estelle mit ihrem Label verdienten), eröffnete die fruchtbare Verbindung mit der New Yorker R&B-Firma und brachte die Stewarts dahin, sich hauptsächlich auf schwarze Musik zu konzentrieren.

John R. sollte auch der entscheidende Katalysator für die Einführung von Stax' größtem Star werden, Otis Redding. Geboren in Macon, Georgia, begann der Vokalist seine Plattenkarriere als verunglückte Kopie von Little Richard. Er machte noch ein paar lausige Aufnahmen, bevor er einen Job als Fahrer für eine Band namens Johnny Jenkins und die Pinetoppers bekam. Durch diesen Job entstand Reddings erste Plattensitzung bei Stax. Er hatte Jenkins nach Memphis zu einer Plattensitzung im Studio von Stax gefahren. Als Jenkins mit seiner Aufnahme fertig war, da blieben immer noch vierzig Minuten ungenutzter Studiozeit übrig. Man erlaubte Redding, zwei Titel aufzunehmen, einer davon war die leidenschaftliche, selbstverfaßte Ballade "These Arms of Mine". Stewart war nicht weiter beeindruckt von dem einundzwanzig Jahre alten Sänger und scheint die Aufnahme nur zugelassen zu haben unter der Bedingung, daß er 50 % der Einnahmen bekam, die sie einspielen würde.

Ein weiterer Teil der Verlagstantiemen für "These Arms of Mine" ging wieder als Prämie an John R., der, wie Stewart sagt, "die Platte sechs Monate lang buchstäblich jeden Abend immer wieder gespielt hat. Schließlich ist sie ihm zerbrochen." So, durch wachen Eigennutz, bekam Otis Redding seinen ersten Hit und es begann die Karriere eines erstaunlichen Vokalisten. Befestigt wurde die Vereinigung von Stax und dem R&B-Radio allerdings erst 1965 durch das Eintreten von Al Bell als leitender Promoter. Der große, schlaksige Ex-Prediger, vormals aktiv bei Dr. King in der Bürgerrechtsbewegung, später dann Star-Diskjockey bei der WLOK in Memphis und der WUST in Washington, brachte der Hierarchie von Stax eine Energie und eine charismatische schwarze Präsenz, die ebenso lebendig war wie Reddings Stimme. Jerry Wexler sagt, er habe Bell als Verkaufsleiter vorgeschlagen - anfangs zahlte noch Atlantic die Hälfte seines Gehaltes - sicherlich mit der Idee im Hinterkopf, daß Stax ein besserer Partner sein würde mit einem Geshäftsführer, der ihnen verpflichtet war. Aber Bell hatte seinen eigenen Plan, der im Laufe des Jahrzehnts deutlich wurde. Wie sich sofort herausstellte, wurden 1965 mehr Platten gespielt und verkauft als je zuvor. Der Sänger William Bell bei Stax erzählte Peter Guralnick: "Al war der einzige, der gerne Leute traf und gesellig war und gerne übers Geschäft redete, und das war für die Firma sehr gut, denn sie machte sich heraus, sowohl was das Kaliber der Künstler anging, die wir engagierten, als auch was die Menge der Platten betraf, die wir verkauften." Bells Ruf in der R&B-Welt war makellos. Für die Diskjockeys, besonders die schwarzen, war Bell einer von ihnen, einer, der es geschafft hatte, der wußte, was sie finanziell brauchten und keine Schwierigkeiten hatte, es ihnen zukommen zu lassen.

Besonders, wenn es darum ging, an die rassische Loyalität zu appellieren, hatte Stax mit Bell endlich eine schwarze Persönlichkeit am richtigen Platz, die sich mit Berry Gordy messen konnte, einem anderen Geschäftsleiter, der sein Schwarzsein ebenso geschickt als Waffe einsetzte wie nur irgend ein Bürgerrechtsführer. Wie alle Fans der amerikanischen Popmusik wußten, warb Motown mit Gordy als positivem Symbol des schwarzen Kapitalismus, von dem keine Bedrohung ausging, der für die "New York Times" ebenso akzeptabel war wie auf der Titelseite der "Ebony". In seinen seltenen öffentlichen Erklärungen und im ganzen Werbematerial der Motown machte es Gordy unmißverständlich klar, daß es sein Ziel war, sich mit seinem Geld an die allgemein gültigen Standards des Mainstream anzuschließen. Er häufte Kapital an und weitete seine Operationen aus - für verunsicherte Weiße eine eindeutige Bedrohung - aber seine Botschaft lautete: "Keine Sorge. Ich will nur so sein wie ihr." Das sollten seine Träume von der Akzeptanz in Hollywood und Las Vegas und der Slogan "The Sound of Young America" vermitteln.

Aber nach den Aussagen des Rundfunkpersonals jener Tage wußte Gordy, der ehrgeizige, umtriebige Karrieretyp, genau, daß er nicht den finanziellen Rückhalt hatte, um den schwarzen Diskjockeys die gleichen Nebeneinkünfte zukommen zu lassen, wie das etwa Atlantic oder Duke-Peacock konnten. Statt dessen appellierte er an die rassische Solidarität, um seinen damaligen Mangel an Kapital zu überspielen. Zunächst spielte er die Rolle des unscheinbaren Mädchen-für-alles bei den Männern, die er brauchte. Mit Diskjockey Georgie Woods vom WDAS in Philadelphia ging er in die After-Hours-Clubs. Mit LeBaron Taylor vom WLHB in Detroit hing er nach der Arbeit noch in den Kneipen herum. Bei den Treffen der schwarzen Diskjockeys brachte Gordy Drinks und Sandwiches während der Kartenspiele, die die ganze Nacht andauerten und an denen Jack Gibson, der Top-Diskjockey Magnificent Montague und andere Jockeys teilnahmen.

Er führte den Diskjockeys aber auch Künstler zu. In einigen Fällen lieh Gordy ihnen individuelle Künstler für ein Wochenende umsonst aus. Die Jockeys buchten Motowntruppen freitags und samstags abends in diverse Bars - oft waren es die Supremes, noch vor "Where Did Our Love Go" - die so die Reisekosten für die Truppe und Taschengeld für die Ansager verdienten. Im Austausch dafür bekam Motown Unterstützung für die Aufnahmen der Bühnenkünstler. Später, 1962, als Motown auf Tournee ging, erlaubte Gordy den schwarzen Diskjockeys überall im Lande, sich einen Anteil an lokalen Terminen zu sichern. Ein prominentes Beispiel ist Georgie Woods, der ein Vermögen damit machte, daß er Shows in das Paradestück des Chitlin Circuit in Philadelphia buchte, das Uptown Theater. Woods unterstützte Motown mit reichlichen Sendezeiten und erhielt zum Lohn die Exklusivrechte für das Management der Show, wenn sie nach Philadelphia kam. Diese Praxis, die Loyalität des schwarzen Rundfunks damit zu festigen, daß man den Diskjockeys Shownummern ohne Entgelt überließ, wurde auch dann noch fortgesetzt, als man 1962 Jack Gibson als den eigentlichen Leiter der Promotion eingestellt hatte. So wie Bell Stax geholfen hatte, so stärkte nunmehr Gibson die Beziehungen von Motown zum R&B-Radio. In der Tat ging das so weit, daß Motown schon anfing, den schwarzen Rundfunk für gegeben hinzunehmen, nicht ohne Grund, denn diese Diskjockeys waren aus wirtschaftlichen Überlegungen und wegen ihrer Rasse an Motowns Erfolg interessiert - selbst Zyniker dieser Industrie waren begeistert für die aufregende Musik der Firma und die Ausstrahlung des schwarzen Aufstiegs auf der Erfolgsleiter.

Man sollte nicht vergessen, daß, ungeachtet des schwarzen Stolzes, Gordy genau wußte, daß es nicht minder wichtig war, die Zukunft im Auge zu behalten, sei es auch auf Kosten alter Loyalitäten. Das mußte auch Queen Booking erfahren. Ruth Bowens Unternehmen war eines der ersten in dieser Industrie, das die Gruppen des noch embryonischen Motown-Tamla-Gordy Labels quer durchs Land buchte und dabei auf die von den Diskjockeys kostenlos vermittelten Wochenenden zurückgriff, um die damals noch nicht so hoch eingeschätzten Artikel an den Mann zu bringen. Selbst die heute legendäre Motown-Revue war in den frühen Sechzigern keineswegs eine so große Attraktion, denn die speziell herausgestellten Nummern - die Marvellettes oder Marvin Gaye, um ein Beispiel zu nennen - waren noch keine unentwegten Hitlieferanten für das gesamte Land. Queen Booking büßte an manchen Motown-Gruppen Geld ein, vertraute aber auf Gordy. Als aber die Platten von Motown auf den R&B- und Poplisten wie die Raketen nach oben schossen, mußte Ruth Bowen mit ansehen, daß William Morris die Rechte an den Supremes, den Temptations, Stevie Wonder und anderen, die jetzt sehr gefragt waren, übernahm. Ruth Bowen zufolge bot Gordy ihr immerhin zweitklassige Motowngruppen an, (die Spinners, Edwin Starr), aber Gordy war so besessen von seiner Philosophie der Integration, daß es ihn nicht einmal störte, mit Agenten zu arbeiten, die seine Stars ohne ihren Erfolg auf der Hitliste nie gebucht hätten. Er weigerte sich ganz ungeniert, Queen Booking mit Hilfe seines neugewonnenen Einflusses einen neuen Markt zu erschließen. Hier ging es schließlich um das große Geschäft.

Im Verlauf der Dekade erkannte Ruth Bowen, daß die Siege der Integration für sie und andere schwarze Unternehmer, die auf dem Chitlin Circuit großgeworden waren, neue Kämpfe mit sich bringen würden. In den Fünfzigern ging der Kampf darum, daß schwarze Gruppen von den Verantwortlichen, denen es um die Schwarzen ging, anständig bezahlt wurden, sowie um etwas Berücksichtigung auch von den Weißen. Nun ging der Kampf mit den weißen Geschäftsleuten des Mainstream um eben die Gruppen, die sie einst ignoriert hatten. In der Industrie gab es, nach Dave Clarks Worten, "weißes Payola" und "schwarzes Payola", ein doppelbödiger finanzieller Standard, bei dem die Weißen mehr Geld für das Spielen einer Aufnahme im Rundfunk bekamen. In den Köpfen der Schwarzen, die innerhalb der Musikwelt großgeworden waren und darüber hinaus, herrschte ein Minderwertigkeitskomplex, auf Grund dessen sie kein Vertrauen dazu hatten, daß Schwarze traditionell weiße Jobs ausführen könnten. Motowns Hinwendung zu weißen Agenten und die damit verbundene Zurückweisung von Queen zeigt deutlich die Wirkung, die die Kombination von erfolgreicher Integration und dem starken Gefühl schwarzer Unzulänglichkeit haben konnte. Das war ein schlechtes Omen für die R&B-Welt.

Rundfunkplaudereien und der Verlauf der Geschichte

Eddie O'Jay sah diese Anzeichen und beschwerte sich gelegentlich im Radio darüber. Das änderte nichts, bescherte ihm aber eine Hörerschaft, und das war Ende der sechziger Jahre oben in Buffalo sein Hauptbestreben. WUFO eröffnete 1961 mit O'Jay als Programmdirektor und Star-Diskjockey. Das war wie eine Wiedergeburt für den Jockey mit der tiefen Baritonstimme, dessen Karriere 1949 in Milwaukee begonnen hatte und der in den fünfziger Jahren in Clevelands WMAQ zu einem gewissen Ruhm gekommen war, bevor ihm seine Popularität zum Verderben wurde. "Wenn man schwarz war und zu populär wurde, dann fanden sie schon einen Weg, einen abzuschieben, denn die Leute wollten einen persönlich sehen," sagt O'Jay. "Sie wollten aber nicht, daß man berühmter als der Sender wurde." O'Jays Rausschmiß bei WMAQ geschah nicht nur auf Veranlassung des Managements, obwohl sie ihn eindeutig in einen Akt der Auflehnung getrieben hatten. 1959 erinnerte er sich: "Ich verlor meinen Job bei der WMAQ durch eine Einladung zu einer Party, gesponsert von Stroh's Beer. Ich verkaufte so viel davon, daß sie mir eine Einladung schickten wie allen anderen auch. Die weißen Jungs gingen hin. Mir wurde es nicht erlaubt. Ich ging aber trotzdem. Die Folge war, daß ich meinen Job los war, als ich zurückkam." Mit Frau und

Kind und einem brandneuen, steuerfreien Stingray, als Belohnung dafür, daß er durch seine Sendungen so viele Kästen von italienischem Swiss Colony-Wein verkauft hatte, war O'Jay nun zwei Jahre lang aus dem Radio verschwunden, ehe er bei der WUFO in Buffalo einen Job bekam, einem fabelhaften neuen Rundfunksender der Sounderling-Kette. In den ersten fünf Jahren der Sechziger wurden die R&B-Stationen erst mal auf untergeordneten Märkten wie Buffalo eingerichtet und boten damit neue Arbeitsmöglichkeiten bei den Sendungen, auch wenn die Bezahlung (150 $ in der Woche) entschieden mittelmäßig war.

Nachdem er zwei Jahre außer Gefecht gewesen war, kam O'Jay über Buffalo wie ein Wintersturm. "Ich fing damit an, daß ich verschiedene Shows veranstaltete und holte Künstler in die Stadt, die noch nie da gewesen waren und brachte auch die Leute von den Plattenfirmen in die Stadt," erinnert er sich. "Da gab es einen Markt. WUFO ging auf Sendung, und die Leute fingen an, zuzuhören. Ich war auch unterwegs auf den Straßen und traf Leute. Das schafft einem eine Hörerschaft. Die Jockeys heute, die machen das einfach nicht mehr. Die machen ihre Sendung, bleiben drei oder vier Stunden da und sind weg, und keiner weiß, wo sie geblieben sind."

Die Leute in Buffalo wußten durchaus, wo O'Jay war, nach den Worten von Gary Byrd, WUFO-Hörer und späterer Diskjockey. "Er war Eddie O'Jay, das "Wild Child", die wilde Range," sagt Byrd. "Während er seine Absage machte, sprang im Hintergrund ein Wagen an. Am Schluß sagte er 'Bye, Baby' und dann hörte man den Wagen wegfahren in den Sonnenuntergang. Nun fuhr er ja tatsächlich einen Sportwagen, so kam er dann nach der Show in die Stadt, und man hatte den Wagen anspringen hören, und zwei oder drei Stunden später sah man hoch, und da ist er selber drin im Wagen. Das war echt stark, und man hatte sofort den Wunsch, auch Diskjockey zu werden." Obwohl nicht in einer der größten Städte, wurde WUFO mit O'Jay, George (Hound Dog) Lorenz und dem Gospelsänger Sonny Jim Kelsy eine wichtige Versuchsstation - wo auch vielversprechende neue Platten ausprobiert wurden, ehe sie an die Schwesterstationen in den ganz großen Städten gingen - und ein Übungsgelände für die Spitzentalente des Rundfunks. Hank Spann, alias der Dixie Drifter, Gerry (B.) Bledsoe, Byrd und Frankie Crocker, ein schmaler Collegestudent, zeitweise auch Bandleader, der sich Your Record Rocker nannte, sie alle wurden in R&B-Kreisen prominent.

Zur gleichen Zeit trieb ein Mann, den O'Jay fasziniert und ein bißchen neidvoll beobachtet hatte, einem frühen Ende entgegen. Alan Freed besaß Cleveland und einen guten Teil des Rock & Roll-Geschäftes, das er ins Leben gerufen hatte. Aber in den frühen sechziger Jahren wurde er dadurch, daß er seine zunehmende Macht zu offen zur Schau stellte, zur Zielscheibe eines reaktionären Angriffs. Die rebellische Rock-Attitüde, eine Verformung der schwarzen Haltung gegenüber der weißen Autorität, machte die Teenager wild und verstörte die weißen Autoritäten. Mit Hilfe des Payola, das für Freed eine immer weiter wachsende Einnahmequelle war, als er zu WINS und WABC in New York ging, brachte man ihn zu Fall.

Der Staatsanwalt des Distriktes Manhattan, Frank Hogan, als Schützer der öffentlichen Moral (und als Politiker, der sich die Mammis und Pappis als Wähler geneigt machen wollte) instruierte sein Büro, Freed vor Gericht zu bringen. 1962 erklärte sich der Diskjockey für schuldig in zwei Fällen kommerzieller Bestechung. Obwohl ihm nur 300 $ Strafe und sechs Monate mit Bewährung auferlegt wurden, wurde er aus den Sendungen geworfen und von der Rundfunkstation ausgeschlossen, worin wohl der eigentliche Sieg für die Anklagevertretung lag. Ein Prophet ohne Stimme ist ein Mensch ohne Lebensinhalt. Freed, der außerhalb des Senders schon immer ein ziemlich munteres Leben geführt hatte, soff nun bis zum Excess, und um 1964 lebte er als gebrochener Mann in Palm Springs. Im gleichen Jahr ließ dann noch das Finanzamt die letzte Bombe auf Freed fallen mit der Behauptung, er schulde 37.920 $ an Steuern, da er zwischen 1957 und 1959 sein Einkommen von 56.652 $ nicht gemeldet habe.

Er litt an Urämie und möglicherweise auch an gebrochenem Herzen, und im Januar 1965 starb Freeds Körper, aber seine Stimme hörte man noch auf den meisten Popstationen überall im Land und in Hunderten von anderen Stimmen. Freed, ebenso wie der Diskjockey Dewey Phillips in Memphis, bediente sich des schwarzen Slang und einer schrillen Redeweise, passend zu der Musik, die er brachte und nun kam eine ganze Generation von weißen Diskjockeystimmen, wach, energiegeladen, "hip", aus dem Äther. Sie reinigten die Worte, polierten die Aussprache und verkauften Coke und Clearasil an weiße Teenies. Via Freed kamen weiße Jockeys, oft aus bestimmten Volksgruppen (Italiener, Juden) nach oben: in Philadelphia war es Jerry Blavat, alias "The Geeter With the Heater", aus Mexico und später aus Los Angeles der saloppe Wolfman Jack, in New York Murray Kaufman, besser bekannt als Murray the K. Wegen der Payolastrafe, die Freed bekommen hatte, wurde diese Praxis nun eingeschränkt, und so hatten diese Jockeys weniger Kontrolle über die Musik, als es ihre weißen Kollegen aus den fünfziger Jahren oder schwarze Zeitgenossen wie O'Jay hatten. Programmdirektoren und musikalische Leiter begannen nun, als Mittler zwischen Plattenfirmen und Diskjockeys zu fungieren. Sie stellten eine Liste von vierzig oder weniger Titeln für eine Sendung zusammen, und so setzte man Payola ein Ende (wer's glaubt, wird selig).

Die Bande zwischen der Musik, die man Rock & Roll nennt, und ihrer ursprünglich schwarzen Hörerschaft wurden allmählich gelöst, und dem schwarzen Amerika schien das nichts auszumachen. Um auf einen Blick zusammenzufassen, was damals passiert ist, machen wir mal einen Schwenk zurück auf den Sommer 1965, nach Santa Monica, Kalifornien, wo die Teenage Awards Music International (TAMI) Show aufgenommen wurde. Wenige Popmusikfilme davor oder danach haben ein so breites Spektrum von Talenten geboten. Gerry and the Pacemakers, die Miracles, James Brown, Lesley Gore, Chuck Berry, die Rolling Stones, die Supremes, Jan and Dean und Marvin Gaye, alle traten sie im gleichen Programm auf in einem Auditorium voll von schreienden, kreischenden Teenagefans - überwiegend weiße Mädchen. Dieser unaufhörliche Schwall von Lärm ist ganz besonders bezeichnend. Es blieb so laut, ganz gleich, wer auf der Bühne stand. Einige haben daher diese lautstarke Absegnung der Integration auf der Bühne als ein Beispiel der Brüderlichkeit interpretiert: Teenager aller Farben bejubeln Künstler aller Farben. Allerdings machte das Geschrei auch deutlich, daß in den Ohren dieser Plattenkäufer so miese englische Erzeugnisse wie Gerry and the Pacemakers und Billy Kramer ebenso gut klangen wie Chuck Berry, der, obwohl gerade frisch von einem Gerichtsverfahren in Zusammenhang mit einer "Mann Act Charge" (Entführung über eine Staatsgrenze zu unsittlichen Zwecken, auch "white slavery" genannt), immer noch alle an die Wand spielte, die ihn so betont imitierten. Daß sie toben konnten, als Mick Jagger über die Bühne hampelte in seiner lahmen "funky chicken"-Version von James Browns unglaublichem, traumtänzerischem, athletisch-kühnem "Camel Walk" und dabei jeden mit der gleichen Phonstärke begrüßten - das zeigte einen gefährlichen Mangel an Diskrimininierung. Schwarzer Brillanz und weißer Mittelmäßigkeit mit der gleichen Begeisterung zuzujubeln, das heißt, sie auf die gleiche Stufe zu stellen, und in einem solchen Fall ist der schwarze Künstler immer der Verlierer.

Traurigerweise hatte Chuck Berry noch mehr als andere darunter zu leiden, denn sein bahnbrechender Stil übte auf zwei der dominierenden Gruppen der sechziger Jahre, die Beatles und die Beach Boys, den größten Einfluß aus. Sie adaptierten seinen Stil, sowohl der Songs wie des Gitarrenspiels, und da sie natürlich Auftrittsmöglichkeiten in der breitesten Öffentlichkeit bekamen, füllten sie die Lücke, die er offen ließ, weitestgehend aus. Die Beatles, letztlich eine kreativere Gruppe als die Beach Boys, strebten wohl nach der gleichen jugendlichen Direktheit wie Berry ("I Saw Her Standing There", "A Hard Day's Night"), waren aber als Geschichtenerzähler noch nicht versiert genug, um das so perfekt hinzukriegen. Immerhin, sie bauten sich seine Musik ganz geschickt zusammen (mit Hilfe des Produzenten George Martin), wie sie es auch mit dem spöttisch-frechen Gesangsstil von Little Richard machten. Die Beach Boys waren ungenierter (oder waren sie nur entschlossener?) im "Ausleihen" von Berrys Riffs und melodischen Ideen. Der Popgenius der Gruppe, Brian Wilson, nahm Berrys Texte mit ihrem "Stück Teenager-Leben", malte sie in den Farben Sonnenbraun, Bikinipink, Surfbrettorange und Sportwagenrot an und machte aus der Rock & Roll-Musik seine persönliche Metapher für das Konsumverhalten im "guten Leben". So verschworen sich denn die Beach Boys mit ihrem goldenen, allamerikanischen Image und die Beatles mit ihrer Frechheit und ihrem revolutionären Haarschnitt, ohne es zu wollen, den schwarzen Mann aus St. Louis mit den pomadigen Haaren, der roten Gitarre und dem komischen Tanz zum alten Eisen zu werfen. Berry hatte den Rhythmus und den Witz von Louis Jordan genommen und ihn ins Teenieland gebracht. Aber Mitte der sechziger Jahre waren die Schlüsselfiguren in Teenieland jene Helden, die ihnen selbst ähnlicher waren oder dem, was sie gerne sein wollten als die einzig wahren Rock & Roller. Für die Generation des Baby-Boom wurde der Rock nach 1965 weiße Musik, von Weißen gemacht, mit einem gelegentlich dazugeholten schwarzen Oldtimer.

Jackie Wilson, Sam Cooke, Al Bell, Berry Gordy, Ruth Bowen und Eddie O'Jay kümmerten sich nicht allzuviel um die Adaption der schwarzen Musik, genannt Rock & Roll, weil, um ehrlich zu sein, es ihr Publikum auch nicht tat. Mit dem Auftreten der Beatles sahen auch die Schwarzen, getreu ihrer Haltung in den fünfziger Jahren, Rock & Roll als die Musik der weißen Jungen an, die weder ihren musikalischen Geschmack noch ihre kulturellen Erfahrungen widerspiegelte. Das soll nicht heißen, daß nicht ein schwarzer Teenager oder Erwachsener Beatlesplatten kaufte. Noch soll damit gesagt werden, daß sie nicht auch in irgend einer Weise davon beeinflußt worden wären. Aber im großen und ganzen bewegten sich schwarze Plattenkäufer und schwarze Musiker in eine andere Richtung, eine Richtung, die ihren musikalischen, kulturellen und, bis zu einem gewissen Grad, auch ihren politischen Stil für den ganzen Rest der sechziger Jahre beherrschen sollte. Im schwarzen Amerika fing der R&B an, sich zu "Soul" zu entwickeln, ein Wort, das zur gegebenen Zeit "Rock & Roll" als sozialem Wert und Objekt kommerzieller Ausbeutung Konkurrenz machen sollte. Ray Charles mag den Schlüssel dazu gehabt haben, aber um 1965 führte die offene Tür auf eine gottverdammte Schnellstraße. Der arme, alte Rock & Roll war, wie der Blues, der Swing und sogar der Doo Wop und noch so ein paar weniger leidenschaftliche Elemente des R&B für die Schwarzen schon Geschichte geworden.

Ahnet Ertegun, der viel Zeit darauf verwandt hat, sich in die schwarze Psyche einzufühlen, machte kürzlich eine treffende Bemerkung zur Erklärung dieses Zyklus von Tod und Wiedergeburt in der schwarzen Musik. Ertegun sprach über den Jazz, aber seine Worte treffen genau so auf den R&B und seine Wandlung zum Soul zu. "Die Schwarzen neigen dazu, mehr an die Zukunft zu denken. Die schwarzen Musiker spielen nicht gerne in einem älteren Stil, sie ziehen es vor, im Stil von heute oder von morgen zu spielen. Wenn man nach New Orleans kommt, findet man junge Weiße, die Dixieland spielen, das gehört zum Erbe in dieser Gegend. Aber es ist sehr schwer, heutzutage noch Schwarze zu finden, die Dixieland spielen, es sei denn, sie sind sehr alt. Die Jungen haben eben Miles Davis und Charlie Parker gehört. Sie denken darüber nach, was als Nächstes kommt."

IV

SCHWARZE SCHÖNHEIT, SCHWARZES CHAOS (1965 - 1970)

In einer Rede, die er anläßlich der Verleihung akademischer Grade an der Howard University 1965 hielt, bekräftigte Lyndon B. Johnson seine unerschütterliche Absicht, die Schwarzen zum Bestandteil der breiten Öffentlichkeit zu machen. Seine Rede wurde mit Jubel von Fakultät und Studenten dieser renommierten schwarzen Universität in Washington D.C. begrüßt. Denn anders als so viele andere Redner in den sechziger Jahren konnte Johnson als Präsident der Vereinigten Staaten seine Versprechungen in die Tat umsetzen. Die Marksteine der Gesetzgebung - der Civil Rights Act von 1964, der die Rassentrennung in den öffentlichen Verkehrsmitteln aufhob, und der Voting Rights Act von 1965, der jegliche rassische und religiöse Diskriminierung bei den Wahlen verbot - kamen durch, weil Johnson, ein weißer Südstaatler vom Lande, stark genug von ihrer Notwendigkeit durchdrungen war, um sie durchzuboxen. Johnson ließ Schwarze in das Zentrum seiner Regierung gelangen, indem er fünf schwarze Gesandte ernannte, den ersten Schwarzen ins Kabinett berief (Robert Weaver, Leiter des Departements für Wohnungsbau und Stadtentwicklung) und Thurgood Marshall in den Supreme Court holte.

Marshalls Aufstieg in das oberste Bundesgericht der Nation war der gerechte Lohn dafür, daß er mit Erfolg einen Fall nach dem andern für die NAACP - und das schwarze Amerika - durchgefochten hatte. Die ganzen sechziger Jahre hindurch bis in die Achtziger hinein hielt Marshall als Richter, wie er es auch als Rechtsanwalt getan hatte, am Ziel der Integration des "neuen Schwarzen" fest.

Während Richter Marshall Erfolg hatte und sich vorwärts kämpfte, stürzten zwei seiner bedeutendsten Zeitgenossen. 1965 gehörte Adam Clayton Powell Jr. zu den einflußreichsten Gesetzgebern im Kongress. Er hatte dem Repräsentantenhaus zwanzig Jahre lang angehört und wenn man bedachte, wie beliebt er in Harlem war, dann gab man ihm gut und gerne noch weitere zwanzig Jahre. Am 28. März 1965 stellte er in Chicago ein Siebzehn-Punkte-Programm vor, "Meine Erkenntnisse über die Position der 20 Millionen Schwarzen Amerikas", das weit entfernt war von dem Assimilationsgerede seiner Kollegen. Powell sprach von den Schwarzen, die "nach bedenkenloser Macht strebten - einer Macht, die das Haupt zu den Sternen erhebt" - und verband die Ideen von Washington und Du Bois, indem er forderte, daß die Bürgerrechtsbewegung "sich mehr auf die doppelte Speerspitze der schwarzen Revolution stützen sollte: ökonomische Selbständigkeit und politische Macht." Er glaubte, die Gesetzgebung Johnsons, besonders der Civil Rights Act von 1964, bedeute im Norden garnichts, wenn nicht die Komponente der "Black Power", die Schlagkraft der Schwarzen, sie unterstützte. Mehr als irgend ein anderer Führer seiner Generation wurde Powell zum Sprachrohr für die Unzufriedenheit der jungen Schwarzen mit den traditionellen Ansichten der Integrationalisten über die Bürgerrechtsbewegung und für die aufkommende Strömung des schwarzen Nationalismus, die all das unter den Aktivisten auslöste.

Leider hatte Powell nie die Chance, seine Vision so umzusetzen, wie er sie in seinem Positionspapier dargelegt hat. Ebenso unbekümmert in seinem Privatleben wie charismatisch auf dem Podium, war Powell ein schlechter Manager und geriet durch seine Frauengeschichten in Verstrickungen und Schwierigkeiten. Das machte ihn verwundbar und setzte ihn Angriffen aus. Eine Beleidigungsklage von seiten einer Wählerin brachte Powell 1967 erst um seinen Platz im Komitée und dann um seinen Sitz im Kongress. Im gleichen Jahr noch wählte Harlem ihn wieder in den Kongreß, aber seine Kollegen verweigerten ihm den Platz. 1969 schließlich, nachdem er seine Klage um Wiedereinsetzung vor dem Obersten Gerichtshof gewonnen hatte, ließ man ihn im Kongreß wieder zu, aber nicht seinem Dienstalter entsprechend. Zu der Zeit war er schon ein gebrochener Mann. 1970 verlor er die Wahl in den Kongress und zwei Jahre darauf starb er.

Martin Luther King Jr. stand einem anderen Hindernis gegenüber, das sich jedoch als fast genauso verheerend für seine Durchschlagskraft erwies. Im Herbst 1965 kündigte er an, daß seine "Southern Christian Leadership Conference" eine Offensive in Chicago starten würde und er hoffe, er könne da die Techniken der Bürgerrechtsbewegung aus den Südstaaten anwenden in der, wie er sagte, am stärksten "ghettoisierten" Stadt des Nordens. Er sagte: "Die gewaltlose Bewegung muß sich auch mit aller Kraft gegen die Gewalt der Segregation richten...Ägypten existiert in Chicago immer noch, nur sind die Pharaonen raffinierter und subtiler geworden."

Ach, King hatte ja leider so recht. Bürgermeister Richard Daley, der letzte der mächtigen irischen Großstadtbosse des Nordens, ein Mann so eigenwillig wie nur irgend ein Pharao, war gewappnet für Dr. King, ebenso lagen eine Menge Komplikationen bereit, denen King während seiner Bürgerrechtstriumphe in Birmingham und Selma nicht ausgesetzt gewesen war. Viele lokale schwarze Führer in Chicago waren eng mit Daleys weißen Machtstrukturen verflochten. Darum erfreute sich King niemals der ungeteilten Unterstützung des mächtigen schwarzen Establishments. Im Gegensatz zu ihrer Haltung während des Kampfes in den Südstaaten unterstützten auch die nationalen Medien die Chicagoer Kampagne nicht im gleichen Maße und deuteten oft an, der Friedensnobelpreisträger sei nun wohl auf einem Irrweg. Daley übertölpelte King, indem er ihm gerissenerweise eine Rolle in einem schon existierenden Anti-Armutsprogramm anbot. Dieses Angebot erlaubte es Daley, King als eine zersetzende Kraft in der Stadt darzustellen. Es half King nichts, daß er sich schon gegen den Vietnamkrieg gewandt hatte, als das noch als radikale Haltung galt, besonders für einen Führer der Bürgerrechtsbewegung, der auf den guten Willen der Regierungsbeamten angewiesen war. Manchen der Weißen in Chicago, die Kings Siegen im Süden Beifall gespendet hatten, war nicht wohl in ihrer Haut, als man sie für die wirtschaftlichen Ungleichheiten in ihrer Stadt verantwortlich machte. Während die Jim Crow-Barrieren der Südstaaten leicht als Zielscheibe für Reformen auszumachen waren, (die noch dazu schön weit weg waren), war es in Chicago schwierig, die Weißen davon zu überzeugen, daß sie verantwortlich daran teilnehmen mußten, die wirtschaftliche Diskriminierung abzubauen. Für die weißen Chicagoer war es eine Sache, rassistische Gesetze abzuschaffen. Es war aber etwas ganz anderes, die Regierungspolitik so zu gestalten, daß den Schwarzen eine Chance gegeben wurde, einen dem der Weißen vergleichbaren Lebensstandard zu erreichen.

Schließlich, nach einem Jahr des Kampfes und angesichts der Gefahr einer Massendemonstration im nahen Cicero - der gleichen Stadt, in der damals, 1950, eine schwarze Familie beinahe gelyncht worden wäre - die in Gewalt auszuarten drohte, unterzeichneten King und Daley ein "Open Housing Agreement", (zur Schaffung von Wohnraum für die Schwarzen). Es war ein feines Schriftsück, voll der rechten Worte und Gesinnungen. Aber im Endeffekt waren Kings Energien verschwendet. Nichts hatte sich geändert. Als er fortging, war Chicago dieselbe geteilte Stadt, wie sei es war, bevor er kam. Das einzige, was King Chicago hinterließ, war eine Organisation mit Namen "Operation Breadbasket" (Operation Brotkorb) in den Händen des jungen Predigers Jesse Jackson.

Als King nach dem Süden zurückkehrte, ein von dem verlorenen Kampf in Chicago sichtbar angeschlagener Führer, da blutete das schwarze Amerika schon auf den Straßen. Watts und Chicago erlebten 1965 Aufstände der Schwarzen. Innerhalb von zwei Jahren gab es in Tampa, Cincinatti, Atlanta, Newark und Detroit ähnliche Explosionen im Herzen ihrer schwarzen Viertel, und 1968, als King in Memphis ermordet wurde, sollten sie noch weit größere Unruhen auszustehen haben. Veranlaßt durch die Aufstände, entstand eine Photoserie, "Black Main Street, USA", voll von Bildern des Vorher und Nachher, von Geschäften, die in einem Sturm des Zorns zu ausgebrannten Hülsen wurden. Anstelle von Warenhäusern gab es kurzlebige Programme zur Bekämpfung der Armut. Einst in erster Linie der Fluch der Jazzmusiker, überflutete das Heroin nun die Straßen der schwarzen Gemeinden und infizierte die Kinder der sechziger Jahre mit einem erschrekkenden Übel, das sie schließlich in die Kriminalität führte und ihrer Gemeinde und ihnen selber zur Schande gereichte. Bürgerrechte, Eigenständigkeit, Protest, Politik...all das löste sich in nichts auf für diejenigen, die sich in den Schießständen des Körpers und der Seele verfangen hatten.

Der Kampf um die Bürgerrechte war nicht vorbei, aber seine Energien wurden immer mehr verzettelt. Die Black Panther verschrieben sich dem Kommunismus. Ron Karengas US-Organisation vertrat einen afrozentrischen, kulturellen Nationalismus, der in der afrikanischen Tradition das Allheilmittel für die amerikanischen Übel sah. Powells Black Power wurde schließlich immer genau zu dem, was derjenige, der sich ihrer bediente, gerade brauchte. Natürlich drängten die Assimilationisten nach vorne, ermutigt durch die Unterstützung der Regierung und die Gesetze gegen die Diskriminierung, aber das Vakuum in der Führung, das der Mord an King hinterließ, war immens.

In der Welt des R&B hingegen - nunmehr als die "Welt des Soul" bekannt - da gab es keine Lücke in der Führerschaft, keine verstreuten Energien, keinen philosophischen Konflikt. Die kraftvollste Persönlichkeit auf der Szene besaß Arroganz, den Reiz des Schwarzseins und eine kulturelle Integrität, die den Neid der jungen politischen Aktivisten des Bürgerrechtszentrums und der nationalistischen Linken erweckte. Sein Name war James Brown.

Der Pate

Während der sechziger Jahre demonstrierte James Brown ganz alleine, welche Möglichkeiten an künstlerischer und wirtschaftlicher Freiheit die schwarze Musik bieten konnte, wenn man unentwegt gegen die Begrenzungen ankämpfte. Brown war mehr als nur der dynamischste Interpret des R&B. "J.B." benutzte sein Prestige als Waffe, um Neuerungen im Sound und im Marketing der schwarzen Musik durchzudrücken. Obwohl Berry Gordys Name die Liste der großen schwarzen Musikunternehmer anführt, sind Browns Bemühungen - obwohl sie ihm einzig zur Zelebrierung seiner selbst dienten - in gewisser Weise genau so eindrucksvoll. Ihn trieb ein enormer Ehrgeiz und ein unerbittliches Ego und machten ihn zum lebenden Symbol schwarzer Selbstbestimmung. Für die meisten schwarzen Stars mögen weiße Manager alle geschäftlichen Entscheidungen getroffen haben, aber Brown manövrierte seinen weißen Manager, Jack Bart, und später auch dessen Sohn, Ben, in die Lage eines Co-Managers, der ohne Mitsprache des Sängers keine wesentlichen Entscheidungen (und nur wenige unwesentliche) treffen konnte. In den frühen Sechzigern, als Browns Zeitgenossen (und Rivalen) Jackie Wilson und Sam Cooke höchstens mit einem Gitarristen und einem Bassisten unterwegs waren, stellte Brown eine deftig-rauhe Revue zusammen mit der hervorragendsten Bigband seiner Zeit, einer Band, die mit dem Können und der Bravour von Louis Jordans Tympany Five und der Disziplin der Count Basie Band auftrat. Wo Agenten und die Manager der großen Arenen oft sogar den größten R&B-Stars die Form ihres Auftretens diktierten, da nutzte Browns Organisation ihre Publikumswirkung, um die besten Termine und die größten Summen herauszuholen. Er mied die nationalen Promoter und machte die ganze Arbeit selber, ohne Mittelsmänner einzuschalten, was ihm erlaubte, schwarzen Einzelhändlern und Diskjockeys einen Anteil an den Aktionen zu überlassen im Austausch dafür, daß sie ihn bei der Werbung und Verkaufsförderung besonders berücksichtigten. Motown mag der Sound des jungen Amerika gewesen sein, aber Brown war eindeutig der König des schwarzen Amerika. Wie er dieses Königreich verwaltete, das zeigt das Außerordentliche in seinem Wirken und bleibt sein dauerndes Vermächtnis.

Brown nannte man zu Recht "den Mann, der am härtesten im ganzen Showbusiness arbeitet," angesichts einer Belastung von sechs bis sieben "One Nighters" in der Woche von der Mitte der sechziger Jahre an bis in die frühen Siebziger. Bis 1973 arbeitete er etwa neun bis elf Monate im Jahr. Die einzigen Unterbrechungen in seiner Non Stop-Tournee waren längere Engagements im Apollo, Howard, Uptown oder sonstwo. Was man im allgemeinen nicht weiß, dieses rigorose Arbeitsschema hat Brown größtenteils selbst aufgestellt. Etwa jeden zweiten Monat setzten sich Brown und seine Roadmanager (in den späten sechziger Jahren waren das Bob Patton und Alan Leeds) zusammen, holten die Rand-McNally-Landkarten heraus und stellten die Tour der Show zusammen. Eine zentrale Stadt, eine "Geldstadt" nannten sie das, wurde für die wichtigen Freitags- und Samstagstermine ausgesucht. Brown und Co studierten dann die Karte und suchten eine Stadt heraus, die sie am darauffolgenden Abend bequem erreichen konnten. Wenn sie am Freitag im Uptown in Philadelphia spielten, dann könnten sie vielleicht am Samstag nach Richmond, Virginia, gehen und am Sonntag nach Fayetteville, Arkansas. Man arbeitete einen idealen Terminplan aus, und Browns Angestellte telephonierten dann im Lande herum, um zu sehen, ob sie die Show ihrem Plan entsprechend unterbringen konnten. Meist konnten sie das, denn Brown war bei den Managern der Arenen sehr gern gesehen. Bei aller Rauheit und Robustheit seiner Musik bot Brown eine völlig saubere Show - kein Fluchen, keine grob sexuellen Anspielungen - man konnte mit der ganzen Familie dahin gehen. Da die Arenen es direkt mit Browns Organisation zu tun hatten, statt über einen lokalen Manager zu gehen, mußten sie nie befürchten, daß Brown eventuell zu spät oder garnicht käme - alle Konsequenzen aus einem so unprofessionellen Verhalten wären direkt auf Brown zurückgefallen. Browns Team war auch vorsichtig genug, einen lukrativen Markt nicht zu sehr mit Engagements zu überhäufen und ihn so auszuquetschen. Sie versuchten, die Termine in den "Geldstädten" sechs bis neun Monate auseinander zu legen und spielten in den nicht so ergiebigen Orten einmal in anderthalb Jahren.

Da Brown die ganze Kontrolle über seine immer sehr einträglichen Shows hatte, war er auch in der Lage, Diskjockeys oder Einzelhändler zu belohnen oder zu bestrafen, je nachdem, ob sie kooperativ waren bei der Werbung für sein Material oder nicht. In kleineren Städten überließ Brown den Diskjockeys, die ja notorisch unterbezahlt waren, wie wir gesehen haben, einen Anteil an seinem Engagement und sicherte sich so ihre Loyalität und das Abspielen seiner neuesten Titel in den Wochen vor seinem Auftreten. In vielen Fällen wurden diese Diskjockeys auf dem Markt als "Mr. Brown's Representatives" bekannt - ein Titel mit Prestige in der schwarzen Gemeinde - und man erwartete von ihnen, daß sie Browns Organisation mit Berichten aus erster Hand über den Erfolg seiner Platten ausstatteten und die Verteilung der Werbeplakate für die Show überwachten.

Schon zwei Monate vor Browns Ankunft in der Stadt koordinierten die lokalen Diskjockeys, in Verbindung mit Browns Büro für das gesamte Land, den Ankauf von Radiozeiten und Spalten für die Werbung in der schwarzen Presse. Gewöhnlich überprüfte Browns Büro zwei Wochen vor seinem Auftritt den Kartenverkauf, um zu sehen, ob zusätzliche Bemühungen in der Werbung (Radiospots, Freikarten etc.) nötig seien.

Anders als bei den heutigen Tourneen, wo das Equipment tonnenweise in einem ganzen Konvoy von Lastwagen von Stadt zu Stadt gebracht wird, reiste die ganze James Brown-Revue - vierzig bis fünfzig Leute und alle Requisiten - in einem Lastwagen und einem Bus. Von der Mitte bis zum Ende der sechziger Jahre bestand das Equipment der Show aus zwei Supertrooper Spotlights, einem -Mikrophon und einem Verstärker für die Saxophone. Schlagzeug und Rhythmusgruppe (Bass, Gitarren) waren überhaupt nicht über die Anlage geschaltet außer über ihre eigenen Bühnenverstärker. Roadmanager Leeds erinnert sich, daß 1966, als Brown ein flackerndes Stroboscoplicht in seine Nummer einbaute, während er "den Mashed Potato tanzte, die Leute starr vor Staunen" waren.

1985 bedurfte es schon der Aufzeichnung von "We are the World" und des Live Aid-Konzertes, damit die Spitzenstars und die Musiker zusammenkamen. Zwanzig Jahre vorher, in der R&B-Welt, war es üblich, daß jeder Musiker, der gerade in der Stadt war, mal eben vorbeikam und den durchreisenden Star begrüßte. Bei einem James Brown-Konzert gab es hinter der Bühne Party, Radiokonferenz und Probenstudio, alles zusammen. Teils war es professionelle Kameraderie, aber vielen Musikern gaben diese Treffen auch die Gelegenheit, sich nach einem Job in Browns Band zu erkundigen. In den späten Sechzigern, als Browns geringster Mann noch 400 $ verdiente und seine Veteranen 900 $, zahlte er im R&B die großzügigsten Gehälter.

Darüber hinaus waren sich Kritiker, Diskjockeys und sogar die anderen Musiker einig darin, daß die Band die beste ihrer Art war. Manche hielten auch Otis Reddings Bar-Kays für unheimlich gut. Das waren aber auch die Leute von Sam and Dave. Ebenso die von Joe Tex. Aber die Jbs, wie sie allmählich genannt wurden, erwarben ihren Ruf, weil sie ihre Musik mit dem gleichen starken Einsatz und der gleichen Intensität angingen wie ihr Boss. Unter Leitung von Brown und dem hervorragenden Bandleader der Sechziger, Alfred (Pee Wee) Ellis, übernahmen die JBs die R&B-Basis, wie sie von Louis Jordan und seinen Jüngern vorgegeben war und schufen einen neuen Stil, Funk genannt, der zur Inspiration wurde für Sly Stone, George Clinton und viele andere nach ihnen.

Funk entstand, während die JBs auf Tournee waren, im Tourneebus, in Hotels, hinter der Bühne und auf schnell einberufenen Plattensitzungen. Eine ganze Reihe von Browns "Tanzjams", auch das etwas Neues, wurden nach Konzerten geschnitten, darunter auch das frühe Funk-Experiment von 1967, "Cold Sweat", und der Meilenstein von 1970, die Single "Sex Machine". Oft wurde auch einer der seltenen freien Tage zum Arbeitstag, wenn Brown die Stimmung für die Musik überkam. Er nahm die Musik am liebsten immer gleich auf, sobald er eine Idee hatte. Manchmal kam der zündende Funke unterwegs, wenn Ellis und die Musiker sich anstrengten, die Show frisch und lebendig zu halten. Mit diesen neuen Arrangements wurden aus den alten die neuen Nummern.

Im Januar 1967 erreichte Browns "Let Yourself Go", eine Zweieinhalb-Minuten-Tanznummer, die heute fast vergessen ist, die Nummer fünf auf der Soulhitliste des "Billboard". Ein Grund dafür, daß es in Vergessenheit geraten ist, liegt darin, daß es im Lauf der Zeit von einem besseren Titel überschattet wurde, der auf seinen Harmonien aufgebaut ist. Auf der Tournee in diesem Winter wurde "Let Yourself Go" zu einem Jam von zehn Minuten, in dem Brown seine Meisterschaft in verschiedenen Tänzen demonstrierte, unter ihnen den Camel Walk und den Mashed Potato. Bei seinem Auftritt im Apollo machte jemand darauf aufmerksam, daß das ja eigentlich ein neuer Titel sei. Daraufhin wurde "There Was a Time" live aufgenommen, eine Nummer, die sich durch einige der besten Bläserphrasen der JBs auszeichnet und die zu einer von Browns "funkiest" Hits wurde. So wie die Melodien von Browns Songs nur noch bruchstückhaft auftauchten und die rhythmischen Muster, durch die sie zusammengehalten wurden, immer komplexer wurden, fingen die JBs an, Hörner, Gitarren und Keyboards - sonst Melodieinstrumente - als Percussion zu benutzen. Kurze, herbe, laute Blech- und Holzbläsereinwürfe betonten nun den Rhythmus und ergänzten aufs beste Browns rauhe, deklamatorische Vocals. Wenn man sich die Aufnahmen der JBs von 1967 bis 1969 anhört, die progressivste Periode der Band, ist es manchmal schwer, die Gitarren von den Congas zu unterscheiden, weil die ganze Band so sehr auf das rhythmische Zusammenspiel ausgerichtet ist.

Wie Robert Palmer in "Rolling Stone Illustrated History" schrieb, begannen "Brown, seine Musiker und seine Arrangeure, jedes Instrument und jede Stimme in der Gruppe wie eine Trommel zu behandeln. Die Bläser schmetterten eine einzige Note, oft gegen den Taktschlag. Die Basslinien wurden in Schnipsel aus zwei oder drei Noten zerhackt, ein Vorgehen, daß seit den vierziger Jahren in der lateinamerikanischen Musik üblich war, aber ungewöhnlich im R&B." "Die schiere Energie" empfand der Schrifsteller Al Young, als er zum ersten Mal Browns Klassiker "Cold Sweat" hörte. "James Brown schob und zog und leuchtete in ultrawilden, konzentrischen Kreisen von heißstrahlendem Funk," sagte Young. Zur Zeit von Browns letzter großer Aufnahme "The Big Payback" 1973 klangen die JBs so dicht und knapp wie eine Short Story von Hemingway, nur ließ sich leichter danach tanzen, das muß man zugeben.

Browns unablässiger Strom von Singles, manche in zwei Teilen, waren das Produkt eines unkontrollierbaren kreativen Fermentes. Die übliche Fülle

In den späten 1940er Jahren spielten Louis Jordan und die Tympany Five den Shuffle Boogie-Rhythm, "to jump the blues", ein Vorläufer zu dem, was man später Rhythm & Blues nannte. (Frank Driggs Collection).

Jack Gibson (oben), Eddie O'Jay und Del Shields (bei der Verleihung des NATRA Award an Ella Fitzgerald 1967) waren drei der dunklen Stimmen in der Nacht, die aus dem schwarzen Rundfunk ein so mächtiges Instrument der Unterhaltung und auch der Anteilnahme am kommunalen Geschehen in den fünfziger und sechziger Jahren machten. (Das Gibson-Photo stammt von den Stax Records / Fantasy, Inc., das Shields-Photo von Del Shields).

Das Schicksal eines R&B-Sängers konnte Abhängigkeit oder Eigenständigkeit sein, es hing davon ab, ob er die Dinge unter Kontrolle hatte - und halten konnte. Jackie Wilson (links) konnte es nicht; Sam Cooke konnte es. (Frank Driggs Collection).

Das Glück von Stax Records stieg - und fiel - mit Otis Redding. (Stax Records / Fantasy Inc.).

Zwischen Billie Holiday und Aretha Franklin gab es noch Dinah Washington. (Ed Giorandino/New York Daily News).

Der am härtesten arbeitende Mann im Showbusiness - James Brown.
(Frank Driggs Collection).

Der Triumph für Aretha Franklin kam, als das weiße Amerika bereit war, den Klang der baren, unverhüllten schwarzen Emotion zu akzeptieren. (Frank Driggs Collection).

Inspiriert durch Eddie O'Jay, hat der Diskjockey Gary Byrd jeden Wandel im schwarzen Rundfunk in den letzten fünfundzwanzig Jahren überlebt und ist immer noch im Radio zu hören. (Sammlung Gary Byrd).

James Browns Roadmanager, Alan Leed (links), und Hoss Allen, Diskjockey bei der WLAC, bei einer Party der King Records 1973. (Sammlung Alan Leeds).

Der neugewählte Bürgermeister von Newark, Kenneth Gibson, trifft sich bei einem Konzert hinter der Bühne mit Isaac Hayes, dem Star und der treibenden Kraft hinter der stark politisierten Stax. (Sammlung Stax Records / Fantasy, Inc.).

Frankie Crocker, Diskjockey bei der WBLS, Reverend Jesse Jackson, der Präsident der Gemeinde Manhattan, David Dinkins, der Generalmanager der Inner City Broadcasting, Charles Warfield, und David Lampel, Programmdirektor der WLIB, alle kommen zusammen, als Jackson die Büros von Inner City, Eigentum von Schwarzen, während seiner ersten Kampagne für die Präsidentschaft besucht. (Sammlung Lem Peterkin).

Dyanna Wiliams war eine Pionierstimme im anspruchsvolleren Rundfunk der siebziger Jahre. (Sammlung Dyanna Williams).

Kenny Gamble, der Visionär hinter der musikalischen und sozialen Botschaft von Philadelphia International Records.(Sammlung Philadelphia International Records).

Vernon Slaughter, eine Figur des Übergangs in der Entwicklung des schwarzen Plattenpromoters, hier mit dem achtzehnjährigen Michael Jackson 1977. (Sammlung Vernon Slaughter).

D.J. Hollywood, ein Pionier unter den wortgewandten Diskjockeys.

Hinter der Bühne im Roseland 1983. Vordere Reihe (von links nach rechts): Kurtis Blow, Produzent und Schriftsteller Larry Smith. Mitte (von links nach rechts):Darryl McDaniels, Joseph Simmons und Jason (Jam Master Jay) Mizell von Run-MDC. Hintere Reihe (von links nach rechts): Russell Simmons, der Manager von Run-MDC, Steve Plotnicki, Mitinhaber von Profile, Cory Robbins, ebenfalls Mitinhaber von Profile. (Sammlung Chuck Pulin).

Clive Davis (Präsident) und Gerry Griffith (Vizepräsident, A&R-Mann für schwarze Musik), feiern Whitney Houstons Vertragsunterzeichnung bei Arista Records 1983. (Sammlung Arista Records).

Anita Baker, die Diva des Retronuevo. (Sammlung Chuck Pulin).

Der Großvater des R&B, Dave Clark. (Sammlung Dave Clark).

seiner Einfälle konnte einfach nicht in die Rillen des 45er Formats von drei Minuten, wie es damals üblich war, gebannt werden. Leider war die 12inch-Single noch nicht in Gebrauch; es wäre das perfekte Format für Browns anfeuernde Musik gewesen. Allerdings würde Browns Produktion heute von anderen Marketingstrategien und anderen Mustern für Gemeinschaftsveröffentlichungen eingeschränkt werden - der konventionellen Weisheit etwa, daß in einer Periode von zwölf Monaten nur eine bestimmte Menge eines Produktes herausgegeben werden kann. Bei King Records jedoch, der Stätte seiner Plattenaufnahmen in seinen besten Jahren, hatte er freie Hand. Für diese Macht hatte er gekämpft und hatte gewonnen.

Der Verkauf 1962 von "Live at the Apollo" war phänomenal. Auch ohne weitgehende Unterstützung der Weißen gewann er eine Goldene Schallplatte zu einer Zeit, als von den meisten schwarzen Studioalben höchstens 200.000 Kopien verkauft wurden; sie blieb sechundsechzig Wochen auf der LP-Chart des "Billboard" an zweiter Stelle. Trotz dieses Erfolges schien es Brown, seine Singles würden nicht angemessen auf den Markt gebracht. So, in dem Ehrgeiz, mehr Kontrolle über seine Karriere zu gewinnen, gründete Brown 1964 Fair Deal Productions und, anstatt seine nächste Gruppe von Aufnahmen an King zu senden, schickte er sie an Smash, eine Zweigfirma von Mercury Records in Chicago. Eine dieser Platten war "Out of Sight", eine brilliante Aufnahme, die in der Anwendung der Breaks - Passagen, in denen Stimmen, Bläser oder Gitarren ohne Begleitung zu hören sind - die Arbeit der Disco-Diskjockeys der nächsten Dekade vorwegnahm. Durch Mercurys größere Wirkungsbreite wurde der Titel eine der ersten Aufnahmen, die bei den Weißen ankamen.

Syd Nathan, der reizbare Präsident von King und ein Angehöriger der unabhängigen R&B-Firmen alter Schule, zögerte nicht, zu klagen und fast ein Jahr lang stritten sich Brown, Nathan und Mercury herum. Das Ergebnis: Brown blieb bei King, aber Nathan sicherte ihm agressivere Werbung zu und gab Brown umfangreichere künstlerische Kontrolle - vergleichbar der, die Ray Charles bei Atlantic und ABC genoß und Sam Cooke bei SAR und später bei RCA. Diese Kontrolle erlaubte es Brown, die widersprüchlichsten und bedeutendsten Aufnahmen seiner Karriere zu machen.

Dr. Martin Luther King Jr. wurde am 4. April 1968 in Memphis ermordet. An diesem Abend war Brown im Boston Garden gebucht. Ursprünglich hatte die Stadtverwaltung, angesichts der Unruhen, die die schwarzen Viertel erschütterten, die Show absagen wollen. Dann kam man auf die Idee, die Show live auf den öffentlichen Fernsehstationen zu übertragen in der Absicht, die wütenden Schwarzen von der Straße fernzuhalten. So geschah es auch. Heute werden immer noch Aufnahmen dieser Vorstellung schwarz gehandelt und von den Fans der schwarzen Musik wie ein Schatz gehütet. Damals erfüllte sie ihren Zweck und ließ die traditionell gespannten Beziehungen zwischen Weißen und Schwarzen in dieser "liberalen" Stadt cool bleiben, wenigstens für diesen einen Abend.

Für Brown, der ohnehin nicht an einem Mangel an Selbstachtung litt, bestätigte dies nur seine Macht im schwarzen Amerika, eine Macht, die ihm im vorigen Sommer einen Preis von Vizepräsident und Präsidentsschaftskandidaten Hubert Humphrey dafür eingebracht hatte, daß er mit seinem öffentlichen Auftreten geholfen hatte, die Unruhen zu ersticken. Kapitalist und Patriot, (er hatte für die Truppen in Vietnam und Korea gespielt), war Brown doch wirklich angerührt von der Bewegung des schwarzen Stolzes. Um seiner Rolle als Führer gerecht zu werden, nahm er "America Is My Home" auf und wurde von den radikalen Schwarzen zum Uncle Tom gestempelt. (Das Gegenstück dazu ist seine Aufnahme von 1986 "Living in America"). Aber er sah keinen Gegensatz darin, und sollte es auch nicht, als er im Sommer 1968 "Say It Loud, I'm Black and I'm Proud" herausbrachte. Unterstützt von der üblichen rhythmischen Intensität der JBs, schrie Brown sein Zeugnis für den schwarzen Stolz heraus, das, wie die Bezeichnung "Black Power", von vielen Weißen als ein Ruf "zu den Waffen" angesehen wurde. Eine Zeitlang war Browns Reputation, als "ungefährlich" bei den Weißen im Entertainment-Business zu gelten, lädiert. In Interviews hat Brown den aufgebrachten Weißen die Schuld daran gegeben, daß er erst in den achtziger Jahren wieder eine Popsingle unter den ersten zehn gehabt hat. ("Mother Popcorn" erreichte 1969 Nummer elf und "Give It Up or Turn It Loose" Nummer fünfzehn). Trotzdem konnte das Brown nicht von seiner neugewonnenen Führungsrolle abhalten, und er fuhr in seinen Aufnahmen fort mit "I Don't Want Nobody to Give Me Nothing", das eine Botschaft enthielt, "Get Up, Get Into It, Get Involved" zur Motivierung, das stolzerfüllte "Soul Power", das zynische "Talking Loud and Saying Nothing" und die nicht zum Tanzen gemachte Rapnummer "King Heroin", ein Reim aus einem schwarzen Gefängnis, in Musik gesetzt. Die Ironie in Browns musikalischen Aussagen und öffentlicher Pose als "Soul Brother Nr.1" lag darin, daß er in peinlicher Weise zum lautstarken Befürworter des notorisch schwarzenfeindlichen Politikers Richard Milhouse Nixon wurde.

Vieles von Nixons Reiz für Brown lag darin, daß der Präsident sich für den "schwarzen Kapitalismus" einsetzte, eine scheinbar sehr schöne Philosophie, die in der wachsenden Anzahl von Geschäften in schwarzem Besitz den Schlüssel zum Fortschritt für die Schwarzen sah. Zu jener Zeit besaß Brown mehrere Rundfunkstationen, viel Eigentum und eine wachsende Organisation. Er verkörperte den selbstbewußten Ton des schwarzen Kapitalismus. Nixon, der durchaus Verständnis für den Drang zur Macht hatte, gab Brown das Gefühl, er sei das Paradebeispiel des schwarzen Kapitalismus in Aktion, was wiederum dem gigantischen Ego des Sängers schmeichelte. Brown begriff nichts von den Nuancen in Nixons Plan - stell einige schwarze Geschäftsanstrengungen groß heraus und bau derweil Johnson's Great Society Program schön ab, das bei aller ruchbar gewordenen Mißwirtschaft doch Generationen von Schwarzen auf dem Weg nach oben Hilfestellung gegeben hat.

Mag er aber auch naiv genug im Fall Nixon gewesen sein, so nutzte Brown doch diesen Zeitpunkt in seiner langen Karriere, um im schwarzen Amerika eine Art Führerrolle zu übernehmen. Es war ihm nicht mehr genug, nur Künstler zu sein; er sah sich als Sprecher, der das gleiche Recht hat, seine Weltanschauung zu artikulieren wie H. Rap Brown, Stokely Carmichael, Eldridge Cleaver oder irgend eine andere, sichtlich politische Persönlichkeit mit dem Anspruch auf Autorität. Der "Pate des Soul" hatte beschlossen, auch er könne seine Vision agressiv verkünden.

Wenn ich so zurückblicke, dann muß ich feststellen, es ist einfach unmöglich, alle Widersprüche in James Brown aufzulösen. Als Geschäftsmann mit einer langen, einträglichen, auf cleverem Selbstmanagement basierenden Karriere war er ein Schulbeispiel und auch ein Befürworter der schwarzen Eigenständigkeit. Er war aber auch vollständig glücklich innerhalb des von Weißen beherrschten Systems, kaufte sich Diamantringe für seine Finger mit dem Profit von seinen weißen Fans. Ein felsenfester Assimilationist in den allgemeinen Gefilden der Politik, trat er mit einem arroganten, überheblichen Benehmen auf, das nicht allzu weit von dem polemischen Straßenrednerstil war, mit dem andere, weit radikalere schwarze Sprecher der Sechziger daherkamen. Gerade diese Widersprüche sind es ja gewissermaßen - und Browns völlig ungerührte Einstellung dazu - die ihn zum typischen Amerikaner machen.

Es gibt aber noch einen anderen Aspekt Browns, der einem Unbehagen bereitet, wenn wir in ihm eine Art von Vorbild sehen wollen. Wenn man ihm auch den ungezügelten "Machismo" zugesteht, der Teil und Mittel der Energie war, die ihn antrieb (ebenso wie Carmichael, Cleaver und andere), dann hingen die schwarzen Frauen doch nur als Postskriptum an der Botschaft für die Männer. Wie Michelle Wallace, überspitzt aber dennoch weitgehend richtig, in "Black Macho and the Myth of Superwoman" (Der schwarze Macho und der Mythos von der Superfrau) feststellt, betrachteten diese Männer die Frauen als Mütter, Köchinnen und Dienerinnen der Revolution, nicht aber als Führerinnen. Das hätte nicht sein müssen. Die schwarzen Frauen waren selbstverständlich genauso fähig zur Führerschaft wie irgend ein Mann. Ein Abweichen von diesem politischen Patriarchat sollte sich in der schwarzen Literatur der Zukunft bemerkbar machen, aber in den späten sechziger Jahren waren feministische Themen nicht offen in die Pläne der Nationalisten oder auch nur der Bürgerrechtsbewegung einbezogen.

Die Queen

Dennoch, eine Stimme sprach die aufgewühlte schwarze Psyche der sechziger Jahre am unmittelbarsten an, obwohl sie apolitisch war und nur ausgefüllt von den Kümmernissen des Herzens, die Stimme einer Frau. Sollte jemand noch nicht wissen, was "Soul" ist, der sollte eines von Aretha Franklins Atlantic-Alben spielen.

Von 1967 an, als sie zu Atlantic kam, nach sechs frustrierenden Jahren bei der Columbia, - wo sie Popstandards und traditionellen Blues aufnahm, was ihrem feurigen Gospelstil nicht gerecht wurde - bis ungefähr 1971 war Aretha Franklin nicht unumstritten als die beste Sängerin in der R&B-Welt, aber sie war der Brennpunkt für die positive spirituelle Energie ihrer Hörer, um ein Cliché der sechziger Jahre zu benutzen. Als Tochter des wirkungsvollen und mit einer volltönenden Stimme begabten Reverend C.L. Franklin aus Detroit trug Aretha das Erbe der Erlösung durch Musik in sich. Gleichzeitig machten sie ihre breit in der Presse ausgeschlachteten Eheprobleme - "Time" machte daraus den Hauptteil der Titelgeschichte vom Juni 1968 - und ihre unverwechselbare Stimme zum Inbegriff der Soulmusik, genau wie Ray Charles ein Jahrzehnt zuvor. Oh, diese Stimme! Eine der überzeugenderen Passagen des Time-Artikels beschreibt Aretha Franklins Art zu singen als einen "direkten, natürlichen Stil des Vortrags, der über volle vier Oktaven geht mit einer Atemkontrolle, aus der sich lange Phrasen entspinnen, die sich sinnlich um den Beat schlingen und aufreizend von den Bluenotes herabschwingen. Aber worin ihre starke Wirkung wirklich besteht, das läßt sich mit Technik alleine nicht erklären: es ist ihre wilde, schnörkellose, ungebrochene Überzeugung."

In der weisesten Entscheidung seiner ganzen, langen Karriere nahm Jerry Wexler Aretha Franklin im Fame Studio in Muscle Shoals, Alabama, und im Criteria Studio in Miami auf, mit Sessionmusikern aus den Südstaaten - weißen und schwarzen - die ihrer Stimme den ergänzenden Hintergrund gaben, der ihr bei Columbia immer gefehlt hatte. Die Songs schrieb sie selbst oder sie wurden speziell für sie geschrieben und von ihr ausgesucht, mit einem rhythmischen Arrangement, das um ihr Gospelklavier herumgebaut wurde. Zu einer Zeit, in der der populäre schwarze, und später auch der weiße, Slang ("Do Your Thing!" "Sock it to Me!") mahnte, locker zu sein, sich keinen Zwang aufzuerlegen, seiner Natur freien Lauf zu lassen, hätte nichts diese Wertvorstellungen besser vermitteln können als Arethas Stimme. Obgleich sie Liebeslieder sang, manche davon ausgesprochen melancholisch, bot Aretha Franklins Stimme ein so breites Spektrum von Emotionen, daß es sich der Beschreibung entzieht.

"Unfaßbar" ist ein Wort, daß die Musikkritiker täglich bis zum Überdruß im Munde führen, aber hören Sie sich Aretha Franklin an mit "Dr. Feelgood" oder "Ain't No Way" oder "Say A Little Prayer" oder "Think". Da entdeckt man nicht nur eine Aretha Franklin, sondern hunderte von Frauen: einige lieb und süß, einige rasend, einige cool, einige traurig, einige wütend und eine ganze Reihe ausgelassen und sexy. Aretha drückte alles aus, was eine schwarze Frau sein kann, während ihre Zeitgenossinnen (Diana Ross, Tina Turner, Dionne Warwick, Martha Reeves, sogar die so unterschätzte Gladys Knight) in einer einzigen Individualität gefangen schienen, einmal durch die künstlerische Entscheidung der männlichen Produzenten, andererseits durch ihre stimmliche Begrenztheit. Mit ihrem Talent und der Grundstimmung der Zeit war es kein Wunder, daß Aretha Franklin zum Schulbeispiel des "natürlichen Crossover" wurde. Verglichen mit Motown machte Aretha Franklins Musik wenige Konzessionen an "weiße" Empfindlichkeiten. Sie und Atlantic fanden, das weiße Amerika sei zu diesem Zeitpunkt mehr als je zuvor seit dem zweiten Weltkrieg gewillt, "echte" schwarze Musik, von Schwarzen interpretiert, zu akzeptieren. Warum?

Die westliche Welt befand sich in einem tiefgehenden Umbruch, politisch und kulturell. Mit der Bürgerrechtsbewegung und dem Vietnamkrieg als Katalysatoren wurden überkommene Werte jeglicher Art - Machismo, Monogamie, Patriotismus - zurückgewiesen oder zumindest in Frage gestellt. Der weiße Teenagermarkt, den Alan Freed einst hofiert hatte, war zu einer dynamischen Macht herangereift, die Veränderungen wollte; durch sein Interesse an Politik, Drogen und freier Liebe wandelte sich seine Musik. "Rock & Roll", dieses gerade, anspruchslose Konsumgut, entwickelte sich nun zu etwas, das experimenteller, weniger leicht einzuordnen war, das man ganz allgemein mit "Rock" bezeichnete. Weiße Musiker artikulierten nun ihre kulturellen Erfahrungen ganz ausdrücklich in der Popmusik. Und 1967 dann kristallisierte sich die breitere Perspektive, die der Rock bot, in der "Sgt. Pepper's Lonely Hearts Club Band" der Beatles heraus. Diese Musik hatte das Schlagzeug, die Instrumente und den Gesang des guten, alten Rock

& Roll - die Adaption des schwarzen R&B - plus der Instrumentierung und den Melodien aus der europäischen Klassik und der englischen Music Hall. Das war schon anspruchsvoller als der bloße Rock & Roll. Es war elektronisch. Es war experimentell. Es wurde in Alben verkauft statt nur auf 45er Scheiben (und rief so das Interesse der großen Plattenfirmen hervor). Es war Kunst. Es war Rock. Es war weiß.

Es war auch liberal - pro Brüderlichkeit und so weiter. Die Entwicklung der Bürgerrechtsbewegung zu verschiedenen Formen des schwarzen Nationalismus und der Selbstbestätigung hatte in der Musik sowohl wie in der Politik einen Bruch herbeigeführt. Bis in die späten Sechziger hinein verkaufte sich Motown noch als "The Sound of Young Amerika", aber nicht ohne Kritik von schwarzer und weißer Seite, die in dem aggressiven Aufwärtsstreben einen unnötigen Versuch sahen, dem Schwarzsein zu entkommen und sich an das Establishment zu verkaufen. So wurde der Soul, mit Aretha als Star, von Weißen und Schwarzen gleichermaßen geliebt und gekauft. Eine der intensivsten, ein ganzes Album andauernden Reisen durch den Soul, die je aufgenommen wurden, "Aretha Live At the Fillmore" mit Ray Charles als Gaststar, wurde in einem der Rocktempel des weißen Managers Bill Graham aufgenommen, im San Franciscos Fillmore West.

In den fünfziger Jahren überschattete der Rock & Roll den R&B; in den Sechzigern hatten die weißen Musiker Schwierigkeiten, ihre eigene Version des Soul zusammenzubasteln. Der Grund war in erster Linie, daß die weißen Sänger dem intensiven Vokalstil des Soul nicht gerecht werden konnten, obwohl man zu jener Zeit den Abgrund zwischen weißer und schwarzer Musik anders einschätzte, mehr als einen politischen denn als einen musikalischen Unterschied. Zum Beispiel erklärt Jonathan Eisen in der Einleitung zu seinem 1969 erschienenen Buch "The Age of Rock" (Das Zeitalter des Rock), warum sich nur drei der vierunddreißig Essays mit der Musik der Schwarzen befassen, folgendermaßen: "Ich habe die Betonung nicht so sehr auf die Musik der schwarzen Gemeinden gelegt, mehr auf die der weißen. Die Gründe, glaube ich, liegen auf der Hand. In den letzten Jahren haben sich die jungen schwarzen Musiker im großen und ganzen in einem völlig anderen Milieu engagiert, sowohl musikalisch wie sozial, wobei die meisten von ihnen sich darauf konzentriert haben, ein größeres nationalistisches Selbstbewußtsein zu entwickeln."

In den späten Sechzigern, als der Soul ein integrer Teil im Leben des schwarzen Amerika geworden war, ließ das weiße Rockpublikum den elektrischen Blues der fünfziger Jahre wieder aufleben, eine Musik, die ein Teil der R&B-Welt gewesen war, die aber, genau wie Rock & Roll und der richtige Doo Wop, für den Soul aufgegeben worden war. B.B. King, dessen

Karriere sich seit den frühen sechziger Jahren im Niedergang befand, wurde 1966 plötzlich durch die Lobeshymnen weißer Gitarrenstars wie Mike Bloomfield von Electric Flag und Eric Clapton von Cream und durch Engagements in Grahams Fillmore East und West vom weißen Rockpublikum wiederentdeckt.

Muddy Waters, Howling Wolf und Bobby (Blue) Bland waren unter den großen alten Männern des elektrischen Blues, die sich plötzlich besser bezahlt sahen als in ihrer ganzen, langen Karriere, weil sie auf einmal anfingen, auch bei dem so schwer erreichbaren weißen Publikum anzukommen. Wenige Schwarze erschienen auf den Rock Festivals und in den Konzerthallen. Ältere schwarze Fans, die Muddy und Co liebend gerne in den Bars der Nachbarschaft zuhörten, gingen nur selten in diese Tempel der Jugendkultur, teils, weil sie sich unter den weißen Teenies der Mittelklasse und den Collegestudenten nicht wohl fühlten, teils, weil sie überhaupt nichts von den Gigs wußten: die Ankündigungen in der Untergrundpresse und im progressiven Rockradio (den Schlüsselmedien der aufkommenden Rockkultur) gelangten nie bis zu ihnen. Den Schwarzen, die den Blues noch immer werthielten, schien es, daß die Heroen dieser Kultur von den jüngeren Brüdern und Schwestern der Leute, die Chuck Berry auf Abwege geführt hatten, gekidnappt worden waren. Und für die jüngeren Schwarzen - die Soulkinder der sechziger Jahre - war der Blues nicht mehr "relevant" (kennt ihr das noch?) in der Welt der Dashikis, "Afro Picks" und "Bell Bottoms". Um Ahmet Ertegun zu paraphrasieren, schwarze Musik ist ständig auf der Flucht vor dem Status quo. Junge Schwarze jener Zeit lehnten den Blues ab, weil er "deprimierend", "rückständig" war oder sich den weißen Werten "anpaßte". Dieses Argument ist Unsinn - "Relevanz irrelevant in sich selbst - aber damals wie heute glaubten dies viele Schwarze. In der Tat erlitt der Blues nur das gleiche Schicksal, das überraschenderweise bald auch der Soul erleiden sollte.

Der Kulturschock

Das Konsumverhalten und die Ruhelosigkeit des schwarzen Publikums erschöpft musikalische Stile und läßt sie fallen, während die weißen Amerikaner, nach europäischer Tradition des Festhaltens an Formen und Stilen um der Tradition willen, eine Stilrichtung getreulich beibehalten, obwohl sie längst aufgehört hat, sich weiter zu entwickeln.

Die fanatischsten Studenten der Bluesgeschichte waren alle weiß. Diese wohlmeinenden Scholaren fischen in alten Aufnahmen herum, interviewen obskure Gitarristen und trampen durch das Mississippidelta mit der Entschlossenheit eines Ägyptologen. Dennoch, mit Ausnahme von Eric Clapton oder vielleicht noch Johnny Winter, hat kein weißer Bluesgitarrist je irgendein Werk hervorgebracht, daß man dem der schwarzen Giganten an die Seite stellen könnte. Die Schwarzen schaffen etwas und gehen dann weiter. Die Weißen dokumentieren, und dann wird es wieder aufbereitet. In der Geschichte der Popmusik sind diese Tatsachen nicht zu übersehen.

Aber - und hier liegt das Paradoxe - alle schwarzen Musiker, die sich eines Popidioms bedienen - sei es nun Rock & Roll, R&B oder Funk - werden zu kulturellen Kuratoren oder zu historischen Kritikern. Sie nehmen etablierte Formen der schwarzen Musik, bewahren ihre Essenz, filtern aber diese Strukturen durch ein anspruchsvolles kreatives Bewußtsein und schaffen so eine höchst erstaunliche Musik, die sowohl in der Tradition bleibt, wie sie sich auch von ihr gelöst hat. Zum Beispiel benutzte Jimi Hendrix Blues und R&B als Bausteine, und Sly Stone arbeitete auf der Basis von Gospel und Soul. Dennoch war die Reaktion des schwarzen Amerika auf beide ganz unterschiedlich: Hendrix wurde abgelehnt, während Sly, vor der Drogenzeit, der Held des Publikums war.

Der Unterschied war der, daß Hendrix von einem Stil herkam, den die Schwarzen schon abgetan hatten; Sly war clever genug, der Menge nur gerade ein paar Schritte voraus zu bleiben. Beide waren sie Kinder der R&B-Welt. Hendrix war als Ensemblemusiker in zahlreichen R&B-Bands, unter anderem bei den Isley Brothers, gewesen, nachdem er Seattle als Teenager verlassen hatte. Sly, getauft auf den Namen Sylvester Stewart, wuchs auf in der "Sanctified Church", einer ausgesprochen ekstatischen Kongregation. Dann arbeitete er als Diskjockey in mehreren Rundfunkstationen der Bay Aerea. Und beide, Sly und Jimi, rebellierten gegen die Engstirnigkeit, in der sie aufwuchsen. Es ist kein Zufall, daß sie in Umgebungen aufblühten, die weit von den Traditionen des schwarzen Amerika entfernt waren, Hendrix in London und Sly im San Francisco der "freien Liebe". Jeder von ihnen tauchte ein in den "Hippie"-Lebensstil dieser beiden Zentren der Gegenkultur und kam mit einem Sound daraus hervor, der zwar eine schwarze Basis hatte, aber von einer Flower Power-Rhetorik getränkt war, die wenig mit dem Soul-Bewußtsein eines James Brown oder einer Aretha zu tun hatte.

Durch seine brilliante, völlig neue Art, die elektrische Gitarre zu spielen, ein Instrument, das in Ungnade gefallen war, da die Schwarzen das Interesse am Blues immer mehr verloren, verdarb es Hendrix leider gänzlich mit dem schwarzen Publikum. Bei Motown wurden elektrische Gitarren, manchmal vier auf einmal, in komplizierte Muster eingebunden. Die Linien der Leadgitarre von Steve Cropper bei Stax waren kurz und konzentriert. Im Rock dagegen waren die Extravaganzen der Leadgitarre ein entscheidender Bestandteil der Musik und der Kultur, die sie trug. Sie war die vollendete Begleitung zu LSD und anderen beliebigen Chemikalien. Hendrix, einst so frustriert von seiner Arbeit im Hintergrund des R&B, ergriff begierig jede Gelegenheit zu seinen Stratosphärenergüssen. Im Grunde war Hendrix der Rächer des R&B-Sideman, mit der Fähigkeit, die Stimmen in seinem Kopf zu Musik zu machen - das Problem war nur, man konnte nicht danach tanzen. Vielleicht, wenn man total "stoned" (vom Marihuanarauchen) bei einer Lightshow war, könnte Jimi Hendrix Experience als Futter für einen Tanzanfall dienen. Vielleicht, wenn reichlich "Grass" (Marihuana) bei einem Love-in vorhanden war, tanzte man auch. Das Publikum von Stax und Motown und James Brown sprang auf "Purple Haze" und "Hey Joe" einfach nicht an. Jimis Musik war, wenn auch nicht von einem anderen Planeten, so doch mit Sicherheit aus einer anderen Welt. In einer sehr merkwürdigen Symmetrie war Hendrix, mit seinem jungen Publikum von weißen Teenies, das Äquivalent der sechziger Jahre zu Chuck Berry. Wie Berry wurde auch er durch den Erfolg seiner Gitarrenmusik zum Ausgestoßenen bei der breiten Masse der Schwarzen.

Sly war leider genau so drogenbesessen wie Hendrix und genau so begeistert von der "Rockkultur". Er hatte eine integrierte Band, nicht nur der Rasse, sondern auch dem Geschlecht nach, die aussah, als wären ihre Mitglieder gerade frisch von der Ecke Haight und Ashbury gekommen. Keine ausgeklügelte Choreographie bei Family Stone. Es war das organisierte Chaos oder, wie Dave Marsh schrieb: "Die Frauen spielten, die Männer sangen: die Schwarzen flippten aus, die Weißen wurden "funky; jeder machte irgend etwas Unerwartetes." Sly hat nie auf dem Chitlin Circuit gearbeitet. Wie Hendrix, spielte er fast von Anfang an Gigs bei Rockgruppen und Rockrevuen, und Arbeit bekam er durch seine Kontakte in der Musikszene der Westküste.

Aber Sly gab den Funk immer wieder auf. Seine Rhythmusgruppe, mit dem Bassisten Larry Graham, dem Schlagzeuger Greg Errico und dem Gitarristen Freddie Stone, spiegelte James Browns eckige Polyrhythmen wider. In "I Want to Take You Higher", "Thank You (Falettinme Be Mice Elf Agin)" und "Sing A Simple Song" brachte Sly James Browns Funk fast unverändert an das Massenpublikum des Rock. Fast, denn es wäre nicht richtig, zu sagen, daß Slys Musik nur die Aufbringung Brownschen Bodens wäre. Seine unvergeßlichen Melodien und sein Talent für die Erfindung von Slogans ("Hot Fun in the Summertime", "Stand!", "Everyday People",

"Everybody Is a Star", "You Can Make It If You Try"), waren so ansteckend wie die von ihm als erstem angewandte Art, seine Vocals so beschwörend zu bringen wie ein Kirchenlied. Dazu war er noch, und das ist ein wesentlicher Punkt, der erste große R&B-Neuerer, der auf dem Label einer Firmenkorporation zum Star aufstieg.

Zwei Jahre vor der Veröffentlichung von Slys Debut "Dance to the Music" 1968 auf Epic Records hatte deren CBS-Schwesterfirma des Columbialabels Arethas Kontrakt auslaufen lassen und die Verbindung mit Carl Davis und dem "Chicago Sound" gelöst. CBS war somit in der Tat raus aus dem schwarzen Musikgeschäft. CBS machte eine Kehrtwendung, und das Verdienst daran hat ihr junger Präsident Clive Davis. 1965 hielten CBS Records (Columbia, Epic und ihre Zweigfirmen) 11 Prozent des gesamten Marktes. Ende 1968 waren es 17 Prozent, und die Zahl kletterte noch in die Höhe dank Davis' mutig geschlossenen Verträgen mit Rockmusikern wie der "weißen Negerin" Janis Joplin, Chicago, Blood, Sweat and Tears, Simon and Garfunkel und Sly and the Family Stone. Davis war anfangs nicht davon überzeugt, daß im Zeitalter des Wassermanns Slys glitzernde Kostüme die Weißen noch ansprächen, die ja zu der Zeit den einzigen Markt bildeten, der für CBS in Frage kam. In seiner Autobiographie erinnert sich Davis an ein eingehendes Gespräch mit Sly über dessen Richtung. Davis zufolge beruhigte ihn der Bandleader: "Die werden schon bald wissen, was sie damit anfangen können," sagte er. "Ich habe eine ganz bestimmte Vorstellung davon, was ich will und dabei will ich bleiben. Vielleicht sind die Jungen erst mal dagegen, aber sie werden es schon kapieren." Davis gibt zu, daß er Slys Weitblick unterschätzt hat. Aber Slys Plan ging auf; CBS unterstützte die Gruppe während ihrer ganzen Karriere. Das hieß allerdings nicht, daß Columbia eine voll durchdachte Strategie zur Ausschöpfung des Marktes der Schwarzen hatte. Zur gleichen Zeit, als Columbia schon eine beherrschende Rolle in der Rockmusik spielte, entstand ihr in einer neuen Gesellschaft ein Hauptfeind auf dem Markt für die Jugend - das Konglomerat Warner Bros., Elektra-Asylum und (mit seinem Katalog von schwarzen Stars) Atlantic Records. Mit der Zeit sollte diese Kombination, heute unter dem Namen WEA bekannt, der schärfste Rivale der CBS werden.

Die vollständige Konzentration auf Atlantic hatte Ahmet Ertegun und Jerry Wexler finanziell fürs Leben gesichert. Der Zufluß von Dollars bot auch einen Halt bei dem eintretenden Gezeitenwechsel in der Richtung der Firma. 1967 nahm die Zweigfirma der Atlantic, ATCO, eine der ersten Supergruppen des Rock unter Vertrag, Cream (mit dem Gitarristen Eric Clapton, dem Bassisten Jack Bruce und dem Drummer Ginger Baker) und das Beatlesähnliche australische Vokaltrio, die Bee Gees. 1969 übergab Led Zeppelin

Atlantic zwei Alben, die den Grundstein für ein neues Genre, Heavy Metal, legten, während Ertegun persönlich mit den Rolling Stones bei Wein und gutem Essen einen Vertrag aushandelte. Nun wurde Atlantic genauso weitgehend mit dem britischen Rock identifiziert wie früher mit der schwarzen Musik. Nach den späten sechziger Jahren neigte sich die Waage bei Atlantic endgültig auf die Seite des Rock. Es begann mit dem Tod von Otis Redding bei einem Flugzeugabsturz am 10. Dezember 1967. Dann, bei einer bitteren Unterhandlung zwischen Wexler und Jim Stewart von Stax, stellte es sich heraus, daß sich Atlantic, als 1962 der Originalvertrag über den Vertrieb gemacht wurde, die Kontrolle über alle Master der Staxplatten gesichert hatte. In Ausnutzung einer Klausel im Vertrag bestand Atlantic auf diesem Recht. Anscheinend hatte Wexler das zunächst nur wie eine Pokerkarte in die Verhandlung eingebracht. In die Enge getrieben und hart getroffen schlossen Stewart und Al Bell mit der Paramount Pictures Music Division, einer Zweigfirma der Gulf + Western, einen Handel über 3 Millionen Dollar plus G+W-Geschäftsanteile ab. Bestandteil dieser Transaktion war, daß Bell geschäftsführender Vizepräsident von Stax wurde und einen Anteil des ständig anwachsenden East Memphis-Katalogs der Firma erhielt.

So wurde Stax, genau wie Atlantic, ganz unvorhergesehen zu einem Bestandteil des Amerika der Korporationen - obwohl sie für eine große Ölfirma nur eine unbedeutende Erwerbung war. Wenige Beobachter erkannten zu der Zeit, welche negativen Auswirkungen diese Verlagerung des Vertriebs auf die Musik und die Institutionen haben würde, die die R&B-Welt ausmachten. Es wurde einfach angenommen, daß der plötzliche Strom von Dollars aus den großen Korporationen es jedem ermöglichen würde, besser als je zuvor im Schaffen, Managen und Vertreiben der schwarzen Musik zu sein.

Nara

Slys Erfolg bei Columbia und die Atlantic- und Staxgeschäfte signalisierten eine bedeutungsvolle Umgruppierung in der R&B-Welt. Gleichzeitig war der schwarze Rundfunk einem internen politischen Kampf und einer stilistischen Entwicklung unterworfen, die revolutionäre Veränderungen im Sound mit sich brachten und darin, wie er aufgenommen wurde.

Der Ursprung dieser Veränderungen lag, wie Del Shields, damals Diskjokkey bei New Yorks WLIB, annimmt, in der Ermordung Kings. Während

James Brown auf der öffentlichen Fernsehstation in Boston übertragen wurde, blieben die Diskjockeys überall im Lande, oft gegen den Willen der Besitzer, die ganze Nacht durch auf Sendung, um die Schwarzen davon abzubringen, angesichts dieses jüngsten Beispiels des amerikanischen Rassismus zurückzuschlagen. Shields sagt: "In der Nacht, als Dr. King ermordet wurde, ist der schwarze Rundfunk erwachsen geworden. Bis dahin ist das schwarze Radio nie auf nationaler Basis getestet worden. Keiner kannte seine wahre Macht. Man kannte die Popularität schwarzer Diskjockeys, ihre Fähigkeit, verschiedene Produkte zu verkaufen. Aber an dem Abend, als Dr. King ermordet wurde, war jede schwarze Station auf dem Prüfstand und jeder, der damals auf Sendung war, mich selbst eingeschlossen, forderte die Leute auf, Ruhe zu bewahren. Wir taten alles, was nur möglich war, um die Schwarzen davon abzuhalten, noch mehr zu explodieren, als sie es ohnehin schon taten.

"Wir waren auf der WLIB, einer Tagesstation, die bei Sonnenuntergang Sendeschluss hatte. An dem Abend blieben wir bis zwölf, ein Uhr da. Wir überschritten die Regeln des FCC (Bundeskommission für das Nachrichtenwesen) und mußten uns natürlich später vor der FCC verantworten, warum wir dageblieben waren. Das Verrückte war, wir, die schwarzen Diskjockeys, waren es gewesen, die den Entschluß gefaßt hatten, dazubleiben. Daraufhin bekam die Rundfunkstation den Peabody Award. Der Inhaber selbst hatte mich angerufen und mir gesagt, ich hätte kein Recht dazu, aber ich sagte ihm, ich hätte jetzt keine Zeit, mit ihm zu reden. Als Amerika in jenen Tagen auf den schwarzen Rundfunk schaute, ging ihnen plötzlich auf, daß das ja eine gewaltige Macht war. Hätte in jeder größeren Stadt ein schwarzer Diskjokkey gesagt "Schlagt los", es hätte ein Inferno gegeben. Und diese Nacht bedeutete dann auch den Anfang vom Ende des schwarzen Rundfunks. Niemals ließ man ihn wieder hochkommen."

In den Sechzigern war Shields zum hochpolitischen Menschen geworden, der vor und nach seinen Sendungen von der Lenox Avenue in Harlem noch mit den unterschiedlichsten Leuten durch die Gegend zog, von dem Black Power-Verfechter H. Rap Brown bis zu seinem Vetter Bill Cosby, einem aufstrebenden Comedien und Co-Star in der ersten integrierten Action- und Abenteurershow des Fernsehens, "I, Spy". Shields sah in den Energien der beiden - der eine Sprecher des radikalen schwarzen Amerika und der andere für die breiten Massen der Käufer das Symbol der Anpassungsfähigkeit auf dem Weg nach oben - gerade die richtige Mischung, die das Potential des schwarzen Rundfunks zur Entfaltung bringen konnte. Aber damit Shields' Vision Wirklichkeit werden konnte, mußte noch einiges geschehen: es mußte mehr schwarze Eigentümer geben (in den späten Sechzigern waren weniger als zehn Stationen in schwarzem Besitz), besser ausgebildete Diskjockeys, die höhere Gehälter fordern konnten (Shields, ein Top-Diskjockey in New York, bekam nur 250 $ in der Woche, seine weißen Gegenspieler verdienten 800 $), außerdem war es nötig, den schwarzen Diskjockeys einen gewissen Schutz vor dem Mißbrauch durch die Sendeleiter und vor der Manipulation durch die Geschäftsleiter der Plattenfirmen zu geben. Wegen der Unterschiede sowohl in der Definition ihres Jobs als auch in der Bezahlung der Diskjockeys überall im Land war der Zusammenschluß in einer Gewerkschaft von vorne herein unmöglich. Was man brauchte, war irgend eine Organisation mit engagierter Führung und der Mitgliedschaft in einer Bürgerrechtsorganisation, und den Rahmen dafür gab es schon.

Die National Association for Radio Announcers (NARA) war ein Sprößling des Old Boy-Rundfunks der schwarzen Diskjockeys, der in den fünfziger Jahren mit Hilfe von Jack Gibson ins Leben gerufen worden war. 1955 ernannte Gibson ihn formell zu einer Organisation, obwohl die Bezeichnung Club zur gesellschaftlichen Begegnung zutreffender gewesen wäre. Die Parties der NARA waren legendär. Die Diskjockeys, viele von kleinen Rundfunkstationen aus dem Süden, nutzten die alljährlichen Treffen der Organisation, um sich so auffallend in Szene zu setzen wie nur irgend ein Plattenstar oder ein Zuhälter. Gibson erinnert sich an eine Versammlung in St.Louis, bei der die NARA ein Hotel mietete "und feierte, bis es Zeit war, zur Kirche zu gehen," was typisch für die Organisation war. Lange bevor die Excesse der Rockstars gang und gäbe wurden, hatte bereits die NARA den Ruf, bei Hotelmanagern einen nachhaltigen Eindruck zu hinterlassen. Vieles davon hing mit dem Ego zusammen. Man bringe vierhundert Männer zusammen, die ihren Lebensunterhalt mit Zungenfertigkeit und witzigem Slang verdienen, und man hat ein ganzes Hotel voll von Leuten, die einander zu übertrumpfen suchen. Jeder wollte wissen, wer am meisten trinken konnte. Wer bumste am meisten und am längsten? Wer war der gerissenste Pokerspieler? Wer kriegte das meiste Payola? Diese Art von Wettbewerb ist von gewisser Bedeutung für die Geschichte der NARA, denn die größten Diskjockeys bestimmten in der Organisation und gaben den Ton an bei dem Höllenlärm, den sie veranstaltete. NARA und ihre Mitglieder übersahen die Bürgerrechtsbewegung nicht und die Veränderungen, die sie in der Struktur des schwarzen Lebens bewirkte. Sie gaben Geld, sie gaben rednerische Unterstützung. Aber der innerliche Wille zur kollektiven Anstrengung war nur schwach. Manche fanden es besser, wie gewöhnlich ihren Geschäften nachzugehen, andere fürchteten Repressalien von seiten der weißen Bosse, wenn sie sich politisch zu sehr engagierten.

1965, drei Jahre vor dem Mord an King, hatte Shields, der damals bei der WDAS in Philadelphia war, eine folgenreiche Unterredung mit Clarence Avante. Avante, der Manager des Jazzorganisten Jimmy Smith und des Soundtrack-Komponisten Lalo Schiffrin, wurde von Weißen und Schwarzen als einer der fähigsten Verhandlungspartner, die es gab, angesehen, und er pflegte enge Kontakte zu weißen Platten- und Fernsehleuten bei der ABC und innerhalb der CBS-Gesellschaften. Er sagte zu Shields, es sei an der Zeit, die NARA auf ein besseres Niveau zu bringen und bat ihn, sich mal Gedanken über neue Ideen zu machen und ihm vorzulegen. Zusammen mit dem Programmdirektor der WABQ in Cleveland, Ed Wright, und Jimmy Bishop, Diskjockey bei der WDAS, begannen Avante und Shields, ein landesweites Netz zu anderen Diskjockeys zu spannen, um einen Staatsstreich vorzubereiten. Bei dem diesjährigen Treffen in Houston überraschte die Gruppe, die auch liebevoll und ein bißchen herablassend als "New Breed" (neue Zucht) bezeichnet wurde, jedermann damit, daß sie die Wahl in das Kontrollgremium der NARA gewann.

Entsprechend der Perspektive dieser "New Breed" änderten sie den Namen der Organisation von NARA in NATRA (National Association of Television and Radio Announcers) in dem Gefühl, daß es nötig war, über Rundfunk und Platten hinaus alle Bereiche der Kommunikationsindustrie zu erreichen. Man hielt ein Preisverleihungsbankett im Waldorf Astoria ab, das erste, speziell für Schwarze in der Radiobranche. Die Wahl war verblüffend und bezeichnend: Lena Horne, damals keine sehr populäre Figur im schwarzen Amerika, und Sheldon Leonard, der weiße Produzent von "I, Spy", waren jeweils Mann und Frau des Jahres für die NATRA. Lena Horne wurde in dem großmütigen Bestreben ausgewählt, ein Image aufzupolieren, das im schwarzen Amerika zu Unrecht durch das, was viele als Anpassung an die Weißen in ihrer ganzen Karriere ansahen, getrübt war und Leonard, weil man den NATRA-Mitgliedern vor Augen führen wollte, daß die Welt der Kommunikationsmedien mehr umfaßte als nur Hitplatten.

Mit immer größerem Ehrgeiz wurden politische und soziale Themen in die Organisation einbezogen. Repräsentanten der NATRA besuchten das Centre for Study of Democratic Institutions in Santa Barbara, eine liberale Ideenschmiede, wo man Strategien erörterte, wie man die Mitglieder politisieren könnte. 1968 wurden Beziehungen zu Vizepräsident Hubert Humphrey aufgenommen, die darin gipfelten, daß die NATRA in zwei Präsidentschaftskommissionen für die Jugendarbeit berufen wurde. Sollte Humphrey Präsident werden, so glaubte Shields, dann würde das den Schwarzen helfen, mehr Zugang zum Rundfunk zu bekommen. Gleichzeitig begann Shields, in seiner Eigenschaft als geschäftsführender Vizepräsident, sich um mehr Werbung durch Madison Avenue im schwarzen Rundfunk zu bemühen, traf sich mit Werbeagenturen und sprach mit den Handelsblättern.

Durch Shields hielt H. Rap Brown eine unplanmäßige Rede bei einem NATRA-Treffen in Atlanta. Im Jahr darauf, nach Kings Tod und der unerwartet zutage tretenden Macht des schwarzen Rundfunks, organisierte die NATRA mehrere Treffen in New York zwischen den weißen Inhabern der Radiostationen und ihren schwarzen Diskjockeys, um zum allerersten Mal über ihre Differenzen zu diskutieren. Die Eigentümer nahmen nur sehr zögernd teil, denn sie hatten genauso viel Respekt vor den Jockeys wie die Jockeys vor ihnen - nämlich gar keinen. Es war ein Zeugnis für die zunehmende Bedeutung der NATRA, daß überhaupt einige kamen.

Shields' und Avantes kühnstes Unterfangen war der Vorschlag, die NATRA solle ihre eigene Schule der Rundfunkwissenschaft gründen. 1968 fanden sie in Delaware ein College, das am Ende war und begannen mit Verhandlungen, um es zum Sitz der Schule zu machen. Durch Avantes Kontakte versprachen die Rundfunkabteilungen der CBS und der ABC ihnen technische Geräte. Zehn Plattenfirmen sagten auf dem NATRA-Treffen 1968, sie würden jeder 25.000 $ spenden.

Wehmütig erinnert sich Shields: "Wir gedachten, von dem Miami-Treffen mit einer Viertelmillion Dollar (an Spenden) fortzugehen, um die NATRA School of Broadcast Science aufzubauen, und dann bliesen wir das Ganze ab." Er hat den Verdacht, daß es da "gewisse Leute in Rundfunk und Fernsehen gab, denen es nicht paßte, daß schwarze Diskjockeys die Verantwortung und die Macht bekommen sollten, von der wir sprachen." Es klingt so, als ob Shields meint, "Big Brother" hätte ein Auge darauf gehabt - und da mag er nicht so unrecht haben. Da schnüffelte mit Sicherheit jemand herum, neidisch auf die Macht, die die NATRA anhäufte und der dann einen Weg suchte, sich da einzumischen, und sie scheuten sich auch nicht, Gewalt anzuwenden. Eine Serie von Gewalttätigkeiten, die sich während der nächsten Monate ereignete und an denen Schwarze sowohl wie Weiße beteiligt waren, riß den NATRA-Plan in Fetzen.

Es wurde unter den Leuten in der Branche viel geredet über "Pressionen", die angewandt wurden - schwarze Aktivisten hätten die weißen Besitzer von Plattenfirmen durch Gewalt zu "Reparationen wegen der Ausnutzung in der Vergangenheit" gezwungen, (unter dem Beifall vieler Schwarzer), aber nach Shields' Worten waren Repressalien gegen schwarze Diskjockeys auch nichts Unbekanntes. Schon Monate vor dem 1968er Treffen, erinnert sich Shields, war er das Ziel einer Serie von Drohungen durch Personen, die einen Anteil an den Aktionen der New Breed haben wollten. "Ich werde es nie vergessen," sagt Shields, "als Clarence Avante zu mir sagte 'Was Du auch immer tust, laß Dich nicht kleinkriegen." Direkt vor dem Treffen begannen Gerüchte in Harlem umzulaufen - es wären Typen unterwegs, die Shields an den Kragen wollten - und eines Abends, gerade als Shields die Büros der WLIB auf der Lenox Avenue nahe der 125. Straße verlassen hatte, schlugen ihn drei Mann nieder. Die Täter wurden nie gefaßt.

Das war nur das Vorspiel. In Miami wurden zwischen dem 14. und dem 18. August Weiße von den Plattenfirmen und schwarze Rundfunkleute bedroht und einige zsammengeschlagen. Marshall Sehorn, Bobby Robinsons alter Kontaktmann aus New Orleans, wurde verprügelt. Phil Waldon, Otis Reddings weißer Manager, wurde bedroht. Ebenso Jerry Wexler. Shields blieb nur einen Tag in Miami. Als er am Flughafen ankam, warnten ihn Mitglieder der NATRA davor, dazubleiben, "sie" seien hinter ihm her. Gleichzeitig beschwerten sich Mitglieder des Südstaatenzweiges der NATRA auf diversen Sitzungen, daß die Organisation sich nicht um die Bedürfnisse der unterbezahlten Diskjockeys in den Südstaaten kümmere, weil ihre Führer zu sehr mit Politik beschäftigt seien.

Zurück in New York, bekam Shields Besuch vom Leiter der FCC, Nicholas Johnson, und der Staatsanwalt der Stadt ließ sein Telephon abhören und ihn rund um die Uhr überwachen, zwei Monate lang - nach den Geschehnissen beim Kongress in Miami. Nach all den Streitigkeiten und Gewalttaten bei dieser Versammlung schwand das Engagement für die Schule dahin, und der Enthusiasmus für die New Breed nahm erheblich ab. Bei dem Treffen 1969 in Washington zahlte D.C. Shields 10.000 $ für eine Leibwache für sich und die Kongressteilnehmer. Warf ihm da doch tatsächlich einer von Shields Gegnern vor, sich "so weit zu erniedrigen", seine eigenen Schläger anzuheuern.

Nach 1969 zog sich die New Breed aus der NATRA zurück. Shields und Avante zogen 1971 nach Los Angeles, um sich einen Traum zu erfüllen: sie kauften die Rundfunkstation KACE. Die Büros der NATRA wurden nach Chicago verlegt, und schnell übernahm die Organisation wieder ihre historische Rolle als eine bewegliche Festivität für schwarze Diskjockeys. Vier Jahre einer versuchten "Relevanz" erwiesen sich als ein bißchen zu viel für die Brüder am Mikrophon. Statt eine geschlossene politische Kraft zu bilden mit dem Ziel, den Berufsstandard anzuheben, blieben die schwarzen Diskjockeys ohne Organisation und Zentrum. Selbst während sie versuchten, wenigstens den Status quo zu bewahren, entwickelte sich die Radioindustrie schon in eine Richtung, die die Rolle der schwarzen Diskjockeys für immer verändern sollte.

Gary Byrd

Gary Byrd, in Buffalo geboren, aufgewachsen mit den Stimmen von Hound Dog Lorenz und Eddie O'Jay im Ohr, kann man als eine Figur des Übergangs im schwarzen Rundfunk bezeichnen. Seine Karriere begann in der Aera der Personality-Jockeys, ging über in die Periode des Niedergangs, und er erlebte dann noch die Geburt eines neuen Stils im schwarzen Rundfunk, der die Betonung auf den eiskalt definierten Professionalismus legte.

Byrds Geschichte beginnt 1965, als er als fünfzehnjähriger Schauspieler in einem "Hip"-Stück, genannt "The In Crowd", in der Schule auftrat, das auf Dobie Grays Hitplatte basierte. Hank Cameron, Lehrer und Gelegenheitsjockey bei der WUFO, war beeindruckt genug von Byrds Stimme, um den Jungen zu fragen, ob er je an eine Karriere im Radio gedacht habe. Byrd, der Ambitionen als Schauspieler und Comedien hatte, dachte, Rundfunkansager käme dem wohl ziemlich nahe und sagte, ja, hätte er. So arrangierte es Cameron, daß Byrd in der Rundfunkstation angelernt wurde. Er bekam seine eigene Sendezeit am Wochenende, in der er sich anfänglich auf Jazz spezialisierte, aber schnell feststellen mußte, daß das Publikum lieber R&B hörte. Außerdem wollte das Publikum die Musik mit Pfiff präsentiert bekommen. Byrd hatte eine Menge zu lernen, aber, wie er selbst sagt, er entwickelte Methoden, um mithalten zu können: "Ich schrieb mir jede Kleinigkeit auf. Ich hatte ein kleines Notizbuch bei mir, und dadrin schrieb ich mir alles auf, was man als Personality Jockey zu tun hatte. Ursprünglich war ich, als ich da reinkam, ein Jazzfan. Ich erinnere mich noch, eines Tages beim Haareschneiden sagte ein Typ zu mir, sie stritten sich alle darüber, wer höher singen könne, Smokey Robinson oder Eddie Kendricks. Ich dachte, 'Wer ist das denn, Smokey und Eddie?' Ich schaffte mich auf Coltrane. Das war meine Richtung, denn ich war in Buffalo in einer Gegend großgeworden, wo überall um mich rum Jazz lief. Als die da also anfingen, über irgend einen Smokey oder Eddie zu reden, da dauerte es noch ein ganzes Jahr, bis ich wußte, wen sie eigentlich meinten.

"Als die Platten dann hereinkamen, machte ich mir eine kleine Notiz: 'Such dir die Platte raus, die dir am besten gefällt und bring sie ganz groß raus,' und das 'groß' unterstrich ich dann noch, damit ich daran dachte, daß ich da was machen mußte. So hab ich dann 'Baby Do the Philly Dog' und noch ein paar andere Platten, die mir wirklich gefielen, rausgegriffen und versucht, da was auszuarbeiten und sie in meiner primitiven Art als Teenager-Jockey aufzubauen. Das funktionierte, und dann passierte so langsam was. Das war nun ganz entschieden schon Teil eines Konzeptes für das Personality-Radio, von dem ich gerade noch den letzten Zipfel erwischte."

1966 war Byrd durch seine Live-Erfahrungen im Sender schon radiosüchtig geworden und er schwor sich, eines Tages seine Lieblingsstation, die WWRL in New York, zu besuchen. Am "Junior Day", einem Tag, den in Buffalo die Schüler feiern, die aus den unteren Klassen in die höheren, die "Senior Classes", überwechseln, (dafür sparten die Schüler sogar), erklärte Byrd seiner Großmutter, bei der er aufwuchs: "Ich mach mir eigentlich nichts aus dem Junior Day. Ich möchte viel lieber mal nach New York City fahren." Seine Großmutter fragte: "Was willst Du denn in New York City?" Byrd sagte ihr: " Ich möchte so gerne mal die WWRL hören, die Radiostation. Ich möchte mal versuchen, ob ich die Station nicht besuchen kann." Seine Großmutter sagte, er könne bei einer Tante in der Stadt wohnen, so ging also Byrd, der vorher auch noch nie geflogen war, nach New York. "Das erste, was ich tat, war, den Sender anstellen," erinnert er sich. "Das zweite war, den Sender anzurufen und zu sagen, daß ich ihn mal besuchen möchte." Es ist heutzutage unvorstellbar, daß Byrd sich mit fünfzehn Jahren einen Job als Ansager bei einer Station wie der WUFO an Land ziehen konnte, ganz zu schweigen davon, auf einen bloßen Anruf hin Eingang zu finden bei einer der wichtigen großen Rundfunkstationen in New York. Aber nicht lange nach diesem Anruf saß Byrd richtig im WWRL-Studio mit Rocky (C.) Groce. "Ich stieg also ein und er fragte mich, ob ich interessiert sei am Radio. Ich sagte, 'Ich bin Jockey.' Groce sagte, 'Wie kommt das, daß Du mit siebzehn schon Jockey bist?' Ich sagte, 'Ich bin Jockey. Ich mach das jeden Tag, und am Wochenende hab ich noch 'ne Show.' Er sagte, 'Mensch, hau doch ab. Du bist aus Buffalo, der Heimatstadt von Frankie Crocker?' 'Ich sagte, 'Ja'. Er sagte, 'Na, was passiert denn wohl, wenn ich jetzt das Mikrophon aufmache und dich da ranlasse?' Ich sagte, 'Was soll ich also machen?' Er sagte, 'Diese Platte vorstellen.' Es war die Platte 'Shake, Rattle and Roll' von Arthur Cobbs. Er machte das Mikrophon auf, und als er das Mikrophon anstellte, war der Aufhänger, an dem man den Titel erkennt, weg, weil man die Lautsprecher nicht hören kann, und ich hatte keine Kopfhörer auf. Ich riet die Nummer aber doch richtig. Ich traf sie sozusagen blind. Wenn man die ersten zwei Takte einer Platte hört, dann hat man schon im Gefühl, was es ist. Ich traf die Nummer richtig und als sie vorbei war, war er natürlich vollständig baff. Genauso wie Fred Barr, der große Gospeljockey, ein Weißer, der auch gerade da war. Der Chefmanager kam herein und bot mir einen Job an, mit siebzehn Jahren bei der RL anzufangen. Ich war total überwältigt."

Byrds Großmutter jedoch war fest entschlossen, sich seinem Fortkommen entgegenzustellen. Sie rief ihn zurück nach Hause, nach Buffalo. Byrd indessen, keineswegs bereit, ein braves Kind zu sein, nahm einen Job bei der WYSL an, einer Top Forty-Station oben im Staat New York, die nach einem Format arbeitete, das dem alten Popradio eine künstliche Dichte gab, die die Stationsinhaber entzückte, die aber die Diskjockeys alter Schule haßten. Diese Sendeform war von Bill Drake entwickelt worden und wurde 1965 in der KHJ in Los Angeles eingeführt, wo Drake aus einem mit Verlust arbeitenden Sender die Nummer eins unter den Stationen auf dem zweitgrößten US-Markt machte. Drake schaffte das, indem er die Liste der Stücke "zusammenquetschte". Das bedeutete, er spielte die populärsten Titel wiederholt, begrenzte und kürzte die Senderidentifikation und hielt die Werbespots unter vierzehn Minuten in der Stunde, vier Minuten unter dem von der FCC vorgegebenen Maximum. Zwei Nummern hintereinander zu spielen und mit dem Abspielen in die Ansage des Diskjockeys hinein anzufangen oder in das Ende der Nachrichten rein, das waren Drake-Neuerungen, die das amerikanische Radio allgemein übernahm, weil es das Tempo der Übertragungen steigerte. Das gab den Diskjockeys aber auch nur wenig Zeit zum Reden, denn Drake war der Auffassung, es sei wichtiger, einen einheitlichen Sound in den Stationen zu haben, als Starjockeys zu hätscheln. Von der KHJ aus ging Drake als Berater für Gestaltung zu allen Stationen im Besitz der RKO und wurde schließlich Vizepräsident der ganzen Senderkette, bevor er seine eigene, sehr lukrative Beraterfirma gründete. Byrd beschreibt das Drake-Format folgendermaßen: "Zeit, Temperatur, Künstler, Plattentitel. 'Es ist 1.07 Uhr auf CKWL. Hier ist Gary Byrd. Sie hören die Temptations.' Dann kommt 'Ain't Too Proud to Beg.'"

Nach Byrds Analyse "begann das Drake-Format das ganze Land zu erobern, denn es verschloß den Jockeys den Mund, die ohnehin im Grunde nichts zu sagen gehabt haben mögen, was unterhaltsam gewesen wäre. Und die weißen Jockeys hatten es damals mehr mit so einem leicht irren Humor. Ich will damit nicht sagen, daß alle schwarzen Jockeys was Großartiges von sich gaben, aber es war eine andere Art von Einstellung. Sie machten nicht so auf verrückt. Das war wohl das Wesentliche daran. Es vereinheitlichte die Sendeformen. Es hieß auch, wenn ein Typ kein Talent hatte, konnte er immer noch kommen und alles schon nach Vorschrift abziehen, wenn er sich unter Kontrolle und eine hübsche Stimme hatte. Er konnte der Station den Einheitssound geben. Wenn er versagt, raus mit ihm, dann kommt eben ein anderer. So einfach war das. Weil es ja nicht mehr der Jockey war, es war die Station."

Und diese Anschauungen wurden zu Byrds Kummer in den schwarzen Rundfunk hineingetragen. Im Rückblick nennt Byrd zwei Gründe, warum die R&B-Welt Drakes Format bereitwillig annahm. Wie Shields, so macht auch Byrd die Angst des weißen Managements vor der Macht der schwarzen Diskjockeys für deren Niedergang verantwortlich. "Es handelt sich hier um die 'Plantation-Mentality' (wie sie im Süden auf den Plantagen geherrscht hatte)," sagt er. "Was der schwarze Rundfunk zu der Zeit hatte, waren starke Persönlichkeiten, die durch ihr Redetalent hochkamen und die Fähigkeit, Kontakt mit den Gemeinden herzustellen und die dadurch so populär wurden. Nun waren die Stationsmanager ja weiß. Denen paßte es nicht, daß ein schwarzer Jockey größer wurde als die Station."

Der zweite Grund lag in der sich wandelnden Geistesverfassung des schwarzen Amerika. Für einen breiten Querschnitt der schwarzen Gemeinde - angefangen bei denen, die sich mit Dr. Kings erhebenden Kadenzen identifizierten, bis zu denen, die Ron Karengas Nationalismus folgten, von denen, die sich dem Sozialismus der Black Panther anschlossen, bis zu den vielen, die beweisen wollten, daß sie genauso gute Amerikaner waren wie die Weißen - für diese alle waren die schnellen Wortkaskaden der schwarzen Diskjockeys eine ausgesprochene Peinlichkeit. Zu einer Zeit, als Sidney Poitier Amerikas Kassenmagnet Nummer eins war, verloren Schwarze jeder Couleur die Geduld mit den Eddie (Rochester) Andersons der Ätherwellen. Drakes Format war der Zaum, den man ihnen anlegte.

Wie Byrd sich wehmütig erinnert: "Was ich zur Integration sagen kann, so war das gewissermaßen eine Zeitspanne, in der man lernte, einen Anzug anzuziehen, ein Hemd, und dann einen Job anzunehmen. Nun. Ganz plötzlich sagt das Management, 'Wir haben weiße Hörer. Also Vorsicht. Sprich nicht zu 'ethnisch'. Sprich anständig. Sprich die '-ings' deutlich aus.' So ging das etwa. Sie nahmen also die Jockeys, die sich danach richteten und machten sie zum Inbegriff des Jockey. So wurden dann sogar die Jockeys abgesägt, die als 'Hip-Personality' ihre Sache ganz 'hip' machten. Sie wurden auf denselben Haufen geworfen."

Nach Ansicht von Byrd und anderen endete die Ära des schwarzen Personality-Jockeys 1967, als das Drake-Format sich des schwarzen Rundfunks bemächtigte. Das ist aber doch wohl etwas voreilig. Wir wissen von der NATRA, daß viele der bekanntesten R&B-Diskjockeys auch nach diesem Zeitpunkt ihre Kraft, die Hörer mitzureißen und Einfluß auf die Plattenfirmen zu nehmen, noch nicht verloren hatten. Dazu kam noch, daß es viele Stationen gab, inklusive WWRL von 1969 bis 1971, die zwar ein gemäßigtes Top Forty-Format annahmen, aber trotzdem für das ungeübte Ohr nicht so radikal anders klangen als in den Jahren davor. 1970 war Byrd abends auf Sendung, als die WWRL an fünfter Stelle in New York City landete, Arbitron zufolge die höchste Bewertung in seiner Geschichte.

Was die alte Aera schließlich beendete und eine neue einleitete, das war das FM-Radio (UKW), eine technische Entwicklung, die erst in den siebziger Jahren im schwarzen Amerika Fuß fassen konnte. Als das eintrat, flog die Tradition zum Fenster hinaus und mit ihr eine ganze Reihe Karrieren.

V

ERLÖSUNGSSONGS IM ZEITALTER DER KORPORATIONEN (1971-1975)

Wenn man nach den Zahlen geht, war die Assimilation in den sechziger Jahren ein Bombenerfolg. Von 1965 bis 1969 nahm die Prozentzahl der Schwarzen, die weniger als 3.000 $ verdienten, ab, während die Zahl der Schwarzen, die mehr als 10.000 $ verdienten, sich auf 28 Prozent erhöhte. 1965 gingen 10 Prozent aller jungen Schwarzen aufs College, sechs Jahre später waren es 18 Prozent. Bis 1972 waren bereits 2.264 Schwarze in offizielle Ämter gewählt, bis zu diesem Zeitpunkt die höchste Anzahl in der amerikanischen Geschichte. Das gesamte Jahreseinkommen der schwarzen Amerikaner betrug 100 Billionen Dollar. Gleichzeitig war aber der Betrag aus diesem Einkommen, der wieder in die schwarzen Gemeinden investiert wurde, kaum nennenswert, und die meisten der talentierten College-Absolventen wurden nicht zu unbhängigen Unternehmern, sondern arbeiteten in den etablierten weißen Firmen. Darüber hinaus wurden viele der ökonomischen Gewinne durch Vermittlung und Überwachung der Regierung geschaffen. Schwarze entwickelten sich also auch nicht zu einer unabhängigen Wirtschaftsmacht, sondern wurden ein immer lukrativerer Markt für die Erzeugnisse weißer Unternehmen.

In den frühen siebziger Jahren nahm ein gänzlich anderer, unerwarteter Wirtschaftszweig den Markt der Schwarzen zum Ziel, aber erst, nachdem ein Einzelgänger unter den schwarzen Geschäftsleuten ihnen die Augen geöffnet und eine Verbindung hergestellt hatte zwischen Film und Rhythm & Blues, die die Koppelung von Musikvideo, Feature-Film und Popmusik der achtziger Jahre vorwegnahm.

Alles fing an mit der Reaktion auf den überaus tüchtigen Filmstar Sidney Poitier, der immer in Schlips und Kragen und gar nicht sexy auftrat. Poitier war der schwarze Amerikaner, wie ihn viele seiner eigenen Leute, aber vor allem die regierende weiße Mehrheit als beispielhaft ansahen. Als Schauspieler war Poitier in seiner verhaltenen Art voll ruhigen Selbstbewußtseins durchaus wirkungsvoll. Er hatte eine Symbolkraft wie Dr. King und die Freiheitsmärsche. Mit "In the Heat of the Night" (In der Hitze der Nacht) "To Sir, With Love" und "Guess, Who's Coming to Dinner" (Rat mal, wer zum Essen kommt) in den späten sechziger Jahren wurde der gebürtige Westindier zum Rivalen von Paul Newman, Steve McQueen und Clint Eastwood als größte Filmattraktion des Landes. Nach Jahrzehnten der Komiker und Mammies war Poitiers Würde geradezu aufsehenerregend und machte ihn zum ersten - und letzten - schwarzen Charakterdarsteller, der je zum Superstar im Film wurde.

Um 1970 schien "Sir Sid" jedoch für viele so etwas wie der Bruder von einem fremden Stern zu sein. Die Aera verlangte nach einem maskulineren schwarzen Star mit mehr Durchsetzungskraft, der dem um sich greifenden Machismo der schwarzen Nationalisten und dem härteren Sinn der Menschen mehr entsprach. Jim Brown versuchte Abend für Abend, diese Rolle auszufüllen. Wenige Filmschauspieler hatten die physische Präsenz dieses Ex-Running Back, einem der größten, die je in der National Football League gespielt haben. Wann immer Brown kämpfte, daherging oder auch nur den Feind oder seine Mädchen mit versteinertem Blick ansah, war er durchaus überzeugend. Brown hätte wohl zum nächsten großen schwarzen Star werden können, wenn er, wie in seinem Debutfilm "The Dirty Dozen", die Rolle des Helden gespielt hätte.

Aber das ganze Spiel änderte sich durch "Sweet Sweetback's Badass Song" 1970. Damit hatte Melvyn Van Peebles als erster Filmregisseur begriffen, daß das schwarze Publikum (und viele Weiße ebenso) ihre schwarzen Helden rebellisch haben wollten wie die romantischen Revolutionäre, die man in den Abendnachrichten sah. Van Peebles, der sowohl in Frankreich Filme gedreht hatte wie auch in Hollywood den "Watermelon Man", war gerissen. Er machte den Hauptdarsteller aus seiner eigenen Professionellenzucht de facto zum Helden, indem er ihn gleich zu Anfang des Films zwei brutale Cops abschlachten und ihn dann durch das schwarze Viertel von Los Angeles wandern ließ, von dessen Einwohnern nun sein Leben abhing. Dadurch, daß er seinen Helden zum schweigsamen Umgetriebenen machte, mußte Van Peebles dessen politische Einstellung nicht erst lange erläutern - er brauchte nicht einmal eine zu haben. Die dargestellte Figur mußte nur zu überleben verstehen. Beim Soundtrack bewies Van Peebles gleichfalls Weitsicht, indem er eine damals ziemlich obskure Funk-Jazzband namens Earth, Wind and Fire anheuerte.

Für "Sweet Sweetback's Badass Song" wurden alle möglichen Mittel zusammengekratzt. Einige Gelder für den Film kamen von schwarzen

Entertainern. Um keine Abgaben zahlen zu müssen, erzählte er der Filmgewerkschaft, "Sweetback" sei ein Pornostreifen. Als er fertig war, mußte er ihn in geschlossener Gesellschaft vorführen oder Kinos mieten, um den Film zu zeigen, weil kein größeres Studio ihn verleihen und keine Kinokette ihn buchen wollte. Schwarze und neugierige Weiße drängten sich in die Kinos, wo "Sweetback" dann doch lief, und waren baß erstaunt, auf der Leinwand einen schwarzen Hauptdarsteller zu sehen, der ein so knallharter Bursche, so sexy, so verdammt nahe am Existentialismus war. Indem "Sweetback" so direkt in die schwarze Befindlichkeit hineinbohrte, und das außerhalb der Strukturen der amerikanischen Allgemeinheit, war er ein ziemlich genauer Ausdruck der Unruhe und des Nationalismus auch seines Publikums. "Sweetback" war umstritten und ganz nebenher auch so erfolgreich, daß er die traditionellen Rollen von Poitier mit ihrer braven Anständigkeit und den subtileren Konformismus von Brown total spießig erscheinen ließ.

Von 1970 bis 1976 waren Filme mit schwarzen Themen in Hollywood Massenware. Im Rückblick waren die Spannbreite und der Grundton der Filme umfassender als der Ausdruck "Blaxploitation" (von "Black" und "Exploitation" - hier: Detektivarbeit) vermuten läßt. Dennoch ist es keine Frage, daß Filme, die "Sweetback" zu einer wiederholbaren Formel verfälschten, den Ton angaben. In "Shaft" war der Rebell, den die schwarze Gemeinde in seinem Kampf gegen die weiße Autorität unterstützte, ein Privatdetektiv alter Art, eingespannt in die Auseinandersetzungen zwischen schwarzen und italienischen Gangsterbanden um das organisierte Verbrechen in Harlem. Die schwarzen Nationalisten wurden als wohlmeinende, ernsthafte Ideologen dargestellt, denen nur die Mittel fehlten, um das Establishment zu besiegen.

In "Superfly" waren die schwarzen Aktivisten schlecht gekleidete Clowns, mit denen die Hauptfigur, ein Kokaindealer, schnell fertig wurde, wenn sie ihn zu stellen versuchten. Mit einem Realismus, der die Idealisten vor den Kopf stieß, behaupteten "Shaft" und "Superfly", daß die einst so lebendigen schwarzen Viertel in Amerika von einer korrupten, oder bestenfalls gleichgültigen, Polizei und zynischen Verbrechern jeglicher Hautfarbe beherrscht wurden, in denen nur ein schwarzer Supermann (und Frauen wie die Königin der Detektive Pam Grier) gedeihen konnten.

Jedoch im Gegensatz zu der Art, wie Van Peebles und Earth, Wind and Fire die Musik in "Sweetback" einsetzten, boten diese beiden späteren Filme Momente von der Faszination eines Musikvideo. In "Shaft" wanderte Richard Roundtree als Privatdetektiv durch die Straßen eines wunderschön photographierten Harlem auf der Suche nach dem Aufenthaltsort einer schwarzen Nationalistengruppe. Diese zielgerichtete Tour wurde untermalt von "Soulsville", einer bedrückenden Litanei urbaner Übel, gesungen von Isaac Hayes und den durchdringenden Stimmen eines Frauentrios als Begleitung. Für den schwarzen Regisseur Gordon Parks, einst preisgekrönter "Life"-Photograph, war das der visuelle Höhepunkt des Films.

In "Superfly" gelang dem Regisseur Gordon Parks Jr. noch etwas Besseres, als er den Film reich mit Curtis Mayfields brilliantem Soundtrack untermalte: das sinnliche "Give Me Your Love" machte aus der Liebesszene in der Badewanne einen erotischen Klassiker; der Drive des Titelsongs schärfte die Actionszenen; "Pusher Man" lief unter einer Standbildmontage, die, ein Jahrzehnt vor der Kokainepidemie, den großen Reiz dieses heimtückisch schicken weißen Pulvers suggerierte.

"Shaft" brachte Isaac Hayes einen Oscar ein plus einem Haufen Preise der Musikindustrie. "Superfly" war sowohl der Scheitelpunkt von Mayfields langer Karriere - es war die Summe seines sozialen Engagements, ausgedrückt in der aggressivsten Musik, die er jemals geschrieben hat - als auch der Beginn einer neuen. Nach "Superfly" steuerte Mayfield Soundtracks zu mehreren schwarzen Filmen bei, darunter "Sparkle", "Let's Do It Again", "Claudine" und "Short Eyes". Blaxploitation Soundtracks sollten noch zu unzähligen Szenen in der Art eines Musikvideo und zu vielen Hitplatten anregen, wie dem Titelsong für "The Mack" von Willie Hutch, Marvin Gayes Titelsong für "Trouble Man", "Keeper of the Castle" aus "Shaft in Africa" von den Four Tops und Aretha Franklins "Something He Can Feel" aus "Sparkle". Wenige dieser Filme fanden Beachtung, weder innerhalb noch außerhalb der Unterhaltungsindustrie, aber man ließ einige der neueren Talente der schwarzen Musik in den Filmen arbeiten und ermutigte so alle R&B-Musiker, ihrem Sound und ihren Ambitionen mehr Spielraum zu geben (als Beispiel Norman Whitfields Aufnahmen von "Psychedelic Soul" mit den Temptations bei Motown, inklusive "Papa Was a Rolling Stone" 1972, Isaac Hayes' ziemlich lange Ballade auf "Hot Buttered Soul" 1969 und Marvyn Gayes "What's Going On" 1971).

Länger, stärker orchestriert und introspektiver - einige der schwarzen Alben hatten die Folgerichtigkeit und den Zusammenhang eines Soundtracks, auch wenn sie das nicht waren. Lateinamerikanische Percussion in Form von Kuhglocken, Congas und Bongos, wurden zu unerläßlichem rhythmischem Beiwerk und preßten eine neue Schicht polyrhythmischen Feuers in die Rillen. Mollakkorde, während der Souljahre in Ungnade, tauchten in den Arbeiten von Marvin Gaye und Stevie Wonder auf, sowie bei den produktiven schwarzen Bands wie Earth, Wind and Fire, Kool and the Gang und Mandrill. Der Abgrund zwischen Musikern aus der Jazzszene und dem R&B schloß sich schnell, als Miles Davis und seine Zöglinge, wie

Herbie Hancock z.B., in höchst experimenteller Weise elektronisches Keyboard und Tanzrhythmen anzuwenden begannen. Hancocks "Headhunters" (1974) stellten das Funk-Ende dieser Jazz Rock-Fusion dar und sollten noch häufig imitiert werden.

Es klappte natürlich nicht immer. Es gab ebenso viele Portionen anspruchsvoller Leistungen wie aufgedonnerten Unsinns, aber im großen und ganzen war der Sound der frühen Siebziger im R&b ein getreues Abbild der zunehmenden intellektuellen Entwicklung des schwarzen Massenpublikums. Die Immatrikulation schwarzer Studenten erreichte eine nie dagewesene Höhe, dank des Zugangs zu Studienbeihilfen und Darlehen, die noch aus dem Programm der Johnson's Great Society stammten. Nunmehr war ein Universitätsstudium ein realistisches und erreichbares Ziel für die jungen Schwarzen. Die vielen Werbesprüche, die besagten: "Es ist schlimm, seine Geisteskräfte zu vergeuden", taten entschieden ihre Wirkung. Die "Buppies" (black urban professionals) der späten achtziger Jahre wurden damals gerade großjährig. Es ist daher nicht überraschend, daß das Paradebeispiel dieser neuen R&B-Empfänglichkeit ein schwarzer Universitätsabsolvent war. Donny Hathaway wuchs in St.Louis bei seiner Großmutter Martha Pitts auf, die Gospels sang. Er ging in den späten sechziger Jahren auf die Howard University, als der Campus und die schwarzen Viertel der Stadt von politischer Aktivität überschäumten. Tagsüber studierte er Musiktheorie an der ausgezeichneten, aber umlagerten Musikabteilung. Jahrelang hatte Howard sich geweigert, Jazzunterricht zu geben, aus dem abwegigen Gefühl heraus, die statusbewußten Schwarzen, die hier studierten, brauchten nur die europäischen Kompositionskonzepte zu kennen. Wie man sich denken kann, war das damals eine Quelle ständiger Konflikte auf dem Campus. Abends spielte Hathaway überall in der Stadt in Jazztrios Klavier und zog mit einer jungen Pianistin und Vokalistin namens Roberta Flack herum.

Curtis Mayfield, der gerade dabei war, sein eigenes Curtom Label in Chicago zu organisieren und dafür Talente suchte, wurde mit Hathaway bekannt gemacht. Die Begegnung führte zu Sessions in Chicago und New York, und seine formale Howardtechnik sowie sein Gespür für den Jazz halfen ihm, Arrangements für Jerry Butler, die Staple Singers und Carla Thomas zu schaffen, die aufhorchen ließen. Durch die Begegnung mit dem Saxophonisten und Bandleader King Curtis bei einem Kongress der Musikindustrie entstand ein Vertrag mit Atlantic Records. Hathaways Debutsingle von 1969, "The Ghetto", coproduziert von King Curtis und geschrieben von einem anderen Protégé Mayfields, Leroy Hudson (dem Ersatzmann für Mayfield als Leadsänger bei den Impressions), war das vollkommene Beispiel für diesen ehrgeizigen neuen R&B. Mit seinen 6.47 Minuten war es lang; eine Unheil verkündende Orgel schuf die Stimmung, Congas eher noch als das Schlagzeug trugen die rhythmische Struktur, die Vocals bestanden in einem hypnotisch beschwörenden Singen des Titels. "The Ghetto" hatte wenig zu tun mit der Soulmusik einer Aretha Franklin. Hathaway war auf eine größere Vision aus, die zwar die religiöse Inbrunst des Soul enthielt, aber sich der Jazzorchestrierung und der Rhythmen der Dritten Welt bediente.

Er hatte auch ein anderes Publikum als das von Aretha vor Augen, wie Arif Madin 1970 herausfand, als er in Los Angeles ein Live-Album mit Hathaway aufnahm. "Als ich im Troubadour ankam, wo er für seine Show am Abend probte, sah ich da eine Schlange, die dreimal um den Block ging, alles gut angezogene Schwarze des Mittelstandes, die warteten mit ihren Eintrittskarten schon drei Stunden vorher auf den Einlaß. Damals war Donny nicht einmal berühmt, müssen Sie wissen. 'The Ghetto' war zwar bemerkenswert, aber viel verkauft davon hatte er wahrhaftig nicht. Ich rief das Büro an. 'Irgendwas ist hier los' sagte ich. 'Die Spannung ist unglaublich'. Bei seinen Live-Auftritten im Troubadour kannten sie jeden Song. Er machte den Mund auf, und das Publikum überschlug sich. Es war wie bei 'Name That Tune' (Nennen Sie den Titel). Wir haben auf dem Live-Mitschnitt die Publikumsbegeisterung so laut gelassen, weil sie so sehr zur Show gehörte. Er war ein Star, dessen Platten sich einfach verkaufen mußten. Selbstverständlich wurde das seine erste goldene Schallplatte."

Mardin, Coproduzent und Arrangeur sowohl bei Hathaways "Extension of a Man" wie auch bei zweien seiner populären Duette mit Roberta Flack, "You've Got a Friend" und "Where Is the Love", ist der Auffassung, Hathaway - zusammen mit seinem Zeitgenossen Stevie Wonder - sei führend in der Erweiterung der harmonischen Sprache des R&B gewesen. "Er benutzte eine ganze Menge Jazzharmonien: übermäßige Septimen, verminderte Nonen, alterierte Akkorde. In dieser Richtung war Donny ein Pionier, sowohl vokal als auch kompositorisch." Mardin nennt George Benson und Al Jarreau als zwei weitere Sänger, die sich, Hathaways Beispiel folgend, auf die Anwendung von Jazzharmonien in einem Popkontext verstanden. Aufgrund von Hathaways Mixtur von Gospel, Jazz und sozialem Bewußtsein, meint Mardin, "hätte er auf unserem Gebiet ein wahrer Heros sein können. Nicht nur ein Heros der Musik. Er hätte auch eine gesellschaftliche Macht sein können." Unglücklicherweise, trotz all seiner Brillianz als Pionier, war Hathaway mit tiefen psychologischen Problemen geschlagen, die seinen Plattenaufnahmen Grenzen setzten und ihn schließlich 1979 zum Selbstmord trieben.

"Hollywood" und Howard

Der Einfluß von Hathaway und anderen Musikern der gleichen Richtung reichte weit und überschwemmte auch den Rundfunk. Die Klänge von Hathaway, Hayes und Mayfield ließen die wenigen verbliebenen, altmodischen Personality-Jockeys anachronistisch erscheinen. Jack Gibson zog sich aus dem Musikgeschäft zurück und ging nach Orlando, Florida, wo er Publicity machte für "The Mousehouse", die Bezeichnung der Jockeys für Disneyworld. Eddie O'Jay stieg beim Rundfunk aus und übernahm einen Job bei einem Cadillacverkauf in der Bronx, der in schwarzem Besitz war. Hoss Allen, der sich in dem dichteren Format von Nashvilles WLAC eingeengt fühlte und dem die neuen Trends im R&B nicht paßten, startete ein Gospelprogramm, ein Gebiet, auf dem Diskjockeys immer noch die Freiheit hatten, zu reden und das Programm zu bestimmen.

Es rollten nicht in jeder Station und auf jedem Markt die Köpfe, aber es zeichnete sich doch eine deutliche Wachablösung ab. Einer der wichtigsten Aspekte war der Aufstieg diverser Stationen in den Großstädten, die Eigentum von Schwarzen waren und die immer mehr hervortraten. In Los Angeles verkauften Clarence Avante und Del Shields KACE an den Ex-Baseballstar der Green Bay Packer, Willie Davis, der einen Riesenerfolg als Lieferant von Schlitz Beer in Milwaukee gehabt hatte. Earl Graves, Publizist beim "Black Enterprise Magazine", erwarb KNOK in Fort Worth, während John Johnson, Begründer der "Ebony" und der "Jet", WPJC in Chicago startete. Von all diesen neuen Rundfunksendern, die Eigentum von Schwarzen waren, sollten zwei für das schwarze Radio in den frühen Siebzigern und durch die ganzen nächsten fünfzehn Jahre von entscheidender Bedeutung werden: WHUR von der Howard University, und WLIB in New York, FM und AM (UKW und MW), angekauft von einer Gruppe lokaler schwarzer Geschäftsleute unter Führung des Präsidenten des Bezirks Manhattan, Percy Sutton.

Fast die ganzen sechziger Jahre war WLIB-AM (MW) die Nummer zwei unter den schwarzen Sendern in New York. Wie sein Rivale WWRL war er ein Tagessender ganz am rechten Ende des Wellenbandes. Er begann jeden Morgen mit Eddie O'Jays "Soul at Sunrise"-Programm, das angefangen hatte, als der Jockeyveteran 1966 dort einstieg.

1969 wurde WLIB-FM (UKW) von dem weißen Eigentümer Harry Novick eingeweiht mit einem Jazzprogramm, das sich den reichen, vollen Stereosound von FM zunutze machte. Von sieben Uhr abends bis Mitternacht beherrschte Del Shields die Ätherwellen. WLIB hatte seinen Standort auf der

Lenox Avenue nahe der 125. Straße und operierte mit beständigem, wenn auch unauffälligem Erfolg. In den frühen siebziger Jahren setzten nach Aussage der Anwohner "Aktivisten" Novick unter Druck, um ihn zum Verkauf zu zwingen. Einige sagen, er sei durch eine ähnliche Gruppe eingeschüchtert worden wie die, die 1968 den NATRA-Kongress hatte hochgehen lassen. Andere verneinen die Gewaltandrohung und versichern, es sei der Druck legitimer Gruppen in der Gemeinde gewesen, die Novick dazu gezwungen hätten. Es steht aber außer Frage, daß es Harlemiten aus verschiedenen Umfeldern waren, die WLIB in schwarzer Hand zu sehen wünschten. Unter Anführung von Percy Sutton, dem mächtigsten schwarzen Politiker der Stadt, und dem schwarzen Jockeyveteranen Hal Jackson machte eine Gruppe unter der Flagge "Inner City Broadcasting" ein Angebot für Novicks gesamte Rundfunkstationen. Die Verhandlungen waren knallhart. Novick verlangte unterschiedliche Preise für die AM- und die FM-Stationen und hoffte wohl, die Mittel der Inner City durch den Kauf von AM so zu erschöpfen, daß er FM für sich retten und damit nach "downtown" (Manhattan) gehen könne. Aber nach beträchtlichem Pokern von seiten Novicks erwarb Inner City schließlich beide Stationen. Dann verlegte die Gruppe, eine Handlung von großer symbolischer Bedeutung, beide von Harlem hinunter an einen Ort auf der East Side, zwei Blocks von den Vereinten Nationen entfernt.

Als nächstes holte Inner City einen spektakulären Diskjockey dazu, einen der letzten Personality-Jockeys alten Stils, der durch das Programm führen sollte. Frankie Crocker, an diversen Punkten seiner Karriere als "Love Man", "Fast Frankie", "Chief Rocker" und "Hollywood" bekannt, war cool, clever und wendig bis zum Excess auf seinem Weg nach oben. Crocker tat mehr, als nur das Programm des Inner City FM-Senders anzusagen, er bescherte den New Yorker Ätherwellen einen Ansage- und Programmstil, der, im Guten wie im Schlimmen, den New Yorker Rundfunk und bis zu einem gewissen Grad den ganzen schwarzen Rundfunk in den siebziger Jahren beherrschen sollte.

Als er noch auf der University of Buffalo war und sein Augenmerk auf die Rechtswissenschaften richtete, traf Crocker Eddie O'Jay und war beeindruckt von dessen Auftreten, seinem Geld und der Leichtigkeit, mit der er sich als Diskjockey zu betätigen schien. Crocker war bereits in einer Band, spielte Saxophon und sang und dachte, der Übergang zum Diskjockey könne so schwierig nicht sein. Sein erster Probeeinsatz bei der WUFO ging daneben, weil Crocker dummerweise versucht hatte, den Sound eines Top Fourty-Diskjockeys zu imitieren. Bei seinem zweiten Versuch jedoch spielte

Crocker Jazz mit Gespür genug, daß Joe Ricco, der reguläre Jazzjockey, diesen Collegeknaben als Wochenendvertretung anheuerte.

Mit Bandgigs und seinem Teilzeitjob beim Rundfunk verdiente Crocker so etwa 500 $ in der Woche, kaufte sich einen neuen Corvette und schwamm wie ein Fisch auf der plötzlichen Welle lokalen Ruhmes. Anstatt Jura zu studieren, nahm er nach seinem Schulabschluß einen Job bei der WZUM in Pittsburgh an. Während seines dortigen Aufenthalts reiste Crocker nach Chicago zu einem NATRA-Kongress, und da stellte er fest, daß die Jungs aus New York besonders hervorstachen. Er dachte: "Die Burschen sehen so aus, als ging es ihnen gut. Alle haben sie schöne Frauen oder Freundinnen dabei - ich glaube, ich versuch's mal in New York".

Als Crocker dann in New York ankam, hatte ihm seine tiefe, weiche Stimme und sein samtener Stil schon den Spitznamen "Love Man" eingebracht - und einen riesigen Anhang unter den Frauen der Stadt. Wenn Crocker sagte "Musik mag Dich nicht heilen, Baby, aber sie wird Deiner Seele guttun. Streck die Hand aus und berühr mal Dein Radio," dann wurden in "Fun City" sämtliche Lautsprecher mit Zärtlichkeiten bedacht. Die ganzen nächsten drei Jahre, inklusive eines kurzen Gastspiels bei KGJF in Los Angeles, kam Crocker mit Sprüchen über den Äther, die weit weniger laut und hektisch waren als die seiner Vorgänger, obwohl auch er immer ein Personality-Jockey blieb. Durch seine Auftritte in der Cheetah, einer Disco in "Midtown", erwarb er sich eine weiße Hörerschaft. In den späten Sechzigern erhöhten die Top Fourty-Stationen in New York wie WABC und WMCA nicht nur die Anzahl der Platten mit Schwarzen in ihrem Programm, sie versuchten auch, den Platten schwarzer Stars, die schon eine weiße Anhängerschaft hatten, zum Durchbruch zu verhelfen.

Wie Crocker Ken Smikle erzählte: "Ich sah schon, bevor ich bei WMCA anfing, daß sie versuchten, uns die Smokey Robinsons, die Aretha Franklins, die Wilson Picketts und Otis Reddings vor der Nase wegzuschnappen - sie versuchten, sie in ihren Stationen schneller zu bringen, als ich sie da bringen konnte, wo ich war. Und ich sah auch, daß es den Plattenfirmen wichtiger war, ihre Platten auf WMCA oder WABC zu haben als auf der WWRL, weil da der Markt und das Verkaufsvolumen größer waren. Ich dachte seinerzeit bei mir: "Wenn das so läuft, wo bleib ich dann?"

Crocker war fest entschlossen, in die WMCA zu kommen, eine Station, die berühmt für ihr rein weißes Team von "anständigen Jungs" war. Mit diesem Umstieg wurde Crocker einer der ersten schwarzen Diskjockeys, die von einer schwarzen zu einer Popstation wechselten. Viele in der Unterhaltungsindustrie sahen das als einen historischen Schritt an, der den Schwarzen die Popstationen öffnen würde. In der hochpolitischen Athmosphäre der Zeit sahen einige in Crockers Übertritt aber auch einen Verrat. In einem Tribut der "Record World" an Crocker 1980 erinnert sich der Präsident von Casablanca, Neil Bogart: "(Er) ging zu Top 40, als es für einen Schwarzen nicht Sitte war, da mitzumachen, und er bekam auch heftige Kritiken von seiten der schwarzen Gemeinde. Ich kann mich noch genau an ein Konzert erinnern, bei dem sich eine ganze Reihe von Rhythm & Blues-Stationen nicht anschlossen, weil Frankie die Grenze überschritten hatte." In Wahrheit öffnete Crockers Schritt nur wenige Türen im Popradio. Für "Fast Frankie" (seinen weniger zweideutigen Beinamen bei WMCA) verfestigte sich dadurch seine Position als schwarzer Diskjockey mit zahlreicher weißer Gefolgschaft.

1971 brachte Crocker (nun "Hollywood" genannt) alle Elemente seines Umfelds - Bewunderung für den New York-Stil, Wurzeln im alten schwarzen Rundfunk, Jazzfeeling, Collegeerziehung und die weiße Anhängerschaft, die er sich geschaffen hatte - in seine Vorstellungen vom Programm bei WBLS-FM, dem neuen Namen für die Station der Inner City, ein. Der Grundstein war Crockers Programm zur Unterhaltung (nachmittags von 4 bis 7) und ein Programmkonzept mit Namen "Total Black Experience in Sound". Der Popjazz von Grover Washington Jr., Miles Davis' Fusion, der weit gespannte R&B-Sound von Stevie Wonder, Donny Hathaway, Marvin Gaye und Isaac Hayes - alles fand seinen Platz in der Sendeform der WBLS. Alle Diskjockeys, die Crocker reinholte, clonten seinen Stil: sanft, verführerisch, kein Geschwätz mit Hochspannung, und eine genau kalkulierte, einnehmende Art des "Hip"seins. Das Feeling, das WBLS einzuflößen versuchte, war, wie Crocker oft sagte: "Wenn ihr uns nicht im Radio habt, dann ist euer Radio nicht an."

Was es auf WBLS nach Crockers Worten nicht gab, waren "Prediger, die über den Sender Kirchengewänder verkauften. Ich wollte mit Werbespots vom Typ Amos and Andy, die Produkte für Schwarze verkauften, nichts zu tun haben. Ich denke, die Schwarzen sind aufgeweckt genug, daß man intelligent mit ihnen reden kann, genau wie auf allen anderen Gebieten des Marktes." Eine der wesentlichsten Hypothesen, die auch alle neuen schwarzen FM-Stationen teilten, war es, daß eine erhebliche Prozentzahl der Hörerschaft der WBLS entweder auf dem College gewesen war oder sich mit den Werten identifizierte, die mit der Collegeerziehung verbunden waren. In New York ist der Wunsch, "hip" zu sein, zur Klasse der Trendsetter der Stadt zu gehören, sehr tief verwurzelt und Crocker bediente sich dieser Sehnsucht mit der Raffinesse eines Psychologen.

Vom Standpunkt der Verkaufsabteilung des Senders war dieses Publikum nach oben strebender, integrierter Hörer eine Waffe, mit der man auf

Madison Avenue zielen konnte, um an mehr Sendezeit auf landesweiter Basis zu kommen. Crocker und Co wollten nicht nur die Werbespots für "fünf Dollar in bar und zehn Jahre Laufzeit" loswerden, sie wollten sie durch Werbespots für Autofirmen, teure Duftwässerchen, Fluggesellschaften und andere Erzeugnisse mit großem Prestige ersetzen. Es wurde ein Teil der WBLS-Strategie, den prozentualen Anteil der weißen Künstler, die gespielt wurden, zu erhöhen, wodurch wiederum die Anzahl der weißen Hörer zunahm und damit schließlich auch die weißen Werbedollars. Crocker sagte: "Stevie Wonder ist ein schwarzer Künstler, aber vieles in seiner Musik ist Pop. Das Gleiche gilt für Diana Ross. Mit solchen Begriffen kann ich einfach nichts anfangen. Ich weiß, ich muß mich mit jedem herumschlagen - schwarz, weiß oder braun - wegen einer Eintrittskarte für ihre Show. Also gibt es Künstler, bei denen die Musik glatt über die Hautfarbe hinweggeht. Klar gibt es Künstler, die nur schwarze Musik machen und es gibt auch Künstler, weiße Künstler, die nur weißen Pop spielen. Wenn man aber Künstler hat, die mit ihrer Musik auf drei oder vier verschiedenen Märkten Erfolg haben - schwarz, spanisch und so weiter - das ist einfach ein Hit."

Crocker war ein Kind der Integration, und seine Vorurteilslosigkeit in der Musik zeigt das deutlich. Die Rolling Stones waren ebenso nach seinem Geschmack wie Sly. Solche Weitherzigkeit ist natürlich bewundernswert. Nur war in seiner Haltung doch ein Hauch von Zweckdenken, obwohl der Sender als "Total Black Experience in Sound" bezeichnet wurde. Während Jack Gibson, Eddie O'Jay und Del Shields ihre Energien auf die schwarzen Gemeinden konzentrierten, ob es sich nun um die Organisation einer Party oder eine Demonstration oder nur um die Liste der Titel handelte, so faßte Crocker den Begriff der Gemeinde viel weiter. Die schwarze Gemeinde war zwar seine Basis, aber wohl kaum sein Hauptanliegen, eine Philosophie, der sich das schwarze Management der Station anschloß, als WBLS Mitte der siebziger Jahre sich von "Total Black Experience in Sound" in "Total Experience in Sound" umtaufte.

Zusätzlich zu Crockers Einwirken auf die Ausrichtung des schwarzen Großstadtrundfunks half er auch noch mit beim Niedergang des Kronjuwels auf dem Chitlin Circuit, des Apollotheaters. Von seiner Zeit beim WWRL an durch die ganzen siebziger Jahre war Crocker dort an der Promotion von Shows beteiligt gewesen, wenn er auch hauptsächlich nur durch die Shows geführt und vorgeschlagen hatte, welche Künstler engagiert werden sollten. Von 1940 bis in die siebziger Jahre konnten die Personality-Jockeys die Nummern sehr billig ins Apollo holen, wobei sie die imponierende Macht der Rundfunkübertragung in die Wagschale warfen. Aber mit dem Übergang zur vorprogrammierten Sendeform kontrollierten die Musikdirektoren und nicht mehr die Jockeys den Programmablauf. Die Macht, auftreten zu lassen oder nicht, lag nun in den Händen von Programmdirektor Crocker und seinesgleichen überall im Land.

Und Crocker, entsprechend seiner Programmstrategie, sah das Apollo keineswegs als den Mittelpunkt seiner Vorstellungen an. 1974 stieg er um. Mit 7.500 $ seines eigenen Geldes mietete er das Felt Forum, ein Auditorium von 5.000 Plätzen, das zum Komplex des Madison Square Gardens an der 33. Straße und 7th Avenue gehörte, dann borgte er sich 10.000 $, um eine Show zu veranstalten. Der Künstler, den er für seine erste Promotion auswählte, Barry White, entsprach auf raffinierte Weise Crockers Konzept. Der füllige Produzent und Vokalist hatte eine tiefe, verhaltene Stimme, die an Isaac Hayes erinnerte und eine Vorliebe für üppige, melodiöse Saiten- und Bläserphrasen, die über lateinamerikanisch getönten Rhythmen schwebten. Es war romantisch, sanft, und man konnte danach tanzen, und Crocker spielte White und sein Love Unlimited Orchestra wie die Nationalhymne. Das Publikum war für Crocker ebenso herzerwärmend wie taschenfüllend. "Wir sahen ja, welches Publikum zu Whites Konzerten kam, es war nicht nur eine bestimmte Gruppe," erzählte er der "Record World". "Wir sahen Junge, Alte, Schwarze, Weiße, Hispanos - es war keine bestimmte Volksgruppe. Es war im Grunde das gleiche Publikum, das ich mit meinen Radioprogrammen ansprach."

Die Auswirkungen davon, daß schwarze Künstler in New York nun nach "downtown" gingen zu Crocker und den Jobs auf seinen Veranstaltungen, hatten keinen unmittelbaren Einfluß auf das Apollo. Tatsächlich sagte Bobby Schiffman, der das Theater nach seines Vaters Tod weitergeführt hatte, die Periode 1970 bis 1974 sei die lukrativste in der ganzen, langen Geschichte des Theaters gewesen. In jenen Jahren war Gladys Knight zum Beispiel die erste, deren Auftritt im Apollo schon im voraus für eine ganze Woche ausverkauft war. Aber lange sollte es nicht dauern, bis Crockers Verbindung zur WBLS und seine Konzerte "downtown" das Apollo in die Knie zwingen sollten - genau zu der Zeit, als die Integration ehemalige Harlemiten und ihre Kinder in die besseren Wohnungen und sichereren Straßen von Queens, Long Island und New Jersey ziehen ließ.

WHUR

In der Howard University war eine andere Dynamik am Werk. In der neuen Kommunikationsabteilung der Schule entstand nun endlich das anregende wissenschaftliche Umfeld, das Shields und Avante den Schwarzen schon in den sechziger Jahren schaffen wollten. Professionelle Journalisten wie Wallace Terry, der für die "Time" über den Vietnamkrieg berichtet hatte und damals gerade an "Bloods", seinem entscheidenden Werk über die Schwarzen in diesem Krieg, arbeitete, holte man, um den Studenten Lehrstoff aus dem "wirklichen Leben" zu vermitteln. Es wurde eine jährliche Kommunikationskonferenz der Schwarzen eingerichtet, um über diverse Themen zu diskutieren und den Rundfunk und die größeren Publikationen dazu anzuregen, mehr Schwarze einzustellen.

Die Gründung von WHUR war ein Teil von Howards fortwährenden Bemühungen, den Studenten engagierten Unterricht zu bieten und dem schwarzen Washington (von den Schwarzen wegen seiner überaus zahlreichen schwarzen Bevölkerung "Chocolate City" genannt) Informationen zu liefern. Die Programme der Station, die sich mit öffentlichen Angelegenheiten befaßten, waren außerordentlich: die Sonntage waren angefüllt mit Berichten über schwarze Politik, afrikanische Kultur und Lokalnachrichten. Um sechs Uhr abends in der Woche wurde "The Drum" ausgestrahlt, einstündige Abendnachrichten mit dem Blick auf Reportagen über Afrika, Südamerika und die Karibik vom schwarzen Standpunkt aus. Ebenso informativ wie inspirierend legte der Programmdirektor und Howarddozent Andre Perry den Schwerpunkt auf die Bindungen zwischen den Schwarzen in D.C. und der übrigen Welt. Dieser Stil der Nachrichtensendungen hob den gesamten Aspekt des Rundfunks, die Gemeinden zur Anteilnahme zu bewegen, auf ein neues Niveau und wurde dann auch im ganzen Land nachgemacht.

Was die Musik betrifft, war WHUR ein Jazzsender, der auch ein bißchen gemäßigten R&B mit hineinnahm. In guter Erinnerung ist aus dieser Periode Dyanna Williams, deren sanfter Stil, wie der von Crocker in New York, die neue Richtung in der schwarzen Ansage mit speziellen Auswirkungen auf die weiblichen Diskjockeys vertrat. Frauen im Rundfunk hatten sich bis dato quirlig oder marktschreierisch gegeben, sie trugen Namen wie Dizzy Lizzy und Twentieth Century Fox und klangen oft genau so übergeschnappt und anrüchig wie ihre männlichen Kollegen. Dyanna und ihren Zeitgenossinnen gestattete man ein größeres Maß an bewußter Weiblichkeit, Urbanität und ein bißchen Geistigkeit noch dazu: die "Traumfrau" des Neuen Zeitalters.

Ihre Nachmittagssendung hieß "Ebony Moonbeams" (Ebenholzschwarze Mondstrahlen), und ihre Stimme hatte eine dem entsprechend trunkene, sinnliche Qualität. Barry Mayo, damals noch Student mit dem Hauptfach Kommunikationswissenschaften und heute Vizepräsident von Radio RKO, erinnert sich an Dyanna Williams als an "einen der ersten weiblichen Diskjockeys der Zeit. Die Männer hatten eine echte Beziehung zu ihr. Sie war sexy, aber ein Clown war sie nicht. Sie hatte Klasse. Sie paßte sich der Stimmung der Musik an, aber sie war nicht oberflächlich. Es war etwas dahinter bei ihr, und viele weibliche Jockeys kopierten ihren Stil." Es ging das Gerücht auf dem Campus, Dyanna Williams, die zugegebenermaßen ein Freigeist war, habe einmal eine Sendung völlig nackt gemacht. Das war zwar nicht wahr, aber daß die Story geglaubt wurde, zeugt von der suggestiven Wirkung ihrer Stimme. Frankie Crocker war einer von denen, die sie bezaubert hatte. Mitte der siebziger Jahre schnappte er sie weg für den WBLS, denn er wußte genau, wie gut ihr Stil mit dem seinen harmonierte.

Um 1974 wurden die sanften Wellen bei WHUR vom Protest gekräuselt. Die Studenten argumentierten, die Station erfülle ihre Mission nicht, Howardstudenten für den Rundfunk zu trainieren, weil im Sender immer nur Professionelle genommen würden. Die Schulverwaltung zögerte anscheinend, die Studenten bei diesem immer lukrativer werdenden Unternehmen auf den Sender zu lassen. Das Ergebnis des Protestes, bei dem sogar einige Klassen boykottiert wurden, war dann aber doch eine Öffnung der WHUR für die Studenten, und es wurde ein zweiter Sender eingerichtet, der nur auf dem Campus zu empfangen war. Sein Manager, Barry Mayo, nannte ihn WHBC. Für WHUR bedeutete diese Änderung das Eindringen von einigen intelligenten, ehrgeizigen Studenten der Kommunikationswissenschaften in den Äther - darunter viele, die den Protest geleitet hatten. Auf Drängen der Managerin und Studentenberaterin Kathy Liggins fing der Student Melvyn Lindsay an, des Abends allerhand R&B-Ballads zu spielen. Die Show nannte sich "Quiet Storm" (der stille Sturm) als Huldigung an Smokey Robinsons romantisches Album. Sie wurde Tradition in Washington D.C. und führte später zu unerwarteten Konsequenzen.

Drei andere Studenten, Gwen Franklin, Milton Allen und Sheila Eldridge, arbeiteten in der Show "Saturday Night Special". Die Show selbst hat weiter keine historische Bedeutung, wohl aber dieses Trio von Howardstudenten, denn alle drei, sowie Andre Perry und noch ein paar andere, würden Ende der siebziger Jahre in Marketing und Promotion der Plattenindustrie beschäftigt sein. Ende der achtziger Jahre würden Howardabsolventen ein inoffizelles Netz über die ganze Plattenindustrie gespannt haben, mit ehemaligen Studenten in Schlüsselpositionen verschiedener Rundfunkanstalten und in den Werbeabteilungen der Plattenindustrie.

Es hatte schon immer ein paar Collegeabsolventen im schwarzen Radio gegeben (z.B. Jack Gibson), aber die R&B-Label tendierten in Werbung und Verkauf mehr dazu, Schwarze aus dem praktischen Leben zu nehmen. Es war immer ein Geschäft mit schleppender Bezahlung gewesen, bei dem man die Muskeln spielen ließ, um Geld einzutreiben. Collegeabsolventen wurden zu diesen Jobs nicht herangezogen, und die meisten waren eingestandenermaßen daran auch nicht besonders interessiert. Bis in die siebziger Jahre hinein hätte eine schwarze Familie, in der ein Collegeabsolvent war, ihn rausgeworfen, wenn er sein Examen zum Plattenverkaufen hätte nutzen wollen. Ärzte, Rechtsanwälte, Bürojobs - das war der Antrieb für die Kinder und der Traum der Eltern. Die Absolventen der Howard University galten als ein Teil von Du Bois' talentiertem Zehntel und gehörten nicht in die herrlich verkommenen Niederungen des R&B. Die zunehmende Beherrschung des R&B durch die Korporationen bedeutete aber, daß eine besser ausgebildete Mannschaft gebraucht wurde und so begannen von den frühen siebziger Jahren an Schwarze mit Hochschulstudium ernsthaft an eine Karriere im Musikgeschäft zu denken. Das bekannteste Beispiel dieser Umstellung waren die Commodores, fünf Studenten des Tuskegee Institute, die ihre Büroträume für das Musikgeschäft aufgaben.

Repräsentativer noch ist die Geschichte von Vernon Slaughter, vielleicht der erste Werbefachmann, der direkt vom Collegecampus auf eine Position in der Industrie ging. Slaughter war geboren und aufgewachsen in Omaha, Nebraska. Er war noch auf der University of Nebraska, als er im August 1969 nach El Paso zu einem Studententreffen fuhr. In Anbetracht der Erfahrungen, die er als Heranwachsender im ländlichen Mittelwesten gemacht hatte, überraschte es ihn nicht, nur wenige Schwarze da zu sehen. Aber es war ein Schock für ihn, daß Stax, als Beitrag zum Kongress und in dem Bemühen, den weißen Collegemarkt zu erobern, ein Programm mit Isaac Hayes, den Bar-Kays, den Staple Singers und Rufus Thomas machte.

Am Tage vor der Stax-Show traf Slaughter Jim Smith, einen Angestellten der Gesellschaft. Nach dem Kongress blieben die beiden in Verbindung. Smith schickte ihm Stax-Veröffentlichungen und da Lincoln keinen schwarzen Sender hatte und auch kein größerer Markt war, bat er Slaughter, er mochte doch die Platten zu der lokalen Top Forty- und "Album-Oriented Rock" (AOR)-Station bringen. Ihre Beziehung war mehr gesellschaftlich als professionell und fußte weitgehend auf Smith' Großherzigkeit. Aber mittlerweile war Slaughter, schon immer ein Musikliebhaber, sich sicher, daß er ins Schallplattengeschäft einsteigen wollte.

Im Februar 1970 suchte die CBS einen Repräsentanten auf dem Campus der Universität. "Man hatte gerade ein College-Programm für Repräsentanten gestartet, und ich ging, nicht anders als jeder andere Student auf dem Campus, zum Interview," erinnert sich Slaughter. Aber er bekam den Job. "Ich glaube, ich hab den Job gekriegt, weil ich als einziger bereit war, über das hinauszugehen, was erwartet wurde. Ich sprach davon, Musikboxen in der Stadt daraufhin zu kontrollieren, ob die Platten auch eingegangen waren und auf diese Weise auch da eine Verbindung herzustellen wie zum Einzelhandel und zur Rundfunkstation."

Wegen seiner guten Arbeit und vielleicht auch, weil die Gesellschaft so wenige schwarze Gesichter hatte, zahlte CBS Slaughter die Teilnahme an einem NATRA-Kongress in Houston. Slaughter wird es nie vergessen. "Das war das zweite Mal, daß ich flog, das erste Mal, daß ich in Texas war. Ich war neunzehn Jahre und fürchtete mich zu Tode." Zum Glück rannte er im Foyer seines Hotels dem führenden schwarzen Werbefachmann der CBS, Granville (Granny) White aus Chicago, in die Arme. Der Eindruck der NATRA auf Slaughter ist wie ein Echo der Worte von Frankie Crocker ein paar Jahre vorher. Er bekennt: "Ich entschloß mich spontan, hier wollte ich mit drin sein. Hier war ich im gleichen Raum mit Nancy Wilson, Isaac Hayes, O.C. Smith und konnte sogar mit ihnen sprechen. Aber das, was wirklich davon blieb, war meine Erfahrung mit Granny. Die Preisverleihung war in einem anderen Hotel. Wir fuhren mit einer Limousine dahin, ich das erste Mal in einer Limousine. Die Limousine hielt vor dem Hotel, und Granny sagte: 'Das erste, was Du begreifen mußt: wenn man in einer Limousine fährt, läßt man sich verwöhnen. Man macht keine Tür auf, das läßt man den Fahrer machen.' Der Fahrer stieg aus und machte die Tür auf, und da stand ich nun mit meinem Afrolook. Ich war Collegestudent und ich sah auch so aus wie ein Collegestudent. Hier trugen die Jungs Smoking und hatten schöne Frauen am Arm und alles, und ich sagte, 'Großer Gott, das gibt's doch nicht!' Schwarze von solcher Klasse, mit dieser Sicherheit auf dem Parkett und mit so viel Geld, und das zeigten sie auch noch."

Slaughter hatte das Gefühl, daß schwarze Musik, trotz Sly, in den oberen Etagen von CBS' Korporationen überhaupt nicht existierte. 1972 dann, anscheinend ganz plötzlich, richtete CBS eine schwarze Musikabteilung mit einem jungen schwarzen Angestellten namens Logan Westbrooks an der Spitze ein. Slaughter stand nicht auf ihrem Plan. "Anfangs schob mich Westbrook vollkommen beiseite," erinnert sich Slaughter. Nach drei Anläufen und einigem Druck von seiten weißer Geschäftsleiter, dem Jungen doch eine Chance zu geben, gab Westbrook ihm einen Posten in Washington. "Ich vergesse nie die Unterhaltung mit Richard Mack, dem Direktor der Werbeabteilung, über mein Gehalt. Ich will gerade sagen 7.000 $, da fragt er mich, 'Nun, ist 12.000 $ genug?'" Slaughter blieb der Mund offen stehen vor Verblüffung, und er nahm an.

Seine Anfänge in D.C. waren hart. "Die lokalen Radioleute und die Plattengemeinde dachten, der Job wäre besser an jemand aus Washington vergeben worden als an ein zweiundzwanzigjähriges Bürschchen aus Nebraska. Wann immer wir eine Meinungsverschiedenheit hatten oder ich einen Fehler machte, hieß es sofort: 'Wie kann jemand, der auf dem College war, bloß so blöd sein?'" Im Rückblick sieht Slaughter sich so irgendwo zwischen den Promotern der Dave Clark-Schule und der heutigen Generation, die vom College kommt. "Ich nahm am Protest gegen Vietnam und an den Protesten der Bürgerrechtsbewegung im College teil. Ich war ein Militanter. Bin ich immer noch. Ich hatte ein breiteres Gesichtsfeld als die meisten von denen, die nur im Straßengeschäft großgeworden waren. Sonst interessierte sie nichts. Das war ihre Welt. Ich hatte größere Interessen. Dadurch hatte ich von vorne herein Probleme."

Bei WHUR, mit Leuten seines Alters, deren Bewußtsein durch die Collegeerfahrung geformt war, fühlte er sich ganz wohl. So wie der Ruf der Station wuchs, so wuchs auch der seine, in Washington D.C. und bei der CBS, denn Washington war ein wesentlicher Markt für schwarze Musik. Das Stehvermögen zahlte sich aus für Slaughter und versetzte ihn vollkommen in die Lage, aus der phänomenalen Expansion der CBS in die schwarze Musik hinein Kapital zu schlagen. Von Beginn 1972 an begann die CBS einen Feldzug, der in der Folge von anderen Labels, die auch gemeinschaftlich geführt wurden, wie RCA, Warner Bros., MCA, ABC und Capitol, mehr oder weniger weitgehend nachgeahmt wurde.

Bis zum heutigen Tage behauptet Clive Davis, der damals Präsident der CBS war, es sei seine Idee gewesen, aggressiv in die schwarze Musik zu gehen. Vielleicht. Aber einige Leute meinen, da sei noch eine andere Geschichte hinter der Kampagne der CBS und sie zitieren eine provokante Dokumentation mit dem Titel "A Study of the Soul Music Environment Prepared for Columbia Records Group" (Studie über das Umfeld der Soulmusik, aufgestellt im Auftrag der Columbia Records Group) und der Firma am 11. Mai 1972 vorgelegt.

Der Harvard Report

Sechs Monate lang, vom Sommer 1971 an, bekamen Plattenhändler, Diskjockeys, Programmdirektoren der R&B-Sender und Talentmanager in der Gegend in und um Boston Anrufe und Bitten um Informationen von der - man wagte es kaum zu glauben - Harvard University Business School. Den Befragten wurde gesagt, es hätte mit Columbia Records zu tun. Für einige war es ein Zeichen des schwarzen Fortschritts, daß die Wirtschaftsakademie mit dem größten Renommé in der Nation an ihnen interessiert war. Das war es mit Sicherheit, wenn auch nicht in der Weise, wie die Befragten glaubten. Das daraus entstandene, dreiundfünfzig Seiten lange Dokument wurde in der Industrie als der "Harvard Report" bekannt.

Das Engagement der CBS in der schwarzen Musik wuchs in den Jahren nach dem Harvard Report enorm: 1971 enthielt die CBS-Liste zwei exemplarische schwarze Künstler, Sly and the Family Stone und Santana. 1980 hatten sie 125 Gruppen, darunter so große Namen wie Earth, Wind and Fire, Teddy Pendergrass, die O'Jays, die Isley Brothers und Weather Report. Der Report beginnt mit dem Versuch einer Definition von "Soul" und dem "Soulmarkt". Es gab sogar eine Liste mit der Bezeichnung "Der 'Soul'-Inhalt im Repertoire eines Künstlers", die in drei Kategorien aufgeteilt war: fast alles, gemischt, fast garnichts. James Brown und Joe Tex waren in Spalte eins, Isaac Hayes und Roberta Flack in Spalte zwei und Gloria Lynn sowie Columbias Johnny Mathis in Spalte drei. In der Analyse des Gesamtumfangs der Plattenindustrie 1970 (1,66 Billionen Dollar) schätzt der Report den Anteil des Soul auf 120 Millionen Dollar oder fast 10 Prozent. Darauf folgt ein Blick auf die historische Entwicklung der schwarzen Musik mit besonderer Betonung des mangelnden Interesses der großen Firmen und der Rolle der kleinen, unabhängigen Firmen, der Indies, beim Vertrieb.

Bezeichnender war die nächste Abteilung, "Internes Spiel der Kräfte", in dem der Report analysiert, wie schwarze Titel vom schwarzen Radio in die Liste der vierzig Spitzentitel, der Top Fourty, kamen:

> Die Tatsache, daß 30 Prozent der Top 40 aus Platten besteht, die von den schwarzen, den "Soul"-Sendern im "Crossover" übernommen wurden, unterstreicht die strategische Bedeutung der schwarzen Sender als die effektivsten Vehikel, um in die Top 40 zu kommen. Das bedeutet, beim Konkurrenzkampf unter den Promotern um Sendezeiten geht es um weit mehr als nur um den Plattenverkauf an die schwarzen Konsumenten.

Mit einem Wort, der "Soul"-Sender ist aus strategischen Gründen von Bedeutung für die Plattenfirmen: einmal eröffnet er den Zugang zu einem großen und noch anwachsenden Publikum von Plattenkäufern, namentlich von schwarzen Kunden. Zweitens, und das ist für manche Firmen von noch größerer Bedeutung, ist es vielleicht der wirksamste Weg, einen Titel in die Liste der Top 40 zu bringen.

Die "Rivalen" wurde in drei Kategorien eingeteilt: spezialisierte nationale Firmen, besonders Motown, Atlantic und Stax, Großunternehmen wie RCA, Capitol und MCA, und die kleineren Indies. Die letzteren beiden wurden nicht als sehr bedrohlich angesehen. Gegen die Großen könnte eine "wohldurchdachte und gut finanzierte Initiative, die auf eine Durchdringung des Marktes auf lange Sicht" zielte, es CBS erlauben, ihnen ihren Platz streitig zu machen, während ihr die kleinen Indies Gelegenheiten genug boten, sie durch das Wegschnappen von Talenten und durch Vertriebsverträge schlicht zu absorbieren.

Atlantic, Motown und Stax waren nicht nur für den ein Problem, der versuchte, den Soulmarkt aufzubrechen, sie hatten darüber hinaus auch, auf Grund ihres Plattenverkaufs an Schwarze, "die Basis, von der aus sie die Großen auch auf anderen Gebieten des Popmusikmarktes herausfordern konnten." Atlantic hatte das mit seinem Werben um die englischen Rockbands schon getan, während Motown und Stax auf andere Weise ähnliches versuchten.

Der Harvard Report fuhr fort, die CBS für ihren historischen Mangel an Engagement für die schwarze Musik zu maßregeln.
R&B-Diskjockeys, sagt der Report, hatten das Personal bei der Werbeabteilung der CBS als "minderwertig" und dabei "reichlich arrogant" bezeichnet. Harvards Rezept war mannigfaltig und direkt: man stelle Schwarze in der A&R (Artists and Repertoire), in der Produktion und in der Werbung ein; man ziehe schwarze, kreative Leute an sich; man entwickle sorgfältig Beziehungen zum schwarzen Rundfunk. Der Report sagte voraus, daß dieses Engagement sich innerhalb von drei Jahren auszahlen und im fünften Jahr einen Betriebsprofit von 1,4 Millionen Dollar ergeben würde.

In der Abteilung "Pläne und Aktionen" listete der Harvard Report für die CBS die Dinge auf, die zu tun oder zu unterlassen seien und aus denen hervorgeht, daß Davis ihn überhaupt nicht gelesen hat, denn er hat oft genau das getan, was er dem zufolge gerade hätte unterlassen sollen. Zu allererst wurde CBS davor gewarnt, eine der großen drei des R&B (Atlantic, Stax oder Motown) aufzukaufen, das würde Antitrust-Komplikationen hervorrufen.

Zweitens wurde davor gewarnt, gleich zu Anfang an arrivierte Künstler heranzutreten und man gab zu bedenken, daß die Kosten unerschwinglich wären und der Künstler, wenn er erst mal bei der CBS wäre, sich eventuell garnicht mehr so gut verkaufen würde. Harvard hielt ein ausgearbeitetes Programm unter der Leitung einer neuen Abteilung für schwarze Musik für wesentlich effektiver. Angaben über Verantwortlichkeiten der Belegschaft, über das Betriebskapital und Graphiken zur Erläuterung der Hintergründe rundeten die formale Präsentation ab.

Ein handgeschriebener Nachtrag von Marie Tattersall, einer Harvardforscherin, fügte noch einige interessante Empfehlungen hinzu (die aber ebenfalls ignoriert wurden). Tattersall sagte voraus, daß bis 1978 die CBS 15 Prozent des Marktes der Schwarzen kontrollieren und auf diesem Felde die Größe der Atlantic erreicht haben würde und daher schlug sie vor, eine spezielle Konferenz mit führenden Programmdirektoren abzuhalten, deren einer, LeBaron Taylor von der WDAS in Philadelphia, bald von der CBS eingestellt werden sollte. Sie riet der CBS, ihren Einfluß auf dem CBS-TV-Netz zu nutzen, um Don Cornelius' schwarzes Tanzprogramm "Soul Train", das auf Nebensendern übertragen wurde, zu übernehmen, die Verbreitung des Programms voranzutreiben und damit das Engagement der Firma für die schwarze Musik zu demonstrieren. Mit einem letzten und hellsichtigen Einfall machte Tattersall den Vorschlag, CBS solle Plattenläden in schwarzen Vierteln eröffnen und die Konzession dafür an Anwohner vergeben, das hülfe dem schwarzen Geschäft und bessere das Image der CBS weiter auf.

Wie man sich denken kann, folgte CBS keiner von Tattersalls ziemlich hochfliegenden Empfehlungen. Das einflußreiche Programm von Cornelius - eine ganze Reihe der Tänze aus den siebziger Jahren entstanden im Soul Train - überlebte ohne fremde Hilfe. Die schwarzen Gemeinden hätten allerdings eine Spritze brauchen können, denn genauso wie die Theater in den schwarzen Vierteln, litten auch die Kleinhändler unter der Integration, da die Schwarzen, die jetzt in den weißen Gegenden arbeiteten, ihre Einkäufe immer öfter da tätigten, wo sie arbeiteten und nicht da, wo sie wohnten.

Die Geschichte der Beziehung der CBS zu zwei der wichtigsten Institutionen der schwarzen Musik in der Geschichte, Stax und Philadelphia International, machen die Veränderung deutlich, der der Wirtschaftszweig Musik unterlag und zeigt das Zusammenspiel von Philosophie und Politik mit Geld und Musik während der Übergangszeit in der R&B-Welt.

Stax auf dem Abstieg

Von 1968 an, als Stax den Vertrag mit der Gulf + Western unterschrieb, bis 1972, als ihre unglückselige Verbindung mit CBS begann, machte das Memphislabel eine erstaunliche Metamorphose durch, obwohl man vielleicht dagegen halten könnte, daß Stax schon durch Otis Reddings tragischen Tod bei einem Flugzeugunglück Ende 1967 für immer verändert wurde. 1972 waren Booker T. und MG schon Geschichte, als der Namensgeber der Band die Sängerin Rita Coolidge heiratete, nach Los Angeles zog und bei A&M Records unterschrieb. Das Produktions- und Kompositionsteam von Isaac Hayes und David Porter, Schöpfer der Sam and Dave Soul Hits, ging auseinander, als Hayes, mit "Hot Buttered Soul" und "Shaft", einer der ersten schwarzen Superstars von 1970 wurde. Steve Cooper, der führende Produzent des Labels schon seit seinen Anfängen, wurde durch einen schwarzen Detroiter namens Don Davis ersetzt, der der Heimat des Soul mit den Dramatics ("In the Rain") und Johnnie Taylor ("Who's Making Love") einen flotteren Sound bescherte. Drei lokale Songschreiber, die auf Stax' internem Totempfahl ganz unten standen, Bettye Crutcher, Raymond Jackson und Homer Banks, schrieben "Who's Making Love" und noch eine Serie von schnulzigen Soultiteln mit einem Trio volltönender Stimmen, genannt die Soul Children. Vor allem startete Stax noch weitere Zweigfirmen und nahm eine breiter gefächerte Palette von Künstlern unter Vertrag, darunter den klassischen Jazzbariton Billy Eckstine und eine umwerfend freche Schnauze, den Komiker Richard Pryor.

Im Verwaltungsbüro der Stax verkaufte Jim Stewart die Kontrolle über die Firma an Al Bell und machte so ein integriertes Familienunternehmen zu einer höchst politischen Organisation mit schwarzem Besitzer und schwarzem Personal. Dave Clark, der eigenwillige Promoter, dem wir schon früher begegnet sind, ging 1971 zu Stax, um bei der Entwicklung ihres Gospelprogramms zu helfen und seine tiefen Wurzeln in der Welt des R&B zu nutzen, um die ohnehin solide Grundlage der Stax weiter zu kräftigen.

Pryors Album von 1971 "That Nigger's Crazy", das ein Markstein war und ihn eindeutig als Star der R&B-Welt etablierte (obwohl er nur witzige Reden losließ und nicht sang), wurde durch Clarks Gegenwart und durch eine schwarze Kampagne auf dem flachen Lande, die keine größere Firma unternommen noch verstanden hätte, unterstützt. "Wir wußten, daß wir für die Platte nicht viel Sendezeit kriegen würden," sagt Bell lachend von Pryors pornographischen Monologen über Vino, Junkies und dreckige alte Kerle. "Aber wir wußten, es gab einen Markt für Richard in der schwarzen

Gemeinde. Wir ließen die Platte in Billardhallen, Frisörläden, Kosmetiksalons und auf allen Straßen quer durch Amerika laufen, indem wir sie in kleinen Plattenläden sofort und auf der Stelle spielen ließen. Wir brachten die Platte nur durch Mundpropaganda in den ländlichen Gebieten unter die Leute. Daves Energie, Verständnis und seine Verbindungen zu den schwarzen Nachbarschaften, nicht nur der Rundfunk, waren ganz bedeutungsvoll dafür, daß es klappte."

"Ich versuchte immer, die wirtschaftliche Stabilität der Schwarzen zu fördern," sagt Bell über seine Vorstellungen von der Zukunft der Stax. Darum war Bell auch so angetan von Reverend Jesse Jackson. In den frühen Siebzigern drängte Jackson, ein früherer Leutnant in Dr. Kings SCLC, darauf, die Geschäfte zu boykottieren, die von schwarzen Dollars profitierten, aber nichts zurückgaben. In seinem Essay "The Kingdom Theory" (Die Theorie vom Königreich) schrieb Jackson über die Verantwortung, die die großen Firmen gegenüber der schwarzen Gemeinde haben und bemerkte, daß, wenn nötig, die Schwarzen auch wirtschaftlichen Druck ausüben würden, um Kontrolle zu erlangen. Er nahm ein Lebensmittelgeschäft als Beispiel: "Kontrolle über das Geschäft heißt, zu entscheiden, wer Verkäufer und wer Buchhalter sein und wer solche lohnenden Jobs wie Metzger und Leiter der Fleischabteilung im Geschäft haben soll."

So, nach den Worten von Bell, Jackson und früheren Mitarbeitern des Reverend, verband sich Stax aufs innigste mit der Karriere des Predigers aus Chicago. Stax steuerte nicht nur große Summen zu Jacksons "Operation PUSH" bei (People United to Save Humanity), sondern, Berichten zufolge, entwickelte das Personal bei Stax Namen und ursprüngliches Kennzeichen der Organisation. Jackson hat auch seine berühmte Rede "I Am Somebody" unter Stax' Firmenzeichen Respect aufgenommen, alles das ein Teil von Bells Engagement für die Mischung des Reverend aus althergebrachtem Bürgerrechtsprotest und der Wirtchaftspolitik mit dem Beigeschmack von schwarzem Nationalismus.

Die Verbindung zwischen den beiden Männern wird deutlich in Stax' wichtigstem Versuch, ein sozio-ökonomisches Programm vorzustellen, Wattstax. Am 20. August 1972 standen Bell und Jackson Seite an Seite mitten im gähnenden Rund des Los Angeles Coliseum, sangen beschwörend "I am somebody" (ich bin jemand) und erhoben dann ihre Fäuste im Black Power-Gruß vor hunderttausend Musikfans. Mit dieser Geste begann ein langer Tag mit Live-Musik jedes Stax-Künstlers, um Geld für das Watts Summmer Festival aufzubringen. Es war ein Symbol der schwarzen Eigenständigkeit. Von Wattstacks gab es dann auch einen Film - gedreht von einem überwiegend schwarzen Team - und ein Album von sechs Plattenseiten. Viele in

Memphis nahmen Stax übel, daß sie sich an einem Projekt zur Förderung einer Gemeinde beteiligte, die so weit von zu Hause entfernt war. Als Antwort darauf sagt Bell, Wattstax sei nur eine großartige Verbindung von sozialer Verantwortung und Kommerz gewesen und bemerkt noch, daß nach den Unruhen von 1965 das Watts Summer Festival, eine Gemeindeaktivität zum Auftreiben von Geldmitteln, beständig Geld verloren hatte und dauernd in Gefahr war, ganz eingestellt zu werden. Ziemlich pragmatisch gibt Bell zu: "Stax hatte sich in Los Angeles nie ein ausgeprägtes Gesicht schaffen können. Wattstax tat das für uns."

Stax haftete für fast alle Ausgaben, wobei auch Schlitz Beer einen Teil der Unkosten übernahm. Keine Plattenfirma vorher oder nachher hat jemals so viel Geld und Zeit in eine Wohltätigkeitsaktivität gesteckt, die der Hilfe für eine schwarze Gemeinde diente. (Die Zuwendungen kamen dann der Sickle Cell Anemia Foundation, dem Martin Luther King Jr. Hospital in Watts und natürlich Operation PUSH zugute). Bell meinte es ernst, als er dem Magazin "Soul" sagte, "Wattstax 72 ist ein Schulbeispiel dafür, wie Stax den Leuten dankt, die sie unterstützen."

Das war die "neue" Stax, eine, die ihre Mittel dazu benutzte, den schwarzen Gemeinden mit Wagemut zu helfen. Dennoch konnten diese und andere Erfolge die Zweifel daran, wie gut Stax geführt wurde, nicht ersticken. Niemand zweifelte an Bells Eifer, aber manche fragten sich, ob er als Finanzmann clever genug war.

Zur Vervollständigung des Handels mit der Gulf + Western erklärte sich Stax einverstanden, der Paramount Records, einem Zweig der Gesellschaft, innerhalb eines Monats siebenundzwanzig Alben zu liefern. Nach Ablauf von zwei Wochen hatte Stax diese Anzahl Platten aufgenommen, und diese Eile war es, die es Hayes möglich machte, sein so charakteristisches Debut, "Hot Buttered Soul", aufzunehmen. Es war offensichtlich ein gutes Zeichen, daß Hayes in dieser hektischen Periode die Chance zu einer Soloaufnahme bekam. Aber daß Stax sich in einer so blödsinnigen Lage befand, sprach nicht für Bell und Stewart. Beobachtern schien Stax' Eile, zu expandieren, die Firma allzu oft zu übereilten Entschlüssen zu treiben. Das bestätigte sich, als Stax, nach zwei künstlerisch und finanziell erfolgreichen Jahren, die Anteile der G+W an der Firma mit Geldern aufkaufte, die sie sich von der Deutschen Grammophon geliehen hatte, wobei die G+W einen Profit von 2 Millionen Dollar machte. Dann mußte Stax der deutschen Firma ihre 2 Millionen Dollar bezahlen plus 1 Million Dollar an Zinsen, oder die Deutsche Grammophon wäre zu 45 Prozent an der Firma beteiligt gewesen. Das Geld, das nun nach Übersee ging, wurde von der Union Planters National Bank in Memphis bereitgestellt. Alles in allem war es ein Geld- und Papierkrieg, der fürchterliche Rechnungs- und Kontenprobleme für das Label mit dem unabhängigen Vertrieb mit sich brachte. Die Situation wurde noch dadurch kompliziert, daß Stewart von Bell verlangte, er solle seinen Anteil an Stax in bar zurückkaufen.

Das war der Moment, in dem Clive Davis auftauchte. In seiner Autobiographie sagt Davis, Bell habe ihn (1972) angerufen, um ein Essen mit ihm zu verabreden, bei dem er Davis erzählte, sein ganzes Netz von unabhängigen Zwischenhändlern zahle nicht prompt genug und placiere ihn auch nicht in die großen Geschäftshäuser. Davis sagt, Bell habe CBS 50 Prozent der Stax geboten, aber wie der Harvard Report schon andeutete, warnten die Anwälte, daß eine so große Erwerbung durch die Columbia die Antitrustgesetze verletzen würde. Statt dessen wurde ein einzigartiges Vertriebsgeschäft abgeschlossen, daß anfangs diejenigen beruhigte, die an Bells Geschäftssinn gezweifelt hatten. Stax erhielt sofort 6 Millonen Dollar, quasi als eine Mischung von Vorschuß und Darlehen, und behielt die Autonomie in künstlerischen Dingen. Der Historiker der Stax, Pete Guralnick, schrieb: "Nach dem Wortlaut dieses Vertrages wurde Stax für jede gelieferte Platte bezahlt, ohne Ansehen des Verkaufs. In anderen Worten, je mehr Platten Stax auswarf, desto mehr Geld machte sie." Es war eine großzügige Abmachung, die sich auf die Übereinkunft per Handschlag mit Davis stützte. Gegen eine solche Liaison hatte der Harvard Report die CBS ausdrücklich gewarnt. Wie sich die Dinge entwickelten, war es die Stax, die vorsichtiger hätte sein sollen.

1973 wurde Davis von seinem Posten als Präsident der CBS kurzerhand entlassen. Die Firma erklärte damals, Davis sei gefeuert worden, weil er während seiner sechsjährigen Zeit als Präsident 94.000 $ an Spesen veruntreut habe. Tatsächlich sieht es für die Insider der Industrie mehr danach aus, als habe man Davis gefeuert, weil es in den Medien den Verdacht gab, die CBS sei auf höherer Ebene in die Drogenlieferungen an Diskjockeys verwikkelt - und weil Davis' eigenwilliges Auftreten in der Öffentlichkeit ihn in den Augen mißtrauischer Gemüter angreifbar machte. Die CBS, die ihre Rundfunkverbindungen schützen mußte, konnte es nicht riskieren, daß auch nur der Hauch eines Verdachtes auf der Präsidialebene ihrer Zweigfirma ruhte.

Für Stax war der Rausschmiß eine Katastrophe. "Als der Vertrag ausgehandelt wurde, gab es eine Menge Verflechtungen, eine Menge Meetings zwischen CBS und Stax in Memphis," erzählte Jim Smith Logan Westbrooks. "Der tägliche Kontakt mit ihnen war völlig irreal. Wir sprachen sechs bis siebenmal am Tage mit ihnen, um immer auf dem laufenden zu sein, was auf dem Markt los war, Probleme vorauszusehen und uns mit ihnen auseinanderzusetzen. Als Clive Davis von der CBS wegging, änderte sich diese ganze Beziehung sofort."

Die neue Führung begann auf der Stelle, Davis' viele, mit großer Publicity geschlossenen Verträge zu untersuchen und war von der Übereinkunft mit Stax durchaus nicht angetan. Stax sollte 2 $ pro Platte vom Ganzen bekommen, ohne die üblichen Prozentabzüge für nicht verkaufte oder beschädigte Ware. Von nun an behielt die CBS 40 Prozent als Reserve ein und gab der Stax nur noch 1,20 $ pro Platte, eine Situation, die es Stax noch erschwerte, ihre Schulden bei der Memphis Bank zurückzuzahlen.

Von 1973 an waren Stax und Bell in Gerichtsverfahren mit der CBS und der Union Planters National Bank verwickelt, zu denen sich noch Nachforschungen des Finanzamtes und jegliche Art von Rufmord gesellten. Im Nachhinein wurde Bell zwar von allen Anklagen, die gegen ihn erhoben wurden, freigesprochen, aber sein Ruf war schwer geschädigt. (Erst 1988, als ausgerechnet die Motown ihn als A&R-Vizepräsident einstellte, fand er sich wieder auf einem wichtigen Posten in der Industrie). Der Beamte, der die Darlehen bearbeitete und mit dem er bei der Bank zu tun hatte, wurde später der Bilanzfälschung in zwei Fällen überführt. Anscheinend war Bell die ganze Zeit damals sehr schlecht beraten gewesen.

"Es war ein Kampf nach dem anderen," erinnert sich Bell. "Einmal stand ich vor dem Bundesgericht in einer Anklage gegen die CBS wegen der Verletzung des Antitrustgesetzes, wobei es um 67 Millionen Dollar ging. Ein anderes Mal wurde ich ohne jeden Grund von der Nachforschungsstelle für Steuerverbrechen unter die Lupe genommen." Die Anklage verlief im Sande. Wenn Bell auch glaubt, seine politische Einstellung habe in seiner und Stax' Niedergang eine Rolle gespielt, so sagt er das doch nie gerade heraus. Statt dessen weist er darauf hin, er "bekämpfe die Gemeinde Memphis". Und als es bekannt wurde, daß Stax ihm gehörte, sagt er, "da bekam ich allmählich das Gefühl, die Leute wollten mich unter Kontrolle bringen - 'wenn Du ein guter Junge bist und uns die Richtung bestimmen läßt, dann ist alles bestens."

1976 schloß Stax seine Pforten. Eine der großartigsten Plattenfirmen aller Zeiten wurde ein Opfer ihres eigenen übergroßen Ehrgeizes und der Realitäten in der CBS-Buchhaltung. Zur gleichen Zeit, als Stax langsam verschwand, arbeitete Philadelphia International Records, eine neue Macht im R&B, bereits mit beängstigender Effizienz mit der CBS zusammen.

Philly im Aufwind

Während der Niedergang der Stax einige in der schwarzen Musik den Verflechtungen mit irgendwelchen Korporationen gegenüber argwöhnisch gemacht hatte, war die Story der PIR ein wahr gewordenes CBS-Märchen. Der Keim lag in der fruchtbaren Musikszene des Philadelphia der sechziger Jahre, die vom Twist bis zum lokalen Einzelhändler Bruce Webb und dem Produktionsteam von Sänger/Texter Kenny Gamble und Pianist/Arrangeur Leon Huff reichte. Mitte der sechziger Jahre taten sich Gamble und Huff zusammen, um Musik zu schreiben und Platten zu produzieren. Zur Hilfe zogen sie die junge Generation lokaler Musiker und Arrangeure heran. Der Bassist Ronnie Baker, der Drummer Earl Young und der Gitarrist Norman Harris wurden der Kern der Band, während Arrangementsaufträge an Bobby Martin gingen und an den Pianisten, Arrangeur und Produzenten Thom Bell, der bald eine gewisse Bedeutung erlangen sollte. Ein Techniker aus der Stadt, Joe Tarsia, übernahm ein mittelmäßiges lokales Studio namens Sound Plus, änderte den Namen zu Sigma Sound und hatte das Glück, Gamble, Huff und Bell dazu überreden zu können, es mal auszuprobieren. Im Jahr 1968 waren alle einzelnen Steinchen der Philly International an ihrem Platz.

Ihr erster größerer Erfolg kam mit Jerry Butler. Nach der Aufnahme von Curtis Mayfields Kompositionsklassiker "For Your Precious Love" mit den Impressions 1960 stagnierte Butlers Karriere, weil Mercury Records ihn als Sepia-getönten Andy Williams verkaufte. Das Gamble und Huff-Team umgab seinen volltönenden Bariton in wohl ausgewogenen Songs mittleren Tempos mit Arrangements voller Kontraste - brodelnde, dynamische Basslinien und lateinamerikanische Percussion in Kombination mit Streichern und lyrischem Frauenchor - und damit hatten sie 1967-68 eine Kette von Hits mit Butler. Die bemerkenswerteste Aufnahme war "Only the Strong Survive", die die ganzen musikalischen Markenzeichen des Teams enthielt und, was den Text angeht, einen strengen, väterlich-belehrenden Ton.

Atlantic Records, die unbedingt die Karriere von Wilson Pickett aufrechterhalten wollte und Angst hatte, daß der Soulsound des Südens, wie er in "Midnight Hour" und anderen Songs zu hören war, dahinschwinden würde, warben um Gamble und Huffs gefällige, aber anspruchsvolle Dienste, und die Mannschaft der Philly ließ sie nicht hängen. "Don't Let the Green Grass Fool You" war musikalisch und thematisch von "Strong" abgeleitet und verfestigte den Ruf des Teams als Produzenten, die es meisterhaft verstanden, männliche Vokalisten zu außerordentlichen Leistungen zu bringen. Aufträge für Produktionen und Kompositionen kamen nun regelmäßig.

Indessen, so wie ihre Musik mit Bass, Streichern und dem ganzen Ambiente des Aufbruchs ein Anklang an Motown war, so waren es auch ihre Ambitionen. Gamble besonders war ein Visionär, der in seiner lokalen Szene den Samen für ein Unternehmen, ähnlich dem der Motown, entdeckte. 1967 gründete er, in dem Bemühen, sich auf der Linie von Motown und Stax zu etablieren, die Gamble Records. Die Intruders, ein hochqualifiziertes Vokalquartett, waren die Hauptstütze des Labels und machten Aufnahmen, die genauso stark waren wie die, die Gamble und Huff für Butler und Pickett ausarbeiteten, wie "Together" und "Cowboy to Girls". Leider blieb der Vertrieb und das Geldeintreiben hinter der Musik zurück. Darüber hinaus waren Gamble und Huff nie in der Lage, ein anständiges Management auf die Beine zu bringen. Es gelang dem Paar niemals, die Balance zwischen Kreativität und Geschäftstüchtigkeit zu halten, die nötig war, um den glatten Verlauf aller Operationen zu gewährleisten.

Sie waren sich dieser Schwäche wohl bewußt und gingen daher 1968 eine Vertriebsvereinbarung mit den Chess Records ein. Zehn Jahre später wäre das vielleicht eine gute Idee gewesen, aber da gerade war Chess auf dem absteigenden Ast. Schwarze Popmusik, das war schon lange nicht mehr der Blues, und die Chess Brothers hatten zu viel Geld verdient, als daß sie das noch gekümmert hätte. Marshall, der Sohn des Mitbegründers Leonard, war logischerweise der gesetzliche Erbe und der Mann, der das Label gründlich hätte überholen müssen. Aber der hatte sich in das große Geschäft mit dem Rock gehängt und war viel zu beschäftigt mit den Rolling Stones. Dann wurde die Chess von der GRT gekauft, einer vielgestaltigen Körperschaft, und das Chaos trat ein. Was den Chess Brothers auch immer an kümmerlichen Resten von Einfluß auf das schwarze Radio und den Vertrieb geblieben war, verschwand bei dieser Transaktion, und Gamble und Huffs Musik verlor sich in diesem Durcheinander.

Wiederum total frustriert, waren die beiden jetzt reif für die finanzielle Stabilität, die ihnen Clive Davis bieten konnte. Für Gamble und Huff war die Gründung der Philadelphia International Records ein Wirklichkeit gewordener Traum: Zugang zu einer großen Vertriebsfirma, Garantie für gewichtige Vorschüsse und eine (relativ) ehrliche Abrechnung. Für CBS bedeutete es die Kontrolle über ein schon anerkanntes Duo des schwärzesten Pop, Verwendung der Creme der Philadelphia-Sänger und Musiker, die Verfügungsgewalt über Mighty Three Music (Gamble, Huff und Bells Verlagsabteilung) für den April-Blackwood-Katalog der CBS und die Möglichkeit auf lange Sicht, ein schwarzes Label von Grund auf aufzubauen. Als diese

Maschine einmal in Gang gekommen war, konnte nichts, nicht einmal der Weggang von Davis, sie wieder aufhalten.

Was die PIR erreicht hat, ist zum Standard geworden, und in den letzten beiden Jahrzehnten sind die meisten der Plattenfirmen in den Händen Schwarzer von einer großen Firma finanziert oder wenigstens vertrieben worden. Mit den Großen im Hintergrund, die die Dollars in die schwarze Musik einfließen ließen, verlor sich der Wunsch, ein Label mit unabhängigem Vertrieb zu gründen, bis zu dem Punkt, an dem nur noch die, die nichts mehr zu verlieren hatten, oder die besonders Starrköpfigen, sich über einen längeren Zeitraum auf diese Vertriebsform einließen.

Beide, die PIR und die CBS, lieferten. Zum ersten Mal finanziell gesichert, tobten sich Gamble und Huff nun auf kreativem Gebiet aus. In den Stimmen von O'Jays Eddie Levert und Teddy Pendergrass von Harold Melvin and the Bluenotes fanden sie das perfekte Medium für ihre Musik mit ihrer intellektuellen Botschaft. Levert und Pendergrass hatten ein breiteres technisches Spektrum als Butler oder Pickett, und sie hatten die ernste Hingabe eines Gospelsängers an das Material, das die Songs von Gamble und Huff verlangten.

"Backstabbers" war eine dunkle, unheilschwangere Meditation über den Verrat, mit Glanzlichtern von Bobby Martins brillianten Hornpassagen und dem Zusammenspiel zwischen Leverts hochintensiven Vocals und den Hintergrundstimmen. "For the Love Money" war genauso dramatisch, angetrieben von der sagenhaften, engagierten Ensemblearbeit einer Gruppe von Philadelphia-Musikern, bekannt als MFSB (mit zusätzlicher Unterstützung durch den New Yorker Bassisten Anthony Jackson, dem auch Texte bei Gamble und Huff zugeschrieben werden). Das waren erst die ersten Attaken des "Sound of Philadelphia".

Auf dem Wege dahin stellten Gamble und Huff Betrachtungen an über Sklaverei (das Mini-Epos der O'Jays "Ship A'Hoy"), Ökologie ("The Air I Breathe"), geistige Erleuchtung ("Wake Up Everybody"), Korruption ("Bad Luck") und die von Männern beherrschte Kernfamilie ("Family Reunion"). Oh ja, Liebeslieder hat PIR auch aufgenommen. Es gibt selbst in der Countrymusik wenige Songs über Betrug und Untreue, die besser sind als der von Billy Paul, "Me and Mrs. Jones", oder Songs von der Sehnsucht, die so bittersüß sind wie der von den Bluenotes mit Sharon Paige, "Hope That We'll Be Together Soon", oder auch ein Instrumental, das so hypnotisch zum Tanz verführt wie der von MFSB, "Love Is the Message".

Dennoch war es im Zauber dieser Periode die "Botschaft in der Musik", die PIR ihr unverwechselbares Gesicht gab, dieser Satz war die Inschrift auf jedem PIR-Album, gefolgt von einem Minisermon Gambles. Auf der Rückseite des "Family Reunion"-Albums beispielsweise schrieb Gamble: "Der Abgrund zwischen den Generationen ist ein weiterer Plan des Bösen. Das Ergebnis ist ein Auseinanderfallen der Familienstruktur, und dadurch wird dem Fluß der Weisheit von den Weisen zu den Jungen Einhalt geboten und die Energie der Jugend erstickt, die das Aequivalent zu Alter und Weisheit ist...Als Wesen der Wahrheit und des Verstehens aller Dinge müssen wir die Familienstruktur wiederherstellen - Mutter, Vater, Bruder, Schwester - und jedem Respekt entgegenbringen. Bedenkt, die Familie, die zusammen betet, bleibt auch zusammen. Bringt die Eintracht wieder zurück in die Familien." "Unity" - Eintracht - war auch der Name eines Songs auf dem Album.

Mitte der siebziger Jahre sah Gamble in PIR nicht mehr nur ein Musikunternehmen, sondern auch eine Plattform, von der aus er bekehren konnte, denn er hatte sich eine Weltanschauung zu eigen gemacht, die indirekt seinen privaten Glauben an die Lehren des Islam offenbarte. Gamble entwickelte schon von seinen frühesten Hits an eine harte, vom Manne beherrschte, antimaterialistische Betrachtungsweise und streute diesen Samen offen und auch versteckt über Amerika aus. Die Ironie dabei ist natürlich, daß seine Predigten ihren Höhepunkt im Schutz der CBS-Platten erreichten.

CBS war das gleich, Gamblers Reden wenigstens, denn PIR sicherte den Verkauf von Alben auf dem Markt der Schwarzen. In den frühen Siebzigern spielten schwarze Familien Alben der O'Jays und der Bluenotes, bis die Rillen platt waren. Während die PIR-Gruppen Hits unter ihren Singles hatten, vermarktete CBS sie intelligenterweise in Plattenalben, wie sie es mit einer Rockband gemacht hätten. Die Länge der einzelnen Titel ("Ship A'Hoy" dauerte dreizehn Minuten) machte den Kauf der PIR-Alben notwendig, wenn man sich dieses Vergnügen leisten wollte. Die Tanznummern, wie das monumentale "I Love Music" und "Bad Luck", dauerten nun ein für allemal vier oder fünf Minuten länger als die üblichen drei Minuten. Der Philly Sound, inspiriert von Gamble und Huffs Produktionen mit den O'Jays, Harold Melvin und den Bluenotes, MFBS, den Three Degrees (besonders "When Will I See You Again", Gamble und Huffs einzigem gewichtigen Hit mit einer weiblichen Leadvocalgruppe) beherrschten von da an die Tanzmusik. Die Kennzeichen waren eine alles durchdringende Rhythmusgruppe mit lateinamerikanischen Percussionbreaks, wirbelnden Streicher- und Bläserarrangements und einem säuselnden weiblichen Chor - ohne Gambles Botschaften im Text. Diese Klänge erschienen in Philly auf Platten von den MFBS-Mitgliedern Harris, Young und Baker (die Double Exposure, First Choice, die Tramps und Vince Montana mit dem Salsoul Orchestra produzierten), in Los Angeles von Barry White, in München von der Silver Convention und in New York von Van McCoy, dessen Aufnahme von 1975,

"The Hustle", eine wahre Tanzwut hervorgerufen hatte. PIRs musikalischer Einfluß und "Crossover"-Verkauf an Schwarz und Weiß bestätigt die historische Tatsache, daß gute, innovative schwarze Musik, von Schwarzen gemacht, natürlich von den Weißen gekauft wird, wenn sie sie erst einmal zu hören kriegen.

Das Zeitalter der Übernahme schwarzer Musik durch Korporationen begann also mit dem Ende der einen großen Plattenfirma und dem Aufstieg einer anderen. Beide entstanden in einer fruchtbaren lokalen Musikszene und wurden von starken, politisch sehr wachen schwarzen Führern geleitet. Aber es gab da einen zentralen Unterschied. Stax, eine Organisation, die auf ein Jahrzehnt stolzer Erfolge zurückblicken konnte, versuchte mit ihren diversen Geschäften, ihrem Auftreten als Sponsor sozialer Aktionen und ihren Aktivitäten auf dem flachen Lande politisch so progressiv zu sein wie gerade noch geschäftlich zulässig. Irgendwo unterwegs wurde dann der glatte Ablauf der Dinge von ihren Geschäften untergraben.

Philly International als Institution war am Beginn ihrer Liaison mit dem Amerika der Korporationen noch relativ ungeformt, aber sie lernte, trotz der Aussage eines ihrer Gründer, wie man innerhalb eines weißen Korporationssystems arbeiten kann. Und als hauptsächliches Handelsgut von CBS' schwarzer Musikabteilung profitierte PIR nicht schlecht davon. Die Botschaft in der Musik? Die Assmilation war ein Erfolg, besonders für einen nationalistischen Kapitalisten, der Hitsongs schreiben konnte.

VI

CROSSOVER: DER TOD DES RHYTHM & BLUES (1975 - 1979)

Unabhängige Plattenfirmen, R&B-Radio, Konzertveranstaltungen, Einzelhandelsläden in den schwarzen Vierteln und die Kreativität der schwarzen Amerikaner waren in den dreißig Jahren nach dem zweiten Weltkrieg zusammengekommen, um die R&B-Musik zu schaffen. Der Kampf um die Überwindung der offen zur Schau getragenen "Apartheid" Amerikas hatte bei den Schwarzen eine Energie, einen Traum, eine Motivation entstehen lassen, die für die Musikschaffenden zur Inspiration wurde. Schon Mitte der siebziger Jahre hatte ein Segment des schwarzen Amerika das Unmögliche möglich gemacht, war über die Barriere gesprungen und wohnte nun in Gegenden des Landes, in denen die Schwarzen ein Jahrzehnt vorher noch gelyncht worden wären. Es schien vielen von ihnen an der Zeit, das einschränkende Adjektiv "schwarz" aus ihrem Leben zu streichen. In diesem Geiste war es, daß die Bezeichnung "Crossover" allmählich alle Diskussionen über schwarze Musik und schließlich auch die Musik selbst zu beherrschen begann. In diesem Prozess ging vieles von dem, was die Welt des R&B ausgemacht hatte, verloren, einiges davon vielleicht für immer.

Es gab viele Formen des Crossover, die sich voneinander nährten und die die Art, in der das schwarze Musikgeschaft abgewickelt wurde, veränderten. Von Anfang bis Mitte der siebziger Jahre dezimierte eine Welle von Verträgen mit großen Firmen die Indies, denen dadurch nicht nur Spitzenmusiker und -komponisten verloren gingen, sondern auch Verwaltungspersonal. 1971 unterzeichnete James Brown, immer noch einer der Heroen des schwarzen Amerika, bei der Polydor, einer amerikanischen Tochterfirma des riesigen europäischen Komplexes Philips-Siemens. Die Drehtür am Ausgang der Motown rotierte unentwegt: A&R-Direktor Mickey Stevenson unterschrieb einen Vertrag mit der MGM; Harvey Fuqua, Produzent, Komponist und in der Abteilung für künstlerische Entwicklung tätig, bekam einen Produktionsvertrag bei der MCA; das Schreiber- und Produzentenpaar Nick Ashford und Valerie Simpson wollte auftreten, und den Wunsch erfüllte ihm die Warner Bros.; das Team von Brian Holland, Lamont Dozier und Eddie Holland schloß Firmenverträge mit einem Indie, Buddha, und einer großen Firma, Capitol; Gladys Knight and the Pips und die Isley Brothers gingen zu Buddha (später gingen die Isleys mit ihrem T-Neck-Label zu CBS, und Knight wechselte zu Columbia); die Four Tops gingen zu CBS und die Jackson Five wurden auf CBS' Label Epic zu den Jacksons. Während des Kollaps' von Stax unterzeichnete Isaac Hayes bei ABC, die Staple Singers bei den Warner Bros., und Johnnie Taylor und die Soul Children gingen zu Columbia respektive Epic. Curtis Mayfield brachte sein Curtom Label zusammen mit den Impressions und Leroy Hutson zu den Warner Bros.

Im Februar 1976 konnte Warner Bros. dann wirklich eine geballte Vier Tage-Serie von Konzerten, genannt "California Soul", im Beacon Theater in New York veranstalten, in denen dreizehn Gruppen auftraten, inklusive Ashford und Simpson, die Impressions, Leroy Hutson, das weibliche Vokaltrio aus Philly, "First Choice, Graham Central Station (geleitet von Slys ideenreichem früheren Bassisten Larry Graham), Dionne Warwick, die Staple Singers und zwei "Jazz"musikern, dem Gitarristen und Möchte-gern-Vokalisten George Benson und dem Sänger Al Jarreau. Bei der Show wurde ein Erinnerungsheft und kostenlose 45er Sampler mit Ausschnitten aus Alben ausgegeben. Die Konzerte fanden nicht im Apollo statt, sondern in einem Theater ähnlichen Alters auf der West Side. Warner Bros. hatte sich auch entschlossen, die Konzerte zusammen mit dem Top-Rockpromoter Ron Delsner zu veranstalten, um der Show noch einen besonderen Anstrich zu geben. Aber trotz ihres liberalen, wagemutigen Image und wie "hip" sie auch immer war, Warner Bros. würde doch ihren schwarzen Geschäftsführern niemals allzu viel Einfluß über die Plattenpromotion hinaus zugestehen. (Der erste schwarze A&R-Vizepräsident, Benny Medina, wurde 1987 eingestellt). Weiße Angestellte in der A&R-Abteilung kontrollierten die Talentsuche, diejenigen in Marketing, Verkauf und Promotion (Top Fourty, AOR) hatten ebenfalls viel dreinzureden. Der prominenteste schwarze Gechäftsführer in der Geschichte der Firma, Tom Draper, trat im Oktober 1975 als Vizepräsident und Leiter des Marketing für schwarze Musik ein. Er war der erste Angestellte, den man als Vizepräsidenten direkt von draußen holte, ein Schritt, der offensichtlich getan wurde, um der schwarzen Musikgemeinde den Eindruck zu vermitteln, die Firma sei sehr engagiert, und das zu einem genau passenden Zeitpunkt, so daß man vier Monate später ein schwarzes Gesicht als Repräsentanten der Promotion für "California Soul" vorzeigen konnte. Drapers Karriere in der Plattenindustrie hatte erst zwei Jahre vorher begonnen, als die RCA ihn von der Heimelektronik in die Plattenpromotion versetzte und gleichzeitig mehr R&B-Gruppen engagierte. Im August 1975 machte man ihn zum Abteilungsvize bei der RCA, während im gleichen Monat der weiße Geschäftsführer der Warner Bros., Bob Krasnow, Benson von dem Indie CTI, die schwarze Rockband Funkadelic von dem Indie Westbound sowie traditionelle Jazzgruppen unter Vertrag nahm. Krasnow war früher Präsident bei den Firmen Liberty und Blue Note Records gewesen, Label mit umfangreichen Jazz- und R&B-Katalogen (Ike und Tina Turners "Proud Mary" erschien auf Liberty). Im Verlauf der nächsten fünf Jahre war er es, der Chaka Khan und andere schwarze Spitzentalente, die sich von Warner Bros.' Burbankkomplex angezogen fühlten, engagierte.

Drapers Schritt war klug. Warner Bros. war, anders als die RCA, gut geführt, aggressiv und wirklich an der Musik interessiert. Im Oktober 1976 hatte die RCA ihre schwarze Musikabteilung aufgelöst. In den achtziger Jahren wurde sie wieder eingerichtet und wieder aufgelöst. Draper bekam sicherlich bei Warner Bros. mehr Geld, wie alle schwarzen Künstler, die bei großen Firmen unterschrieben. Geld - sowohl große Vorauszahlungen auf Tantiemen wie großzügige Tantiemeregelungen, wenn eine Platte erst einmal Profit abwarf - das war ein verführerischer Köder.

Als zum Beispiel die Jackson Five zu Motown gingen, bekamen sie 2,7 Prozent Tantiemen für jede verkaufte Platte, alle persönlichen Aufwendungen konnten sie von der Steuer absetzen und, was die Jackson Family nicht wußte, gaben der Motown Rechte an dem Namen "Jackson Five". Als sie zur Epic überliefen - sie brachen einen bitterbösen Rechtsstreit vom Zaun und verloren Bruder Jermaine wieder an die Motown - fanden die Jacksons heraus, was das bedeuten konnte, korporative Dollars: ein vertraglich festgelegter Bonus von 350.000 $ pro Veröffentlichung und 28 Prozent Tantiemen auf die Großhandelspreise in Amerika (international 24 Prozent), im Klartext waren das ca. 98 Cents pro Album - ein Zuwachs gegenüber den Tantiemen bei der Motown von ungefähr 500 Prozent.

CBS behielt fast so viel Kontrolle über die Auswahl der Produzenten und des Materials wie die Motown. Das Problem der künstlerischen Kontrolle war bei den Großen ebenso umstritten wie bei den Indies. Die höchst unterschiedlichen Vorgehensweisen der Großen und der Indies wirkten sich aber auch in unterschiedlicher Weise auf Fragen der künstlerischen Kontrolle aus. Für ein Indielabel, selbst für die Motown in den späten Siebzigern, mußte nicht jede Platte ein Pop-Hit werden, um noch als erfolgreich angesehen zu werden. Die frühen Commodoreplatten waren zum

Beispiel kompromißlose R&B-Partymusik. Bei CBS, Warner Bros., RCA, Polydor, MCA, Capitol und ABC gab es, weitgehend auf Grund der großen Verträge, mehr Druck auf die schwarzen Künstler, ganz bewußt auf den weißen Markt zu zielen.

Die Beobachtung des Harvardreports, daß schwarze Aufnahmen vom schwarzen Radio in die Popsendungen überwechselten, wurde von CBS keineswegs außer acht gelassen. 1976 gab LeBaron Taylor, der Leiter der schwarzen Musikabteilung bei CBS, Geoffrey Stokes von der "Village Voice" ein ungewollt erschreckendes Interview. Taylor umriß die Strategie der CBS zur Institutionalisierung des "Crossover" - den Verkauf schwarzer Hits an die Weißen. CBS legte besonderen Wert auf die Veröffentlichung der ersten Single aus einem neuen Album, das sowohl Weiße wie auch Schwarze ansprechen sollte. Die Idealvorstellung war - im Harvardreport vorgegeben - den Durchbruch im schwarzen Rundfunk zu schaffen, den Verkauf auf eine halbe Million hochzutreiben (die Größenordnung der "Goldenen") und dann diesen "Hit" der Allgemeinheit, dem "Mainstream"-Publikum, vorzustellen.

Im Jahre 1975 wurden von Johnnie Taylors Single "Disco Lady", einer Platte, die ganz gezielt den Discosound ausnutzen sollte, 2,5 Millionen verkauft. Die Ballade der Manhattans "Kiss and Say Good-Bye" verkaufte sich in mehr als einer Million Kopien. Taylors Entwurf entsprechend, hielt CBS diese Alben noch fast zwei Monate nach Veröffentlichung der Singles zurück. "Ich will kein Album rausbringen - besonders nicht für die Programmleiter im Radio, die spielen dann vergnügt eine andere Nummer und sagen einem, man hätte die falsche Single ausgesucht - nicht, ehe die Single nicht fest etabliert ist," sagt Taylor. "So können einen weder die Verbraucher noch die Programmleiter reinlegen." Aber, wie die "Voice" betont, "diese Politik - besonders, da die Single in erster Linie wegen ihrer "Crossover"-Möglichkeiten ausgewählt wurde - bedeutet, daß die schwarzen Hörer nur dazu dienen, Aufnahmen zu testen, die auf die weiße Hörerschaft ausgerichtet sind." Für viele der Soulsänger, die,in der Hoffnung, eine Crossover-Hörerschaft anzuziehen, einen Vertrag mit der CBS eingegangen waren - R&B-Veteran Gladys Knight and the Pips, Bobby Womack, Tyrone Davis, Z.Z. Hill und Johnnie Taylor - wurde diese Strategie zur Katastrophe. Der schwarze Rundfunk wies mit Vehemenz viele ihrer Popanstrengungen zurück oder mochte auch in einigen Fällen einfach die erste Single nicht. Da sie statt dessen keine Ausschnitte aus Alben anbieten konnten, waren diese Gruppen dann über lange Zeitstrecken nicht mehr im Radio zu hören und da die CBS ein Überangebot an Gruppen hatte, die sie einsetzen wollte, darunter die unentwegten Hitlieferer der Philly International, hatten alle die eben genannten Veteranen bei der CBS darunter zu leiden. Im Lauf der Zeit ließ man alle, außer Gladys Knight, fallen. Womack, ein Schützling des Crossover-Pioniers Sam Cooke, ein produktiver Songschreiber und ein Sessiongitarrist der Spitzenklasse, war Anfang bis Mitte der siebziger Jahre ein wichtiger, progressiver Soulkünstler bei dem Indie United Artists gewesen, der den Klassiker "I Can Understand It" und die Musik für den überragenden "Blaxploitation"-Film "Across 110th Street" geschrieben hat und noch viele andere Verdienste vorweisen kann.

Mit seiner starken, zupackenden Stimme, die lebhaft an Cookes Gospelaufnahmen erinnerte, hätte Womack das ganze Jahrzehnt lang eine der Stützen des R&B bleiben können. Statt dessen versickerte seine Karriere in den Fluten der CBS-Veröffentlichungen. Die Vorzeichen waren von Beginn an schlecht. Gleich nach Vertragsabschluß mit der Columbia 1977 reiste Womack mit einem CBS-Promoter zu einer der Topstationen des schwarzen Rundfunks. Er erinnert sich mit Bitterkeit: "Nachdem er damit fertig war, mir die neue Platte von den Isley Brothers, die neue Earth, Wind and Fire, die neue Teddy Pendergrass, die neue Jacksons zu verpassen, fragte er, ob da wohl noch Platz auf der Liste wäre für den guten, alten Bobby Womack." Natürlich nicht. 1978 war Womack fort von der CBS und beendete die siebziger Jahre, nach dem Reinfall mit einem Album auf Arista, als ein Niemand im R&B.

Manche sagen, Womack hätte einfach im Musikalischen versagt und daß seine Alben bei der Columbia einfach denen bei der United Artists unterlegen gewesen seien. Das war teilweise wohl richtig. Nur ist es keine Frage, daß CBS' Crossover-Überzeugungen und anwachsendes Künstlerpersonal eine große Anzahl Veteranen unter sich begrub. Tyrone Davis, obwohl nicht so begabt wie Womack, war auch ein solider Bürger der R&B-Welt, dessen Karriere in den reichen Gefilden der CBS am Strauch verwelkte. Er war ein hochgewachsener Sänger aus Chicago mit einer hellen Baritonstimme, der sich mit einer gewissen Eleganz auf den Straßen der Großstadt zu behaupten gewußt hatte. Er hatte gerade eine schwarze Nr.1-Single, "Turning Point," und noch eine Reihe weiterer Top Ten-R&B-Singles auf Brunswick gehabt dem Indielabel, das mit Jackie Wilsons Aufnahmen aufgebaut worden war - als er 1977, auf der Suche nach mehr Dollars und einer weißen Hörerschaft, bei der Columbia unterschrieb. Bei CBS sollte Davis ein Opfer sowohl der Soziologie wie der Ökonomie werden.

Die weißen Geschäftsleute, die Davis engagiert hatten, waren zwar von seinen Verkaufszahlen beeindruckt, wußten aber nicht so genau, was ihn eigentlich so populär machte. Sie hatten keine Ahnung davon, daß sein schwarzes Publikum im allgemeinen älter war und aus niedrigeren Schichten kam als das der "New Breed"-Künstler wie die O'Jays und Earth, Wind and Fire. Im Gegenteil, viele Mitglieder der Musikabteilung waren alles andere als enthusiasmiert von Davis. Sicher, seine Platten verkauften sich, aber seine Musik war "alt". Warum sollte man ihn nehmen, wenn es so viele neue Gruppen gab mit ganz neuem Sound? Immerhin, zur Zeit, als er seinen Vertrag unterschrieb, dämpfte der anhaltende Verkauf seiner Platten alle Kritik.

Seine erste Single "Give It Up, Turn It Loose" war ein solider schwarzer Hit. Die Leadsingle seines zweiten Albums, "Get on Up, Disco", eine Verbeugung vor dem Discofieber, war Davis' krampfhafter Versuch, es Johnnie Taylors gewichtiger "Disco Lady" gleichzutun. Die Platte war zwar erfolgreich genug, um die Kosten wieder einzuspielen, aber keine "Disco Lady". Davis war frustriert und brauchte nun zu viel Zeit für seine nächsten zwei Alben auf der Suche nach "dem großen Crossover-Hit". Davis hatte einen schweren Anfall von Discofieber und erwartete von den rigiden Rhythmen und dem starren Schema der Becken den großen Casinoerfolg, der sein Leben ändern würde.

1979 dann nahm Davis einen Song auf mit dem Titel "In the Mood", eine sehr altmodische, mit Streichern überladene Ballade, die die Fülle seiner Stimme aufs schönste zur Geltung brachte. Es war schmalzig, aber es kam an, obwohl Davis fürchtete, daß seine Karriere aus und vorbei wäre, wenn dieser Titel veröffentlicht würde. Aber Paris Ely, ein junger Promoter, gerade auf den Posten des Leiters von Epics schwarzer Werbeabteilung befördert und einer der wenigen Schwarzen, die von Davis' Musik angetan waren, entschied, "In the Mood" sei ein Hit und gab der Platte Priorität. Fast zur gleichen Zeit ging Polydor gegen die Herrschaft des Discosound an und ließ dem (Disco)Renner der Peaches and Herbs, "Shake Your Groove Thing", eine wunderschöne Ballade von Freddie Perren und Dino Fakaris folgen, "Reunited". Diese beiden "Außenseiter"-Songs stiegen zusammen die schwarze Hitleiter hoch. "In the Mood" verkaufte sich im Laufe der Zeit 700.000 mal, und "Reunited" erreichte sogar fast 2 Millionen Kopien und wurde so zum Popstandard.

Beides waren ausgezeichnete Aufnahmen, aber "In the Mood" ging weit schlechter, weil Columbias interne Pläne, trotz Elys Bemühungen, dem entgegenarbeiteten. Polydor nutzte den guten Einstiegserfolg von "Reunited" im weißen Rundfunk und "crossed over". Columbia brachte "Mood" bei einigen Popstationen unter, nahm aber im Grunde die überraschenden Verkaufszahlen der Platte hin, ohne nachzuhaken.

Johnnie Taylor hatte nie wieder eine "Disco Lady", und Tyrone Davis konnte "Mood" bei CBS nichts Gleichwertiges mehr folgen lassen. "Keiner in der Firma betrachtete sie als Künstler mit Zukunft," erinnert sich einer der Columbialeute an die Haltung gegenüber den Soulveteranen. "Sie waren Künstler, mit denen wir einen Hit produzieren wollten, und sobald der Hit gelaufen war, war es vorbei. Die Art von Sorge für die künstlerische Entwicklung, die wir Deniece Williams oder Teddy Pendergrass zur selben Zeit zukommen ließen, war für diese beiden nicht vorgesehen." Diese Einstellung beschränkte sich nicht auf die CBS. Candy Staton, eine Vokalistin mit rauher, heißer Stimme, die sich im Süden mit ihren saftigen Stories vom ungetreuen Liebhaber eine Anhängerschaft geschaffen hatte, hatte bei Warner Bros. ein paar größere Disco-Hits ("Young Hearts Run Free", "Victim"), war aber nie ein Verkaufsschlager, und das wenigstens zum Teil, weil Warner Bros. sich keine so gewissenhafte Mühe gab, sie aufzubauen, wie sie es bei urbaneren Gruppen tat, so bei Ashford and Simpson und George Benson.

In Fällen wie Davis, Taylor, Staton und den meisten der traditionellen R&B-Gruppen in der Aera des Crossover nahm keine Firma sie unter Vertrag, wenn ein großes Label sie erst einmal hatte fallen lassen. Die weißen Geschäftsleute interessierte es nicht, welche Auswirkungen das auf die Traditionen in der schwarzen Musik haben würde. Wenn sich die jugendlichen schwarzen Plattenkäufer nicht mit diesen Künstlern identifizierten, dann taten sie das eben auch nicht. Die schwarzen Firmenangestellten wußten mit Sicherheit, daß immer noch ein breites Publikum für diese Aufnahmen existierte, wenn es auch älter war und weniger geneigt, impulsiv zu kaufen. Sie hätten bekämpfen können, was schließlich zu einer gewaltsamen Wachablösung in der schwarzen Musik führte. Viele von ihnen waren jedoch der Ansicht, es lohne nicht der Mühe, ältere Gruppen zu fördern. Ja, mehr noch, bei ihren Meetings hinter verschlossenen Türen machten einige sich über diese Überlebenden des Soul lustig, lachten über ihre "Process"-Frisur, ihre weißen Anzüge und "Chitlin Circuit"-Ideen in einer Zeit, als Earth, Wind and Fire mit ihrer kunstvollen Pyrotechnikpracht im Madison Square Garden Schlagzeilen machte. Das Publikum, das diese Geschäftsleute - schwarz und weiß - erreichen wollten, ging zum College oder strebte danach und nach all den Mittelstandswerten, die das College repräsentierte. Dieses Publikum war zu jung, um sich für die erwachsenen Erzählungen der R&B-Veteranen zu begeistern. In den Sechzigern war die schwarze Musik eine Familienangelegenheit gewesen, mit den Temptations, Aretha Franklin und Curtis Mayfield, die ein weites Spektrum von Schwarzen angesprochen hatten. Ein Teilergebnis dieser Einverleibung der schwarzen Musik durch die Korporationen war ein Auseinanderfallen des

Marktes in Klassen und, zum ersten Mal seit dem Bruch zwischen Swing und Bebop, in Altersgruppen.

Discofieber

Die Mentalität des Crossover und die prall gefüllten Besetzungslisten der großen Firmen waren Probleme innerhalb der Industrie, die dem R&B Abbruch taten. Eine Kraft von außen, die den R&B zerstören half, indem sie die Musik von ihren Wurzeln losriß und die Verbindungen auslöschte, die mit dem weißen Amerika in den Sechzigern eingegangen worden waren, war Disco. Die Ironie des Ganzen liegt darin, daß Disco in seinen Anfängen eine Fortführung der schwarzen Tanzmusik war. Zuerst in Europa, dann in den USA wurden Diskotheken als Orte populär, an denen man zu Schallplatten tanzen konnte, garedeso wie auf einer Hausparty. Und der größte Teil der Musik, die da ursprünglich gespielt wurde, wurde von schwarzen Musikern gemacht.

Von 1971 - 1975 waren selbständige Post Sly-Funkbands, wie Kool and the Gang ("Funky Stuff", "Hollywood Swinging") und die Ohio Players ("Skin Tight", "Fire") sowie Vokalaufnahmen mit ausgedehnten instrumentalen Improvisationen in der Begleitung, personifiziert in "Boogie Down" und "Keep On Trucking" von dem früheren Temptations-Mitglied Eddie Kendricks, frühe Vorboten des Discosound. TK Records aus Florida, im Besitz von Henry Stone, einem alten "weißen Neger" aus den fünfziger und sechziger Jahren, hatte die ersten Hits, die aus den Discos ins schwarze Radio gerieten und zuletzt auf dem Crossover-Markt landeten: George McCraes "Rock Your Baby" und Gwen McCraes "Rockin' Chair". Man begann, die Rhythmusgruppe dieser Hits hinter den kümmerlich gebrüllten Vocals eines weißen Keyborders mit Namen Harry Casey aufzunehmen. Unter dem Namen KC and the Sunshine Band spielten sie einfältige, aber unwiderstehliche Tanznummern ein ("Get Down Tonight", "Shake Your Booty", "Boogie Shoes"), die, wie die von McCraes Aufnahmen, auf R&B-Funk-Riffs und Arrangements basierten. Zwei Bands aus Brooklyns East New York Section, B.T. Express ("Express", "Do It 'Til You're Satisfied") und Brass Construction ("Changin'") fügten diesen überlangen Tanzplatten noch Streicher und Bläser hinzu, aber die Grundmuster kamen aus der R&B-Tradition.

Zwischen 1976 und 1980 kamen zwei musikalische Kräfte zusammen, um dem Discosound seinen Biß zu nehmen und ihn in einen Sound hirnloser Wiederholungen und textlicher Idiotie zu verwandeln, der, mit Ausnahmen, den ganzen R&B überwältigte. Ironischerweise war der eine Faktor das musikalische Schema des Philly Sound. Abgetrennt von den Songs mit einer Botschaft und den Liebesgeschichten der PIR-Hits wurden die überüppigen Streicher, die dahinströmenden Bläserklänge und lateinamerikanische Percussion zum Soundtrack einer Saison musikalischen Mülls. MFBS' Drummer, Early Young, dessen innovativer Einsatz der Hi-Hat- und Basstrommelstrukturen PIRs Musik den Zündstoff geliefert hatte, sah sich in den späten siebziger Jahren diese Ideen bis ins Unendliche wiederholen. Dieselben Musiker, die auf "Bad Luck" und dem hymnischen "I Love Music" mit solchem Feuer zu hören waren, machten nun unter dem Namen The Ritchie Family und Salsoul Orchestra eine Serie von unglaublich faden Aufnahmen und halfen damit, den Philly Sound allmählich im Cliché zu ertränken.

Wenigstens klangen die Discoplatten noch, als ob sie von menschlichen Wesen stammten. Bald gab es in Amerika eine Invasion von Eurodisco, ursprünglich aus München, dann aus Italien und Frankreich. Es war Musik mit dem Rhythmus eines Metronoms - das Gegebene für Leute, die keinen Rhythmus haben - fast gänzlich eintönigen Vocals und einem Sex aus Metall, der der High-Tech, High-Sex-Athmosphäre angemessen war, die kaum eine Spur von Leidenschaftlichkeit hatte, die aber zu den glitzernden Discos, die in jeder größeren amerikanischen Stadt entstanden, paßte. Silver Conventions "Fly Robin Fly" war der erste Crossover-Hit des Eurodisco, der direkt aus München kam. Der größte Star, der aus dieser Szene hervorgehen sollte, war Donna Summer, zusammen mit ihrem Produzenten Giorgio Moroder. Ihr Album von 1976, "Four Seasons of Love", enthielt die schlimmsten Tendenzen des Eurodisco und machte Donna Summer - mit der extravaganten Unterstützung von Neil Bogart, dem Präsidenten der Casablanca Records - zum größten weiblichen schwarzen Star dieser Periode. Daß KC and the Sunshine Band, Salsoul Orchestra und die Summer alle auf den Indielabels ihre Wirkung entfalteten, zeigt, daß die kleineren Firmen trotz der zunehmenden Vergesellschaftung der schwarzen Musik immer noch auf der Bildfläche waren, mochte diese auch noch so getrübt sein. Aber es war der glanzvollere Phillystil und der starre Eurodisco, der die Sensibilität der Musik regieren sollte - gleichzeitig ein Widerschein der Haltung, die der harte Kern des Discopublikums einnahm, und des Einflusses der schwarzen Musikkorporationen.

Diejenigen, die den Discosound erschütterten und bewegten, das waren nicht die Leute von den Plattenfirmen, das waren die Diskjockeys in den

Clubs. Die meisten von ihnen waren Schwule mit einer einzigartigen Einstellung gegenüber der amerikanischen Kultur, schwarz sowohl wie weiß. Sie erhoben Vokalistinnen wie Summer, Gloria Gaynor, Diana Ross, Loleatta Hollaway, Melba Moore und Grace Jones in den Status einer Diva, während schwarze Vokalisten im wesentlichen gemieden wurden. Funk, der sich in den späten siebziger Jahren im Süden und Mittelwesten großer Popularität erfreute, stand selten auf ihrem Programm. Er war zu roh und ungeschliffen und wenn es etwas gab, was den Discofans, schwul und normal, am Herzen lag, dann war es das Gefühl eines Pseudointellektualismus. Barry White, der die zusammengeholten Sessionmusiker auf seinen Aufnahmen als "Orchester" bezeichnete und den Arrangeur Gene Page Whites simple Streicherarrangements mit dem Taktstock dirigieren ließ, war schon früh ein Discostar, weil er begriffen hatte, daß ein großer Teil des amerikanischen Publikums, als Antwort auf die dreckigen Jeans und das Zurückgehen zur Erdhaftigkeit der sechziger und frühen siebziger Jahre, nostalgische Eleganz suchte.

Die Verkaufszahlen der White, Summer, Eurodiscos und des nachgemachten Phillysound der Salsoul-Aufnahmen - mit dem Stempel der Zustimmung prominenter Diskjockeys - ließ die großen Firmen glauben, daß diese musikalische Technik den Prozeß des Crossover der Schwarzen beschleunigen würde. So kam es dazu, daß diese neue Tanzmusik, inspiriert von den Einfällen Gambles und Huffs, eine Genußsucht und eine Zwiegeschlechtlichkeit feierte, die ihrer patriarchalischen Philosophie direkt entgegengesetzt war. Gleichzeitig war sie eine blendende schwarze Musik der aufstrebenden Korporationen, basierend auf einigen Hits des Phillysound (z.B. Billy Pauls "Me and Mrs. Jones", "You Make Me Feel Brand New" von den Stylistics, "Could It Be I'm Falling In Love" von den Spinners, die letzteren beiden vom Guru des Soft Soul, Thom Bell, produziert). Einige, wie George Bensons "This Masquerade" auf Warner Bros., "Jack and Jill" von Raydio mit Ray Parker Jr. und Deniece Williams' "Free", waren zum Tanzen zwar nicht geeignet, aber brachten Karrieren so glatt und sanft nach oben auf der Leiter, als hätte man ihnen Harvey's Bristol Cream zu Weihnachten geschenkt. Die tanzbaren Nummern waren überwiegend sweet, höchst melodisch und gar nicht beunruhigend. Gamble und Huff selber nahmen einige davon mit Lou Rawls auf ("Groovy People", "You'll Never Find", "See You When I Get There"). Der Produzent Quincey Jones, der von Bigband und Filmmusik zur Popmusik übergegangen war, steuerte zwei der interessanteren Beispiele bei mit den Brüdern Johnson ("I'll Be Good to You" und "Strawberry Letter 23") auf A&M, einem Indie in Los Angeles mit der Mentalität einer großen Firma. Andere Paradebeispiele dieses neuen schwarzen Pop der Korporationen war Marilyn McCoos und Billy Davis'

"You Don't Have to Be a Star (To Be In My Show)", produziert von dem ehemaligen Stax-Mitarbeiter und "Disco Lady"-Schöpfer Don Davis, Barry Whites "Your Sweetness Is My Weakness" und Stephanie Mills' "What You Gonna Do With My Loving".

Das heißt nicht, daß Soul und Funk ganz verschwanden. Maurice Whites Earth, Wind and Fire und die Commodores aus Lionel Richies Amtszeit mischten wilden, rauhen Funk mit aufregenden Arrangements, mit Songs in mittlerem Tempo und Balladen, die solch ein waschechter Pop waren wie nur je eine Aufnahme. Aber es muß noch hinzugefügt werden, daß diese Musik immer sanfter und immer weniger intensiv wurde, je mehr Erfolg die Bands hatten.

Nur eine Ansammlung von Bands (Parliament, Funkadelic, Bootsy's Rubber Band, the Horny Horns, Brides of Funkenstein, Parlet und noch viele mehr) unter der ebenso chaotischen wie kreativen Führung von George (Dr. Funkenstein) Clinton blieb ihrer Masche treu und verwob Witz, Parodie, tonnenweise Slang und das Können einiger außerordentlicher Funkmusiker, darunter die Keyborder Junie Morrison und Bernie Worrell, die Gitarristen Gary Shider und Mike Hampton, der Vokalist Gary (Mudbone) Cooper, der Bassist Bootsy Collins, der Saxophonist und Arrangeur Maceo Parker und der Posaunist und Arrangeur Fred Wesley. Georges Truppen machten Antidisco-Tanzmusik der höchsten Qualität: "Tear the Roof Off the Sucker", "Flash Light", "One Nation Under a Groove", "Bootzilla". Das ganze P-Funk-Konzept war eine musikalisch sehr amüsante Art, all dem eine Nase zu drehen, was Clinton das "Placebo Syndrome", i.e. schwarze Musik ohne Funk, nannte. Disco, kombiniert mit dem Crossover-Bewußtsein der großen Firmen, schuf Musik für diejenigen, die die Akzeptanz der Allgemeinheit zwar erstrebten, aber nicht dafür kämpfen wollten.

Man konnte es nachlesen

Die Schwarzen bekamen mehr Möglichkeiten zur ökonomischen Integration als je zuvor (sprich: wenn man genug Geld verdiente, konnte man wohnen, wo man wollte) durch Jobs im öffentlichen Dienst, Positionen als Manager auf kleinem und mittlerem Niveau und Programme, die ein Hochschulstudium ermöglichten. Diese Faktoren wirkten sich auf den Geldbeutel und den Geschmack des schwarzen Amerika aus. Von gleicher

Symbolik für diese Einstellung war das Aufkommen des Popjazz, während Bebop und der radikalere "Free Jazz" eines Ornette Coleman kaum noch in Erscheinung traten. Popjazz - melodisch, leicht zu hören, improvisationslos - auf Alben von Saxophonisten (Grover Washington Jr., Ronnie Laws), Keybordern (Bob James, Joe Sample), Gitarristen (Earl Klug, George Benson) und Bands (The Crusaders, Spyro Gira) war die perfekte Untermalung zu der Quintessenz aus den Bestrebungen der Siebziger, Brunch.

Alles zusammen genommen war es ein langer Weg gewesen vom Soul bis dahin, aber auch so beruhigend wie ein Artikel in der "Black Enterprise" über Ferien in der Karibik. Solche Artikel erzählten den Lesern des Magazins, von denen die meisten aus der Mittelklasse waren, daß sie ja das verfügbare Einkommen für solch ein Unternehmen hätten und auch die Vorausschau, Möglichkeiten zu wählen, ihre Freizeit in schwarz geführten Ländern zu verbringen, dazu noch das schwarze Bewußtsein, diese Länder zu unterstützen.

Traurigerweise sah es so aus, als sei vor diesem Hintergrund R&B, als Metapher und als Musik, zum Untergang verurteilt. Die Welt, die ihn getragen hatte, existierte nicht mehr. Die Bindungen zwischen Schwarzen aller Klassen lockerten sich, weil verschiedene Formen des materiellen Erfolges (oder die Illusion dieses Erfolges) viele von ihnen zur Mentalität des Crossover verführten.

Natürlich war der Verlierer in diesem Fall die Musik. Wenn man sich die Charts genau ansieht, dann sieht man ganz klar, daß Crossover weit davon entfernt war, die Erfüllung eines Traumes zu sein. Die Tendenz geht dahin, Crossover zu einem Triumph zu erklären beim Anblick von 2,5 Millionen Kopien von Taylors "Disco Lady", den 5 Millionen Kopien von Chics "Good Times" 1979 (damals die meist verkaufte 45er in der ganzen Geschichte der Atlantic), oder den 9 Millionen Kopien von Michael Jacksons "Off the Wall", ebenfalls 1979 (produziert von Quincey Jones, war es damals der größte Verkaufserfolg eines Albums mit einem schwarzen Künstler in der ganzen Geschichte). Was sich aber daraus entwickelte, war ein "Friß oder Stirb"-Syndrom. Wenn man gewann, dann gewann man ganz groß. Wenn man aber verlor, dann ward man nicht mehr gesehen und verschwand ganz schnell.

Der Test für ein Crossover ist die Effektivität, mit der populäre schwarze Aufnahmen an die Weißen verkauft werden können. Wenn man die Plazierung schwarzer Hits auf Nummer eins der Popliste des "Billboard"-Magazins als Barometer zugrunde legt, dann stellt man fest, das beste Jahr für das Crossover war 1970, als fünfzehn der schwarzen Topnummern in Amerika die ersten fünfzehn Plätze auf der Hitliste einnahmen und sieben auf den ersten Platz kamen (obwohl die Tatsache, daß vier davon von den Jackson Five auf der Höhe ihrer frühen Popularität waren, die Rechnung etwas verfälscht). Immerhin, die erfolgreichsten Jahre waren die zwischen 1967 und 1973, als die unabhängigen Firmen noch die Musik bestimmten: die Periode der majestätischsten Auftritte des Soul, der Popularisierung des Funk durch James Brown und Sly, neuer, ehrgeiziger Arrangements von Norman Whitfield, Marvin Gaye, Stevie Wonder, Isaac Hayes und Curtis Mayfield, eine Zeit, in der das Schwarzsein die Weißen noch faszinierte und Afro-Amerikaner aller Schichten inspirierte - das war die Zeit, in der Crossover wirklich funktionierte.

Nach Paul Grein, einem Experten der "Billboard"-Chart, "erreichte die Nr.1 der Soulhits als durchschnittlichen Spitzenwert die Nr.9. Mit anderen Worten, ein typischer Nr.1-Hit auf der Soulchart konnte damit rechnen, wenigstens unter den Top 10 auf der Popchart zu sein."

Laut Grein "wurde die Straße für das schwarze Crossover in der Disco-Aera steiniger. Von 1974 bis 1976 hielt sich der durchschnittliche schwarze Nr.1-Hit auf der Höhe der Nr.15 auf der Popchart. 1978, als das Discofieber seinen Höhepunkt erreichte, sank der durchschnittliche schwarze Nr.1-Hit auf Nr.22 auf der Popchart." Auch wenn man die Chart von einer anderen Seite ansieht, kommt man zum gleichen Ergebnis. 1973 gingen sechsunddreißig Aufnahmen von der schwarzen Chart auf die Top 100 in der Popliste zum Jahresschluß über. 1974 waren es noch siebenundzwanzig. 1975 schafften achtundzwanzig den Sprung, und 1976 stieg die Zahl auf dreißig an. 1977 aber war eine Katastrophe, als nur noch dreiundzwanzig Aufnahmen von den schwarzen Rundfunkstationen in die Top 100 der "Billboard"-Jahresliste gelangten (und diese Zahl schließt solchen Schund wie Mecos "Theme from Star Wars" ein).

Ein unerwartetes Resultat des Zusammenhangs zwischen Disco und Crossover war die Tatsache, daß der schwarze Rundfunk, das Rückgrat der R&B-Welt, aufhörte, ein sicherer Hafen ausschließlich für schwarze Künstler zu sein. In der Tat wurde er ein Mittel zur Entfaltung für die "weißen Neger" unter den Künstlern.

Die neuen weißen Neger

Die Bee Gees, eine in England geborene und in Australien aufgewachsene Familien-Vokalgruppe, debütierten 1967 mit einer Serie von Alben im

Beatlesstil, die sich an den blumig psychedelischen Stil von "Sgt. Pepper's Lonely Hearts Club Band" anlehnte. Die Brüder Gibb - Robin, Maurice und Barry - schienen völlig weggefegt zu sein, als ihr "Mr. Natural" auf der Nr.178 der "Billboard" Chart verhungerte. Robert Stigwood, Manager der Gruppe und Inhaber der RSO, des Labels, für das sie aufnahmen, war ein australischer Geschäftsmann, ebenso bombastisch wie schlitzohrig. Stigwood war sich der wachsenden schwarzen Discoszene in Europa und New York wohl bewußt und engagierte den Produzenten aus der Atlantic-Belegschaft Arif Mardin, der seine Erfahrung in der schwarzen Musik bei diesen Typen, die von Funk nichts an sich hatten, beweisen sollte. 1975 machten sie Aufnahmen in Miami und griffen dabei auf die Fülle der Sessionmusiker in der Stadt zurück. Das Ergebnis war eine tiefgehende Neuorientierung ihres Sounds: Robin Gibb, eine Falsettstimme, wurde zum Echo von Eddie Kendricks und Smokey Robinson; Barry ging von der Stimmlage eines tiefen Tenors aus, die an David Ruffin erinnerte und Martins intime Kenntnis des R&B machte aus den Gibbs die besten blauäugigen Soulsänger seit den Righteous Brothers. Mit der Uptemponummer "Jive Talkin'" und der Tanzballade "Nights on Broadway" mit ihrem hohen Schwung bekam das Album "Main Course" Platin und wurde erstaunlich oft im schwarzen Radio gespielt. Stigwood merkte, da tat sich was für ihn. Er zog RSO aus dem Vertriebsvertrag mit Atlantic heraus und nahm zwei junge Musiker, Karl Richardson und Albhy Galuten, als Koproduzenten zu Barry Gibb. "Children of the World" wiederholte das "Main Course"-Schema mit einer sehr schnellen Tanznummer, "You Should Be Dancing", die auf Nr.1 landete, und noch einer weiteren R&B-Ballade, "Love So Right".

Während "Children of the World" die Bee Gees auf einen festen Platz als Kraft im schwarzen wie im weißen Radio brachte, unterstützte Stigwood die Produktion eines Discokrimis mit dem Titel "Saturday Night Fever", mit dem Fernsehschauspieler John Travolta in der Hauptrolle und einem Soundtrack, der mit Discostandards gespickt war (Trammps' "Disco Inferno", Tavares' "Heaven Must Be Missing an Angel", aber auch mit den eigenen Nummern der Bee Gees, "Stayin' Alive" und "How Deep Is Your Love"). "Saturday Night Fever" ist auf vielen Ebenen wichtig geworden: es bestätigte die Ankunft des Disco als kulturelle Macht bei den Massen Amerikas, es machte Travoltas Brooklyntype, blütenweiß und tanzverrückt, zur Ikone der siebziger Jahre; es zeigte, daß die Wirkung des schwarzen Kriminalfilms als Katalysator für die Verkaufszahl der Platten kein Zufall war, und es zeigte wiederum, mit welcher Macht die Musik die Phantasie der Nation ausfüllen konnte, wenn sie (die Musik) auf der der Schwarzen basierte.

Für das schwarze Radio begann nun eine Zeit des umgekehrten Crossovers, bei dem landesweit weiße Tanzplatten im Discostil die Songs schwarzer Künstler auf den Programmlisten ersetzten.

Es sollte uns nicht überraschen, daß Frankie Crocker mit Stolz den Weg wies. Crocker sagte damals: " 'SNF' war genau das, was für mich der WBLS ist, das, was wir im Sender zu tun versuchen." Wenn man sich die Geschichte des schwarzen Radios ansieht, ist das eine befremdliche Bemerkung. Der schwarze Programmdirektor einer Radiostation, die schwarzes Eigentum auf dem größten Markt der Nation ist, definiert den Sound seiner Station durch eine Aufnahme, an deren Spitze drei Australier stehen, die die Schwarzen imitieren. Welch ein weiter Weg weg von den schwarzen Diskjockeys, die von Anbeginn des Rundfunks an die Rolle ihrer Stationen so ganz anders gesehen hatten! Und Crocker war noch lange nicht fertig damit. Er spielte noch "Crazy Little Thing Called Love", im Rockabilly-Stil, von den britischen Rockern Queen, bevor er den mittelmäßigen, dünnen Titel der Gruppe "Another One Bites the Dust" vorstellte, ein cleverer Abklatsch von Chics "Good Times". Wie zynisch die Briten auch auf den Disco-Bandwagon aufsprangen (Rod Stewarts "Do You Think I'm Sexy", "Rolling Stones", "Miss You") und Eurodisco durch die Importläden strömte (Cerrones "Love In C Minor" und "Supernature", Gino Soccios "Dancer"), Crocker spielte sie alle. Schließlich war die "Total Black Experience in Sound" ja nur noch Geschichte. Also wofür stand die WBLS? In den späten siebziger Jahren ließ die Station nur ein paar Blocks vom Apollo Theater entfernt auf der 125. Straße Plakate an den Seiten der Unterstände der Bushaltestellen ankleben. Auf einem saß eine Blondine mit gekreuzten Beinen vor dem WBLS-Logo. Darunter stand der Slogan: "The World's Best Looking Sound" (Der bestaussehende Sound der Welt). Es ist eines, immer ganz "hip" zu sein, aber es ist etwas anderes, die ursprüngliche Identität seiner Station als Stimme der schwarzen Gemeinde vollkommen abzulegen. Aber für Crocker war es die Aera des Discoglanzes, als der Zutritt bei Studio 54 als der Gipfel dessen angesehen wurde, was man in New York bedeutete, und der Programmdirektor des WBLS ging da ein und aus, wie er wollte. Schwarzes Radio wurde zum Discoradio - gewiß nicht überall, aber doch in allzu vielen Großstädten - genau wie allzu viele schwarze Künstler Musik machten, die beige war.

Leben für das "Urban".

Gegen Ende der Dekade machte das Discoradio dem "urbanen" Radio Platz, einem Schema, das, wie der Rock & Roll, zunächst eher ein Begriff aus dem Marketing war als ein musikalisches Konzept. Es kam aus dem schwarzen FM-Rundfunk und der Disco und war dazu bestimmt, ein vielfarbiger Programmstil zu sein, im Einklang mit den Rhythmen der großen Städte Amerikas, die von allen Seiten befruchtet wurden. Und in seinen besten Tagen erfüllte es diesen Anspruch auch. Aber viel häufiger war es nur verkleidetes schwarzes Radio. Auf Urban hörte man Earth, Wind and Fire und George Benson und Ashford and Simpson, wie man im Süden Cameo und die Bar-Kays hörte. Aber da waren auch die Bee Gees und Hall and Oates und sogar Kenny Rogers mit der Ballade "Lady", geschrieben und produziert von Lionel Richie. Darüber hinaus wurde die Identifikation mit einer bestimmten Stadt für unnötig erachtet, ja, für contraproduktiv. Urban zielte ebenso auf Madison Avenue wie auf die schwarzen Hörer.

Die Mentalität hinter dem Urban-Radio hat Sonny Joe White von Bostons KISS-FM in den frühen achtziger Jahren sehr treffend definiert. White, ein schwarzer Programmleiter mit Erfahrung bei den Top 40, hatte fast den gleichen Einfluß in seiner Stadt wie Crocker in New York. "KISS 108 hatte sich aus seinem ursprünglichen Image als Discostation entwickelt, die heute bis zu 70 Prozent Soul/R&B/Disco spielt, und der Rest ist Rock, Pop und was sich sonst noch alles in Boston verkauft," erzählte er der "Billboard". "Siebzig Prozent unserer Ansager sind weiß, der Rest ist schwarz. Da ich selber schwarz bin und tun will, was ich nur kann, um jungen schwarzen Ansagern noch oben zu helfen, mag ich Quotensysteme jeglicher Art überhaupt nicht."

Als man ihn fragte, warum KISS, die zu siebzig Prozent schwarze Musik spielt, sich nicht als schwarzen Sender ansieht, antwortete White ganz gerade heraus: "Das ist leider ein Marketing-Problem. Viele Werbeagenturen scheinen immer noch zu glauben, es gäbe keine schwarze Mittelklasse und wissen nur sehr wenig von den Kaufgewohnheiten des schwarzen Konsumenten von heute. So nennen sich die Stationen eben Urban, damit sie auch für solche Agenturen attraktiver werden, die nie etwas von einer schwarzen Station kaufen würden. Solch stereotypes Denken zwingt die schwarzen Stationen, ihr Schwarzsein herunterzuspielen, um bei den Werbedollars konkurrenzfähig zu sein. Richtig oder falsch, Urban ist für viele Werbeleute ein annehmbarerer Ausdruck...Gewisse schwarze Stationen, denen es tatsächlich gut geht und die für Werbespots höchste Preise verlangen könnten, scheuen sich, das zu tun, da der schwarze Rundfunk immer noch ein mäßiges Image hat."

Also, weil weiße Buchhalter die Macht des schwarzen Radios, Schwarze (und manche Weiße) zu motivieren, nicht anerkannten und wohl auch nicht anerkennen konnten, legten viele im Rundfunk ihre ethnische Identität ab und hofften, durch die Bedeutung der Begriffe zu erreichen, was die Bürgerrechtsbewegung nicht einmal mit ihren Protestmärschen erreichen konnte: die weißen Geschäftsleute zum Respekt vor schwarzen Institutionen zu bringen.

Auf lange Sicht war es ein Marsch der Torheit. Fürs erste machte es viele schwarze Künstler für die Urbanstationen unannehmbar. Ein knappes Jahrzehnt, nachdem James Brown "Say It Loud, I'm Black, I'm Proud" aufgenommen hatte, fingen die Programmdirektoren beim Urban an, den Promotern zu erzählen, daß viele der schwarzen Künstler für ihr Sendeschema "zu schwarz" seien. Millie Jackson und Cameo: zu schwarz. Die Phrase klang nach Selbsthaß. Zu schwarz. Ein Abschied von der Schönheit des Schwarzen. Der Totengesang des R&B. Jack Gibson spürte, wie der Puls immer schwächer wurde. 1976 startete er ein Blatt mit Programmtips, "Jack the Rapper", das, über das Anpreisen potentieller Hitplatten hinaus, eines der wenigen öffentlichen Foren war, von dem aus man das "Zu schwarz"-Syndrom attackieren konnte, das sich aus dem Crossover entwickelte. "Meiner Meinung nach sollten die schwarzen Stationen überhaupt keine weißen Platten spielen," sagte Gibson mehr als einmal. "Jedesmal, wenn sie das tun, nehmen sie einem schwarzen Künstler die Sendezeit weg, die er bei keinem anderen als dem schwarzen Rundfunk kriegen könnte. Ich kann Teena Marie akzeptieren, weil sie für eine Gesellschaft arbeitet, die in schwarzem Besitz und von Schwarzen geleitet ist, Motown. Aber außer in diesem Fall sollte das schwarze Radio nur für die schwarze Musik da sein. Ich bin von manchen Leuten beschuldigt worden, ein umgekehrter Rassist zu sein, aber in Wahrheit bin ich nicht anti-weiß, ich bin nur pro-schwarz." Dieses letztere Gefühl kennzeichnet den Gibson der späten siebziger Jahre entweder als Radikalen oder als Narren. Er war zwar nicht der einzige, aber die Stimmen, die ihm beipflichteten, waren immer wieder solche, die genauso weit vom neuen schwarzen Durchschnitt entfernt waren wie Gibson. Die schwarzen Tante Emma-Läden auf den schwarzen Hauptstraßen starben so langsam aus in der Periode des Crossovers, und nur wenige schien das zu kümmern.

Wiedersehen mit den Tante Emma-Läden

Das Hauptanliegen der CBS, Polydor, Warner Bros., RCA, MCA und anderer großer Firmen war, die Menge der schwarzen Aufnahmen in den wichtigsten Einzelhandelsketten, wie z.B. Sears, zu vergrößern. In vielen Fällen fochten die schwarzen und weißen Angestellten der großen Firmen diesen Kampf geradezu mit Gusto aus. Was nützte Crossover im Äther, wenn das weiße Publikum das Album in den Plattengeschäften der großen amerikanischen Geschäftsstraßen nicht finden konnte? Die Tante Emma-Läden bestellten und verkauften nur einen relativ geringen Bestand zu einer festgesetzten Zeit und wurden daher hintangestellt. Es war in Wahrheit schon immer so, daß nur wenige schwarze Händler jemals engen Kontakt zu den großen Firmen hatten, aber die Körperschaften des R&B wurden ihnen in bedenklichem Maße zum Nachteil. Schwarze Geschäfte erwarben die Produkte der großen Label zu anständigen Preisen von den Großhändlern oder den Vertretern, die einmal vorbeikamen. Aber diese Preise waren immer noch nicht so gut wie diejenigen, die die Ladenketten direkt von den Firmen auf Grund der großen Menge bekamen.

1956 fing Joe Long an, in Birdels Plattengeschäft im Herzen des Brooklyn-Viertels Bedford-Stuyvesant zu arbeiten. Zwölf Jahre später, als Long den Laden von dem weißen Besitzer kaufte, gab es schon etwa zwanzig Plattengeschäfte für die schwarze Kundschaft quer durch Brooklyn, die ein Gebiet bedienten, in dem mehr Schwarze lebten als in den meisten anderen Großstädten. Am Ende der siebziger Jahre, schätzte Long, waren vielleicht noch fünf übrig. "Einige davon haben sich nur auf karibische Musik für die westindische Bevölkerung spezialisiert," sagte er. Viele der sogenannten Plattenläden im Gebiet von New York verkaufen eigentlich nur das Neueste von gestern." Das Problem war, "daß wir weder den Kredit noch die Angebote bekommen haben, die wir brauchen, um konkurrenzfähig zu sein. Wir können so alle sechs Monate mal ein Geschäft machen, aber das auch nicht regelmäßig. Es hat sehr viele Versammlungen mit uns Kleinhändlern gegeben. Aber etwas, wodurch wir hätten im Geschäft bleiben können, haben wir nicht bekommen. Mit so einer kleinen Gewinnspanne kann man das Hitmaterial gar nicht nutzen. Discomat (eine New Yorker Ladenkette) verlangt 5,99 $ für ein schwarzes Hit-Album, während wir schon 5,39 $ bezahlen, um es überhaupt nur zu bekommen."

Ted Hudson eröffnete seinen ersten Einzelhandel in St. Louis 1958, später noch mehrere andere und nahm auch noch eine Vertretung dazu."Es gibt ein doppeltes Kreditsystem, eines für Schwarze und eines für Weiße," beschwert sich Hudson. "Ganz gleich, wie lange man im Geschäft ist, man muß sich mit den Firmen herumschlagen, genau wie der schwarze Star, der sich auf dem Popmarkt mit jeder Aufnahme neu beweisen muß. Trotzdem verkaufen wir immer, was wir eingekauft haben, weil wir genau wissen, was unser Markt verkraftet. Die Weißen haben aber immer unbegrenzten Kredit, während wir, gestandene Geschäftsleute, die manchem Hit auf den Weg geholfen haben, mehr und mehr ausgequetscht werden. Sie haben schwarze Angestellte mit vielen Titeln, die mehrere hunderttausend Dollar im Jahr verdienen. Aber fast keine der großen Firmen gibt diesen Schwarzen eine Position, in der sie einem geben können, was man braucht und wann man es braucht."

In den späten siebziger Jahren nutzte Bruce Webb aus Philadelphia, seit 1962 Inhaber von Webb's Department Store, sein Geld, um seine wenigen Preisnachlässe in der lokalen schwarzen Presse anzuzeigen in der Hoffnung, damit die Anzeigen der Ketten zu unterlaufen, die mit niedrigen Preisen für schwarze Platten lockten. "Man kann sich nicht auf die großen Firmen verlassen, wenn man Hilfe bei Anzeigen braucht, nicht, wenn man schwarz ist und im Geschäft bleiben will," bemerkt er mit Bitterkeit. "Das ist immer ein Problem gewesen, trotz aller Beteuerungen, die man uns in all den Jahren gegeben hat. Ein paar schwarze Läden macht man zu Uncle Toms und gibt ihnen ein bißchen was, damit die Firma sagen kann 'Nun seht euch mal an, was wir alles für den Mann getan haben!' Aber wenn wir nicht einige schwarze Firmenmitarbeiter auftreiben, die wirklich etwas tun können und wenn wir uns nicht in einer Gruppe zusammenschließen, dann bekommen wir nie die Werbung und den Kredit, den wir verdienen."

In den Chor der Unzufriedenen stimmten auch die schwarzen Konzertveranstalter mit ein, die feststellen mußten, daß Crossover sie außen vor ließ. Das Apollo, das Howard, das Uptown, das Regal, sie alle waren tot oder lagen im Sterben. Das Apollo erlebte eine merkwürdige Zeit, als es durch einen Mittelsmann von dem Harlemer Drogenkönig Nicky Barnes gekauft wurde. Trotz seiner Millionen verschwendete Barnes kein Geld dafür, das Gebäude wieder aufzuarbeiten und so fuhr es fort, zu verfallen, wie die anderen "Chitlin Parlours" auch. Bemerkenswert in dieser Zeit waren die wochenlangen Engagements von James Brown, P-Funk und Reggaes Bob Marley als Zeichen der Solidarität mit dem Publikum des Apollo. Wichtiger wurden auf lange Sicht die Musik und die Reime, die ein lokaler Teenager namens D.J. Hollywood zwischen den Songs der Show vortrug. Der Kleine hatte was zu sagen.

Die Integration hatte Manhattan den schwarzen Gruppen geöffnet und als die zögernden Eigentümer all jener Etablissements die Dollars sahen, die damit gemacht werden konnten, da wurden die schwarzen Künstler mit offenen Geldbörsen empfangen. Bobby Schiffman vom Apollo Theater verdeutlichte es dem Schriftsteller Ted Fox in Dollars und Cents: "Gegen Ende der siebziger Jahre konnte eine gefragte Gruppe - und man brauchte Gruppen, die gefragt waren - an einem Abend an einer größeren und besseren Örtlichkeit mehr Geld einstreichen, als sie im Apollo in einer ganzen Woche bekamen. Das Apollo...hatte noch die zusätzliche Aufgabe, zu versuchen, die Preise so niedrig zu halten, daß die Leute sie auch erschwingen konnten. Wenn eine Nummer im Apollo für 6 $ zu sehen war, dann konnte diese gleiche Nummer "downtown" Eintrittspreise von 16 $ oder 20 $ oder 50 $ verlangen." Während das Apollo 1.683 Sitze hatte, hatte der Madison Square Garden 20.000, das Nassau Coliseum 19.000, Carnegie Hall 2.800 und die Avery Fisher Hall im Lincoln Center 4.500. Die wirtschaftliche Seite war also klar. Aber für die schwarzen Konzertveranstalter, Männer und Frauen, die jahrelang mit Queen Booking und Buffalo Booking Agency gearbeitet hatten, war es ebenso klar, daß der Tod des Apollo auch mit Rassismus und Mißachtung zusammenhing.

Den Fuß in der Tür

Die schwarzen Künstlerveteranen verließen die schwarzen Agenturen mit ihren veralteten Methoden, und neue Gruppen unterschrieben direkt bei William Morris und International Creative Management als Betreuer ihrer Karrieren - Betreuung im Namen des Crossover, in dem schwarze Promoter nicht vorkamen, außer wenn es sich um Gruppen handelte, die ziemlich unten auf der Wertskala standen. Teddy Powell, der zweiunddreißig Jahre im Musikgeschäft war, war 1977 der erste schwarze Promoter, der Tourneen nicht nur auf regionaler, sondern auf nationaler Basis veranstaltete. Er war noch ein Bewohner vom alten Schlag in der R&b-Welt, und es schmerzte ihn, zu sehen, wie alles zusammenbrach. "Wir (die Schwarzen) glauben immer noch, daß man, um Erfolg zu haben, sich weiß geben muß," sagte er. "Man mag schwarz anfangen. Deine ersten Platten werden R&B sein. Du spielst auf dem Chitlin Circuit. Aber sobald man in die Lage kommt, den schwarzen Promotern helfen zu können, die einen ja aufgebaut haben, dann wollen sie jemanden, der keine Hilfe braucht. Darum werden die weißen Promoter immer obenauf sein. Sie schöpfen den Rahm ab, den wir produziert haben. Sie haben ihr Publikum und unser Publikum." Ein anderer schwarzer

Promoter sagt es noch deutlicher: "Die weißen Jungs bei euch suchen nach euren weißen Jungs. Da die meisten Agenturen weiß sind, gehen sie also zuerst zu den weißen Promotern."

Die Zeiten hatten sich so sehr geändert, daß, wenn größere schwarze Stars der Crossover-Aera Angebote für Tourneen verschickten, man keinen schwarzen Promoter davon in Kenntnis setzte. Eine alternative Strategie hatte Dick Griffey in Los Angeles. Obwohl er die größten Konzerte in dieser Stadt veranstaltete, die ein schwarzer Promoter überhaupt machen konnte, schloß er doch einen Handel als Co-Promoter für Auftritte schwarzer Stars mit einer großen weißen Agentur ab. Es war ein gerissener Schachzug für ihn selber, wenn er auch den vielen kleineren schwarzen Promotern keine Beruhigung und keine Hilfe war, die ja durch den neuen Status quo ganz aus dem Geschäft geworfen wurden.

Schwarze Promoter riefen das rassische Bewußtsein der Künstler an und zitierten die Rolle, die schwarze Promoter beim Aufbau ihrer Gruppen zum Superstar-Status spielen könnten. Bedauerlicherweise betrachteten viele schwarze Künstler sie keineswegs mit besonderer Zuneigung. 1982 legte Richard (Dimples) Fields, gerade groß herausgekommen mit "She's Got Papers On Me" und "If It Ain't One Thing It's Another", seinen Standpunkt in beredten Worten dar: "Es geht nicht um schwarz. Es geht auch nicht um weiß. Es geht darum, daß die Leute einen mit Respekt behandeln und professionell arbeiten. Es gibt da eine Menge schwarzer Promoter, die ihre Arbeit sehr gut machen. Ich hab mit vielen von ihnen gearbeitet, als ich dieses Jahr auf Tournee war. Es sind mir aber auch Praktiken vorgekommen - besonders unter den Schwarzen, aber auch bei Weißen - die mich gestört haben. Überall im ganzen Land hab ich Promoter getroffen, die nicht gewillt waren, ihre vertraglichen Verpflichtungen einzuhalten. Ich meine damit, sie baten einen um einen Nachlaß bei der Gage, oftmals die Hälfte, weil der Vorverkauf so schlecht sei. Je nach den Umständen war ich bereit, das mitzumachen. Oft genug habe ich aber gefunden, daß das arg voreilig gehandelt war, denn das schwarze Publikum kauft seine Eintrittskarten im allgemeinen erst am Tage der Show. Häufig kann man erst eine halbe Stunde vor dem Konzert sagen, wieviel Zuschauer kommen."

In vielen Stadten waren die schwarzen Promoter - oft einheimische Geschäftsleute oder lokale Clubchefs, manchmal aber auch windige Geschäf temacher oder Zuhälter, die es mal mit dem Showbusiness versuchen wollten - ohne Erfahrung auf diesem Gebiet. Fields fand, daß "zu viele Promoter das Fundament für den Markt nicht legten, um ein erfolgreiches Konzert zu machen. Einige Male hatte ich mit Promotern zu tun, die noch nicht einmal so viel davon verstanden wie ich." Belinda Wilson, eine schwarze Managerin, stimmte dem zu und ergänzte: "Wenn man einen guten schwarzen Promoter kriegen kann, um so besser. Aber wenn man erst mal an einem bestimmten Punkt in seiner Karriere angekommen ist, dann ist es egal, wer es ist, wenn er nur professionell arbeitet."

Ob es nun Rassismus oder Mangel an Professionalität war, in den späten siebziger Jahren fühlten sich die schwarzen Promoter genau so schutzlos wie die schwarzen Händler, und oft genug schlugen sie planlos zurück. Der Boykott schwarzer Stars wurde vorgeschlagen, aber nur selten ausgeführt. Organisationen schwarzer Promoter wurden gegründet, gingen aber schnell wieder ein, da ihre Mitglieder, von Natur aus schon ein konkurrenzneidischer Haufen, sich dauernd Sorgen machten, ob auch der andere nicht eine Ecke mehr davontrug. Es war der Weg zur Zerstörung, und die schwarzen Promoter rannten darauf zu.

Angesichts der Tatsache, daß die schwarze Musik beige wurde, daß die weißen Künstler via Disco die schwarzen Rhythmen anzapften, die Korporationen das schwarze Radio als Startrampe benutzten und die Händler und Promoter mit der Basis im schwarzen Amerika langsam von der Bildfläche verschwanden, wurde in den Tagen vom 10.-13. September 1978 in La Costa, Kalifornien, die Black Music Association ins Leben gerufen, dazu bestimmt, schwarze Musik "zu erhalten, zu schützen und zu verbreiten." Oder, wie Stevie Wonder es ausdrückte, "die Geister wieder wachzurütteln." Die Wurzeln dieses historischen Treffens lagen in der Untersuchung einer großen Sachverständigenkommission in Newark über das Payola im schwarzen Rundfunk. Keiner ging ins Gefängnis. Aber 1976 mußte Kenny Gamble 2.500 $ Strafe zahlen. Jackie Wilsons Boss Nat Tarnopol von den Brunswick Records bekam auch eine Geldstrafe. Frankie Crocker, eine besondere Zielscheibe der Untersuchung, konnte in keinem einzigen Fall überführt werden, verließ aber den WBLS, kam später zwar zurück, ging dann aber wieder fort in ein Engagement beim Videokabelkanal VH-1. Seit 1980 hat er es mit zahlreichen Auftritten beim Radio versucht, aber in wenigstens einem Fall bekam er wegen seiner "Reputation" keine Arbeit.

Die meisten Schwarzen in dieser Industrie waren überzeugt, daß diese Untersuchung rassistische Motive hatte. Was Dave Clark "weißes Payola" genannt hatte, ging unangefochten weiter, wobei erheblich höhere Beträge zur Debatte standen. Darüber hinaus ging auch im schwarzen Radio Payola, Untersuchung oder nicht, munter weiter. Im allgemeinen umwarb man nicht gerade die Programmdirektoren, nur einige musikalische Leiter und einflußreiche Diskjockeys. Außerhalb des größeren Marktes war die Bezahlung im schwarzen Rundfunk bekanntermaßen niedrig und sogar bei den Stationen, die auf die Schwarzen ausgerichtet waren, ob in weißem oder schwarzem Besitz, blieben die Gehälter hinter dem Industriestandard zurück. 1974 gab es über 8.000 kommerzielle Stationen in Amerika. Vielleicht 300 davon spielten R&B oder Abarten davon. Nur 127 - gerade ein Prozent - waren in schwarzer Hand.

Die Bedrohung der schwarzen Musik und des schwarzen Rundfunks, auf die von der großen Kommission hingewiesen wurde, führte zu einer Reihe von Treffen mit den Mitgliedern des schwarzen Rundfunks, organisiert von Gamble und dem Ex-NATRA-Leiter Ed Wright. Konnte die NATRA wiederbelebt werden? Bei näherer Betrachtung erwies es sich, daß die Organisation mit ihrem wohlverdienten Party-Image und ihren erschütterten Finanzen nur ein armseliges Instrument zur Agitation war. Man brauchte eine neue Organisation mit einer breiteren Basis, eine, die alle Elemente der schwarzen Musik in sich vereinigen konnte.

Es geschah in La Costa. Berry Gordy, der nie irgendwo hinging, kam und brachte Leben in die Party, erzählte Witze und sprach in hohen Tönen von der Macht der schwarzen Musik. Maurice White und Earth, Wind and Fire, Stevie Wonder, "Soul Train"-Gastgeber und Produzent Don Cornelius und Smokey Robinson waren weitere Zelebritäten, die daran teilnahmen. Jeder bedeutende schwarze Geschäftsleiter und Unternehmer war da, auch manche von den liberalen (oder politisch wachen) Weißen waren da. Die Luft war geschwängert mit Rhetorik, vieles auf die Plattenindustrie gemünzt und eine Drohung an die Weißen. Gamble legte den Mitgliedern einen Report vor, betitelt "The Final Call (Der letzte Aufruf)", nach einem Begriff aus der Black Muslim-Ideologie. Darin schrieb er "Wir, die BMA, haben eine Verantwortung gegenüber unserer Gemeinde. Den Gemeinden, in denen Sie und ich geboren wurden, den Gemeinden, die die Geburtsstätte der schwarzen Musik sind, den Gemeinden, die zugrunde gehen, während die Plattenindustrie blüht und gedeiht. Wir haben keine Zeit mehr für Mißtrauen und Betrug. Wir haben keine Zeit mehr für Eifersüchteleien und Lügen. Wir haben nur noch Zeit für das Geschäft des Überlebens, denn sonst sind wir selbst daran schuld."

Von Anfang an, schon in La Costa und auf der Gründungskonferenz in Philadelphia 1979, war die BMA mit einem dreifachen Widerspruch in ihrer Dynamik belastet. Zunächst einmal kam die stärkste finanzielle Unterstützung von den Plattenfirmen, Gruppierungen also, deren Standpunkt bei vielen Themen dem der wirklichen Organisationen der schwarzen Musik ohne Zweifel ganz entgegengesetzt war. Zweitens wurde die Hierarchie der BMA, obwohl aus einer Rundfunkkontroverse entstanden, sehr bald von den Geschäftsleuten der Plattenindustrie beherrscht (Gamble, der Ex-Motown-Präsident Ewart Abner, Jim Tyrell von der CBS), und Rundfunkleute wie Wright wurden in den Hintergrund geschoben. Schließlich wurden die Erwartungen durch die bloße Existenz der BMA und ihre offensichtliche Bereitschaft, alle Übel der schwarzen Musik anzugehen, unglaublich hochgeschraubt.

Für die breite Öffentlichkeit begann die BMA vielversprechend am 7. Juni 1979, als sie für Präsident Jimmy Carter im Weißen Haus eine Party gab, bei der Chuck Berry, Billy Eckstine, Andrea Crouch und Evelyn King auftraten; später im gleichen Monat ergab sich noch eine improvisierte Jamsession mit Bob Marley und Stevie Wonder bei einer Konferenz in Philadelphia. Aber unterhalb der kooperativen Oberfläche war ein Kampf im Gange um die Richtung der Vereinigung. Sollte es eine politische Organisation werden mit Ambitionen wie denen der NATRA unter Shields und Avante? Oder sollte es eher eine Handelsorganisation im Stil der Country Music Association mit Orientierung an der Industrie sein? Eine tumultuarische Sitzung über das Veranstalten von Konzerten - auf der schwarze Promoter schwarze Künstler, aber auch die weißen Promoter, offen angriffen, weil diese sie aus dem Geschäft hinausdrängten - mag diese Frage gelöst haben. Niemand, der dabei war, wird jemals die unverhüllten Emotionen des Meetings vergessen, als Smokey Robinson, Stevie Wonder, der weiße Promoter Dick Klotzman und eine Menge schwarzer Promoter sich um die Bedürfnisse der Künstler, der schwarzen Promoter und um Geld stritten.

Wenige BMA-Sitzungen würden noch einmal so voller Hochstimmung sein und so zugespitzt darauf, die Spannungen zwischen dem Crossover und der R&B-Welt, die durch die ganze schwarze Musikgemeinde liefen, herauszufiltern. Kühlere Köpfe, wie Abner und LeBaron Taylor, übernahmen die Kontrolle und schraubten die Rhetorik in der Organisation wieder zurück, während Wright und Gamble von ihren Führungspositionen zurücktraten. Die nächste Konferenz in Washington D.C. verlief ruhig und, für die meisten der Teilnehmer, unbefriedigend. Die Energie von Philadelphia machte der Enttäuschung Platz.

In dem Gefühl, daß die BMA seinen Nöten nicht die gebührende Aufmerksamkeit schenkte, übertrug der schwarze Rundfunk seine Unterstützung auf J.D. Blacks Young Black Programmers Coalition, einem Forum für Programmdiskussionen mit dem Standort im Süden. Und für soziale Funktionen wie die, die sich mit der NATRA verbanden, nahmen viele Rundfunkleute an Konferenzen teil, die von Gibsons "Jack the Rapper" und dem Magazin "Black Radio Exclusive" gesponsert wurden. "Es gibt eine Faustregel in diesem Geschäft; da, wo die Diskjockeys hingehen, da müssen auch alle anderen hingehen," schrieb der einstige geschäftsführende Direktor der BMA, George Ware, 1986. "Als sie daher die Jockeys verloren, begann BMA auch die Unterstützung aller anderen zu verlieren, inklusive der Plattenfirmen." Ware bemerkte auch, daß die schwarzen Geschäftsviertel sich immer ausgeschlossen fühlten und die Unterstützung für sie mäßig war bis nicht vorhanden. Die Gemeinschaft der Künstler hat der BMA nie irgendwelche organisatorische Unterstützung zukommen lassen, obwohl sie Ehrungen und Konzerte unterstützte." Die BMA war nicht tot, aber sie ist seitdem so mit internen Problemen beschäftigt, besonders finanzieller Art und Anglegenheiten der Führung, daß sie Langzeitstrategien erst noch entwickeln muß.

Wenn man auf die Periode von 1975-80 zurückblickt, dann wird es klar, daß die Querverbindungen zwischen schwarzen Musikern, unabhängigen schwarzen (und weißen) Geschäftsleuten und den schwarzen Gemeinden von einer ökonomischen Integration zerrissen wurde, die auf einer geballten Kontrolle der schwarzen Musik aufgebaut war. Für die Veteranen des R&B, besonders diejenigen, die nicht bei einer großen Firma beschäftigt waren, war es eine traurige Zeit, und das nicht nur wegen der nostalgischen Sehnsucht nach den alten Zeiten. 1979 kam der Zusammenbruch. Der Plattenindustrie schien der Boden unter den Füßen fortgezogen zu sein, als der Verkauf in den Keller rutschte, die Rückgaben überhandnahmen und die Geldmittel in unerwartetem Tempo zusammengestrichen wurden.

Wie der Geschäftsführer der CBS erklärt: "Diese Industrie ist immer als eine Wachstumsindustrie von unbegrenztem Potential angesehen worden. Es hieß immer 'Dieses Jahr geht's uns noch besser als letztes Jahr.' Im Jahr 74 hatte die Rezession aber doch eine gewisse Auswirkung auf die Plattenindustrie. Da sagten sie wirklich zum ersten Mal, 'Vielleicht sind wir doch nicht gegen die Rezession gefeit.' Aber die Lage wurde wieder besser, und es mußten erst 1978 und ein Stück von 79 kommen, ehe sie endlich merkten, daß die Plattenindustrie genauso den Verschiebungen im Lebensalter der Bevölkerung und anderen ökonomischen Faktoren unterliegt wie alles andere auch. Davor hatten sie immer gedacht, sie seien gegen so etwas immun."

LeBaron Taylors Abteilung bei der CBS traf es hart. Slaughter erinnert sich: "Als 1979 die ersten Entlassungen kamen, wurde LeBarons Mannschaft dezimiert. Das war wirklich der Anfang vom Ende, denn daraus wurde ein Rationalisierungsprozess. 'Platten verkaufen sich nicht gut, also brauchen wir auch keine Leute.' Gewisse Leute in der Firma fanden, LeBarons Abteilung sei zu groß. Es kam so weit, daß unser Marktanteil mehr als 25 Prozent betrug, eine unter vier Platten, die die CBS verkaufte, war schwarze Musik.

Da fing dann das eigentliche Problem damit an, wer denn die Kontrolle haben sollte.

LeBaron wurde zur Zielscheibe gemacht; er zog einen zu großen Anteil an Dollars auf sich, als daß die Leute sich damit hätten zufrieden geben können. Damals fing man zuerst an, an seiner Autorität und an seiner Abteilung herumzuschnippeln, und seitdem ist es nur noch abwärts gegangen." Taylor, der sich offensichtlich darüber im klaren war, daß er trotz seines Erfolges in der Plattenabteilung der CBS nichts mehr werden konnte, schuf sich einen Job als eine Art Lobbyist und Verbindungsmann für öffentliche Angelegenheiten, der die Aktivitäten, die sich auf die Schwarzen bezogen, koordinierte, so zum Beispiel das jährliche Dinner mit der Congressional Black Caucus zur Präsentation von Talenten. Ohne Bitterkeit, aber mit sichtbarem Kummer sagt Slaughter: "LeBaron entschloß sich, die Richtung zu wechseln und das zu machen, was er jetzt macht und ließ uns einfach in den Händen von Leuten zurück, denen die gesamte Richtung vollkommen egal war."

Es berührt eigenartig, daß all das zur gleichen Zeit geschah, als die CBS voll mit dem Verkauf der Platte beschäftigt war, die das populärste schwarze Album aller Zeiten werden sollte. Michael Jackson traf Quincey Jones bei den Aufnahmen zu dem Film "The Wiz", und aus dieser Zusammenarbeit ging "Off the Wall" hervor, eine dicht arrangierte Zelebrierung des Körpers, der sich bewegen will und Jacksons fesselnder Stimme. Jackson bewies hier ein für allemal, daß er nicht mehr der Kinderstar aus den Tagen der Jackson Five war. Er war ein wirklich kreatives Talent, er konnte schreiben, produzieren und arrangieren und auch noch singen, wie in "Don't Stop 'Til You Get Enough". Für "Off the Wall" verwandte Jones eine Allstar-Besetzung mit Musikern und Komponisten, die eine Vielzahl von Stilen beherrschten. Beide, sowohl Jackson wie Jones, waren auch vor diesem Album schon respektiert worden, aber die Fusion von lyrischen Funkphrasen mit Popmelodien und die Interpretation einer bemerkenswerten Bandbreite an Popstilen - von Rod Tempertons Pop in mittlerem Tempo, "Rock with Me", bis zu Stevie Wonders seidiger Ballade "I Can't Help It" und Jacksons eigenem, rhythmisch vielschichtigem "Don't Stop", weiter zu Paul McCartneys charmantem "Girlfriend" - machte das Duo als Renaissancefiguren des Pop für die New Yorker Disco so unentbehrlich wie das Kokain.

CBS sah die Massenwirkung des "Off the Wall" und setzte alle Hebel in Bewegung. Insgesamt gab die Firma vier Singles heraus und vermarktete Jackson bei den Weißen mit einem Enthusiasmus, den sie sonst nur für solche Leute wie Journey, Billy Joel und Pink Floyd aufbrachten. So verkaufte sich das Produkt des R&B und Motown, der Glitzerwelt von Los Angeles und seiner eigenen kindlichen Unschuld in 9 Millionen Kopien. "Off the

Wall" war ein Meisterstück, und es war ein natürliches Crossover. Dennoch, mit einer Subtilität, die nur wenigen damals auffiel, begannen das Top 40-Radio, die CBS und Michael Jackson selbst, den Sänger als einen "universellen", einen "Pop"künstler zu beschreiben. Das Gerede vom Ethnischen war überflüssig und, in den Augen der Produktionsleiter, Promoter und des Künstlers, nur schädlich. Jackson verkaufte sich so bemerkenswert gut, daß für ihn das Crossover nie mehr nötig war. Für die, auf die es ankam, hatte Jackson seinen "Popausweis ehrenhalber" - den ursprünglich die Jackson Five bekommen hatten - wiederentdeckt und konnte nun mit Leichtigkeit durch die Passkontrolle gehen. Es war eine ökonomische Integration. Es war der amerikanische Traum der Schwarzen.

Und wenn die großen schwarzen Stars und ihre weißen Manager, Promoter und Plattenfirmen die Musik wirklich so völlig kontrolliert hätten, wie es den Anschein hatte, dann hätten für die Schwarzen, als sie in die achtziger Jahre eintraten, nur Bestrebungen wie die von Jackson die schwarze Musik definieren sollen.

Aber dann passierte etwas höchst Merkwürdiges. Von einer Firma in New Jersey, die in schwarzem Besitz war, kam über die South Bronx, Brooklyn, Harlem und Queens eine Platte mit dem Titel "Rapper's Delight" von der Sugar Hill Gang heraus und kletterte 1979 die ganze Popchart hinauf. In Canada wurde sie Nummer fünf. In den meisten europäischen Ländern war sie wenigstens unter den ersten zehn. Es wurden davon in den USA so viele 12inch-Platten verkauft, daß die National Association of Retail Merchandisers (NARM) sie 1980 zur schwarzen Single des Jahres erklärte. Über den Tönen von Chics "Good Times" erzählten drei schwarze Teenager im Rhythmus etwas von "Def Cars" (dufte Wagen), "Fly Guys and Fly Girls" (Jungs und Mädchen, die auf Draht sind), über das Herumhängen in "Hotels, Motels and Holiday Inns". Was zum Teufel war das? Nur irgend so ein New Yorker Blödsinn. Eine Plattenkuriosität mit irgendwelchen Idioten. Das war wenigstens die Meinung der schwarzen Profis auf dem Sunset Boulevard und der Sixth Avenue. Das zeigt, daß man 1980 ruhig schwarz sein konnte, ohne daß man auch nur die leiseste Ahnung hatte, was in den schwarzen Vierteln los war.

VII

TRIUMPH DER ASSIMILATION AUFSTIEG DES RETRONUEVO (1980 - 1987)

Aus der Perspektive der Schwarzen gesehen, gab es in den achtziger Jahren zwei Brennpunkte, die in die Augen fallen: der eine war die völlige Abkehr vom Kampf um die Bürgerrechte unter Ronald Reagan, der zweite Jesse Jacksons Kandidatur für das Amt des Präsidenten 1984. Reagonomics - mehr Kanonen, weniger Butter und das Versagen bei der Durchsetzung der Bürgerrechtsgesetze - stoppten abrupt den Fortschritt der Schwarzen in diesem Lande. Zum ersten Mal seit dem New Deal unterstützte die Regierung, inklusive Kongress und Oberstem Gerichtshof, nicht mehr die Bürgerrechtsentwürfe und trugen tatsächlich viel dazu bei, die Gesetze ihrer geschriebenen Stützen zu berauben und ein Wiedererstehen des Rassismus zu fordern. Jacksons Kampagne für eine "Rainbow Coalition" (Regenbogenkoalition) richtete sich gegen diesen reaktionären Geist in dem Versuch, die Zahl der schwarzen Wähler zu erhöhen und die Aufmerksamkeit auf Dinge zu lenken, die bisher im Kampf um die Präsidentschaft außer Acht gelassen worden waren, wie die Beiträge der USA zur Apartheid in Südafrika. Obwohl es Jackson nicht gelang, aus der Rainbow Coalition eine dringend gebrauchte dritte Partei zu machen und er die Idee schon vor dem Kongress der Demokraten 1984 wieder fallen ließ, machte das doch nicht die eindeutigen Errungenschaften seiner Kampagne zunichte.

Mir will allerdings scheinen, daß die wirkliche Geschichte der Schwarzen in den achtziger Jahren nicht in dem Bestreben nach politischem Einfluß besteht. Die Gemeinden sahen sich statt dessen tiefen inneren Spannungen gegenüber, die aus der Ungleichheit der Einkommen und der Verantwortlichkeit der Führenden gegenüber der Basis herrührten. Das, worum es also wirklich ging, war die Solidarität der Rasse. Den Konflikt konnte man sowohl auf den Straßen der Städte als auch, was man nicht erwartet hatte, auf den Gesichtern der schwarzen Entertainer beobachten. Ein gutes Beispiel ist Washington, eine Stadt, deren lokale Infrastruktur von Schwarzen beherrscht wird. Als Ergebnis des Kampfes um die Integration und des Versagens der Schwarzen beim Entwickeln einer Strategie der Eigenständigkeit formten sich deutlich zwei Gemeinden. In den sechziger Jahren hielt man Marion Barry für den gefährlichsten Aktivisten der Stadt, der, angetan mit Dashiki und Sonnenbrille, die Sitzungen des Gemeinderates oft genug stürmte. In den achtziger Jahren wurde er Bürgermeister, und die stärkste Herausforderung war für ihn nicht der Kampf mit den Weißen um die politische Macht - darin stand er felsenfest - sondern Programme zu entwickeln, mit denen er seine Macht am wirkungsvollsten nutzen konnte. Eine Mitte des Jahrzehnts aufgestellte Übersicht zeigte, daß in Washington D.C. mehr Schwarze in den höheren Einkommensgruppen zu finden waren und eine geringere Anzahl von ihnen in Armut lebte als in einem halben Dutzend anderer Städte von vergleichbarer Größe. Die Howard University, immer schon eine Macht im Leben der Stadt, gab 1985 300 Millionen Dollar in der Stadt aus und beschäftigte achttausend Leute. 1986 machte ihre Rundfunkstation, WHUR, Geschichte, als sie als erster Sender, der Eigentum einer schwarzen Universität war, an erster Stelle auf diesem Markt lag.

Das war ja alles sehr schön, nur daß es noch eine ärgerliche Kehrseite in D.C. gab. 1985 war in jedem zweiten schwarzen Haushalt das Familienoberhaupt eine Frau, die meisten davon Teenager; fünfundzwanzig Jahre früher lag die Rate noch bei eins zu fünf. Und nach der Statistik der Verwaltung lebte ein Drittel der schwarzen Kinder in D.C. in Armut. Die Reihen der Geschäfte auf den H und U Streets, nicht weit von der Stelle, an der das verlassene Howard Theater lag, waren bei den Unruhen 1968 verheert worden und standen seitdem leer. Auf einem Boulevard, auf dem einst unzählige Tante Emma-Läden florierten, verkaufen jetzt junge Schwarze Crack und Kokain und profitieren von der Krankheit, die sie den "Brüdern und Schwestern" selber beigebracht haben.

"Das schwarze Washington hat sich in die Besitzenden und die Habenichtse geteilt, oder vielleicht ist die Teilung auch noch verhängnisvoller," schrieb der schwarze Washingtonier Eugene Robinson. "Die, die schon haben und die, die niemals haben werden." Selbst der Sieg der WHUR war nur von kurzer Dauer. Die WKYS, Eigentum der NBC, holte sich den "Quiet Storm"-Diskjockey Melvyn Lindsay weg und stellte unter der Leitung des schwarzen Programmleiters Donnie Simpson eine massive Werbekampagne zusammen. Innerhalb eines Monats nach WHURs Triumph war WKYS an der Spitze, und man hätte jede Wette eingehen können, daß sie da auch eine Weile bleiben würde. Es ist bezeichnend, daß WHUR, selbst als sie an der Spitze war, immer noch fünf bis sechsmal so wenig Werbedollars verbuchen konnte wie die Rivalin NBC. So verlor die WHUR im Kampf um die Gunst der Madison Avenue, selbst als sie noch hoch auf der Bewertungsliste stand.

Ein ähnliches Bild könnte man von allen größeren Städten der Nation malen: während die Unterschiede zwischen dem Mittelstand und den armen Schwarzen immer größer wurde, schlugen weiße Unterhaltungssender die schwarzen Institutionen immer wieder in der Gunst der schwarzen Hörer.

Ein weiteres Zeichen der Zeit war, daß viele Kinder des Mittelstandes, die in Vororten oder in Vierteln großgeworden waren, die weitab von denen der armen Schwarzen und der Arbeiterklasse lagen, kaum einen Begriff von ihrer rassischen Identität hatten und auch nicht begriffen, warum die Kämpfe der weniger vom Schicksal begünstigten Schwarzen ihre Aufmerksamkeit erfordern sollten. David Evans, Leiter der Zulassungsstelle an der Howard University, erzählte dem Magazin "Essence", er fände, daß die schwarzen Studenten einen entschiedenen Mangel an Einsicht darin zeigten, was mit 70 bis 80 Prozent der Schwarzen in diesem Lande geschieht... "Um die Dringlichkeit eines Problems wirklich zu spüren, muß man nahe genug daran sein. Aber wenn man in Vororten groß wird und Ferien in Europa macht, dann können die Kindersterblichkeit, das Analphabetentum, Schwangerschaften von Teenagern oder die unverhältnismäßig hohe Zahl von schwarzen Männern, die im Gefängnis sitzen, ein solches Kind nicht aus der Ruhe bringen." Als Du Bois von dem "talentierten Zehntel" sprach, da war genau dies die Jugend, die er meinte, aber ich zweifle nicht, daß das Eintreten für ein Rassenbewußtsein für viele dieser schwarzen "Best and Brightest" (Besten und Klügsten) irrelevant, passé oder auch nur schlicht langweilig war. In ihren Augen war das Schwarzsein offenbar keine besondere Tugend. Bryant Gumble, der populäre schwarze Gastgeber der "Today Show", wußte, was die Glocke geschlagen hatte. Er sagte zu einem Reporter der "New York" 1986: "Ich bin farblos geworden. Meine Sprache ist klar und einwandfrei, und meine Charakteristika sind nicht ethnisch gefärbt."

Manchmal kommt es einem wirklich komisch vor, ist aber doch auch sehr traurig, daß, wenn man das schwarze Amerika durch die Musik in den achtziger Jahren betrachtet, die meisten Diskussionen sich nicht um die Musik drehen, sondern um Hautfarbe, kosmetische Operationen und die Ablehnung der negroiden Züge. Ein Beispiel: Vergleichen Sie die jetzigen Photographien von George Benson mit früheren Photos aus seiner Karriere. Da sehen Sie Veränderungen des Gesichts, die nichts mit dem Alter zu tun haben. Er ist durch die Schönheitschirurgie in ein kommerzielles Produkt für den Massenkonsum umgeformt worden. So einfach ist das, und, wie ich meine, so erschreckend. Verändere dein Gesicht, damit du noch ein paar hundert Einheiten mehr verkaufst, zum Film kommst, mehr Geld machst. Du sollst nicht mehr aussehen wie dein Vater und deine Mutter, im Namen des Kommerzes. Vielleicht trägst du blaue oder grüne Kontaktlinsen, wie Whoopie Goldberg, Oprah Winfrey und die sonst so süße Janet Jackson. Du könntest damit immerhin das verführerischste Symbol der Assimilation in den Achtzigern erobern: den Videokanal MTV.

Die beiden größten Stars des Jahrzehnts, Michael Jackson und Prince, rannten weit und schnell vom Schwarzsein und dem konventionellen Image der männlichen Sexualität fort (und ihre Videos liefen im MTV). Mit seiner Nasenkorrektur, seinem Makeup, das oft falsch gestaltet ist und seinem künstlich gelockten Haar verleugnet Michael Jackson in den Augen vieler Schwarzer seine Hautfarbe in einer Weise, daß man es als einen Akt des Verrats an seiner Rasse bezeichnen muß. Wenn man dem noch das beunruhigend Androgyne hinzufügt, hat man eine geradezu alarmierend unschwarze, unmännliche Figur als populärsten Schwarzen in Amerika.

Ein ähnliches Ärgernis ist Prince. Wo Jacksons Zwiegeschlechtlichkeit die eines unschuldigen Babys war, das noch von nichts weiß, predigte Prince den Sex als Rettung in deutlichen und oft unbeholfenen Worten. "Head" (oraler Sex), "When You Were Mine" (sexuelle Zweideutigkeit) und "1999" (Sex als Resignation im Angesicht des Nuklearkrieges) waren nur einige der Songs, in denen Prince seine anrüchige, aber phantasievolle Faszination der körperlichen Beziehungen zum Ausdruck brachte. Auf der Bühne trug er schwarze Bikinis, Hüftgürtel und Strumpfhosen, nahm Pseudobäder und vergewaltigte sein Klavier, und das alles mit einem Augenzwinkern und einem Hüftenschwenken, die besagten, jegliche Art der sexuellen Verlokkung könne zum Objekt seiner Liebe werden. Kein schwarzer Künstler seit Little Richard hat mit den heterosexuellen Empfindlichkeiten des schwarzen Amerika so unverschämt gespielt.

Ein weit ärgerlicherer Aspekt war es, daß er denen half, die das Schwarzsein als ein Hindernis auf dem kommerziellen Markt ansahen, indem er, wie Jackson, davor weglief. Anders als die vielen schwarzen Stars, die ihr Gesicht veränderten, um dem "Markt der Masse" zu gefallen, hatte Prince das nicht nötig; seine Gesichtszüge deuteten darauf hin, daß er das Produkt einer der gemischtrassigen Ehen war, die in Minneapolis so häufig sind. Aber in Wirklichkeit war er das nicht. Beide Eltern waren schwarz. Trotzdem präsentierte er in dem quasi-autobiographischen Film "Purple Rain" seine Mutter als eine Weiße, eine Marketing-Strategie des "Crossover", die so unnötig war wie Prince' ermüdender Anspruch auf "Universalität". Man kann in der Tat darüber streiten, ob Prince' ständiger Einsatz von

Mulattinnen und Weißen als Partnerinnen nicht viele schwarze Künstler (und manche Künstlerin), in der Hoffnung, es dem Erfolg von Prince gleichzutun, dazu bestimmten, Partner von ähnlicher Farbtönung in ihren Videoromanzen einzusetzen. Die Videos, die so entstanden, scheinen die stereotype Vorstellung noch zu forcieren, daß dunkelhäutige Frauen nicht so attraktiv sind wie ihre helleren Schwestern. Als Ikonen des Stils waren Jackson und Prince ebenso machtvolle Symbole der Assimilation wie Bill Cosby. Aber, Gott sei Dank, sie waren mehr als nur ein Image. Es gab ja noch die Musik, aber davon später.

Am 18. November 1982 schrieb ich für die erste Seite der "Billboard" einen Artikel, "Times Tough for Black Retailers" (Harte Zeiten für schwarze Händler), der das soziale Schisma offenlegte, das zwischen den Assimilierten und den nicht Assimilierten in der R&B-Welt sowie in der breiteren schwarzen Gesellschaft bestand. "Die Tante Emma-Läden für Schwarze müssen in zunehmendem Maße ihre Geschäfte schließen, und neue Unternehmen, die sie ersetzen könnten, gibt es nicht. Zur gleichen Zeit behauptet sich die schwarze Musik in dieser Umgebung mit ihren zurückgehenden Verkaufszahlen und bringt eine Unmenge neuer Künstler hervor. Dieser Zwiespalt ergibt sich aus einem "Billboard"-Überblick über schwarze Händler, Leute von den Plattenfirmen und von anderen Industrien. Als Gründe für die Probleme der kleinen Unternehmer werden Arbeitslosigkeit, schlechtes Management, die Lage in den verfallenden Vierteln der Innenstädte und die Konkurrenz der Geschäfte in den aktiven Stadtzentren angegeben. Die Ladenketten des allgemeinen Marktes sollen dem Vernehmen nach dem Verkauf schwarzer Musik immer mehr Aufmerksamkeit schenken.

"Skippy White, der Inhaber zweier Verkaufsstellen in Boston, die sich auf schwarze Musik spezialisiert haben, sagt: 'Um 1978 und 1979 hatte ich eine Vertretung mit 60 festen Kunden. Jetzt mache ich die Runde nicht mehr und wenn ich es täte, kämen, wenn ich Glück hätte, zwölf Bestellungen zusammen. Und von diesen verbleibenden zwölf wären einige noch sehr unsicher.' Kommentar von Ted Hudson, Inhaber von Ted's One Stop in St. Louis: 'Hier haben 70 Prozent der Tante Emma-Läden zugemacht, würde ich sagen. Nur fünf machen noch gutes Geld, und davon haben einige noch Videospiele dazugenommen, um sich halten zu können.' Ähnliche Klagelieder kann man in Philadelphia, Detroit, New York und den anderen großen Märkten der Nation zu hören bekommen.

" 'Selbst in den Tagen des größten Wachstums dieser Industrie hatten die schwarzen Händler es schwer, sich über Wasser zu halten.,' sagt Hank Cauldwell, einer der Vizepräsidenten im Marketing der WEA. Da ist es keine Überraschung, daß in den Tagen, in denen jeder zu kämpfen hat, so viele es nicht mehr schaffen.' Es gibt zwar keine harten Zahlen über die Anzahl der schwarz ausgerichteten Geschäfte, die erst kürzlich zugemacht haben, aber Unterhaltungen mit den überlebenden Kleinhändlern machen deutlich, daß die, die aufgeben, nicht mehr ersetzt werden. 'Früher war es so, daß immer für acht Läden, die geschlossen wurden, etwa fünf neue kamen,' erklärt Bruce Webb, der Inhaber von Webb's Department Store in Philadelphia. 'Heutzutage wollen die Leute das Risiko nicht mehr eingehen.' "

Das Aufrechnen der Verluste

Trotz dieser Todesfälle in der Rhythm & Blues-Familie ging die Musik weiter, als eine Anzahl von Künstlern, darunter Luther Vandross, The Time, Vanity, Jeffrey Osborne und Lionel Richie, ohne die Hilfe schwarzer Geschäftsleute Gruppen zusammenstellten und Alben herausgaben. Viele waren zweifellos der Ansicht, der Tod dieser Läden habe nur geringfügige Auswirkungen auf die Geschäfte der Industrie. Cauldwell, ein Befürworter der Tante Emma-Läden, mußte sich als Firmenangestellter dieser Ansicht zwangsläufig anschließen. Er erzählte der "Billboard": "Ich habe herausgefunden, daß die Ladenketten sich durchaus bewußt sind, daß die schwarze Musik wieder anwächst. Sie sind immer öfter gewillt, sich mit der Promotion schwarzer Gruppen zu befassen, sie auf Lager zu haben, die Gruppen im Geschäft zu präsentieren etc." Und für die großen Firmen zählten nur die großen Ladenketten.

Elliot Lee, Mitherausgeber der "Black Enterprise", war nicht gerade sehr ermutigend, als er von der "Billboard" nach dem Zustand der schwarzen Kleinhandelsläden landesweit gefragt wurde. Lee sagte: "Der Markt der schwarzen Konsumenten wird von den weißen Geschäften erfolgreicher denn je ausgebeutet, und wenn die schwarzen Geschäftsleute nicht bereit sind, damit zu konkurrieren, dann sind sie verloren. Unter einer Regierung, die so verschuldet ist, stehen sie auf dem Kreditmarkt, auf einem Markt also, der von vorne herein noch nie sehr bereit war, schwarzen Geschäften zu helfen, in Konkurrenz mit anderen kleinen Geschäften. Viele der Darlehen, die die schwarzen Geschäfte in der Vergangenheit erhalten hatten, beruhten auf Regierungsgarantien, und nun plant Reagan, diese Programme zurückzustutzen. Ein weiteres Problem sind die Kosten, wenn man in der Innenstadt Handel treiben will. Versicherung, Wach- und Sicherheitsdienst und die Verluste durch Verbrechen, das alles hebt die Preise an und bringt die schwarzen Geschäfte in eine Position mangelnder Konkurrenzfähigkeit gegenüber den Weißen."

Lee klammert sich noch an eine kleine Hoffnung. "Mehr und mehr lassen sich die schwarzen Geschäfte in den 'Crossover'-Arealen nieder, wo sie beide, weiße und schwarze Kunden, anlocken können." Es sollten, nach seiner Meinung, noch mehr schwarze Händler in diese potentiell lukrativen Gegenden überwechseln. Einige ausgewählte schwarze Geschäftsleute folgten dem Rat des Verlegers, aber der gleiche Mangel an Kapital, der sie schon in ihren eigenen Vierteln im Griff gehabt hatte, machte auch solch ein radikales und riskantes Unternehmen undurchführbar. In der Mitte des Jahrzehnts schienen die schwarzen Kleinhandelsläden, Inspiration für die Plattenfirmen, Einstieg für junge Talente und Zentrum der musikalischen Erziehung, dazu verurteilt - wie das Kino um die Ecke, die "Soda Fountains" und eine Menge weiterer wunderbarer Einrichtungen - von einem Geschäft, das sie für entbehrlich hielten, lebendig begraben zu werden.

Obwohl ihnen nicht die strukturellen Belastungen wie den schwarzen Einzelhändlern aufgebürdet wurden, kamen die Schwarzen in Management, Buchung und Konzertpromotion auch nur gerade so durch. Ruth Bowens Queen Booking war nur noch Erinnerung. Wohl arbeitete sie noch mit ein paar von ihren Langzeitkunden, darunter Aretha Franklin, aber im Kampf um neue Talente zog man sie nicht in Betracht. Nach Don Robeys Tod hatte Evelyn Johnson ihre Aktivitäten so ziemlich auf Houston beschränkt und Buffalo Booking zu einem Stück Geschichte werden lassen. Norby Walters, der fast während seiner ganzen Karriere nur Barmusiker und Entertainer für Cocktailstuben gebucht hatte, benutzte nun die Disco, um das Crossover zur schwarzen Musik zu schaffen, um an die Stelle der Schwarzen zu treten, die diese Institutionen besaßen. In den siebziger Jahren sah Walters, wie sich die meisten Bars in Discos verwandelten und er erkannte, daß die meisten Discogruppen das nur dem Namen nach waren. Mit Hilfe seiner Kontakte schuf er künstliche, "Instant" Gruppen, die die Hits auf der Tanzfläche live bieten sollten. Mitte der Achtziger buchte er bereits Rick James, Cameo, die Bar-Keys, Stephanie Mills, Skyy und fast jede andere wichtige schwarze Gruppe mittleren Niveaus. In dem Vakuum, das während des Übergangs in der schwarzen Musik vom R&B zu Disco und zu Crossover entstanden war, hatte Walters eine Chance gesehen und sie genutzt.

Walters hatte allerdings nicht gerade viele der großen Crossoverstars. Die Gründe dafür lagen nicht darin, daß er eine schlechte Firma hatte, sondern darin, daß seine innige Verbindung mit dem, was man den Chitlin Circuit der achtziger Jahre nennen könnte, ihn zu einer Art von weißem Neger machte - eine Rolle, in der Walters sich durchaus gefiel, solange sie ihn nicht am Geschäft hinderte, was sie zweifellos tat. Ende 1987 änderte Walters den Namen seiner Firma und nahm, in dem Versuch, mehr "Pop"klienten anzulocken, neue Leute in seine Belegschaft.

Die vielen schwarzen Rechtsanwälte, Ärzte und Industriefachleute, die sich in den siebziger und achtziger Jahren aus den Universitäten ergossen, konnten es Walters nachfühlen. Es hätte ihm nicht einmal geholfen, wäre er schwarz gewesen, auch dann hätte er keine Chance gehabt, die großen Crossoverstars als Klienten zu gewinnen. Eine typische Erfolgsstory in der "Ebony" 1984 mit dem Titel "Schwarze Stars mit schwarzen Managern" widersprach unwillkürlich ihrer eigenen Prämisse - bei schwarzen Künstlern und Sportlern "bleibe alles in der Familie". Von Sammy Davis Jr., Nancy Wilson und Stephanie Mills einmal abgesehen, konnte die "Ebony" keinen anderen, allbekannten Namen unter schwarzem Management nennen. Stevie Wonder managte sich grundsätzlich selbst. Aber Michael Jackson, Lionel Richie, Prince, Luther Vandross, die Pointer Sisters, Earth, Wind and Fire, Ray Parker Jr. und Donna Summer, sie alle vertrauten sich der Führung von irgendwelchen weißen Figuren an. Ich erwähne das nicht, weil ich damit sagen will, diese Künstler wären verpflichtet gewesen, schwarze Manager, Buchführer und Anwälte zu nehmen. Aber es veranschaulicht doch, wie gering die Zusammenarbeit zwischen den Crossoverstars und der schwarzen Geschäftswelt ist, obwohl beide Gruppen Produkte der Integration sind.

Der schwarze Manager der Commodores, Benny Ashburn -"der sechste der Commodores" - der 1982 an einem Herzanfall starb, war einer der wenigen schwarzen Manager, die eine Mainstream-Rhythm & Bluesgruppe mit der Fähigkeit, Platten in Millionenauflage zu verkaufen, aufbauten und an ihr festhielten. Es kam nicht unerwartet, daß Richie nach Ashburns Tod sich von den Commodores trennte und bei Kenny Rogers' Manager, Ken Kragen, unterschrieb. Aber es war sicherlich eine schwere Enttäuschung für die, die gehofft hatten, nun würde er einem Schwarzen, schwarzer Bruder oder schwarze Schwester, die Gelegenheit geben, eine der vielversprechendsten Karrieren dieses Geschäftes zu managen.

Richie ging zu einem Manager, der einen Countrysänger eine Zeitlang zum populärsten Sänger Amerikas gemacht hatte. Richie wollte das gleiche erreichen, und das hätte Kragen auch geschafft, wäre nicht der unglaubliche Aufstieg Michael Jacksons in den Pophimmel gewesen. Richies Aufnahme jedoch durch das Durchschnittsamerika bewahrte ihn nicht vor den Turbulenzen der R&B-Welt. Richie, genau wie Jackson, Prince und andere Crossoverstars, wurde zur Zielscheibe für Beschimpfungen und Boykottdrohungen von seiten schwarzer Konzertpromoter aus der Bitterkeit heraus, die schon 1979 bei der BMA-Konferenz zum Vorschein gekommen war und im nächsten Jahrzehnt weiterging.

In den frühen Achtzigern begann Anheuser Busch eine schwarze Konzertserie, das Budweiser Superfest, das Konzerthallen und Fußballstadien füllte. Die Bierbrauerei bezahlte die Zeche für diese Multiveranstaltungen und garantierte die Gagen der Künstler, so bekamen sie also höchste Beträge für relativ wenig Arbeit. Da machte man echt Kohle. Ein sehr kompetenter weißer Promoter namens Michael Rosenberg hatte beim Entwickeln des Superfest-Konzeptes geholfen und war sein ursprünglicher Promoter. Und sehr gut hatte er das gemacht.

Aber eine Gruppe schwarzer Promoter, vereint unter dem Banner der National Association of Black Promoters, meinte, durch ihre Platten, die ja den Weg gewiesen hatten, hätte sie einen Anspruch darauf, das Superfest maßgebend zu leiten. Zunächst schien Rosenberg es auf unbestimmte Zeit zu sperren. 1982 erhielt die Gruppe ein Angebot, das sie folgendermaßen charakterisieren: "Ein Pachtvertrag, der darauf hinauslief, daß wir einer vorwiegend weißen Konzertagentur (Rosenberg) alle größeren Entscheidungen und die Abfassung der Verträge überließen, während die Schwarzen die im wesentlichen untergeordneten Aufgaben übernähmen, die Knochenarbeit machten und einen völlig unzureichenden Betrag dafür erhielten."

Auftritt Jesse Jackson. Als Teil seines Economic Justice Movement hatte Jackson, nunmehr der spektakulärste, wenn auch nicht der wirkungsvollste Führer der Schwarzen in Amerika, die schwarzen Amerikaner aufgefordert, die Firma Anheuser Busch wegen ihrer Engagementspraxis zu boykottieren. Die Promoter gaben eine Erklärung heraus: "Seit der Zurückweisung und Erniedrigung, die uns widerfahren ist, hat uns Operation PUSH und das Economic Justice Movement noch auf weitere unbillige Praktiken hingewiesen, die A-B der schwarzen Gemeinde unfairerweise aufgezwungen hat."

Dann ging die NABP daran, die Einzelheiten ihres Falles aufzulisten: "Zum Beispiel bieten schwarze Promoter Arbeit für schwarze Lebensmittellieferanten, Limousinenwartung, Lieferanten für elektrische und akustische Einrichtungen, Zimmerleute, Klempner und viele andere Dienstleistungsunternehmen. Weiße Promoter geben diese Jobs vorzugsweise anderen Weißen. Wenn A-B uns die Gelegenheit versagt, seine Konzerte auszurichten, so trägt er weiter zur Verarmung gerade der Gemeinden bei, die einen sehr wesentlichen Teil seines Publikums ausmachen und auch 90 Prozent der Künstler stellen, die sein Buds Fest so erfolgreich machen."

Zwei Jahre nach dieser Erklärung, gerade zu der Zeit, als Jackson das erste mal Amerika mit der Bewerbung um die Nominierung als Präsidentschaftskanditat für die Demokraten bedrohte, siegten die schwarzen Promoter. Al Haymon, der geschliffenste der schwarzen Promoter, veranstaltete das Budweiser Superfest und teilte Stücke des Kuchens an seinesgleichen aus. Wenn dieser Sieg auch noch nicht ausreichte, das wirtschaftliche Wohlergehen der schwarzen Promoter zu sichern, so wurde er doch zu einem lukrativen Präzedenzfall.

Die schwarzen Promoter waren ein aufmüpfiger Haufen, der in dem Verlangen, daß die schwarzen Künstler sich an die, denen sie ihren Aufstieg verdanken, erinnern (und sich erkenntlich zeigen) sollten, das schwarze Gewissen mit dem anachronistischen Slogan "Buy Black" aufrührte. Ihre Attacke auf Anheuser Busch war nichts anderes als "mau-mauing the flak catchers", wie Tom Wolfe es einmal beschrieben hat (Attacke auf die Leitfiguren unter den Störenfrieden). Wie lange diese Strategie, mit dem Finger auf die Übeltäter zu zeigen, angesichts der ökonomischen Integration wirken würde, war nicht vorherzusagen, aber man konnte den schwarzen Promotern wohl kaum vorwerfen, daß sie keinen Sinn für das Historische hatten.

Motown gibt auf

In den achtziger Jahren bedurfte es schon dieses Sinnes für das Historische, wenn man zurückdenken wollte an die Zeit, als Rhythm & Blues, Jazz und Gospel in erster Linie durch diejenigen Plattenlabel verbreitet wurden, die in Besitz und Lieferung unabhängig waren, denn das gab es nun nicht mehr. Das wurde offenbar, als 1982 Motown für die landesweite Verteilung einen Vertrag mit MCA abschloß und damit eine Aera in der schwarzen Musik und Industrie beendete. Berry Gordys privat geführte Firma war immer stolz auf ihre wie am Fließband erscheinenden Hits und ihren Status als das letzte große unabhängige Label gewesen. Von den sechziger Jahren an durch die Siebziger hindurch, als dem Amerika der Korporationen die Popwirkung der schwarzen Musik klargeworden war - eine Lektion, die ihnen der "Sound of Young America" erteilt hatte - war Motown das Juwel, das sie alle gerne für ihre Krone gehabt hätten. Als Gordy Angebote für den Jobete-Katalog zurückwies, verführten sie seine Komponisten und Produzenten. Selbst als in den frühen achtziger Jahren Diana Ross zur RCA und Marvyn Gaye zu CBS davonliefen, hielt Gordy die Stellung. Was ihn schließlich zum Aufgeben zwang, waren die Schwankungen bei den unabhängigen Großhändlern. Zwischen den ständigen Verlusten auf den größeren Konten an die Korporationen und der Rezession der frühen achtziger Jahre hatten viele Großhändler Konkurs angemeldet oder ihre Operationen auf ein anderes Gebiet verlegt.

So ging also nun Motown mit MCA ins Bett, einer Firma, die eine Periode intensiver Ausdehnung erlebte und zum ersten Mal konnte sich das Amerika der Korporationen eine Scheibe von Motowns Profit abschneiden. Das war der Lauf der Welt. Keine wichtige Plattenfirma in schwarzem Besitz und kein weißes Label mit wichtigen schwarzen Gruppen war ohne korporativen Beistand hochgekommen und von Bedeutung geblieben, seit Philadelphia International dieses Muster 1971 eingeführt hatte. Solar Records, geführt von dem Manager und Promoter Dick Griffey mit der Inspiration des Produzenten Leon Sylvers, kam mit den Whispers, Shalamar, Dynasty und auch Lakeside zu Hits durch einen Liefervertrag mit der RCA. Griffey, der die schwarze Musik als so wichtig für die Schwarzen bezeichnete wie "Öl für die Araber", teilte später seine Liste in zwei Hälften und unterschrieb für die größeren Gruppen bei Elektra und für die Nachwuchsgruppen bei MCA. 1987 geriet er mit Elektra in einen bösen Streit über Anleihen, die in Hollywood zum Bau von Solarbüros benutzt worden waren. Durch einen Vertrag mit Capitol blieb Griffey eine Macht in der schwarzen Musik, obwohl er einen großen Teil seiner Zeit mit der Arbeit für Jesse Jackson und mit anderen politischen Projekten verbrachte. Lonnie Simmons, ein aggressiver Geschäftsmann aus Los Angeles, der (mit einem Textilgeschäft und einem Nachtclub) klein angefangen und es bis zu einem Aufnahmestudio und schließlich zu einer Plattenfirma gebracht hatte, - alles unter dem Namen Total Experience - brachte in Koproduktion Alben von der Gap Band und Yarborough and Peoples für Polygram und später für RCA heraus. Das war das Zeitalter des "Ringelreihen um die Plattenfirmen", wie es jener Weise, George Clinton, ausgedrückt hat.

Aber ach, die Philadelphia International Records, die das ganze Spiel legitimiert hatte, nahm in dieser Umgebung Schaden. Bei CBS hatte sie nicht mehr die höchste Priorität. Dadurch, daß Earth, Wind and Fire, die Isley Brothers, Michael Jackson und andere direkt bei den CBS-Labels Columbia und Epic unterschrieben und ihr Einkommen direkt in den Schatztruhen der Korporationen deponierten, hatten jetzt diese die höchste Priorität. Die gleichen Klagelieder, die Bobby Womack in den Siebzigern gesungen hatte, sang die PIR in den Achtzigern. Aber es gab noch mehr Barrieren gegen die ungeminderte Lebenskraft der PIR. Eine davon bestand in den Spannungen zwischen Gamble und Huff. Trotz ihrer langjährigen Verbindung waren sich die beiden nie nahegekommen, und der Erfolg, statt sie einander näherzubringen, verschärfte noch ihre Differenzen. Sie hörten auf, zusammenzuarbeiten, und nach den Worten der PIR-Mitarbeiter sprachen sie sogar eine Zeitlang nicht mehr miteinander. Diese Athmosphäre war der Kreativität nicht förderlich. MFBS' ursprüngliche Mitglieder trennten sich wegen des Geldes von der PIR. Das gleiche taten die meisten Produzenten in der Firmenbelegschaft und viele ihrer Gruppen. Thom Bell war aus gesundheitlichen Gründen für eine Weile nach Seattle gegangen. Symbolisch für die veränderte Athmosphäre in Philadelphia und für die Ausnutzung schwarzen Talentes für korporative Bedürfnisse war "My Melody", das beste Album mit Philly Sound, das zwischen 1980 und 1985 herauskam, produziert von Bell mit Deniece Williams, die bei Columbia unter Vertrag war und eine Engelsstimme hatte. 1988 entschlossen sich Gamble und Huff, unter der Flagge "Gamble and Huff Records" zum unabhängigen Vertrieb zurückzukehren. Die erste 12 inch-Single war passenderweise "Run Jesse Run", eine Huldigung an Reverend Jackson, gesungen von Lou Rawls, Phyllis Hyman und Reverend James Cleveland.

Ein weiterer Aspekt von PIRs Niedergang war ihre Unfähigkeit oder Unwilligkeit, sich den tiefen Veränderungen in der schwarzen Popmusik anzupassen. Bei allem Einfluß, den Gamble und Huff auf die Tanzmusik hatten, betrachteten sich die beiden doch zuerst und vor allem als Songschreiber. Aber in den achtziger Jahren ging das Songschreiben total unter, als Riff und Melodie die Balance verloren. Weniger und weniger schienen die Songs vom Standpunkt eines Erwachsenen aus geschrieben. Man könnte es "die Rache des Chuck Berry" nennen, daß die schwarze Musik so infantil in ihrer Haltung wurde wie vieles im Rock & Roll. Man hörte nicht eine Story in Synkopen und in passender Form, sondern sagenhaft gut produzierte Platten mit ein paar darüber gestreuten Worten. Wie der geschätzte Musikkritiker Prince es in der "Rolling Stone" gesagt hat: "Heutzutage schreiben die Leute keine Songs mehr, es gibt nur noch eine Menge Sounds, eine Menge Wiederholungen. Das fing an, als die Produzenten das Ganze übernahmen." Synthesizer jeglicher Art, Schlagzeugmaschinen und das gute, alte, elektrische Keyboard machten nun MFBS und andere menschliche Rhythmusgruppen immer unwesentlicher für das Aufnahmeverfahren. Für die Produzenten, ein auf Kontrolle versessener Haufen, war das der Himmel. Keine Proben mehr. Niedrige Löhne für Sessions. Ein Künstler, der sich für einen zukünftigen Stevie Wonder hielt - die erste große Ein-Mann-Synthesizer-Band - konnte seiner Kreativität im Keller oder Badezimmer frönen.

Aber dieser Aufwand an Technologie machte die Musik nicht besser. Weiß Gott nicht. Für jeden Song, der eine mit Keyboard beladene Produktion mit lyrisch und melodisch interessantem Text verband, wie in "Love Come Down", gesungen von Evely King und produziert von Kashif, Paul Laurence Jones und Morrie Brown, oder "You're the One for Me", gesungen von James (D. Train) Williams und produziert von Williams und Hubert Eaves, gab es so viele andere mit all der persönlichen Ausstrahlung und Wärme einer Mikrowelle. Die Songschreiber und Produzenten, die in dieser Zeit auf der Bildfläche erschienen, erbten die Krone von Jesse Stone, Smokey Robinson, Isaac Hayes und David Porter. Haben sie sie verschönt? Nein, sie ließen sie fallen und tanzten um die zerbrochenen Stücke.

Diese Situation spielte bei den wachsenden Schwierigkeiten eine Rolle, denen die schwarzen Künstler auf dem Weg in die Popcharts gegenüberstanden. Musikalisch waren die Songs nicht so gut wie die in den sechziger oder frühen siebziger Jahren. Als Tanzplatten waren die Formen immer noch einfallsreich, aber das Verschwinden des Disco aus dem Popradio war ein Hemmnis. Als kulturelle Kraft kam die Bezeichnung "Disco" so schnell aus der Mode, wie sie gekommen war. Unseligerweise wurde alle schwarze Tanzmusik eine Zeitlang "Disco" genannt. Es war blödsinnig. Es war rassistisch. Es beweist wieder einmal, was für eine mächtige Kraft die Bedeutung eines Begriffes in der Rezeption der Popmusik sein kann. Genau wie Rock & Roll schließlich weiße Musik bedeutete, so wurde Disco am Ende zu einem häßlichen Gemisch aus schwarzer und schwuler Musik. Die Bee Gees gingen wegen dieser Etikettierung sofort den Bach hinunter. Sie waren immerhin die größte weiße Gruppe des Disco.

Was den Niedergang des schwarzen Crossover betrifft, so kann man ihn ablesen. Von vierzehn Platten, die 1983 in der schwarzen Hitliste an erster Stelle standen, kam nur eine unter die ersten zehn der Popchart, "She Works Hard for the Money" von Donna Summer, die einzige, im Disco groß gewordene Künstlerin, die dem karriereschädigenden Stigma des Genres entkommen konnte. Im Gegensatz dazu erreichten einige der großartigsten schwarzen Singles, alle Nummer eins auf der schwarzen Hitliste - Mtumes sinnliches "Juicy Fruit", der kompromißlos harte Funk von Rick James' "Cold-Blooded" und George Clintons "Atomic Dog", das melodiöse und tanzbare "Candy Girl" von New Edition, die tiefempfundenen Boogiesongs "Get It Right" von Aretha Franklin und "Save the Overtime for Me" von Gladys Knight and the Pips - nur die Nummer vierzig oder noch weniger auf der Popchart. Das war natürlich im gleichen Jahr, als Michael Jacksons "Thriller" in den USA zu 20 Millionen Kopien verkauft wurde und Lionel Richies Singles "All Night Long" und "Can't Slow Down" zu 10 Millionen, was den Zyklus des Friß oder Stirb in der Popmusik nur bestätigt. Ein Schwarzer, der zum Crossover bereit war, verkaufte eine riesige Anzahl von Platten. Und daß es nur so wenigen gelang, konnte den Traum nicht auslöschen.

Für viele Entertainer wurde es geradezu zu einer fixen Idee, diesem Traum zu folgen und manche Karriere zerbrach daran. Peabo Bryson, ein sanfter Vokalist mit viel "Soul" und als Songschreiber zwar begrenzt, aber mit einer durchaus eigenen Handschrift, begann seine Karriere in den frühen siebziger Jahren als Songschreiber und Vokalist mit einer Anzahl Bands auf unabhängigen Labeln. 1977 unterschrieb er bei der Capitol und wurde sofort zu einem der beliebtesten Sänger des schwarzen Amerika. Mitten im Zeitalter des Disco nahm er Balladen auf wie "Reaching for the Sky", "I'm So Into You" und einen der seltenen Klassiker des Soul, der in der Zeit von 1975-1985 geschrieben und aufgenommen wurde, "Feel the Fire". Mit seinem anbetenden Text, seinen dramatischen Klavierakkorden und dem wunderbaren Arrangement des Koproduzenten Johnny Pate, einem früheren Mitarbeiter von Curtis Mayfield, wurde "Feel the Fire" eine der höchstgeschätzten und meistbesprochenen R&B-Kompositionen ihrer Zeit.

Von 1977 bis 1983 wurden von jedem neuen Album, das Bryson herausbrachte, mindestens eine halbe Million Kopien verkauft, und er wurde zu einer Konzertattraktion. Jedoch im Zeitalter des Crossover wollte er dasselbe haben, was Lionel Richie und Michael Jackson hatten, nämlich ein weißes Publikum, und er versuchte, es zu erreichen. Mit einem Duett von 1984 mit Roberta Flack, "Tonight I Celebrate My Love", einer Ballade im Stil von Barry Manilo, bekam er eine erste Kostprobe des Poperfolgs. 1985 machte er den Sprung zur Elektra und landete mit dem Hit "Whenever You're in My Arms Again", einer weiteren gefühlstriefenden Ballade im Allerweltsstil, noch einmal unter den ersten zehn. Bryson sah das Nachlassen der Verkaufszahlen bei seinen Alben während dieses Übergangs als schlechtes Zeichen an. In der Gewißheit, daß das Publikum des Pop nur auf ihn wartete, änderte er sein Erscheinungsbild: vorbei war es mit den weißen Anzügen und dem gemäßigten Afrolook seiner Capitoljahre. Er hüllte sich in eine englische Gewandung, die geradezu "ultratrendy" war und sein niederer Afrolook wurde zu einem anliegenden Haarschnitt gestylt, oben hoch und kurz an den Seiten. Sein Elektradebut war zeitgemäß, mit Synthesizer und in schnellem Tempo, und es wurde mit einem Enthusiasmus wie für einen kaputten Computerchip begrüßt. Sein altes Publikum verabscheute es und ohne eine Single, die den Druchbruch brachte, nahmen die Weißen es überhaupt nicht zur Kenntnis. Es war klar, daß den Weißen, die seine Hitsingles gekauft hatten, die Platte zwar gefiel, daß sie aber keine Ahnung hatten, wer der

Künstler Bryson war. Das Ergebnis war, daß sich sein Album in der mageren Anzahl von 200.000 Kopien verkaufte und seine Konzertengagements immer weniger wurden. Peabo Bryson, einst ein Hauptbestandteil dessen, was von der alten R&B-Welt noch übrig war, hatte versucht, über die Hürde zu springen und war dabei gestolpert. Wir müssen abwarten, ob er sich noch einmal aufraffen kann.

Der betäubte Rundfunk

Es war offensichtlich eine der Konsequenzen des Crossover, daß, wenn man seinen Stil änderte, aber kein breiteres Publikum gewann - wie es den meisten geschah - man dann riskierte, sich seinem Stammpublikum zu entfremden und es für immer zu verlieren. Im schwarzen Rundfunk wurde das Crossover, selbst wenn es "erfolgreich" war, oft zum Eigentor. Das städtische Radio, (das klassische Crossover), war ein qualifizierter Erfolg gewesen. Obwohl sich die Programmleiter darüber beklagten, daß die Bewertungsinstanzen die Gewohnheiten der schwarzen Hörerschaft nicht wirkungsvoll genug beobachteten, rangierten die urbanen Stationen die ganzen achtziger Jahre lang an der Spitze, oder doch beinahe an der Spitze, auf den meisten größeren Märkten. Die Ideen, die Frankie Crocker im WBLS popular gemacht hatte, konnte man in die Tat umsetzen. Aber jetzt waren die schwarzen und die auf Schwarze ausgerichteten Stationen nicht mehr die einzigen, die das wußten. In New York explodierte 1977 aus heiterem Himmel im Äther die "Disco 92" WKTU, Eigentum einer Firma in San Juan, Puerto Rico. Auf ihrem Höhepunkt registrierte die WKTU den erstaunlichen Anteil von 14 Prozent in New York. Innerhalb von fünf Monaten hatten Crocker und WBLS sie überholt. Aber die Monopolstellung der WBLS in der Stadt war bereits Geschichte. Im August 1981 tat sich mit der WRKS, al. KISS, der RKO eine gewichtigere Herausforderung auf. Mit der Programmgestaltung von Barry Mayo, einem Absolventen der Howard University's School of Communications, und mit Rückendeckung durch ein gehaltvolles Budget für die Promotion, sollte KISS die dominierende Station in allen fünf New Yorker Stadtbezirken werden. 1985 war ihre Position so gefestigt, daß Mayo, ein gebürtiger New Yorker, zum ersten Chefmanager in der Geschichte der RKO-Radiokette wurde. Wie wir gesehen haben, wurde in Cleveland, Philadelphia, Chicago, San Francisco und Boston - ungeachtet der Bewertungen - der Kampf zwischen den traditionellen urbanen schwarzen Stationen der siebziger Jahre und den neuen urbanen mit dem Namen KISS mit Hilfe der Anzeigen von korporationseigenen Eindringlingen gewonnen.

Dazu kam noch, daß CHR (das zeitgenössische Hitradio, in Wahrheit das alte Top 40 in neuem Gewande) durch das aggressive Abspielen von schwarzen Hits, gemischt mit weißen Mainstreamkünstlern, emporkam. Diese Stationen, auch wieder in weißem Besitz und mit einem umfangreichen Budget für die Promotion ausgestattet, bereitete den schwarzen Stationen schlaflose Nächte. Zum Beispiel gab es einen ganz intensiven Konkurrenzkampf zwischen dem KVIL in Dallas, einer weißen zeitgenössischen Station für erwachsene Leute und der zeitgenössischen örtlichen K 104. 1985 galten sie als zwei der führenden Stationen im Land. In der im Sommer 1985 herausgegebenen Arbitronliste verdrängte K 104 nach Jahren der Verfolgung KVIL vom Spitzenplatz im Sendegebiet von Dallas-Fort Worth. Dennoch schätzt Dan Flemberg vom Radio Advertising Bureau, daß 1986 KVILs Werbeeinnahmen 22 Millionen Dollar betrugen, während die K 104 nur 8,5 Millionen einnahm. Wie Flamberg der "Dallas Times Herald" sagte: "Sie sehen, was ich meine. Die größeren, überregionalen Auftraggeber für die Werbung - und einige große regionale - haben immer noch Probleme, zu glauben, daß es sich lohnen würde, (städtische, zeitgenössische) Hörer anzusprechen: daß nicht jeder, der das Radio anstellt, ein arbeitsloser Jugendlicher ist, der mit einer Radaubox an der Ecke sitzt und Würfel spielt."

Als sie so ihre Hörer verloren und durch die Werbeagenturen diskriminiert wurden, riefen viele im schwarzen Rundfunk nach einer Rückbesinnung auf andere Werte in der urbanen Philosophie. Es war jetzt schon ein Kampf, seine schwarzen Hörer auch nur zu behalten. Am 5. Februar 1986, in einer Ausgabe von "Jack the Rapper", veröffentlichte Jack Gibson, in Tönen so farbig und altmodisch wie die Rhythm & Blues-Welt, die ihn ausgebrütet hatte, diesen offenen Brief:

Kommt nach HAUSE, wo ihr hingehört und versucht nicht, etwas zu SEIN, was ihr NIEMALS sein werdet, laßt DIE FINGER VON dem, was ihr so das heutige Städtische oder was auch immer nennt. DER RAPPER kriegt euch einen nach dem andern, nach der LETZTEN Liste, (für die ihr ja lebt und sterbt) habt ihr ja gesehen, daß das SCHWARZE RADIO sich was aufgehalst hat, nach dessen Pfeife es tanzen muß und wenn ihr jetzt abschmiert, dann ist der GRUND, daß so VIELE von euch jetzt VERSUCHEN, bei den Weißen anzukommen oder im Pop. Ihr glaubt, je MEHR Popplatten oder weiße Platten ihr TÄGLICH SPIELT, desto MEHR von EUREN PopHÖRERN werdet ihr haben. Das ist so SUPERWEIT von der WAHRHEIT entfernt, wie es nur geht. SCHWARZES RADIO, wer hat euch DIESEN

Quatsch ANGEDREHT? "Wenn ihr POPMUSIK SPIELT, dann hängen die Weißen wie Trauben an EURER Station," KONZENTRIERTER BLÖDSINN, das ist noch nicht mal LOGISCH. WARUM sollten weiße Hörer wohl RÜBER aufs SCHWARZE RADIO gehen, um ein PAAR Popplatten zu HÖREN, die IHR spielt, wenn sie ihre EIGENEN Popstationen haben, die MEHR von ihrer Art MUSIK spielen KÖNNEN und WERDEN, als ihr JEMALS könnt, und wenn ihr 28 Stunden am Tag auf Sendung BLIEBET! Ihr KÖNNT NICHT weiß werden, also kommt nach HAUSE, dahin ZURÜCK, wo ihr HINGEHÖRT und SPIELT wieder, was ihr am besten KÖNNT - GUTE SCHWARZE MUSIK. Darin ist euch keiner ÜBER, wenn ihr aber auch nur EINMAL eure KLASSE verlaßt und VERSUCHT, JEMAND ANDERS zu sein, dann HABEN sie euch. Seht ihr denn nicht, daß ihr DENEN genau in die HÄNDE SPIELT und WENN ihr glauben solltet, der RAPPER erzählt hier nur irgendwelchen Schmus, dann CHECKT mal eure Erfolgsbibel, die HITLISTE vom letzten HERBST, die gerade herausgekommen ist und dann SEHT ihr es selber, daß ihr ABRUTSCHT, ABRUTSCHT, Oh! Ein paar SCHWARZE Stationen können sich noch BEHAUPTEN, aber das WAR zu erwarten, aber im GANZEN gesehen, BEISSEN viele von euch DOCH in den sauren Apfel. Ihr alle VERLIERT auf EUREM Markt an die weißen Stationen, eben weil ihr NICHT spielt, was ihr SPIELEN SOLLTET, und das ist GUTE SCHWARZE MUSIK, so EINFACH ist das! Komische Sache das, das weiße Radio spielt MEHR und MEHR SCHWARZE Platten, während ihr alle VERSUCHT, immer MEHR und MEHR weiße Platten aufzutreiben, die ihr den loyalen SCHWARZEN Hörern in die Ohren hängen könnt. Das tut euch mal rein, so sieht das aus...BRUDER SCHWARZ fragt BRUDER WEISS, "ob er ihm nicht NOCH ein paar weiße Platten für SEINE Station BESORGEN könnte, sie HÄTTEN namlich nicht GENUG auf ihrem Programm." Ist das nicht ein Hammer. Da VERSUCHT das schwarze Bübchen klein, wie ein großer Weißer zu SEIN, und die großen Weißen VERSUCHEN, ein schwarzes Bübchen klein zu sein (aber NUR bis zu einem gewissen Grad)! Der RAPPER KOMMT AUS DEM LACHEN NICHT MEHR HERAUS, wir WISSEN ja, WIE das dann LÄUFT bei ihnen, am Ende SIND sie bessere SCHWARZE als die MEISTEN von uns! Sollte es mal eine gute SCHWARZE Aufnahme geben, die ein bißchen POLITISCH ist, das VERMEIDET ihr natürlich auch! Was VERSUCHT ihr eigentlich zu berweisen? Von uns aus gesehen, GAR NICHTS! Macht den QUATSCH mal so weiter, und ihr werdet ÜBERHAUPT keinen SCHWARZEN RUNDFUNK mehr haben, in dem ihr SCHWARZE MUSIK SPIELEN könnt. Also sagt euch, den SCHWARZEN STATIONEN, der RAPPER, KOMMT NACH HAUSE, WO IHR HINGEHÖRT und HÖRT AUF mit dem Blödsinn, etwas sein zu WOLLEN, was ihr NIEMALS sein werdet. KOMMT NACH HAUSE und SPIELT WIEDER GUTE SCHWARZE MUSIK, und paßt mal auf, wie ihr auf den HITLISTEN wieder nach OBEN klettert. DAS ist es doch, was ihr wollt, oder? Verlaßt eure SCHWARZEN Hörer nicht und nicht eure SCHWARZEN Gemeinden, vergeßt nicht, die BRAUCHEN EUCH und IHR BRAUCHT sie. Nehmt diesen OFFENEN BRIEF mit demselben GUTEN Willen auf, mit dem er geschrieben wurde. Das ist keine "fixe Idee" vom RAPPER, NUR, daß wir alle wollen, daß ihr NACH HAUSE kommt und wieder das macht, was ihr so großartig KÖNNT - GUTE SCHWARZE MUSIK SPIELEN. So EINFACH ist das! WENN ihr DAS tut, könnt ihr garnicht FEHLGEHEN, der RAPPER erwartet sogar ein DANKESCHÖN dafür, daß er euch am Schlafittchen gekriegt hat - um die SCHWARZE MUSIK DREHT sich doch alles - also worauf WARTET ihr noch? Es STEHT bei euch, ob ihr OBEN SCHWIMMT oder UNTERGEHT!!!

Mit seiner Haltung des "Black is Beautiful" und seiner kompromißlosen Sprache war Jack Gibson, einige vierzig Jahre nach seinem Rundfunkdebut, ein echter Radikaler geworden. Das war ein langer Weg, wenn man seine feindselige Beziehung zur "New Breed", die in den Sechzigern die NATRA übernommen hatte, bedenkt. Trotzdem irritierte in den achtziger Jahren Gibsons Haltung viele aus der Welt, die er die "Freizeitwelt" nannte (während er aber auch eine Menge Unterstützung bekam), denn er stellte sich der Ausnutzung der R&B-Gemeinde durch die Crossover-Philosophie entgegen. Seine Breitseiten gegen die schwarzen Programmleiter, gegen die Platte "We Are the World" ("Warum keine Wohltätigkeitsplatte für Amerika?" argumentierte er) und gegen die Künstler, die in dem Ferienort Sun City in Südafrika auftraten, waren immer hart und kamen immer und immer wieder, während seine flehentlichen Bitten an die jungen Schwarzen, den Blues, den reinen R&B und die Diskjockeys seiner Generation zu respektieren, geradezu rührend waren.

Retronuevo

Dadurch, daß ich Gibson hörte und mich mit der Geschichte des Rhythm & Blues befaßte, begann ich die zu bewundern, denen es in den achtziger Jahren gelang, sich von dem Bewußtsein des Crossover freizumachen, es zu ignorieren oder dagegen anzukämpfen und so der Stärke des R&B treuzubleiben, ohne zuzugestehen, daß diese Annäherung sie dem weißen Amerika unannehmbar machte. Von dieser Haltung inspiriert und der Musik, die sie hervorbrachte, erfand ich 1986 die Bezeichnung "Retronuevo", die als eine Hinneigung zur Vergangenheit definiert werden kann, um leidenschaftliche, frische Ausdrucksformen und Einrichtungen zu schaffen. Sie bezieht sich nicht nur auf die Musik. Die Absicht des Rundfunkmannes Percy Sutton, das Apollo Theater in New York wiederaufleben zu lassen, und des Hauptherstellers von Haarpflegemitteln für Schwarze, Robert Gardner, das gleiche in Chicago für das Regal Theater zu tun, zeigten, daß einige schwarze Geschäftsleute das Herz und die Courage hatten, Verständnis für die symbolische Bedeutung und das ökonomische Potential aufzubringen, die diese beiden einst so großartigen Stätten des R&B jetzt für die untergetretenen Gemeinden der Innenstädte bekommen konnten. Mit "She's gotta Have It" und "Hollywood Shuffle" benutzten Spike Lee und Robert Townsend Geschäftemacherei und Komödie dazu, abgrundtief schwarze Filme, ohne jede Spur von Hollywood, zu schaffen, die teilweise den ehrgeizigen Traum Booker T. Washingtons aus den zwanziger Jahren und Melvin Van Peebles aus den Siebzigern wahrmachten.

Hauptsächlich aber bedeutet Retronuevo schwarze Musik, die ihre Herkunft bewußt hochhält. Bis zu den achtziger Jahren legte der R&B nie Wert auf einen Rückblick - auch das ein Grund für seine fortwährende Kreativität, wie ich in früheren Kapiteln dargelegt habe. Aber als zu vieles von dieser Musik so reizvoll wurde wie ein Zwerchfellriß, nur nicht halb so gefährlich, da traten Künstler auf den Plan, die etwas vom "Soul" und der Subtilität zurückbrachten, die ihrem Publikum gemäß waren.

Maze, mit dem Solisten Frankie Beverly, hatte sich von der ersten Platte an dem Retronuevo verschrieben. Von 1977 bis 1985 gab diese Band aus der Bay Aerea fünf Alben auf Capitol heraus, von denen jedes eine halbe Million mal verkauft wurde, aber keine die Millionengrenze überschritt. Viele schwarze Künstler wären frustriert gewesen ob der Unfähigkeit, die magische Millionengrenze zu durchbrechen, Beverly hingegen beklagte sich darüber, daß Capitol sein Crossover nicht gelang. Aber, und das war entscheidend, Beverly war nicht gewillt, für das Crossover seine Seele zu verkaufen. Er fuhr einfach fort mit dem charakteristischen Sound, der sich in der Schwebe hielt zwischen dem Straßengefühl seines Geburtsortes Philadelphia und seinem Heim in der Bay Aerea. Er war von Karkin Arnold unter Vertrag genommen worden, nachdem er als Vorgruppe für Marvin Gaye auf Tournee gewesen war. Arnold war ein schwarzer Rechtsanwalt, der engagiert worden war, um die Expansion der schwarzen Musik bei der Capitol zu leiten. Den jazzigen Earth, Wind and Fire und dem rüden Parliament-

Funkadelic auf den Fersen, etablierte sich Maze als weniger wilde, weniger rauhe Alternative. Darüber hinaus sprach Maze noch die verschiedenen Generationen gleichmäßig an, eine Eigenschaft, die den meisten anderen jungen schwarzen Gruppen fehlte. Das Doppelalbum von 1981, "Live in New Orleans", war klassischer Beverly, alle außer einem der zwölf Titel mit langsamen bis mittleren Tempi und Arrangements, die reich an leuchtenden elektrischen Klavierpassagen, an summenden Orgeln und geschmackvollen Synthesizerfiguren waren. Die Rhythmusgruppe - Drummer Billy Johnson, Bassist Robin Duhe und die Percussionisten McKinnley William und Roame Lowery - klangen so geschlossen wie die Keyboards und trieben den Beat nie zu sehr an, eine Disziplin, die für die Ausstrahlung von Beverleys ruhevollen Kompositionen lebenswichtig war.

Über dieses Schema des Schwül-Sinnlichen als Rahmen malt Beverly seine erfrischend gesunden Bilder mit Stimme und Stift. In seiner Phrasierung höre ich das Echo seines Wohltäters, Marvin Gaye, und seines Idols, Sam Cooke. Aber Beverlys Stimme hat eine verhaltenere Qualität, eher die eines Mannes aus der Arbeiterklasse, die ihn von diesen Sängern der Liebe unterscheidet. Er klingt mehr wie ein liebevoller Gatte, der immer noch, nach all den Jahren, rasend in seine Frau verliebt ist. Seine Liebeslieder leben in einer Welt, in der man keine One-Nighter macht und wo die wirkliche Zuneigung gesucht, geschätzt und erwidert wird.

Beverly hatte aber auch eine echte Begabung für unspezifische Protestsongs in der Tradition des "Fight the Power" von den Isley Brothers - Songs, die sich, ohne die Holzhammer-Rhetorik eines so offen politischen Songschreibers wie Gil Scott-Heron, auf die Nöte des schwarzen Amerika beziehen. Zusätzlich zu "We Need to Live", einem Tribut an die ermordeten Kinder von Atlanta, enthält "Live" noch zwei inspirierende Nummern mit einem Hauch von Mayfields "People Get Ready" (Leute, seid bereit), einem unterhaltsamen Stück aus den sechziger Jahren, und von Cookes beredtem "A Change Is Gonna Come" (es wird anders werden). "Changing Times" versichert uns, "We'll all Get Through These Changing Times" (Wir werden diese Zeit der Änderungen überstehen), während "Running Away" predigt, wie einst Booker T. Washington, daß "man sich die Dinge, die man haben will, verdienen muß."

Geradeso wie Beverly stärker wurde dadurch, daß er gegen den Strom schwamm, so auch die Sendeform, die die WHUR 1976 unter dem Namen "The Quiet Storm" (Der stille Sturm) ins Leben gerufen hatte. Zehn Jahre später machten in jedem großen Absatzgebiet, aber auch auf den zweitrangigen Märkten, die Stationen drei- bis fünfstündige Blöcke sanfterer Musik zum wesentlichen Teil ihres Sendetages. Einige Stationen, wie KUTE in Los

Angeles, gingen ganz zum Quiet Storm über, während andere sich der Form, wenn auch nicht des Titels, vom späten Abend bis in den Morgen hinein bedienten. Das Programm erfüllte den Titel einer der letzten großen Kompositionen von Smokey Robinson mit neuem Leben und erwies sich als eine angenehme Heimstatt nicht nur für Beverly, sondern für alle die Sänger, die mehr an Balladen als an Boogie interessiert waren. Mein liebstes Beispiel ist die Frau, die mich auf die Idee des Retronuevo brachte: Anita Baker.

Bakers brilliantes Album "Rapture", eine der Überrraschungen unter den Hits von 1986, war ein Album mit der Intelligenz von heute und altmodischen Flötentönen. Die Intelligenz kam in erster Linie von Anita Baker. Als Produktionsleiterin machte Baker ein Album mit acht Titeln ohne eine einzige schnelle Nummer, das ganze Gegenteil der Norm für Sängerinnen in der Aera des Post-Disco. Mit dieser Entscheidung bewies sie, daß sie ihre Stimme als Instrument begriff und demonstrierte, warum mehr Frauen die Kontrolle über ihre Aufnahmen verlangen sollten. Die Flötentöne waren auch von Baker. Sie hüllte ihre Stimme in Arrangements, die sie unterstützten und nahm richtige, lebendige Bassisten und Schlagzeuger. Sie strahlte die Reife einer Dinah Washington aus. Es ist, ganz ungeniert, Musik für Erwachsene, die trotz ihrer altmodischen Werte progressiv klingt, wie ihr Beverly Glen-Hit "Angel" von 1982.

Anita Bakers Durchschlagskraft ging tief, denn sie legte bloß, wie oberflächlich viele der männlichen Vokaldivas sich ihren Crossoverträumen hingegeben hatten und bei diesem Prozeß die Kraft ihrer Stimme verwässern ließen, sie ging aber auch tief, weil im Fahrwasser von "Rapture" die Industrie einigen ihrer begabtesten jungen Stimmen (Miki Howard, Regina Belle) erlaubte, mit einem Minimum an Overkill in der Produktion aufzunehmen.

Ja, Anita Baker machte Musik für die assimilierten schwarzen Amerikaner, aber, anders als bei den Crossoverkünstlern, griff ihr Werk auf die Traditionen des Jazz und des Blues zurück mit einem Feeling, das deutlich machte, daß der persönliche Geschmack nicht das musikalische Aequivalent eines Big Mac sein mußte, nur weil man zum Mittelstand gehörte. Während Baker, in Detroits reicher musikalischer Tradition großgeworden, den einen Aspekt des Retronuevo darstellt, kam aus New York eine Modernisierung von Louis Jordan, Sly Stone und James Brown, wild und durch und durch funky, die als die führende R&B-Musik der Achtziger in Erinnerung bleiben wird.

Methoden des Rhythmus

Rückblickend muß man sagen, Rap oder etwas dieser Art hätte man voraussagen können. Jedes Jahrzehnt nach dem zweiten Weltkrieg hat das Auftreten eines neuen Zugangs zur schwarzen Tanzmusik gesehen. Die 1940er brachten den Rhythm & BLues hervor, die 1950er den Rock & Roll, die 1960er Soul, die 1970er Funk und Disco. In den 1980ern war nun wieder etwas fällig, obwohl die Macher des Zeitgeschmacks im R&B konspirierten, um das Unabwendbare aufzuhalten. Die schwarzen A&R-Männer in der Aera der Großfirmen suchten nach neuer Musik in dem wohlangelegten Teich der etablierten Komponisten und Manager. Die Masse der neu unter Vertrag Genommenen kam über diese Kanäle, und diese inzestuöse Befruchtung erstickte die Erneuerung. Die Talentsucher in New York waren so an ihre Büros gebunden, so damit beschäftigt, sich mit Managern zu treffen und Tonbänder von Musikverlegern abzuhören, daß sie keine Zeit fanden, mal den Weg nach Harlem rauf und in die South Bronx zu machen, wo, mitten in den deprimierendsten städtischen Slums der Nation, sich etwas Wunderbares ereignete. Weil die Großen am Steuer eingeschlafen waren, verbrachte Rap den größten Teil seines jungen Lebens unter der Promotion und der Aufnahmeleitung unabhängiger, kleiner Firmen, geführt von rührigen Unternehmern. Als Musik und als Geschäft war die Rap- und Hip Hop-Szene reines Retronuevo, da sie ja ein verkleinertes Spiegelbild der R&B-Welt vor dem Crossover war.

Rap begann in Discos, nicht in den Glitzerpalästen der Innenstadt wie dem Studio 54 oder dem New York, New York, sondern im Mel Quinn's auf der 42. Straße und Club 371 in der Bronx, wo ein junger Harlemite, der sich D.J. Hollywood nannte, am Wochenende den Plattenteller bediente. Es war nicht ungewöhnlich für schwarze Clubjockeys, daß sie ihr Publikum im "Jive"-Stil der alten Personality-Jockeys anredeten. Das taten zwei von den Spitzenleuten unter den Clubjockeys jener Tage, Pete (D.J.) Jones und Maboya auch. Hollywood, gerade erst ein Halbwüchsiger, als er anfing, schuf einen komplizierteren, schnelleren Stil, mit mehr Reimen als seine älteren Vorbilder und mit Passagen des Call-and-Response, um Reaktionen bei den Tänzern hervorzurufen. In den lokalen Bars, Discos und vielen illegalen Kneipen, wo nach Schließen der Lokale die Aussteiger und Obdachlosen noch hingingen, erwarb sich Hollywood eine enorme mündliche Reputation. Tonbänder seiner Parties erschienen allmählich überall in der Stadt auf den damals noch neuen, unglaublich lauten, tragbaren japanischen Kassettenrecordern, die nach Amerika hereinströmten. In Harlem Kurtis Blow,

Eddie Cheeba und D.J. Lovebug Star-ski; in der Bronx Junebug Star-ski, Grandmaster Flash und Melle Mel; in Brooklyn drei Jungs von einem Projekt mit dem Namen Whodini und in Queens Russel und Joey, die zwei jüngsten Söhne aus der Mittelstandsfamilie Simmons - sie alle teilten die Faszination von Hollywoods Gebrauch rhythmischer Breaks, die er im Club verwandte, und seiner verbalen Könnerschaft. Diese Jungen würden, wenn sie herangewachsen waren, alle noch eine Rolle in den lokalen Clubs spielen und später auf der nationalen Szene erscheinen, um Hollywoods Stil weiter zu verbreiten. Damals schon in den siebziger Jahren, als noch Disco die Medien regierte, hörten die schwarzen Hauptstraßen von New York schon D.J. Hollywood zu und lernten von ihm.

Wenn Erneuerung schon Erfolg bedeutete, dann wäre aus Hollywood ein Star geworden, aber gewöhnlich besteht das Leben aus einer Serie von kleinen Kämpfen. So schlug sich Hollywood, von den etablierteren Gestalten des Musikgeschäftes, weiß und schwarz, ignoriert, mit einer Serie von Managern herum, die nichts bewirkten, und er sah seine Karriere dahinschwinden und zur Legende werden, während die, die er inspiriert hatte, im Sprachgebrauch von Harlem, "got paid", also das Geld einstrichen.

Ursprünglich waren es die älteren Musikveteranen, die den Kontakt zur Straße noch nicht verloren hatten, die nun den Rap aufnahmen. Bobby Robinson, musikalisch immer sehr wach, auf Enjoy und der überlebende Genosse aus der Doo Wop-Aera, Paul Winley bei Winley and Sound of New York, waren die ersten, die solche "Uptown"-Favoriten wie Grandmaster Flash and the Furious Five und Spoonie Gee etc. aufnahmen. Robinson nahm auch die Treacherous Three und den Produzenten Pumpkin in den Aufnahmeprozess auf; beide Gruppen waren zukunftsträchtige Stars des frühen Underground Rap. Winley nahm "Superbreaks" auf, heute ein Sammlerobjekt als erstes der Rapalben, mit einer Serie von Raps, die klingen, als seien sie in Winleys Badezimmer aufgenommen. Das Erscheinen von Rap auf Vinyl fiel zusammen mit seinem ersten Erscheinen in einem Radioprogramm. Ein Veranstalter von Parties in Harlem, der sich Mr. Magic nannte, kaufte Sendezeit im WHBI, einer verkäuflichen Station, angefüllt mit ethnischen Sendungen, nahe bei der WBLS auf der Skala. Er schickte freitags und samstags nachts nach zwei Uhr eine Rapshow über den Äther. Magics Sendungen waren ein Rückgriff auf die Tage der Personality-Jockeys, bei der der Gastgeber des Programms die Shows, die er ansagte, mit Frechheit hochjubelte, Hörerwünsche annahm und die Ätherwellen mit ständig wiederkehrenden Redewendungen überflutete, die seine Hörer besonders liebten ("Money Making Manhattan" war eine Lieblingsphrase). Mr. Magics Programm war, wie die Rapclubs und billigen 12inch-Platten von Robinson und Winley, ein Spiegelbild des wachsenden Sinns für Gemeinschaft im Underground, der Musikern und Hörern gemeinsam war. Die Show kannte das Leben auf der Straße, war jung, entschieden rhythmisch - bis zu dem Punkt, wo es schon eher antimelodisch war - und hatten einen total schwarzen Sound, eine Bühne für Leute, die sich nicht nur mit den Rappern identifizierten, sondern die oft genug selber Rapper und Diskjockeys waren, nur gerade eine Spanne von 12inch entfernt davon, selber in Mr. Magics Show gespielt zu werden.

Bevor Mr. Magic, in dem verzweifelten Bemühen, die Macht von KISS bei den jungen Schwarzen zu bekämpfen - ein Eingeständnis, daß viele aus dem harten Kern der schwarzen Hörer den "urbanen" Kram nicht kauften - zum WBLS verlockt werden konnte, wurde sein Programm von Sugar Hill gesponsert, der Firma, die den Rap aus New York hinaustrieb vor ein landesweites Publikum, von denen die großen Firmen nicht glaubten, daß es überhaupt dafür existiere.

Im Sommer 1979 befanden sich Sylvia und Joe Robinson, ein Ehepaar, dem als Team das acht Jahre alte All Platinum Label gehörte, mitten in einer Reihe von Prozessen. Sylvia, die als Sylvia Vanderpol 1957 den Hit "Love Is Strange" gesungen und 1973 eine Single mit sanftem Porno aufgenommen hatte, "Pillow Talk", war gerade auf der Geburtstagsparty einer Nichte in der Harlem International Disco, als "ich ganz plötzlich drei Typen über das Mikrophon rappen hörte. Da traf etwas bei mir auf den Nerv - ich fand sie phantastisch. Eine innere Stimme sagte mir 'Das ist ein Konzept'."

Sylvia und Joe holten die drei Jungs heran und machten die Platte, die buchstäblich der größte Hit unter den Raps werden sollte. Über der Rhythmuspassage von Chics "Good Times", die, zusammen mit "Love Is the Message" von den MFSB, den bevorzugten Rahmen abgab, pflückten sich Sylvias Rapper, nun die Sugar Hill Gang genannt, Reime aus jedem Rap, der in der Szene "Uptown" im Schwange war. Das Ergebnis war eine Platte, die in mehreren Ländern unter die ersten zehn kam, in den Vereinigten Staaten 2 Millionen mal verkauft wurde und den plötzlich solventen Robinsons 3,5 Millionen Dollar einbrachte. Aus der Asche der All Platinum erhob sich Sugar Hill Records. Als Kernstück ihres Verkaufs benutzten sie die Sugar Hill Gang und Grandmaster Flash and the Furious Five und nahmen danach fast jede solide Rapgruppe unter Vertrag. Die Robinsons schürften damit auf jungfräulichem Feld. Tatsächlich wurde der Verdacht laut, daß Sugar Hill nur den gesamten Markt aufkaufen wolle und Gruppen unter Vertrag nahm, nur damit sie keine Konkurrenz für Hills Firmenstars werden konnten.

Das einzige größere Label, das in diesem frühen Stadium des Spiels mit dem Rap mitmachte, war Mercury, mit Hilfe des originalen Harlem-Rappers Kurtis Blow, dessen Plattenneuheit "Christmas Rapping" im Lauf der Zeit 500.000 mal verkauft wurde. Mit dem Standort in Chicago, erfreute sich Mercury 1980 des 500.000fachen Mehrverkaufs einer 12inch-Single mit Blows "The Breaks" (erst die zweite 12inch-Platte, die diese Verkaufszahl erreichte), aber die Firma schien in der ständigen Furcht zu leben, Rap könne von einer Minute auf die andere wieder verschwinden, und damit auch Blows Publikum. Diese Ansicht teilten die meisten Leute in diesem Geschäft, die Rap und seine ganz bestimmt nicht karrieresüchtigen Fans wie eine soziale Krankheit behandelten.

Rap und die Musik, die sich daraus entwickelte, von einer elektronischen Schlagzeugmaschine angetrieben, versetzte die Mitarbeiter bei den großen Firmen in höllische Angst. Und es waren die schwarzen Firmenleute, die am meisten davon abgestoßen wurden. Ihres Images eingedenk und mit der Nabelschnur an den Crossover-Stilen hängend, waren sie durch die Bank nicht gewillt, Rap eine Chance zu geben. Die Beherrschung des Rapmarktes durch Sugar Hill wäre wohl weitergegangen, wäre da nicht der Ruf der Robinsons gewesen, unfaire Kontrakte abzuschließen und ihre Tendenz, sich alles Verdienst daran zuzuschreiben, den Rap geschaffen zu haben. Damit entfremdeten sie sich ihre Belegschaft wie auch die neu aufkommenden Rapper. Als Grandmaster Flash und die meisten der Furious Five 1984 bei Elektra unterschrieben, endete die Hegemonie des Rap von Sugar Hill.

In diese Lücke traten mehrere unabhängige Label, unter denen Tommy Boy Profile, Def Jam und Sleeping Bag wohl die prominentesten waren. Bei allen vieren arbeitete eine Mixtur von jungen Schwarzen, Weißen und Latinos, einige waren Flüchtlinge aus der Disco, manche eingefleischte Hip-Hopfans, alle brachten sie etwas wie Wagemut und Betriebsamkeit in die Plattenindustrie. Von 1982 bis jetzt haben diese Firmen den Rap mit einem jugendlichen Enthusiasmus und einer Sensibilität vemarktet, der die alten Hasen verschreckte. Sie machten Videos. Sie entwickelten Fanclubs und verlasen Neuigkeiten. Sie bemühten sich, ihren Rappern und anderen vom Hip-Hop inspirierten Sängern eine künstlerische Entfaltung zu ermöglichen, wie sie sonst nur die arrivierten großen Stars bekamen.

Im Verbund mit diesen Marketingbemühungen wurde die Musik selbst abwechselnd komplexer und einfacher. Wo Blows Aufnahmen und die der Sugar Hills eine Begleitung hatten, zu der man sowohl singen als auch rappen konnte, verwandten Russell Simmons und die Koproduzenten der Run-DMC, erst Larry Smith, dann später Rick Rubin, Schlagzeugmaschinen, Synthesizer und Gitarren in einer Weise, die dem Rap auf den Leib geschnitten war. Diese Art von Klangexperimenten machten den kratzigen Sound von Clubjockeys wie Grandmaster Flash zum unentbehrlichen Bestandteil der akustischen Landschaft der Popmusik.

Die Verbindungsschnur zwischen dem Marketing und der Musik des Rap war der junge Manager und Produzent Russell Simmons, durch seine Managementfirma, Rush Productions, und das Rap-Label, dessen Mitinhaber er war, Def Jams. Simmons begann seine Laufbahn mit der Promotion von Rapshows in Queens und Manhattan mit seinem Freund und Schulkameraden vom City College, Kurtis Blow, als Solisten. Blows Erscheinen als der einzige Rapper auf einem größeren Label und der starke visuelle Eindruck, den er machte, zog andere Rapper zu Rush hin (obwohl Simmons' wichtigster Einkauf sein eigener Bruder Joey war, al. Run von Run-DMC), und so wurde die Firma zu einer wahrhaftigen Motown des Rap. Auf Def Jam stellte Russell L.L. Cool J vor, einen Rapper mit aggressiver Sprache, dann die neonationalistische Rapgruppe Public Enemy und den altmodischen "Love Man" des Retronuevo, Oran (Juice) Jones, wodurch er seinen Ruf als Former von durch und durch maskulinen schwarzen Gruppen noch vergrößern konnte, womit er ja schon in seiner Zusammenarbeit mit Blow, Run-DMC und Whodini begonnen hatte.

Teilweise auf seine Initiative hin wurde 1984 eine Revue unter dem Namen New York Fresh Fest organisiert, die, wie einst die frühen, umherziehenden Rock & Roll-Shows, auf Tournee durch das ganze Land ging. Fast alle Zugnummern der Tour, inklusive Run-DMC, Blow und Whodini, wurden von Simmons gemanagt, nur die Fat Boys nicht, aber ihre urkomischen Raps wurden von Blow produziert.

Zur äußersten Überraschung der Plattenfirmen erbrachte die Tournee, die durch siebenundzwanzig Städte ging, 3,5 Millionen, war selbst in Arenen von 15.000 Plätzen ausverkauft und brachten den Plattenverkauf in Bewegung. So sehr sogar, daß einen Monat nach der Tournee das Debutalbum der Fat Boys auf Sutra, Whodinis "Escape" auf Jive, vertrieben von der Arista, und Run-DMCs Debut auf Profile alle vergoldet wurden, während Blows "Ego Trip" 300.000 mal verkauft wurde. Verkaufszahlen von dem Ausmaß konnte man nicht ignorieren. Und es war auch nicht nur die Plattenindustrie, die plötzlich aufmerksam wurde.

Der Hip-Hopstil verbreitete sich durch diese Platten und durch Werbespots bis in den hintersten Winkel des Landes und direkt in die Wohnungen der Vororte mit ihrem unersättlichen Konsum. Turnschuhe mit losen Schuhbändern in Delaware. Kappen, die man verkehrt herum trug, in Oklahoma. Und die Breakdancers überrannten wie wirbelnde Heuschrecken die Musikvideos schneller, als sich die Videojockeys auf MTV in deren Titeln verheddern konnten.

Die Skepsis über die Dauer der Lebensfähigkeit des Rap blieb, aber seine Fähigkeit, die städtische Jugend anzusprechen, war unbezweifelbar. Und die Reaktion älterer Schwarzer darauf spiegelte leider nur allzu getreu den Abgrund zwischen dem Mittelstand und den armen Schwarzen. Rap war die Musik der "B-Boys", - eine Bezeichnung für städtische Schwarze, die in Stil, Kleidung, Sprache und Haltung die Hip-Hopkultur repräsentierten. Sie spiegelte eine Welt, die weit entfernt war von dem mittelständischen Heim, das Bill Cosby in seiner äußerst erfolgreichen Fernsehserie mit ihrer Sitationskomik zeigte. Cosby war Arzt, seine Frau Rechtsanwältin, charmant und tüchtig, und seine Kinder intelligent und wohlerzogen. Die Versuchungen der Drogen und des Sex der Jugendlichen, das Problem der Jugendarbeitslosigkeit, zu der sie von vorn herein verurteilt sind und den Strudel der Gewalt bei Schwarzen untereinander und von seiten der Polizei, alles das spielte sich weit entfernt von Huxtables Haustür ab.

Rapplatten sagten ganz deutlich, daß für sehr viele junge schwarze Amerikaner das Leben nichts mit Harvard T-Shirts und Collegenadeln für Studentinnen zu tun hatte. Der Graben zwischen der Straßenkultur und dem Komfort des Mittelstandes schien größer als je im Nachkriegsamerika, denn, anders als die jungen Schwarzen zwanzig Jahre vorher, verbanden die B-Boys nur selten etwas mit den Begriffen "Hoffnung" oder "Ich habe einen Traum". Die optimistische Agitation der Sechziger war für die Kinder, die die Rapplatten kauften, nicht mal mehr eine entfernte Erinnerung. Die schärfsten Rapaufnahmen redeten offen vom Teenagersex (Whodinis "Freaks Come Out at Night") in einer Zeit der überhandnehmenden Schwangerschaften bei Teenagern und noch Jüngeren oder auch von einem brutalisierenden Lebensstil in den Städten (Dr Jekyll and Mr. Hydes "Fast Life", Run-DMCs "It's Like That" und Grandmaster Flash and the Furious Fives "The Message").

Die besten Rapkünstler, Melle Mel, Run-DMC und Doug E. Fresh, alle hatten einiges gemeinsam: die intime Vertrautheit mit ihren Hörern, den Blick des Außenstehenden auf das Mainstream-Amerika und die Fähigkeit, die sogenannten Begrenzungen des Genres zu überschreiten, die Popkultur wieder zu ihrem Ausdrucksmittel zu machen. So konnte Melle Mel in seinen Texten Jesse Jacksons Präsidentschaftskandidatur feiern ("Jesse"), während die schwarzen Mainstreamgruppen es vermieden, von diesem historischen Augenblick zu singen, er machte Anspielungen auf Hitler, als er sich mit Amerikas Haltung gegenüber den Armen auseinandersetzte ("Beat Street Breakdown") und nahm die Antidrogenkampagne von Mitte der Achtziger um mehrere Jahre vorweg ("White Lines"). So konnte Run-DMC einen Teil des Rockpublikums wiedergewinnen ("Walk This Way"), ohne sich wie Jimi Hendrix in der weißen Rockkultur aufzulösen, und immer noch kann sie die erste schwarze Gruppe seit Jahren sein, die das Lob ihrer rassischen Identität singt ("Proud to Be Black") - mit beiden Aufnahmen auf demselben Album, "Raising Hell". So kann Doug E. Fresh, al. "Original Human Beatbox",genau so wunderbar wie der verstorbene Jazzmusiker Eddie Jefferson und der Sänger Bobby McFerrin, ein ganzes Orchester im Munde mit sich führen und es zu Anspielungen auf die Beatles ("The Show") nutzen wie zu den Rhythmen der Trauermärsche in New Orleans ("All the Way to Heaven"), ohne aber deshalb seinen übermütigen Witz zu verlieren.

Wir haben jetzt die achtziger Jahre, und einige der besten Rapfirmen haben Verträge mit dem Amerika der Korporationen gemacht, mit ihm Frieden geschlossen (Def Jam mit Columbia, First Priority mit Atlantic, Tommy Boy und Cold Chillin' mit Warner Bros.), obwohl der Rap immer noch keine Anzeichen der gefürchteten Fixierung auf das Crossover zeigt. Ja, die Welt des Rap und des Hip-Hop hat ihren Ruf des Rebellischen und ihre Integrität gewahrt und wird das wohl auch weiter tun, bis die Hall and Oates des Rap erscheinen - was die Beasty Boys übrigens noch lange nicht sind. Den weißen Rappern aus New York wirft man vor, daß sie den Rap ausschlachten und ihn für die besseren weißen Viertel akzeptabel und harmlos machen. Wie ich das sehe, so sind die Beasty Boys eine historische Notwendigkeit und gleichzeitig ein tiefgreifender historischer Umbruch. Es gab keinen Zweifel, daß es eines Tages einen weißen Rapstar geben würde. Was das Marketing angeht, war das nur folgerichtig. Aber niemand hätte vorausgesehen, daß diese Gruppe einen schwarzen Manager haben würde, Russell Simmons, und daß ihr Repertoire von der Run-DMC geschrieben werden würde. Tatsächlich sicherten die Profite durch die Beasty Boys die anderen schwarzen Sänger, die bei Def Jam unter Vertrag waren, wie Public Enemy, Oran Jones und andere. Was hielten die Beasty Boys davon? "Mit dem Rock & Roll hat Chuck Berry angefangen," sagte Beasty Boy MCA der "Rolling Stone", "aber Elvis nennen sie den King. Also wundert es einen nicht, daß erst die Beasty Boys kommen mußten, damit der Rap populär wurde. Das ist typisch Amerika."

Wenn man meine früheren Kommentare betrachtet, so mag die Schlußfolgerung überraschend sein, aber die beiden wichtigsten Künstler des Retronuevo waren Michael Jackson und Prince. Trotz der unseligen Wirkung ihrer Metaphorik erwies sich dieses dynamische Duo als die besten Musikhistoriker des Jahrzehnts, die als Basis für ihr Superstartum beständig Techniken anwandten, in denen sich die Vergangenheit spiegelte.

Bei seinem epochalen Auftritt in "Motown 25" hatte Jackson etwas von Jack Wilsons Athletik, James Browns Camel Walk, der Intensität eines Amateurwettbewerbs im Apollo und dem Funkeln der Diana Ross. In "Purple Rain" machte Prince mit der Sensibilität eines Dichters historische Anspielungen auf Hendrix, Little Richard, Patti LaBelle und Brown, während einer seiner Musiker, Morris Day von Times, in einen Louis Jordan von heute umgemodelt wurde. Beide, Jackson (in "Beat It") und Prince (in "Let's Go Crazy" und "Purple Rain") spielten Rock & Roll für Schwarze und brachten gleichzeitig ihre eigene, charakteristische Perspektive in die schwarze Tanzmusik ein. Jacksons "Billy Jean" und "Wanna Be Startin Something" erhob die Superstar-Paranoia zur großen Kunst, und das vor einem Hintergrund, der ebenso technologisch sicher wie funky war. "Don't Stop 'Til You Get Enough" ist eine unglaubliche Tanznummer, eine Hymne der geistigen und körperlichen Befreiung in einer wunderbaren Synthese von Disco, Philly Sound und Quincey Jones' eigener Auffassung vom Drama im musikalischen Arrangement.

Prince, der Inszenator des Minneapolis Sound und selbst ein großer Talentsucher, schuf die einzige Konkurrenz zum Hip-Hop in den achtziger Jahren, indem er frische, junge musikalische Idole in die schwarze Musik einführte. Vanity, Morris Day, Jesse Johnson, das Produktionsteam Jimmy Jam Harris und Terry Lewis, Alexander O'Neil, Monte Moir, Andre Cymone, Sheila E. und eine ganze Reihe weiterer machten uns auf sich aufmerksam wie auf ein Wellengekräusel bei der Landung von Prince. Nicht alle von ihnen hegen große Zuneigung zu Prince, aber entweder mit ihrem Image oder mit ihrer Musik stehen sie bei seinem fruchtbaren, cleveren Köpfchen in der Schuld. Prince sagt, als Kind habe er nicht viel schwarzes Radio oder schwarze Musik gehört, aber wenn seine Tournee in Brownschem Stil von 1986, "Parade", und seine Tänze in dem Film "Sign'O'" ein Hinweis sein können, dann hat er erheblich aufgeholt.

Darüber hinaus, wenn wir Jackson und Prince aus der Perspektive der wirtschaftlichen Eigenständigkeit betrachten, dann ist es keine Frage, daß dieses Duo eine Kontrolle über Karrieren und Geschäfte ausübt, die sich weder James Brown noch Sam Cooke, so ehrgeizig sie auch waren, jemals hätten träumen lassen. Alle größeren Entscheidungen, aber auch eine ganze Reihe unbedeutendere, die ihre finanzielle und künstlerische Leitung betreffen, werden von diesen Künstlern persönlich getroffen. In Jacksons Fall bedeutete das bezeichnenderweise die Erwerbung, für viele Millionen Dollar, der Songkataloge von Sly Stone und von den Beatles, zwei seiner wichtigsten Einflüsse, und die Bereitschaft, großen Regisseuren wie John Landis und Martin Scorcese bedeutende Beträge zu zahlen, um die Bandbreite ihrer Musikvideos zu erweitern.

Während die meisten von Jacksons geschäftlichen Aktivitäten nur dazu dienten, ihn als überlebensgroße Figur zu verkaufen und dauerhaft zu etablieren, (in vielem so wie einst James Brown), hat Prince seine Energie dazu genutzt, ein Multi Media-Imperium aufzubauen und zu regieren, das eine Fülle von Künstlern hervorgebracht, eine Plattenfirma (Paisley Park) ins Leben gerufen und zur Produktion von drei Musikfilmen ("Purple Rain", "Under the Cherry Moon" und "Sign 'O' the Times") geführt hat, von denen er zwei als Regisseur selber geleitet hat.

Wie bei James Brown, so gab es auch hier unangenehme Elemente in der Art, wie jeder von ihnen seine Macht und das Image seiner selbst dem weißen und schwarzen Publikum darbrachte. Es zeugte jedoch von Ignoranz, wollte man ihre Macht, künstlerisch wie auch in ihren Organisationen, nur wegen ihrer Aufmachung nicht zur Kenntnis nehmen. Indem sie ihre durchschlagende Wirkung als Stars dazu benutzten, ihre eigenen Interessen (und, ja, auch ihre Launen) in unvorhergesehene Richtungen zu lenken, haben Michael Jackson und Prince neue Maßstäbe für die Autonomie schwarzer Künstler - und genauso für die schwarzer Geschäftsleute - gesetzt.

Unten in Jackson, Mississippi, in den Büros der Malaco Records, sitzt Dave Clark und wundert sich weder über Prince, noch Michael Jackson, noch Rap. Nein, nach fünfzig Jahren im Musikgeschäft arbeitet er noch immer vor sich hin und versucht, Sendezeit für Platten zu bekommen. Jimmy Lunceford und fast alle Künstler, für die er in den dreißiger und vierziger Jahren gearbeitet hat, sind tot. Ebenso Don Robey und Duke-Peacock und auch Stax und Tk. Eine ganze insulare, segregierte Gemeinde von Entertainern und Geschäftsleuten ist zur Geschichte geworden. Sogar Z.Z. Hill, der mit Clarks Hilfe das meistverkaufte Bluesalbum der frühen achtziger Jahre aufgenommen hatte - "Down Home", eine Goldene Schallplatte, die volle 100 Wochen auf der schwarzen Billboardchart blieb - starb bei einem Autounfall, als er gerade eine erfolgreiche Laufbahn als reisender Handwerker begonnen hatte.

Jetzt, wo er so etwa siebenundsiebzig Jahre alt ist, sieht Clark seinen Sieg darin, daß er noch immer aktiv ist, daß er der Chefpromoter der traditionellen schwarzen Plattenfirma Malaco ist (sie verkaufen nur Soul, Blues und Gospel), eine lebende Legende, die die Vergangenheit mit der Gegenwart verbindet. Auch wenn man es nicht wußte, Clark würde nie erwähnen, daß er es war, der LaVern Baker , Big Maybelle, Carl Carlton und Rance Allen entdeckt hat, daß er an B.B. Kings Erkennungsmelodie, "Why I Sing the Blues", mitgeschrieben hat und daß er Quincey Jones und Steven Spielberg geholfen hat, Drehorte im Mississippidelta für "The Colour Purple"zu finden. Oh ja, davon kennt er Millionen. Jetzt ist er grauhaarig, dünn wie eine Rasierklinge und trägt immer noch Anzüge für 500 $ und weigert sich, aufzuhören, predigt statt dessen weiterhin den Wert der "wirklichen" schwarzen Musik. Wenn man ihn fragt, ob es nicht frustrierend sei, in den achtziger Jahren noch Gospel, Blues und Soul zu produzieren, dann wird Clark nicht nachdenklich, abwehrend oder melancholisch. Mit der gleichen Zuversicht, die ihn dazu brachte, 1938, als der Rhythm & Blues die Neue Welle war, eine Platte von Jimmy Lunceford in Martin Blocks Programm zu schmuggeln, antwortet er: "Ich laß mich von denen nicht aufhalten. Die Türen, die ich aufgestoßen habe, waren zu, waren abgeschlossen und verriegelt, da muß ich mir eben eine Säge holen und sie aufsägen. Wenn ich noch zwanzig Jahre lebe - werde ich wahrscheinlich nicht, ich bin ja schon ein ziemlich alter Knabe - dann werde ich immer noch zusehen, daß diese oder jene Platte gespielt wird."

EPILOG

Eigenständigkeit allein war noch nie eine Antwort auf die Probleme des schwarzen Amerika. Das Zusammenspiel der Schwarzen und der Kultur der Allgemeinheit ist zu eng verwoben, als daß eine separatistische Philosophie in den Vereinigten Staaten funktionieren könnte. Mit Sicherheit hat aber auch die Philosophie der Integration, trotz all ihrer zunehmenden Fortschritte, nicht die grundlegenden Bedingungen der meisten Schwarzen in Amerika verändern können. Mangelhafte Ausbildung, Rassismus und unaufhörlicher Kampf haben das schwarze Leben hier seit unserer Ankunft bestimmt. Ich wollte mit diesem Buch beweisen, daß eine noch entschiedenere Bemühung um Eigenständigkeit in Politik und Wirtschaft den Schwarzen eine bessere Basis gegeben hätte (und immer noch geben könnte), von der aus sie für Integration und praktische Macht arbeiten könnten. Wie der jüdische Wissenschaftler Nathan Glaser 1964 auf dem Höhepunkt der Bürgerrechtsbewegung schrieb: "Der Neger verlangt nunmehr den Zutritt zu einer Welt, einer Gesellschaft, die gar nicht existiert, außer in der Ideologie. In einer solchen Welt gibt es nur eine einzige amerikanische Gemeinde, und in einer solchen Welt sind Herkunft, Volkstum, Religion, Rasse nur beiläufige und zufällige Charakteristika." Fünfundzwanzig Jahre danach stimmen Glasers Worte immer noch, und viele Schwarze suchen immer noch nach einem Amerika, das es gar nicht gibt.

Außerdem ist die zumehmende schwarze Kontrolle (oder wenigstens die ausdrückliche Verbindung der Schwarzen mit sensiblen Weißen) ein Weg, um etwas vom Geist der schwarzen Musik zu bewahren. Bei all ihrer Vitalität hat die schwarze Musik sich als ziemlich anfällig für Verwässerung erwiesen. In "Blues People", seiner prachtvollen Geschichte der schwarzen Musik, schrieb Leroi Jones: "Die Musik der Neger ist im Kontext der formalen amerikanischen Kultur immer radikal. Es passierte dann aber, daß immer mehr Schwarze, Jazzmusiker und andere, mit Erfolg zu dem gesichtslosen Syndrom dieser Kultur übergegangen sind, daß sie nicht mehr imstande sind, die grundlegende soziale und emotionale Philosophie zu begreifen, die traditionell in die afroamerikanische Musik einfließt. In gewissem Sinne haben sie einen vollständigen Kreis beschrieben und haben den Schritt zurück ins Herz einer Vater- und Pfarrergesellschaft - vom Sklaven zum Bürger - gemacht, haben den Blues durchlaufen und ihn unterwegs abgelegt. Aber sie konnten ja nicht anders. Er gehörte zu den häßlichen Erinnerungen an die Zeit, da sie außerhalb der Stadtmauern bleiben mußten. Und es gibt nicht viele Leute in diesem Lande, schwarz oder weiß, die das zugeben würden." Jones stellte auch fest, daß gegen Ende der Swingaera das schwarze Element so verwässert war, daß man ohne Bilder und Plattenbesprechungen die schwarzen Bands nicht von den weißen hätte unterscheiden können. "Also," schrieb er bissig, "hatten viele Bürger ja nun, was sie haben wollten. In der Entwicklung des Bigbandjazz war hier der Punkt erreicht, an dem die afro-amerikanische musikalische Tradition von der kommerziellen Hohlheit der amerikanischen Musik nicht mehr zu unterscheiden war."

1986 hörten die assimilationistischen Musikspezialisten die Hits von Peter Gabriel ("Sledgehammer"), Robbie Nevil ("C'est la vie"), Stevie Winwood ("Higher Love") - alles weiße Neger, alles Songs mit Elementen des Retronuevo - und fanden sie dem größten Teil der Musik ebenbürtig, wenn nicht überlegen, die auf der schwarzen Billboard-Chart war. Man stelle noch Phil Collins, Paul Young und George Michael dazu und man wird feststellen, daß die Weißen den R&B nicht länger imitieren müssen, sondern ihren schwarzen Zeitgenossen in einem vor dem Krieg undenkbaren Ausmaß ebenbürtig geworden sind. Wie? Durch tieferes Verständnis und (darf ich so sagen?) durch Liebe zu den Strömungen in der Geschichte der schwarzen Musik.

Wie nun die achtziger Jahre in die neunziger übergehen, wird uns klar, daß die Besessenheit der schwarzen Amerikaner vom Begriff der Assimilation sie geradeswegs in den kulturellen Selbstmord treibt. Die Herausforderung, der sich die schwarzen Künstler, Produzenten, Programmleiter im Rundfunk und Unternehmer jeglicher Art gegenübersehen, besteht darin, sich von den Bequemlichkeiten des Crossover loszumachen, ihre rassische Identität wiederzufinden und für eine Existenz unter ihren eigenen Bedingen zu kämpfen. Eine solche Philosophie würde eine starke Auswirkung auf alle Institutionen haben, die die Musik tragen und, wegen der besonderen Rolle, die die Musik in der Psyche des schwarzen Amerikaners spielt, auch eine besondere Auswirkung auf das Denken der Hörer. Damit das geschehen kann, muß das schwarze Amerika einsehen lernen, daß Rassenstolz ein ebenso würdiges Ziel ist wie Gleichheit vor dem Gesetz und daß darüber hinaus diese beiden Wertvorstellungen immer noch Hand in Hand gehen.

Discographie

Bemerkungen über die Auswahl der Künstler

Nachfolgende Aufstellung soll einen Überblick über die bekanntesten Künstler und ihre Aufnahmen vermitteln. Die wichtigsten Plattenlabel der Originale sind in Klammern angeführt. Obwohl keine klaren Grenzen zwischen den verschiedenen Stilrichtungen und deren Bezeichnungen (wie Jazz, Jump, Blues, Soul, Disco, Funk etc.) bestehen, haben wir "reine" Jazz oder Blueskünstler ausgelassen. Dagegen schien uns die Anführung von Künstlern wie Lionel Hampton, Hot Lips Page, Billy Eckstine oder Dionne Warwick, als markante Vorbilder, unumgänglich. Gedankt sei hier Gilles Pétard und Pierre Daguerre, die mir bei der Auswahl halfen.
Folgende Kriterien wurden dabei berücksichtigt: rein musikalische Qualität, kommerzieller Erfolg (Erscheinen auf der Hitparade von Billboard, Cash Box und Record World), Einfluß auf andere Künstler. Die Aufteilung in Jahrzehnte bietet hier den besten Überblick, obwohl auch hier keine scharfen Grenzen gezogen werden können. Viele Künstler waren über mehrere Jahrzehnte aktiv, werden jedoch nur dort angeführt, wo ihre wichtigsten Produktionen anfallen.
Die Aufzählung einzelner Platten (mit Titel, Katalognummer etc.) ist hier nicht sinnvoll, da die Originalauflagen längst nicht mehr erhältlich sind. Auch Neuauflagen (oft mit unterschiedlicher Titelauswahl) bleiben meist nur kurz im Katalog. Der beste Leitfaden bleibt demnach die Suche nach Künstler, Jahrgang und Plattenursprung.

Vierziger - Fünfziger: fast ausschließlich reguläre Bands. Die Musik wird noch allgemein als Jazz bezeichnet, veranschaulicht jedoch die Abzweigung der populären Linie (R&B) von der virtuosen Linie (Bop etc.).

Fünfziger: die regulären Bands werden in zunehmendem Maße durch Studiobands verdrängt. Immer mehr bestimmt der Arrangeur/Produzent, was und wie aufgenommen wird.

Sechziger: mit wenigen Ausnahmen (James Brown, Ike & Tina Turner, King Curtis, Jr. Walker etc.) erfolgt die Begleitung durch Studiomusiker. Zunehmend werden die Vocals und Begleitsoli auf vorher aufgenommene Bandtracks überspielt.

Siebziger: die Aufnahmen entstehen fast ausschließlich in mehreren Etappen auf Multitrack-Bändern, die dann von Experten "gemixt" werden. Übliche Instrumente werden immer mehr von Synthesizern ersetzt, die neue Klangfarben ermöglichen. Der Trend geht zum "Concept-Album": ein Thema - ein Klima.

Achtziger: man erstrebt die Perfektion im Concept-Album, das Hand in Hand mit Film und Videoclip produziert wird.

Kurt Mohr
(Paris 1989)

Die vierziger und fünfziger Jahre

Lionel Hampton	(Decca, MGM)
Louis Jordan	(Decca, Mercury)
Joe Turner	
Hot Lips Page	
Dinah Washington	(Apollo, Mercury)
Eddie Vinson	(Mercury, King)
Buddy Johnson	(Decca, Mercury)
Wynonie Harris	(Apollo, King)
Tiny Bradshaw	(King)
T-Bone Walker	(Black & White, Capitol, Imperial)
Charles Brown - Johnny Moore's Three Blazers	
Amos Milburn	(Aladdin)
Roy Milton	(Specialty)
Roy Brown	(DeLuxe, King)
Jack McVea	
Joe Liggins	(Exclusive, Specialty)
Bullmoose Jackson	(King)
Paul Williams	(Savoy)
Arnett Cobb	(Apollo, OKeh)
Earl Bostic	(King)
The Ink Spots	
The Delta Rhythm Boys	
The Ravens	

Billy Eckstine	(National, M-G-M)
Al Hibbler	

Die fünfziger Jahre

Fats Domino	(Imperial)
Johnny Otis - Little Esther	(Savoy, Federal)
Big Maybelle	
Ray Charles	(Atlantic, ABC)
Arthur Prysock	(Decca, Old Town)
Ruth Brown	(Atlantic)
Milt Buckner	
Sonny Thompson	(King)
Griffin Brothers - Margie Day	(Dot)
Little Richard	(Specialty)
Little Willie John	(King)
Gatemouth Brown	(Peacock)
B.B. King	(RPM, Kent)
Bobby Bland	(Duke)
Junior Parker	(Sun, Duke, Mercury)
Elmore James	(Flair, Kent, Fire)
Muddy Waters	(Chess)
Howlin' Wolf	(Chess)
Chuck Berry	(Chess)
Jimmy Reed	(Vee-Jay)
Bill Doggett	(King)
Doc Bagby	(King, Epic)
Wild Bill Davis	(Epic)
Red Prysock	(Mercury)
Mickey and Sylvia	(RCA)
The Dominoes	(King)
The Clovers	(Atlantic)
The Coasters	(Atlantic)
The Drifters	(Atlantic)
The Flamingos	
The Platters	(Mercury)

Die sechziger Jahre

James Brown	(King)
Ike & Tina Turner	
Aretha Franklin	(Columbia, Atlantic)
Sam Cooke	(Keen, RCA)
Solomon Burke	(Atlantic)
Wilson Pickett	(Double-L, Atlantic)
Sam & Dave	(Roulette, Stax)
Joe Tex	(Parrot, Dial, Epic)
Betty Everett	(Vee-Jay, Fantasy)
Etta James	(Chess)
King Curtis	(Enjoy, Atco, Capitol)
Booker T. & the MG's	(Stax)
Otis Redding	(Volt, Atco)
Mable John	(Stax)
Esther Phillips	(Atlantic, Kudu)
Fontella Bass	(Checker)
Maxine Brown - Chuck Jackson	(Wand)
The Shirelles	(Scepter)
Dionne Warwick	(Scepter)
The Staple Singers	(Vee-Jay, Stax)
Sweet Inspiration - Sissy Houston (Atlantic, Janus, Private Stock)	
Laura Lee	(Chess, Hot Wax, Invictus)
Jackie Wilson	(Brunswick)
Major Lance	(Okeh)
Brook Benton	(Mercury, Cotillon)
Jerry Butler	(Mercury)
The Impressions	(ABC)
Bobby Womack	(Minit, United Artists, Columbia)
O.C. Smith	(Columbia)
Fifth Dimension	(Soul City)
Marvin Gaye	(Motown)
The Miracles - Smokey Robinson	(Motown)
The Supremes - Diana Ross	(Motown)
The Temptations	(Motown)
Four Tops	(Motown)
Gladys Knight	(Motown)

Jr. Walker	(Motown
The Meters	(Josie)
Lee Dorsey	(Amy)
Alvin Robinson	(Blue Cat)
Betty Harris	(Sansu)
James Carr	(Goldwax)
Mighty Sam	(Amy)
Jimmy McCracklin	
Johnny "Guitar" Watson	

Die siebziger Jahre

The Jackson Five	(Motown, Epic)
Isley Brothers	(Motown, T-Neck)
100% Aged in Soul	(Hot Wax)
Ashford & Simpson	(Motown, Warner, Capitol)
Donny Hathaway	(Atco)
Curtis Mayfield	(Curtom)
Earth, Wind and Fire	(Columbia)
Rick James	(Motown)
Isaac Hayes	(Stax)
Johnny Taylor	(Stax, Columbia)
The Emotions	(Stax, Columbia)
Cool & the Gang	(De-Lite)
Bill Withers	(Sussex)
Sly & the Family Stone	(Columbia)
Rufus - Chaka Khan	(ABC)
Barry White	(Unlimited Gold)
Harold Melvin & Bluenotes - Teddy Pendergrass	(Philadelphia International)
The O'Jays	(Philadelphia International)
The Spinners	(Motown, Atlantic)
The Whispers	(Solar)
The Stylistics	(Avco)
Shalamar	(Solar)
Cameo	(Chocolate City, Mercury)
Patti Labelle	(Columbia, MCA)
Sister Sledge	(Cotillon)
Chic	(Atlantic)

Donna Summer	(Casablanca)
Gloria Gaynor	(M-G-M, Polydor)
Sylvester	(Fantasy)
Alan Toussaint	(Warner)
Stevie Wonder	(Motown

Die achtziger Jahre

Michael Jackson	(Epic)
Prince	(Warner - Pasley Park)
Lionel Richie	(Motown)
Randy Crawford	(Warner, Atlantic)
Stephanie Mills	(MCA)
Jones girls	(Philadelphia International)
Bobby Brown	(MCA)
Whitney Houston	(Arista)
Jody Whatley	(MCA)
Tracy Chapman	(Elektra)

Bemerkungen

Hier folgt für die einzelnen Kapitel eine Zusammenstellung einiger Bücher, Artikel und Interviews, die in die Niederschrift von "Der Tod des Rhythm & Blues" eingeflossen sind. Es ist keine umfassende Liste, denn eine große Zahl der Ideen, die in diesem Buch enthalten sind, entstanden bei langen Palavern in Flugzeugen, in Bars und Restaurants, bei zahllosen Kongressen über das Musikgeschäft und bei den vielen Ferngesprächen, die in meiner Telephonrechnung herumspuken. Bei der "Billboard", der "Record World" und der "Amsterdam News" habe ich die ganzen letzten zehn Jahre viele Theorien gehört über die das Um und Auf der Musik und des Geschäftes, und im Nachhinein sehe ich, daß diese vielen Stimmen mein Denken zutiefst beeinflußt haben. Diese Seiten spüren nur einigen Hauptströmungen nach, nicht dem ganzen Strom.

KAPITEL 1: Philosophie, Geld und Musik (1900-30)

Alle Bücherwürmer sollten sich ansehen: Albert Murray, "Stomping the Blues" (McGraw-Hill 1976), Thomas Cripps, "Slow Fade to Black" (Oxford 1977), Robert Palmer, "Deep Blues (Viking 1981), Art Rust, "Illustrated History of the Black Athlete" (Doubleday 1985), Leroi Jones, "Blues People" (Morrow 1963), Harold Cruse, "The Crisis of the Negro Intellectual" (Morrow 1967), Lerone Bennett Jr.,"Before the Mayflower" (Penguin 1985), The Recording Industry of America, "Inside the Recording Industry": An Introduction to America's Music Business" (1985) und Louis Harlan, "Booker T. Washington: The Making of a Negro Leader (1856 - 1901)" (Oxford 1972).

KAPITEL 2: Dunkle Stimmen in der Nacht (1930-50)

Interviews mit Gary Byrd, Jack Gibson, Quincey Jones, Eddie O'Jay, Bill (Hoss) Allen, Al Bell und Mr. Dave Clark waren hierfür ganz wesentlich, ebenso auch alte Nummern des "Wavelength"-Magazins aus New Orleans, "Soul Survivor" aus Kanada, "Players" aus Los Angeles und "Juke Blues" aus England. Das Kapitel über Bobby (Blue) Bland aus "Lost Highway" von Pete Guralnick und sein Plattentext zu der Zusammenstellung von Chuck Willis-Aufnahmen von Epic Records zeigen wieder einmal, warum er als der führende amerikanische Historiker der Folkmusic gilt.

KAPITEL 3: Der neue Schwarze (1950-65)

Albert Goldmanns vielgeschmähte Elvis-Biographie (McGraw-Hill 1981), bietet ein vielschichtiges Bild des Memphis der fünfziger Jahre, während Robert Palmers ausgezeichnetes Portrait von Leiber und Stoller in "Baby, That's Rock 'n' Roll, (Harvest 1980), bis heute die beste Studie über diese beiden großartigen Songschreiber ist. Dank an Dich, Karen Glover, daß Du mir Zugang gewährt hast zu Deinen Unterhaltungen mit Ruth Bowen. Der Session-Schlagzeuger Panama Francis bestätigte die Beobachtungen Dinah Washingtons in James Haskins "Queen of the Blues" (Morrow 1987) und die von Leslie Grouse in "Louis' Children" (Quill 1984). Ray Charles' "Brother Ray" ist immer noch die klarsichtigste und ehrlichste Autobiographie einer Berühmtheit, die ich bisher gelesen habe. Schließlich und endlich habe ich in der Tat aus dem Philadelphia-Discjockey Georgie (the Man with the Goods) Woods bei einem Interview über Radio WDAS-AM immer noch mehr herausgekriegt als er aus mir, als ich 1985 für mein Buch über Motown von warb.

KAPITEL 4: Schwarze Schönheit, schwarzes Chaos (1965-70)

Zwischen ausführlichen Unterhaltungen mit Alan Leeds, jetzt Mitglied der Organisation von Prince, und der Lektüre von James Browns Autobiographie, "The Godfather of Soul" (Macmillan 1986), habe ich mehr über den am härtesten arbeitenden Mann im Showbusiness herausgefunden, als ich wissen wollte. Clive Davis' "Clive" (Morrow 1974), Jonathan Eisens "The Age of Rock" (Vintage 1969) und Guralnicks "Sweet Soul Music" (Harper & Row 1986) erzählen nicht nur vom Funktionsmechanismus des Musikverkaufs, sondern von der Einstellung gegenüber dieser Seite des Geschäftes. Der Leitartikel des "Time"-Magazins von 1968 über Aretha Franklin ist ein begehrtes Sammlerobjekt. Gary Byrd gibt großartige Interviews, wenn er nicht gerade auf dem Sender ist oder einen Song schreibt. Del Shields, nunmehr Reverend, aber immer noch im Rundfunk zu hören, gestattete mir nicht nur Zugang zu seinen Memoiren, sondern auch zu seinen Papieren und Artikeln, in denen er die Veränderungen umreißt, die NARA-NATRA durchmachte. Stephen Oates' Biographie von Dr. King, "Let the Trumpet Sound" (Harper & Row 1982), Landess und Quinns antagonistischer Blick auf die Spitze des Rainbow, "Jesse Jackson and the Politics of Race" (Jamerson Books 1985) sowie E. Curtis Alexanders, von ihm selbst herausgegebene, Würdigung Adam Clayton Powells (1983) waren mir eine große Hilfe bei den politischen Dingen.

KAPITEL 5: Erlösungssongs im Zeitalter der Korporationen 1971-75)

Arif Mardin reicherte mein Portrait von Donny Hathaway mit etwas Musikalität an. Die großen Verschiebungen im schwarzen Rundfunk wurden in den Interviews mit Dyanna Williams, Barry Mayo, Melvin Lindsay, Hoss Allen, Sheila Eldridge und Vernon Slaughter deutlich. Ein spezieller Beitrag der "Record World" von 1980 über Frankie Crocker, aufgebaut auf einem längeren Gespräch mit Ken Smikle, bot einen entscheidenden Blick darauf, wie Crocker die Rolle des urbanen Rundfunks sah. Stax und seine Rundschreiben, die mir Terri Hinte von "Fantasy" auslieh, zusammen mit Interviews mit Al Bell und Dave Clark, halfen mir, die Politik dieses Labels zu begreifen. Ganz wesentlich aber, nicht nur für dieses Kapitel, sondern für das ganze Buch, war die Kopie des Harvard Reports, die mir von Slaughter überlassen wurde.

KAPITEL 6: Crossover: der Tod des Rhythm & Blues (1975-79)

Von dieser Stelle an sind viele der Interviews und viel des hier zitierten Materials Arbeiten entnommen, die ich entweder für die "Record World", das "Billboard", "Black Enterprise" oder die "Village Voice" gemacht habe, oder auch bei den Nachforschungen zu meiner Geschichte der Motown, "Where Did Our Love Go?" (St. Martin's 1985) entstanden. Auch Ted Fox' "Showtime at the Apollo" (Holt, Rinehart & Winston 1983), war eine große Hilfe. George Wares Brief an "Billboard", in verkürzter Form als Kommentar veröffentlicht, war ein detaillierter Führer durch Fehlschläge und Versagen der Black Music Association. Teilnahme an ihren Kongressen half ebenfalls weiter. Von allen Interviews, die ich bei "Billboard" geführt habe und die in diesem Kapitel erscheinen, waren die mit dem Exkritiker und jetzigen A&R-Mann bei Columbia, John McEwen, und die mit dem großartigen Sänger und Songschreiber Bobby Womack die fundiertesten.

KAPITEL 7: Triumph der Assimilation, Aufstieg des Retronuevo (1980-87)

Eugene Robinsons Blick im "Washington Post Magazin" 1986 auf die beiden schwarzen Städte innerhalb von Washington D.C., Erroll Louis' Betrachtung der schwarzen Collegekids der späten achtziger Jahre in "Essence" (1986) und mein Artikel über den Zwiespalt zwischen dem Anwachsen der schwarzen Musik und dem Niedergang des schwarzen Verkaufsgeschäftes, all das kristallisierte sich in meinem Gefühl dafür, wie tief die Spaltung im schwarzen Amerika geworden war. Das Sugar Hill Records Special, das ich in der "Record World" (August 1981) zusammenstellte, Interviews mit D.J. Hollywood, Sylvia Robinson, meine Freundschaft mit Russell Simmons und mein Leben als "B-Boy Intellectual" haben auf meine Betrachtungen über die Rolle und die Zukunft des Rap Einfluß gehabt.

EPILOG

Leroi Jones' "Blues Poeple" und "The Crisis of the Negro Intellectual" von Harold Cruse sind, abgesehen von "The Invisible Man", zwei der besten Bücher über die schwarze Befindlichkeit in diesen Vereinigten Staaten.

Die folgende Aufzählung rundet die Liste der Bücher ab, die mir von großem Nutzen gewesen sind beim Nachdenken über und der Niederschrift von "Der Tod des Rhythm & Blues":

Adler, B. "Run-D.M.C." New York, New American Library 1987.
Berry, Chuck, "Chuck Berry". New York, Crown 1987.
George, Nelson, "Fresh, Hip Hop Don't Stop".
New York, Random House 1985.
"Top of the Charts". New Brunswick, N.Y., Random House 1985.
"The Michael Jackson Story". New York, Dell 1984.
Gillett, Charlie, "Sound of the City". New York, Pantheon 1983.
"Making Tracks". New York, Dutton 1974.
Guralnick, Peter, "Feel Like Going Home". New York, Vintage 1981.
Henderson, Davids, " 'Scuse Me While I Kiss The Sky: The Life of Jimi Hendrix". New York, Doubleday 1978.
Haralambros, Michael, "Right On: From Blues to Soul in Black America". New York, DaCapo 1974.
James, C.L.R. "Beyond a Boundary". New York, Pantheon 1983.
Keil, Charles, "Urban Blues". Chicago, University of Chicago 1966.
Marcus, Greil, "Mystery Train". New York, Dutton 1976.
Miller, Jim, ed. "Rolling Stone Illustrated History of Rock".
New York, Random House 1980.
Mills, Hillary, "Mailer: A Biography". New York, McGraw-Hill 1982.
Pareles, Jon, und Patricia Romanowski, "Rolling Stone Encyclopedia of Rock & Roll". New York, Summit 1983.
Quarles, Benjamin, "The Negro in the Making of America".
New York, Collier 1969.
Sawyer, Charles, "The Arrival of B.B. King". New York, Doubleday 1980.
Shaw, Arnold, "Honkers and Shouters". New York, Collier 1978.
Tosches, Nick, "Unsung Heroes of Rock 'n' Roll".
New York, Schribners 1984.
Toop, David, "Rap Attack". Boston, South End 1984.
Turner, Tina, mit Kurt Loder, "I, Tina". McGraw-Hill 1986.
Westbrooks, Logan, und Lance Williams, "Anatomy of a Record

Über den Autor

Nelson George ist der schwarze Redakteur des "Billboard", schreibt monatlich eine Kolumne für den "Playboy" und regelmäßige Beiträge für "Village Voice" und "Essence". Unter seinen früheren Büchern befinden sich "The Michael Jackson Story" und "Where Did Our Love Go?", außerdem war er noch Mitautor von "Fresh: Hip Hop Don't Stop". Er lebt in Brooklyn, New York.